全国温泉大全

湯めぐりをもっと楽しむ極意

松田忠徳

東京書籍

全国温泉大全

一章　お湯を楽しむ

もくじ

四章 建築を楽しむ

もくじ

七章　入浴法を楽しむ

八章　飲泉を楽しむ

もくじ

もくじ

十二章 温泉場を楽しむ

十三章 買い物と土産を楽しむ

もくじ

おいしいお土産 611

本書に掲載の情報は二〇二二年九月現在のものです。各施設の営業日や営業時間、及び行事の開催内容等が変更・中止となっている場合もございます。ご利用の際は、事前に営業状況をご確認ください。

紀行文は、二〇〇〇年から二〇一〇年のあいだに「ＮＩＫＫＥＩプラス１」に掲載された記事に加筆・修正をして転載しております。

本書で紹介する温泉の効能は個人により大きな差異が生じる場合がありますので、あくまでも参考としての目安であり、結果を保証するものではありません。

一章　お湯を楽しむ

そもそも「温泉」とは何か？

「温泉法」における温泉とは

「温泉とは、何のことでしょうか？」

突然、このように問いかけられて、慌てられましたか？　それでも皆さんは落ち着いて、「地中から噴出してきた、何らかの成分を含んだ温かいお湯」などと、答えられたでしょう。

その通りです。ただ実際には、昭和二三（一九四八）年七月に制定された日本の法律「温泉法」では、私たちがイメージしているより広い意味で温泉を定義しています。

泉源（＝湯元、即ち温泉が噴出している所）で採取されたときの温度が「(何ら鉱物質が含まれていなくても）摂氏二五度以上あるか、あるいは二五度未満であっても、次のページの表「温泉の定義」に記載されている成分のどれかひとつでも規定量以上含まれていれば」、温泉と称することができます。

かなり〝緩い定義〟で驚かれた方も少なくないでしょう。実際には温度と含有成分の両方の条件を満たしている温泉がほとんどなのですが――。

さらに、「**地中から出てくる水蒸気その他のガス（炭化水素を主成分とする天然ガスを除く）」も、温度や成分が条件をクリアしていたら温泉と称することができます。**実際にどのように使用するのかというと、火山などの噴気孔から噴き出す高温の水蒸気に水を当てるとたちまち高温の湯、つまり温泉になります。

驚かれたでしょうか？　有名な別府や箱根の一部、東北の著名な秘湯などにもこのような〝蒸気温泉〟があり、立派に市民権が得られています。水蒸気ガスの源泉は全国で約二七〇〇本。その大半は沖縄県、大分県、鹿児島県、宮城県などに集中しています。沖縄は〝温泉県〟のイメージはないのですが、大分、鹿児島のような温泉県で高温の水蒸気を温泉として利用しているケースは意外と多いのです。

温泉の定義

温泉は、地中から湧出する温水、鉱水及び水蒸気その他のガス（炭化水素を主成分とする天然ガスを除く）で、下の表に記載されている温度又は物質を有するものと定義されています。

① 温度（温泉源から採取されるときの温度）摂氏25度以上

② 物質（以下に記載されているもののうち、いずれか1つ）

物質名	含有量（1kg中）
溶存物質（ガス性のものを除く）	総量1000mg 以上
遊離炭酸（CO_2）	250mg 以上
リチウムイオン（Li^{+}）	1mg 以上
ストロンチウムイオン（Sr^{2+}）	10mg 以上
バリウムイオン（Ba^{2+}）	5mg 以上
フェロ又はフェリイオン（Fe^{2+}、Fe^{3+}）	10mg 以上
第一マンガンイオン（Mn^{2+}）	10mg 以上
水素イオン（H^{+}）	1mg 以上
臭素イオン（Br^{-}）	5mg 以上
沃素イオン（I^{-}）	1mg 以上
フッ素イオン（F^{-}）	2mg 以上
ヒドロひ酸イオン（$HAsO_4^{2-}$）	1.3mg 以上
メタ亜ひ酸（$HAsO_2$）	1mg 以上
総硫黄（S）〔$HS^{-}+S_2O_3^{2-}+H_2S$に対応するもの〕	1mg 以上
メタほう酸（HBO_2）	5mg 以上
メタけい酸（H_2SiO_3）	50mg 以上
重炭酸ソーダ（$NaHCO_3$）	340mg 以上
ラドン（Rn）	20（百億分の1キュリー単位）以上
ラジウム塩（Raとして）	1億分の1mg 以上

温泉の定義
（環境省のWebサイトを参考に作成）

「泉質」とは何か

「草津温泉は泉質が良い」などという言葉をよく耳にします。「泉質」とは「温泉や鉱泉*水に含まれる主たる成分の化学的性質」のことを指します。先の表「温泉の定義」に記載されている化学成分の種類と含有量等によって、わが国では左の表「新・旧泉質の分類」のように一〇種類の泉質に分類されています。平成二六（二〇一四）年七月の「鉱泉分析法指針」の改訂で新たに含よう素泉（含ヨウ素―食塩泉）が追加されています。

　これら泉質別の効能や入浴法に関しては、「六章　効能と泉質を楽しむ」「七章　入浴法を楽しむ」で改めてふれたいと思います。

　現行の「温泉法」では含有成分の有無にかかわらず、二五度以上あれば温泉と称することができることは、先にふれた通りです。しかし、**「温泉はなぜ心身に効く」のでしょうか？**これには温泉を温泉たらしめているもの、すなわち化学成分が関係していることは、だれしもが理解していることでしょう。

温泉医学が発達しているドイツ、フランス、イタリア、ロシア、ハンガリーなどのヨーロッパ諸国では、温泉水を飲むこと、つまり「飲泉」（飲み湯）が盛んで、含有成分をとても重視しています。温泉水を薬に見立て、余すことなく体内に取り込もうというわけです。事実、ヨーロッパではミネラルを豊富に含んだ温泉は「飲む野菜」ともいわれています。温泉

掲示用新泉質名	旧泉質名	新泉質名
① 単純温泉	単純温泉	単純温泉 アルカリ性単純温泉
② 塩化物泉	食塩泉 含塩化土類 －食塩泉 含土類－食塩泉	ナトリウム－塩化物泉 ナトリウム・マグネシウム －塩化物泉 ナトリウム・カルシウム －塩化物泉
③ 炭酸水素塩泉	重炭酸土類泉 重曹泉	カルシウム（・マグネシウム） －炭酸水素塩泉 ナトリウム－炭酸水素塩泉
④ 硫酸塩泉	硫酸塩泉 正苦味泉 芒硝泉 石膏泉	硫酸塩泉 マグネシウム－硫酸塩泉 ナトリウム－硫酸塩泉 カルシウム－硫酸塩泉
⑤ 二酸化炭素泉	単純炭酸泉	単純二酸化炭素泉
⑥ 含鉄泉	鉄泉 炭酸鉄泉 緑礬泉	鉄泉 鉄（Ⅱ）－炭酸水素塩泉 鉄（Ⅱ）－硫酸塩泉
⑦ 硫黄泉	硫黄泉 硫化水素泉	硫黄泉 （硫化水素型）硫黄泉
⑧ 酸性泉	単純酸性泉	単純酸性泉
⑨ 含よう素泉	含ヨウ素 －食塩泉	含よう素－ナトリウム －塩化物泉
⑩ 放射能泉	放射能泉	単純弱放射能泉 単純放射能泉 含弱放射能－○－○泉 または含放射能－○－○泉

新・旧泉質の分類（環境省のWebサイトを参考に作成）

＊「鉱泉水」……鉱物質やガスなどを一定量以上含む湧泉を鉱泉と称し、鉱泉水はこれらを含有した水を指します。

は〝天然の薬〟のような位置づけなのです。日本では昔から温泉のことを〝天与の恵み〟とか〝霊泉〟と表現してきたのは、まさに〝天然の薬〟のことを指していました。

日本ではとくに近年、飲泉は盛んとは言い難いのですが、群馬県の**四万温泉**や大分県の**長湯温泉**などは地域ぐるみで飲泉に力を入れていることで有名です。とくに療養の温泉、湯治場では飲泉を大切にしているのは、「効く温泉」、「健康のための温泉」にこだわっているためと考えてもいいでしょう。

成分が薄い単純温泉にも名湯あり

「草津温泉は泉質が良い」という言葉の意味は、まさに「効く」ということだったに違いありません。「名湯」も本来は同じような意味に使われていました。有効成分が豊富に含まれていることも温泉が「効く」ための要因であったでしょうが、後でもふれる「抗酸化力に優れた温泉」であったからだと思われます。

なぜなら、現在わが国の温泉は一〇種類の泉質に分類されていますが、もっとも含有成分が薄いといわれる単純温泉にもかかわらず〝湯治場〟として有名な温泉地が数多くあげられるためです。その代表格が山口県の**俵山温泉**です。〝リウマチ（関節リウマチ）の名湯〟として、現代でもよく知られる療養の温泉の横綱格です。

他にも令和の現代でも東北を代表する湯治場として知られる岩手県花巻市の**花巻南温泉峡**

の宮沢賢治ゆかりの**大沢温泉**、あるいはすぐ隣の**鉛温泉**なども単純温泉です。秋田県南部の湯沢市の**秋の宮温泉郷**も単純温泉ですが、東北屈指の湯治場で知られます。

単純温泉はごく簡単に言うと、「含有成分の薄い温泉」のことです。「成分は極微量だけど二五度以上の条件を満たした温泉」といわれています。ただ誤解なさらないでいただきたい点は、成分が無いのではなく「温泉法」が規定した含有成分の濃度をクリアしていないということです。にもかかわらずこれほど医学が発達した現在でも、〝療養の名湯〟、「効く」といわれる温泉なのです。

医療がまだ発達していなかったかつての日本では、「とくに効く」温泉のことを、〝薬湯〟とか〝霊泉〟と称していました。「霊験あらたかな湯」という言い方もありました。「薬効の著しいこと」を称えた言い方です。

環境省の「鉱泉分析法指針」で「療養泉」の定義が示されています。温泉のうち、次のページの表の規定を満たし、かつ「特に治療の目的に供しうるもの」が療養泉とされています。単純温泉も含まれており、「(単純温泉の泉質別）適応症」の欄に具体的に、「(浴用で）自律神経不安定症、不眠症、うつ状態」と記載されています。

つまり国も単純温泉が「効く」ことを限定的な範囲とはいえ、認めているということです。さすが温泉大国・日本です。適応症とは、「温泉療養を行うことによって効果をあらわす症状」のことを指します。

また「療養泉の一般的適応症（浴用）」として、以下の効能が示されています。

「筋肉若しくは関節の慢性的な痛み又はこわばり（関節リウマチ、変形性関節症、腰痛症、神経痛、五十肩、打撲、捻挫などの慢性期）、運動麻痺における筋肉のこわばり、冷え性、末梢循環障害、胃腸機能の低下（胃がもたれる、腸にガスがたまるなど）、軽症高血圧、耐糖能異常（糖尿病）、軽い高コレステロール血症、軽い喘息又は肺気腫、痔の痛み、自律神経不安定症、ストレスによる諸症状（睡眠障害、うつ状態など）、病後回復期、疲労回復、健康増進」

1．温度（源泉から採取されるときの温度）　摂氏25度以上	
2．物質（以下に掲げるもののうち、いずれか1つ）	
物質名	含有量（1kg中）
溶存物質（ガス性のものを除く）	総量1000mg以上
遊離二酸化炭素（CO_2）	1000mg以上
総鉄イオン（Fe^{2+} + Fe^{3+}）	20mg以上
水素イオン（H^+）	1mg以上
よう化物イオン（I^-）	10mg以上
総硫黄（S）〔HS^-+$S_2O_3^{2-}$+H_2Sに対応するもの〕	2mg以上
ラドン（Rn）	30（百億分の1キュリー単位）＝111Bq以上(8.25マッヘ単位以上)

療養泉の定義（環境省のWebサイトを参考に作成）

温泉の分類

含有成分以外の温泉の分類を見てみましょう。

一・温度による分類

温泉にはさまざまな分類法があります。一番簡単なのは泉源（湯元）から湧出した源泉の温度による分類です。ちなみに最近よく耳にする「源泉」とは「地中から噴出したままの手つかずの温泉」を指す言葉です。水や添加物等を加えない〝生の温泉〟のことです。

上の表のように温度によって、冷鉱泉、低温泉、温泉、高温泉の四つに分類されます。

冷鉱泉	25度未満
低温泉	25〜34度未満
温泉	34〜42度未満
高温泉	42度以上

温度による温泉の分類

日本人はかつては四二度以上の高温泉に入浴するのが一般的でしたが、最近は女性や若い世代を中心に低体温の人がふえてきたこと、さらには「ぬる湯」の医学的効果に対する認識が高まってきたこともあり、三七〜四〇度程度のぬる湯好きがふえています。これには大分県**長湯温泉**の**日**

帰り温泉施設「ラムネ温泉館」をはじめ、ぬる湯の「炭酸泉ブーム」なども影響していると思われます。

湯温によって生体の反応が異なることは医学的にも確認されています。

よくヨーロッパの温泉を紹介するTV番組等で、男女が水着をつけて池のように大きな風呂に長時間浸かっている光景を見かけたことがあると思います。彼らが浸かっている温泉の多くは湯温が三〇度台の前半で、「冷たくも温かくも感じない温度」で、この温度を〝不感温度〟といいます。

日本人の不感温度は三五～三七度といわれていますが、ヨーロッパ人はこれより二度ほど低いといいます。不感温度は医学的に、血圧、心拍数などの生理機能の変化がほとんど認められない温度です。

ところが湯温が三八度以上になると、心拍数は増加し、毛細血管や小動脈、静脈が拡張し、血流量や血流速度の上昇が見られます。さらに四二度以上の高温浴になると、交感神経が優位になります。交感神経系を緊張させることにより、肉体的、精神的に活動モードに入ります。したがって、末梢血管は収縮し、血圧が上がり、心拍数も急激に増加します。エネルギー消費量も大きくなり、リラックス状態からはかけ離れます。

これに対して、**三七度程度から四〇度未満のいわゆる日本の「ぬる湯」**では、**血圧、心拍数などに多少の変化は認められますが、副交感神経が優位になることが確認されています。**

しかも〝リラックスの神経〟ともいわれる副交感神経が優位になると、病原菌やウイルスと闘う免疫力が高まるという報告もあります。

ぬる湯の理想的な湯温は夏場で三八度前後、冬場で四〇度前後といわれ、この湯温はいま述べたように副交感神経が働き鎮静効果が期待できます。日頃のストレスを除くのにもってこいの湯温です。とくに就寝前には刺激の弱いぬる湯がベストです。

なお入浴による毛細血管の拡張や血流量の増加などによって、皮膚温が上昇することは容易に想像できます。これが温泉浴ですと、含有成分の薬理作用により、この効果はさらに高まることが確認されています。

また上昇した皮膚温は、家庭風呂や銭湯では浴後急激に低下しますが、温泉浴の方は時間をかけて徐々に下がります。それは温泉成分が皮膚の表面に膜を作り、熱の放散を防ぐためです。とくにナトリウム—硫酸塩泉（芒硝泉）や塩化物泉（食塩泉）の保温効果はよく知られているところです。冷え性の方は活用してみてください。

なお、**同じ湯温の場合、家庭風呂や銭湯より温泉の方が熱く感じにくい**ことも覚えておくと役立つでしょう。

二．水素イオン濃度（pH）による分類

水素イオン濃度（pH）による分類もあります。

強酸性泉	pH 2未満
酸性泉	pH 2〜3未満
弱酸性泉	pH 3〜6未満
中性泉	pH 6〜7.5未満
弱アルカリ性泉	pH 7.5〜8.5未満
アルカリ性泉	pH 8.5以上

液性の水素イオン濃度（pH）による温泉の分類

最近は美肌ブームで、ぬめりの成分、「メタケイ酸」や「メタホウ酸」が多く含有されたアルカリ性泉が女性を中心に人気です。大都市近郊で新たに温泉掘削したものにこれらの成分を含有したアルカリ性単純温泉が多いことが、ぬめりブームに拍車をかけたに違いありません。

ただし、このような成分が特別多く含有されていなくても、**鮮度の高い「源泉かけ流し」の温泉は、肌に優しいナチュラルな感触を楽しめる**ことも知っておいてください。

pH（水素イオン濃度）で見ると、一般に酸性泉は鉱物を溶かす力が強いため、成分の濃厚な湯が多く、アルカリ性泉は鉱物が沈殿しやすいため、逆に含有成分が薄い特徴があります。pHの数字が少ない酸性泉に、にごり湯に代表される色の付いた温泉や硫黄泉に代表される香りの強い温泉が多いのはこのためなのです。

pHと美肌効果に関して、もう少し医学的に解明されていることを追加しておきましょう。最近、温泉地では〝美肌の湯ブーム〟です。TVコマーシャルなどの美肌化粧品ブームと連動しているのかもしれません。

後で改めてふれますが、全国各地にあるほぼ評価が定まっている「美人の湯」、「美肌の湯」の共通項は、pH七・五〜八・五程度の弱アルカリ性であることが多い点です。これに加えて、ナトリウムイオンとカルシウムイオンが多く含まれていること、及び湯温がぬる目であることなどが美人の湯の条件のようです。

三．浸透圧による分類

さらに温泉の浸透圧による分類もあります。温泉水は各種の塩類が溶けている液体で、かつ浸透圧を有しています。浸透圧とは、濃度の異なる二種類の液体を隣り合わせに置くと、濃度を一定に保とうと濃い方に移動する力のことを指します。

小さな分子だけが通れる小さな穴のあいた膜を半透膜といいますが、細胞膜も血管壁も半透膜です。細胞内液と細胞外液は細胞膜という半透膜を隔てており、同じように血液と細胞外液は血管壁という半透膜を隔て濃度を一定に維持しています。

人体の細胞液と等しい浸透圧をもつ液体を「等張液」といいます。静脈注射や点滴などに使われる生理的食塩水は、約九グラムの塩化ナトリウムを蒸留水一リットルに溶かしたもの

低張泉	等張液より浸透圧の低いもの。 溶存物質が水1キログラム中8グラム未満
等張泉	等張液とほぼ等しい浸透圧のもの。 同8グラム以上10グラム未満
高張泉	等張液より浸透圧の高いもの。 同10グラム以上

液性の浸透圧による温泉の分類

に相当します。この等張液を基準にして温泉水を比べ、上の表のように三つに分類されています。

高張泉は含有成分が細胞膜を通して、人体に入りやすい温泉であることがわかります。一方、等張泉は入浴者に負担の少ない温泉といえます。

この浸透圧による分類と似ていますが、人体へ作用する刺激の強弱で、「緊張性」と「緩和性」に大別することもあります。体への刺激が強い緊張性の泉質として、二酸化炭素泉、含鉄泉、硫黄泉、酸性泉。一方、刺激の弱い緩和性の泉質として、単純温泉、炭酸水素塩泉、塩化物泉、含よう素泉、放射能泉などがあげられます。

〝直湧《じかわ》き〟の貴重な温泉

温泉の最大の敵は「酸素」

温泉は〝生もの〟、〝生きもの〟です。私たちが採りたての野菜や果物、あるいは水揚げしたばかりの海鮮にこだわるのと同じように、地中からの湧きたての温泉にこだわるのは理に適ったことなのです。

〝生きもの〟、〝生もの〟は鮮度が命、つまり生命線ということです。温泉は地中深く無酸素状態で誕生しますから、地上に湧出して酸素にふれ続けることは、温泉の生命線を失うことにつながります。つまり「効かない温泉」になりかねないということです。

したがって、**温泉の化学的な価値は、「酸化されていないことにある」といっても過言ではありません。**地下水や温泉は酸化と反対の〝還元系〟で、とくに温泉は酸素のない地下数キロメートルから十数キロメートルの深さから湧きあがってくるため、優れて還元系の温かい水なのです。

酸化とは簡単に言うと鉄がサビることです。サビたクギを温泉水につけておくとサビが取れます。これを「還元した」といいます。採りたて、もぎたての野菜、果物も還元系ですから、美味しくて、健康にも良い、つまり体に〝効く〟からこそ、洋の東西を問わず人びとは鮮度を求めてきたわけです。

じつは私たちの皮膚も還元系なのです。肌が酸化系になるということは、化学的にエイジング、老化するということです。肌に張りがあり、きめが細かい人は還元系の肌を維持できている、実年齢にかかわらず若いということがいえます。

このような知識を活かして還元系の温泉に浸かる習慣をつけていると、からだの細胞をサビにくくすることが可能です。これを〝アンチエイジング〟、〝温泉の抗酸化作用〟と称することも可能です。細胞が酸化することにより、老化したり、がん、糖尿病、高血圧症をはじめさまざまな生活習慣病になりやすいことが知られています。

日本でもヨーロッパでも昔から、温泉は「若返りの湯」といわれてきました。皆さんも「なるほど」とうなずかれることでしょう。これは肌の酸化を防ぐ温泉の抗酸化作用の賜物であったのです。

温泉の究極の姿〝直湧《じか》き〟

ここまで読まれた皆さんはもう、基本的にどのような温泉が心身に良いのかおわかりですね。鮮度、つまり温泉の本質である〝還元系〟であることが化学的にも認められているのは、湯口から浴槽に注がれた新鮮な湯が次々と浴槽からあふれ出る〝源泉かけ流し〟の風呂です。化学的に健康と美容を求めるなら、このような温泉を選択肢に入れたいものです。

なかでも**究極の温泉は浴槽の底から自然湧出する温泉でしょう。**お湯が湧き出てくる泉源（湯元）の上に浴槽を造った、原始的といえば原始的ですが、もっとも化学的な温泉の利用形態といえます。

こと天与の恵みである温泉に関しては、面白いことに手間暇、お金をかけていない温泉ほど本物で、心身に効くといえるでしょう。ただしこのような温泉を維持管理することは、実際にはなかなか容易ではないことも事実です。

たとえ源泉かけ流しであっても、泳ぎだしたくなるような大きな風呂ほど、湯口から離れるほど、湯の酸化は進みます。私どものこれまでの検証では、〝湯口〟から浴槽に湯が注ぎ、その湯が湯口からもっとも離れた〝湯尻〟からあふれるまでの四〜五メートルを流れる間に、湯の化学的な鮮度はふつう四分の一以下に衰えます。そのくらい温泉の酸化されるスピードは速いのです。経時的に温泉の酸化は進むわけです。

まれに一〇％程度しか酸化しない抗酸化作用に優れた温泉もあります。ただこのような温泉と出合うことはめったにないことです。一般に酸化を防ぐには湯量が大切になります。温泉にとって大切なのは温度より、むしろ湯量であるということも覚えてください。

次の図は**妙見温泉「妙見石原荘」**（鹿児島県）の大浴場「天降殿」（男性用）の湯口から豪

快に注いだ湯が、約五メートル先の湯尻まで流れる間のエイジング（酸化）の変化を、化学的に図示したものです。詳しくは後の単純温泉の「修善寺温泉はなぜ名湯なのか？」で改めて説明しますが、酸化還元電位（ＯＲＰ）という化学的な評価法で検証すると、浴槽内の温泉の老化の進行を知ることができます。

　下図の湯口（■）と湯尻（□）を比べると、湯尻（□）は酸化系の方へ、少し移動していることがわかります。大半の温泉では湯口と湯尻の間隔がかなり離れます。

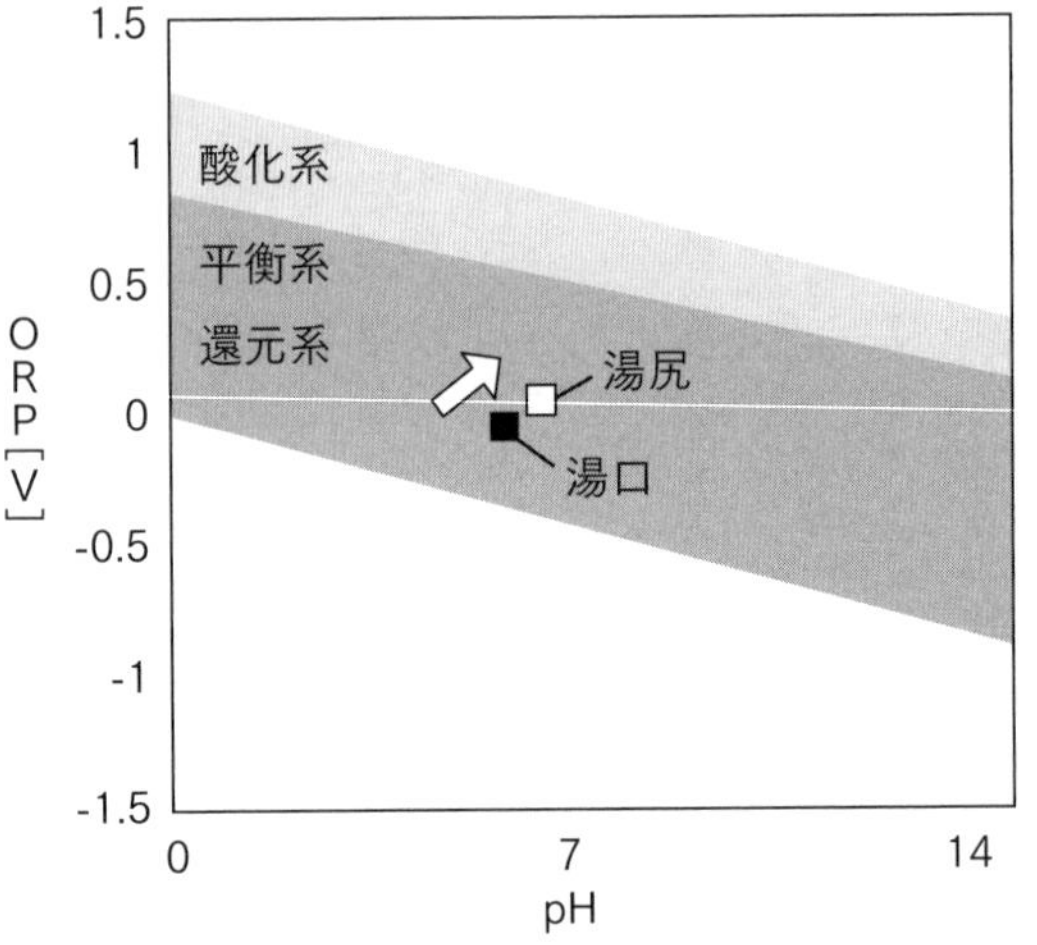

妙見石原荘「天降殿」のORPとpHの関係図

「妙見石原荘」の浴場「天降殿」の場合は理想的な還元系の域にあり、温泉の老化は最小限ですんでいることを示唆しています。素晴らしい浴場にふさわしいレベルの湯を維持しており、二〇数年来の「妙見石原荘」のファンでしたが、改めて惚れ直しました。

　写真のように湯口から大量の湯が豪快に落下していますが、浴槽内の数か所での検証の結果、「湯の流れに勢いがある」手前の縁に浸かるのが化学的にもっとも良いと判明しました。

「妙見石原荘」の大浴場「天降殿」（男性用）

このようなことを考えると、**浴槽の底から湧き出てくる温泉は〝究極のもの〟であることがおわかりでしょう。**本当に貴重なのです。なにせ温泉が空気にふれるより先に入浴者のお尻にふれるわけですから！　誕生したての源泉（温泉そのもの）を直《じか》に浴びることができるので、細胞が喜ぶのは当然でしょう。肌の細胞はもちろん、血液、リンパ液に染み込み、内臓の細胞も喜びます。しかも心にまで響くのです。これこそ、〝快感〟、〝悦楽〟ですね。

〝還元系〟の温泉の成分は、経皮で体内に取り込まれることが確認されています。

最近、「足元湧出泉」という言い方を聞く機会がふえましたが、〝温泉大国・日本〟には昔から「直湧き《じかわ》」という言葉があります。北海道を代表する温泉、**洞爺湖温泉街**で生まれ育った私は、現在に至るまでこの言葉を使っています。「直接湯船、浴槽に湧く」という意味です。

空気にさらされていない〝生《なま》源泉〟を直に浴びられるのですから、これほど化学的にも優れた温泉はありません。

〝直湧き〟の温泉旅館

次に私のとくに好きな直湧きの温泉旅館を数か所ご紹介しましょう。

丸駒《まるこま》温泉「丸駒温泉旅館」（北海道千歳市）

国内外からの観光客でごった返す北海道の空の玄関口、新千歳空港のある千歳市郊外。恵《え》庭《にわ》岳に抱かれた支笏《しこつ》湖北岸の一軒宿の秘湯**丸駒温泉**には、周囲約四〇キロメートル、最大水深三六〇メートルの雄大な支笏湖と対岸の風不死岳《ふっぷしだけ》を一望する展望露天風呂付きの大浴場があります。しかも小舟でしか来られなかった大正時代の創業時のままの、湖畔の野趣あふれる露天風呂も健在です。

湖面と同じ水位の露天風呂には、弱食塩泉が底の砂の間から湧き上がってきます。湯はどこまでも澄んでいて、底の砂が一粒ひと粒手にとるように見えます。ふつふつと湧き上がってくる湯自体はかなりあつ目ですが、石組みの浴槽が大きくしかも深いため適温で、長湯も可能です。

私は頭上で桜の花びらが舞う五月の連休明け頃が好きです。いかにも日本的な風情があって、素朴な和風造りの風呂にとても似合うからです。厳寒期の雪見風呂は若い人たちに人気です。

北海道ならではの、原始的な四季折々の表情を楽しませてくれる支笏湖。なかでも茜色に染まった対岸の風不死岳《ふっぷし》と多峰古峰山《たっぷこっぷやま》のメルヘンチックな輪郭が素敵です。自然が与えてくれた完成品である自然湧出泉をそのまま〝味わう〟ことは、温泉の醍醐味です。たとえるならば、〝温泉刺身〟とでも申しましょうか。

蔦温泉「蔦温泉旅館」（青森県十和田市）

旅先の朝風呂に勝る贅沢はありません。立ち上る濃い湯煙の間から差し込む春の柔らかい陽光を浴び、ヒバの湯船にまどろんでいたら、一瞬、ふわ〜っと体が浮いて、まさに夢心地になったのです。

お湯は澄んでいて、底に敷き詰められている風呂板がはっきりと見えました。ブナの板の間からお湯が湧き上がってくるのです。それは〝湯玉〟というにふさわしい形状で、ふつふつと湧き上がってくるのでした。

池を前に破風《はふ》の正面入り口が凜《りん》とした威風を漂わせる木造二階建ての本館は、大正七（一九一八）年に建てられたもの。玄関に入ると昔ながらの帳場があって、その右手に磨き込まれた長い廊下が浴場まで続いています。「久安の湯」と「泉響の湯」です。ともに青森ヒバ造りの浴場です。

私が浸かっていたのは奥の「泉響の湯」。高さ一二メートルもの吹き抜け天井をもつ浴場に、湯のこぼれる音が静かに響き渡るような気がします。深いブナの樹海に抱かれた、「これ以上を望めない極上湯の極み！」と言ってもいいでしょう。

明治、大正期にその美文によって一世を風靡《ふうび》した文人・大町桂月は、十和田湖を世に知らしめた紀行作家としても知られていますが、じつはその桂月、蔦温泉にぞっこんでした。蔦温泉に本籍を移すほどの惚れようで、大正一四（一九二五）年、ここで辞世の歌を遺して五六歳の生涯を閉じました。

「極楽へ越ゆる峠の一休《ひとやす》み　蔦の出湯《いでゆ》に身をば清めて」

乳頭温泉郷「鶴の湯温泉」（秋田県仙北市）

田沢湖高原の奥、乳頭山麓の先達川が縫うように流れるブナの原生林は、秋の陽光を浴びて黄金色に揺らいでいました。標高八〇〇メートル、高原の凜《りん》として透き通った大気の緊張感が心地よいこと。

鶴の湯、乳頭、妙乃湯、大釜、蟹場《がにば》、孫六、黒湯——。ブナ林に点在するこれら七湯からなる**乳頭温泉郷**は、〝日本最後の秘湯〟といわれてきました。〝秘湯〟とは、一般に「辺境の地に湧く俗化されていない温泉」を指します。

温泉通好みの**孫六温泉**にも直湧きの**「唐子の湯」**がありますが、目指すは**「鶴の湯温泉」**

です。県道からはずれた山道は途中で未舗装に変わり、広い駐車場に着きます。車から降り立った瞬間、たちまち時代がかった風景の一部に取り込まれ、だれもが思わず驚嘆の声を発してしまうことでしょう。

関所風の門柱の右手で、水車が音を立てながら回る。左手の「本陣」と称する茅葺き屋根の長屋は、江戸時代に秋田藩主が湯治に訪れた際に、警護の武士が詰めた宿舎の面影を未だにとどめるもの。囲炉裏《いろり》が切られただけの質素な部屋です。とくに若い女性客に人気だといいます。本陣の向かいには杉皮葺きの湯治棟もあります。

本陣の奥に、秋田杉、檜、ヒバ材などをふんだんに使った気品漂う木造建築の「新本陣」と「東本陣」が連なります。

風呂は白湯、黒湯、中の湯、滝の湯。源泉はすべて自然湧出という究極の温泉！　これに直湧きの混浴露天風呂と女性専用露天風呂が加わります。いずれも池のような大露天風呂です。

女性露天風呂の湯温は少しあつ目ですが、人気の混浴露天風呂は四〇度そこそこで、入浴者自身が露天風呂を取り巻く日本の山里の原風景を彷彿《ほうふつ》とさせる景色の一部になりながら、長湯を楽しめるのは「鶴の湯温泉」の醍醐味でしょう。私は「鶴の湯」のような自然の風景に溶け込める露天風呂こそ、真の露天風呂と評価します。単に外にある風呂が露天風呂ではないと――。

しかも硫化水素の香りのする乳白色の露天の〝山のいで湯〟は、癒やし効果も抜群です。スマホやPCで疲れた眼にはもちろん、ナチュラルな直湧きのシルクの感触は肌にも、心にも優しい。

湯上がりには名物「山の芋鍋」をはじめ、地元の山菜、野菜、鶏肉、川魚など健康的な食材をふんだんに使った田舎料理が待ち受けています。

法師温泉「法師温泉　長寿館」（群馬県みなかみ町）

明治初期の開業時に建てられた、本館の梁と柱が黒光りした吹き抜けのロビーの一角に大きな炉が切られた一室。六代目のご主人が、鉄瓶から柄杓《ひしゃく》ですくったお湯でお茶をたててくれました。

標高八〇〇メートル、越後との県境三国峠の山懐に抱かれた静かな温泉宿に魅せられた文人墨客が、こうして炉端に招かれ、代々の主人からお茶を勧められてきたに違いありません。後にノーベル文学賞を受賞した文豪・川端康成もそうした一人でした。文豪は炉端に座り、一首詠んでいます。

「山祈る太古の民の寂心　今日新たにす法師湯にして」

一軒宿 **「法師温泉　長寿館」** は、本館（築明治八年）を中心に、別館（同昭和一五年）、薫山荘（同五三年）、法隆殿（同六三年）、それに明治二八（一八九五）年に建てられた大浴場「法師乃湯」、平成一二（二〇〇〇）年に完成した野天風呂付き中浴場「玉城乃湯」などから成ります。なお本館・別館・法師乃湯は国登録有形文化財です。

これら歴史と文化の薫りを漂わせる建造物の間を法師川の清流が心地よい瀬音を立てながら流れています。それは平安時代の行脚僧、弘法大師（空海）が巡錫《じゅんしゃく》の折に法師の湯を発見したとまことしやかに伝わる頃と変わらぬ清らかさに違いありません。そう思わせるほどの、心洗われる川音なのです。

法師温泉の真骨頂は大浴場「法師乃湯」。鹿鳴館風の惚れ惚れする大浴場で、何度訪れてもそのたびに感動を新たにします。

屋根は杉皮葺き、杉の梁にブナやモミジなどの板が使われた純和風の湯殿ですが、木枠の窓が洋風のウインドフレームなのです。この和洋折衷《わようせっちゅう》のエキゾチックな雰囲気こそが、法師温泉の〝永遠の斬新さ〟に違いありません。

大浴槽は田の字形をしていて、底に敷き詰められた玉石の間から、熟成したじつにまろやかな石膏泉（カルシウム・ナトリウム―硫酸塩泉）が直に湧き上がってきます。かつての川底が現在の大浴槽の底なのです。

四二・九度。水一滴加えることも沸かすこともない、神が与えてくれた究極の温泉と言ってよいでしょう。小浴場の「長寿乃湯」も同じ直湧きです。法師温泉の代名詞、「法師乃湯」は混浴ですが、女性タイムもあるので、ぜひこちらにも浸かりたいものです。

「法師温泉　長寿館」の大浴場「法師乃湯」

江戸時代から続く直湧きの「奥津荘」の名湯「鍵湯」（著者撮影）

奥津温泉「奥津荘」（岡山県鏡野町）

中国山地の南麓を流れる吉井川の上流に湧く**奥津**は、湯郷《ゆのごう》、湯原とともに〝美作《みまさか》三湯〟と呼ばれてきた古くからの温泉で、現在でもなお俗化度の低い山峡のいで湯です。

気品漂うフロントロビーに飾られた棟方志功の作品が目を引きます。昭和二〇年代にたびたび奥津を訪れた希代の版画家は、名湯「鍵湯」にぞっこんだったといいます。

四〇〇年前の江戸初期に津山藩主森忠政がたびたび湯治に訪れ、元禄七（一六九四）年には四代藩主森長成が三週間滞在し、病を治癒したとの記録が残されています。

奥津にはその頃から「鍵湯」の存在が知られていたようです。これは森忠政がよほど、奥津の絹のような感触の湯が気に入ったとみえて、ふだんは鍵をかけて一般の入浴をかたく禁じていたと、記録にあります。

村人の心得を庄屋に指示した「申し渡し書」が現存しており、その中に次のような一文があります。

「鍵湯近くの村人は挙動に注意し、また子供が鍵湯の辺りをうろつかないように十分に監視すること」

「鍵湯」は瀟洒《しょうしゃ》な木造二階建ての**「奥津荘」**の浴場として残されています。四二度、pH九・一のアルカリ性単純温泉で、おそらくは津山の歴代の殿様が湯治をした頃と同じレベルの湯が今なお吉井川の岩盤から自然湧出し続けています。底から湧き出る湯にかなりの勢いがあるのは、吉井川が水量に恵まれていることの何よりの証拠。川の水量が豊富だと、水圧がかかって温泉が自噴してくるからです。幸いなことに四二度で湧き上がってきますから、適温なのです。

奥津荘には「立湯《たちゆ》」もあり、こちらも直湧きです。

その名の通り深いところでは一・二メートルもあり、立ったまま入ります。下半身に水圧がかかりますから、足にたまった血液が心臓に戻され、むくみも解消されることでしょう。「鍵湯」と「立湯」で毎分二七四リットルもの豊富な湯が自然湧出されているのは驚きです。〝名湯〟というにふさわしい澄明な湯は、吉井川の清冽《せいれつ》な流れのように、気品すら感じさせます。

代表的な〝直湧き〟を五湯ご紹介しましたが、日本列島には個性的な直湧きの温泉がまだまだあります。主な温泉を次のリストにまとめましたので、究極の極楽湯をぞんぶんに楽しんでください。

「直湧きの風呂」がある主な温泉旅館一覧

＊かんの温泉「然別峡かんの温泉」（北海道）
＊丸駒温泉「丸駒温泉旅館」（同）
＊酸ケ湯《すかゆ》温泉「酸ケ湯温泉旅館」（青森県）
＊谷地温泉「日本三秘湯　谷地温泉」（同）
＊蔦温泉「蔦温泉旅館」（同）
＊乳頭温泉郷「鶴の湯温泉」（秋田県）
＊乳頭温泉郷「孫六温泉」（同）
＊藤七《とうしち》温泉「彩雲荘」（岩手県）
＊夏油《げとう》温泉「元湯夏油」（同）
＊花巻南温泉峡（鉛温泉）「藤三旅館」（同）
＊作並温泉「鷹泉閣　岩松旅館」（宮城県）
＊二岐《ふたまた》温泉「大丸あすなろ荘」（福島県）
＊二岐温泉「柏屋旅館」（同）
＊奥那須温泉「大丸《おおまる》温泉旅館」（栃木県）
＊法師温泉「法師温泉　長寿館」（群馬県）
＊下部温泉「古湯坊　源泉館」（山梨県）
＊鐘釣温泉「鐘釣温泉旅館」（富山県）
※現在不定期で日帰り温泉のみ営業
＊三朝《みささ》温泉「旅館大橋」（鳥取県）
＊奥津温泉「奥津荘」（岡山県）
＊奥津温泉「東和楼」（同）
※当面は日帰り入浴のみ
＊宝泉寺温泉郷（壁湯温泉）「旅館　福元屋」（大分県）
＊地獄温泉「青風荘」（熊本県）
＊湯川内《ゆがわち》温泉「かじか荘」（鹿児島県）
＊白木川内《しらきがわち》温泉「旭屋旅館」（同）
※当面は日帰り入浴のみ

修善寺温泉はなぜ名湯なのか？

単純温泉＝ただのお湯？

日本人は泉質へのこだわりが意外に強いようで、「単純温泉」と聞いただけで、なかにはがっかりする人が少なくないことも事実です。とくに温泉好きの方に、この傾向があるようです。「単純温泉＝ただのお湯」との先入観を抱いてしまっているのかもしれません。

確かに単純温泉は「温泉水中の溶存物質量（ガス性のものを除く）が一キログラム中に一〇〇〇ミリグラムに満たないが、泉温が二五度以上のものを指す」と定義されています。簡単に言うと「成分が薄く二五度以上の温泉」となります。また多くの単純温泉は無色透明、無味無臭が特徴ともいえます。

ところが**歴史的名湯には単純温泉が多いのです**。伊豆の名湯、**修善寺温泉**（静岡県）をはじめ、**箱根湯本温泉**（神奈川県）、**伊東温泉**（静岡県）、**下呂温泉**（岐阜県）、**道後温泉**（愛媛県）。いずれも温泉史を彩ってきた日本を代表する名湯です。さらに**飯坂温泉**（福島県）、**鬼怒川温泉**（栃木県）、**越後湯沢温泉**（新潟県）、**湯村温泉**（兵庫県）、**湯原温泉**（岡山県）、

由布院温泉（大分県）……。このような全国的に有名な温泉地の名前を前にして、思わず「へえ～」と声を上げられた方も多いでしょう。単純温泉は一般に思われているほどに単純な温泉ではないのです。

先ほど単純温泉にも療養泉があることを説明しましたが、あらためて単純温泉を考えてみます。単純温泉は日本の泉質の中でもっとも数が多く、全体の四〇％以上を占めます。その多くは泉温が三五度以下です。

含有成分が薄い原因は、地下の深層に浸透した地下水が岩石の成分を溶かさず比較的短時間で湧出したためと考えられます。ただし「温泉法」で定められた特定成分基準値に達していないものの、さまざまな微量成分が含まれており、もちろん単純温泉の組成はすべて同じというわけでもありません。したがって、決して〝単なるお湯〟ではないのです。

意外にも単純温泉には、「湯治」の名湯が多い

「シンプル・イズ・ベスト」というように、名湯とは飾り気や癖のない万人向けの温泉のことを指したとも考えられます。ですが本当のところは、それほど単純なことではなかったと思われます。なぜなら現代のように医療が発達していなかった半世紀前までは、「病を治癒できないような温泉は温泉ではなかった」からです。つまり「〝効く〟温泉が〝名湯〟の第一条件だった」のです。

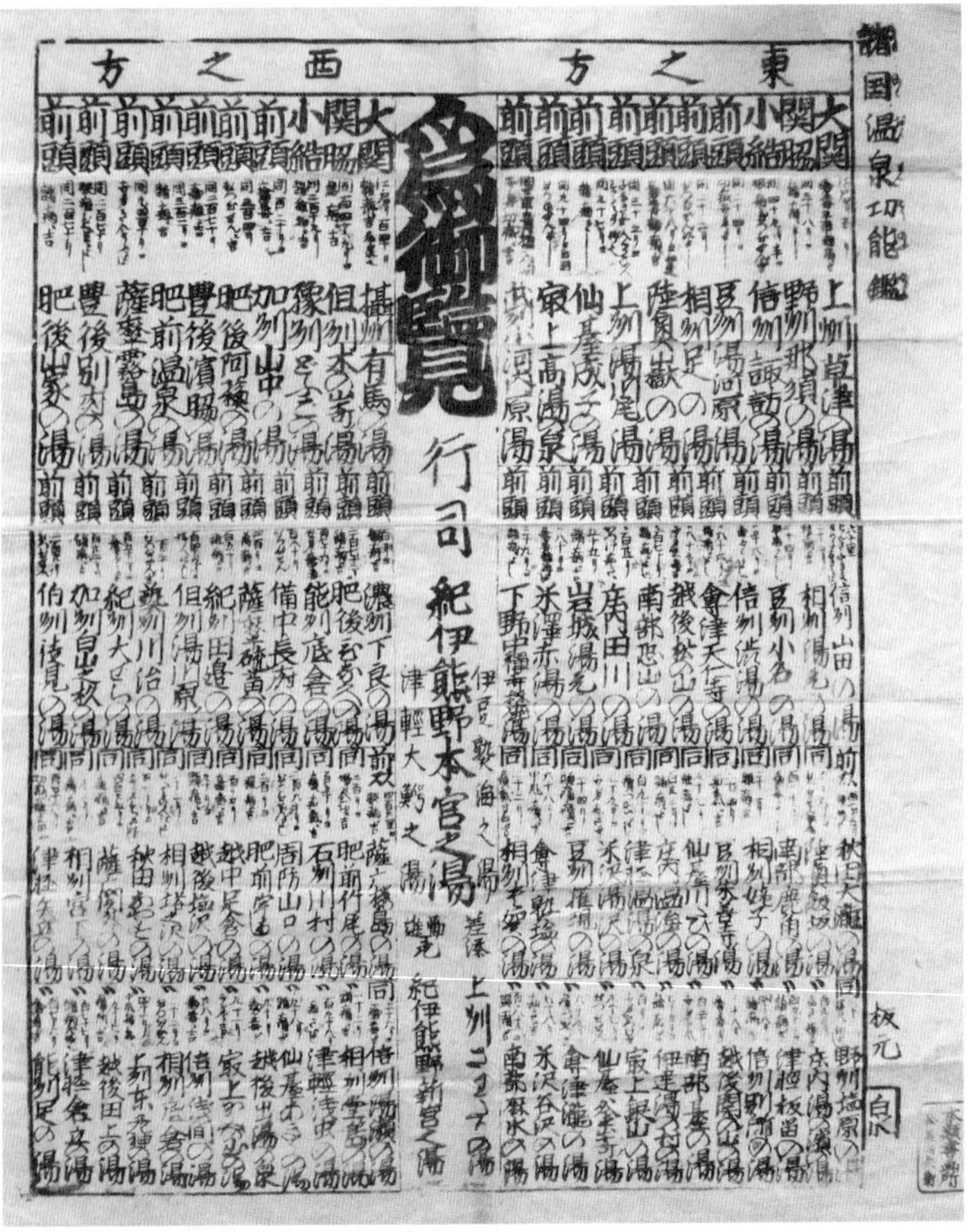

天保３（1832）年発行の温泉番付（『諸国温泉功能鑑』著者蔵）

江戸時代から明治、大正時代にかけて重宝された「諸国温泉功能鑑」は、全国の名だたる温泉を大相撲の番付に見立て、「効く」順に並べた温泉番付でした。私の手元にある天保三（一八三二）年発行の温泉番付には、西の小結・**道後温泉**（愛媛県）、前頭七枚目**山鹿温泉**（熊本県）、八枚目**下呂温泉**（岐阜県）など、単純温泉がいくつも出てきます。ちなみに当時は大関が最高位で、番付には東西で九〇の温泉が載っています。

江戸時代と比べると格段に医科学が発達した現代でも、意外に思われるかもしれませんが、じつは単純温泉で湯治場として有名な温泉は少なくないのです。主な温泉をあげてみましょう。**カルルス温泉**（北海道）、**花巻南温泉峡**（岩手県）の**大沢温泉**と**鉛温泉**、**板室温泉**（栃木県）、**北温泉**（同）、**鹿教湯《かけゆ》温泉**（長野県）、**下部温泉**（山梨県）、**真賀温泉**（岡山県）、**俵山温泉**（山口県）……。

このように書き出してみると、いずれも全国的に知られる療養の温泉地、湯治場であることに気づきます。現在でも「効く」と評価されている温泉なのです。とくに鹿教湯は信州を代表する大きな温泉地のひとつですし、カルルス、板室、下部、俵山などは、数軒から二〇軒前後の宿から成るかなりの規模の温泉街を形成しています。

ここまで読まれて勘のいい方は、「含有成分だけではなく、他にも温泉の効能をチェックする方法があるのではないか」と、ひらめかれたでしょう。じつはその通りなのです。

すでにふれましたが、〝生き物〟、〝生もの〟である温泉は、空気にふれて〝酸化〟することにより、エイジング、老化現象が進みます。私たちの細胞は食生活や乱れた生活習慣、過度のストレス等により、サビつき、つまり〝酸化ストレス状態〟に陥り、がんや糖尿病、動脈硬化など、さまざまな生活習慣病を発症することが知られています。

温泉のなかには抗酸化作用にとても優れたものがあることが、私どもの調査、入浴モニターによる実証実験等で解明されてきました。そのような温泉のなかに、「成分が薄い」として下位に見られてきた単純温泉が含まれていることも明らかになってきたのです。

「酸化還元電位」という温泉の評価法

従来、温泉を「もっぱら含有成分の種類の豊富さ、濃度などで評価してきましたが、果たしてそれだけで良いのか?」というのが、私の永年の疑問でした。

たとえば、単純温泉の俵山温泉が、文献でわかるだけでも明治時代から〝リウマチの名湯〟といわれて現代に至っています。関節リウマチは現代医学をもってしても、なお難病といえるでしょう。

含有成分を記載した「温泉分析書」が「目に見える温泉の力」だとしたら、これからご紹介する「酸化還元電位」という評価法は、温泉の「見えざる〝ポテンシャル(潜在能力)〟を可視化するもの」と言ってもいいでしょう。

「酸化」という化学用語は日常生活のなかでもよく使われますね。酸素と反応して物質が燃えたり、切った野菜や果物が変色したり、鉄がサビたりします。こうした現象を酸化現象と呼びます。私たちの体の細胞もさまざまな酸化ストレスによって、サビつき、顔の皮膚細胞であればシミができたり、シワ等の原因のひとつとなります。また細胞膜は皮脂で覆われており、それが酸化してサビつくと過酸化脂質になり、さまざまな疾病の原因となることもよく知られているところです。

一方で、日常的にはそれほど使われてはいませんが、「還元」という化学用語があります。これは「酸化された状態を元に戻す反応」です。サビたクギを還元作用の強い温泉に入れるとサビがとれます。この働きを利用して、還元作用、抗酸化作用のある温泉に入ることで、細胞のサビを除去したり、抑制することも可能でしょう。

「ちょっと難しいわ」と感じられた人もいらっしゃるかもしれませんね。それでは温泉の秘めたる還元作用を可視化してみましょう。次のページの写真は福島県の**高湯温泉**の**共同浴場「あったか湯」**に使用されている「滝の湯源泉」の還元力を可視化した実験です。「温泉の科学コラム」も参考になさってください。

温泉の還元力を可視化する

実験で還元された水のORP[*]値はマイナス七四mV（pH二・五）で、単に透明に戻っただけでなく、「酸化状態にあった水」が「還元状態の水」に大幅に変質したことを示唆しています。

＊酸化還元電位のこと。この数値がプラスなら酸化力に優れ、マイナスなら還元力に優れていることを表す。詳しくは、コラム参照。

1

二つの透明なグラスにそれぞれ半分程度の水道水（ORP値は528mV、pH7.2）を入れたものです。

2

グラス内の水が酸化されていることを可視化するため、それぞれに同じ量のうがい薬（イソジン）を入れたものです。サビ色に変色しました。イソジンは酸化剤ですから、ORP値は520mVでした。

3

片方のグラス内の水とほぼ同量の水をさらに加えたものです。水道の水も塩素で酸化されていますので、色はわずかに薄まったかどうかのレベルです。

4

もう片方に「高湯26番 滝の湯（滝の湯源泉）」（ORP値マイナス148mV、pH2.2）を少し注ぎました。

5

その瞬間に、茶色の水は透明に変色しました。これは酸化されたサビた水が「還元された」ことを示しています。

　このようにかつては〝名湯〟といわれていたような温泉では、**修善寺温泉**のような単純温泉を含めて、レベルの違いはあっても、還元作用を有していたと考えられます。

温泉の科学コラム～酸化と還元

一・酸化還元反応とは

　酸化とは「物質が酸素と結びつく反応」を、還元は「酸化された状態を元に戻す反応」、「酸化物から酸素が奪われた状態」を指します。皮をむいたリンゴや天ぷら油を放置しておくと、変色したり、魚や肉の色が変わるのも酸化現象です。

　一方で、サビついたクギを温泉につけておくとサビがとれてきます。肌のシミが温泉によって薄くなったり消えることがあるのも、温泉の還元作用で皮膚の細胞が修復されたためです。

　地下水は「還元系」です。大気と遮断された深いところに滞留している地下水ほど、溶存酸素の量が少ないため還元状態（以後、これを「還元力」と呼ぶことにします）は高くなります。温泉は地下数キロメートルから十数キロメートルの深部から湧出するため、地下水、石清水《いわしみず》などの湧水よりもはるかに高い還元力を有します。もちろん含有成分も地下水の比ではありません。

酸化と還元の反応は同時に、しかも真逆の反応として起こります。一方の物質が酸化されれば、もう一方は還元されるというようにです。

温泉水など、物質の最小単位である原子は、中心に正の電荷を帯びた原子核とその周りの軌道（電子殻）を回る負の電荷を帯びた複数の電子から構成されています。原子核はさらに陽子と電気的に中性な中性子から構成されます。そして軌道の一番外側を回る電子が二つ対（ペア）になっていれば、この電子は安定した状態にあるといいます。

ところが何らかの原因で対（ペア）になっていない場合（「不対電子」と呼びます）、他の原子から電子を奪い取ったり、逆に奪われたりします。この際の電子のやりとりを「酸化還元反応」と呼びます。つまり酸化とは化学的には電子の足りない原子に電子を奪われることを、還元は電子を得る（結合する）ことを指します。

二．酸化還元電位（ＯＲＰ）という評価法

酸化還元反応の濃淡を測定するのが「酸化還元電位（ＯＲＰ＝Oxidation Reduction Potential）」という評価法です。

酸化還元反応では、電子は原子間及び分子間での移動を伴い、反応は電子的に安定する平衡《へいこう》状態に向かって進行します。この酸化還元反応の過程で電子の濃度変化がわかれば、どれだけ安定した平衡状態に近づいているかを評価できます。ちなみに電子の不足

状態を「酸化系」、過剰状態を「還元系」、そして釣り合っている状態を「平衡系」と呼ぶことにします。

ＯＲＰ（酸化還元電位）の単位はmV（ミリボルト）。酸化剤（相手を酸化するもの）、還元剤（相手を還元するもの）の強さの目安を測るのが測定器、ＯＲＰ計です。酸化状態が強くなれば数値は「＋（プラス）」の方に高くなり、逆に還元状態が強くなれば数値は「－（マイナス）」の方に低くなります。低い「－（マイナス）」電位を維持した温泉水ほど、「還元作用がある」、「還元力が強い」などと表現することにします。

酸化還元電位はpH値と密接な関係があるため、ＯＲＰ値が低いから一概に還元作用が強いとは即断できません。ＯＲＰはpHによって変動するため、中性の状態で測定するのが基本です。

わが国では「水道法」によって、殺菌のために水道水に塩素系薬剤（次亜塩素酸ナトリウム等）を混入するように定められているため、水道水は酸化された状態で家庭の蛇口に届きます。もちろん塩素は酸化剤です。水道水は一般にＯＲＰ値で五〇〇～六〇〇mV前後ですが、東京、大阪などでは夏場は七〇〇mVを超える場合もあるようです。なお水道水は中性（pH七）を基本としています。

日本で飲まれているミネラルウォーターのＯＲＰ値は二〇〇mV前後で、一般にこのあたりを酸化系と還元系の境、「平衡系」の目安と考えてもいいでしょう。

紀行文

七福神を祭った共同湯をめぐる

伊東温泉
（静岡県伊東市）

その名が「湯出《い》づ」に由来するとの説もあるほど、伊豆には温泉が多い。なかでも**伊東**は、毎分三万リットルを超える、関東ではもちろん、全国でも屈指の湯量を誇る大温泉地である。

踊り子号でJR伊東駅に降り立つ。湯の花通り、キネマ通り経由で、江戸初期の発見以来、〝松原の出来湯〟と呼ばれてきた**「松原大黒天神の湯」**に直行した。駅から歩いて五、六分の至近距離である。

伊東の魅力のひとつは、市内一〇カ所の温泉共同浴場（外湯）を中心に、江戸時代に築かれた村落共同体の伝統が、都市化された温泉場にそのまま受け継がれたことにある。

広々とした脱衣場は昔の銭湯を髣髴《ほうふつ》とさせる。

温泉分析書を見ると、「単純温泉、四三度、pH九・〇」とある。〝源泉一〇〇％かけ流し〟への期待がふくらむ。

浴場の中央に御影石で縁取りされた長方形の浴槽がひとつ。

これも懐かしいスタイルだ。一〇人は優に

入れそうな浴槽にからだを沈める。その瞬間、柔らかで澄明な湯が惜しげもなく洗い場にあふれ出た。

夕食前とあって、風呂場は地元の人たちでにぎわっていた。

これほど生活の匂いが漂う極上湯に、旅人が足を運ばないのはもったいない。共同湯で土地の人たちと接するのは、温泉旅行の醍醐味のひとつなのだ。

かつて松原の出来湯は湯の花通りにあった。江戸時代に出来湯と松川を挟んだ和田湯が、「豆州の薬湯」として、樽詰めされ、船で江戸の銭湯へ送られていたという。三代将軍、徳川家光への献上湯で知られる伊東最古の歴史を誇る和田湯、現在の**共同湯「和田寿老人の湯」**が十数年前に建て替えられ、やはりここも夕方とあって大勢の湯客でにぎわっていた。

「タクシーで神社に祭った七福神めぐりをするお客さんはいたけど、七福神を祭った共同湯をめぐる人は初めてかな」と、運転手さんは苦笑した。

六湯目の**「岡布袋の湯」**には、あつ湯とぬる湯の二つの浴槽が並んでいた。

「子どものころから毎日浸かっていると、伊東から離れられなくて――」

肌に張りのある年配の男性が快活に笑った。

放浪の俳人、種田山頭火はその独特の嗅覚で、優しい庶民の匂いのする温泉場をかぎ分けたものだ。昭和一一（一九三六）年、よほど気に入ったのか、山頭火はこの伊東に三泊もしている。

四月一七日汽車で熱海駅に着いた後、すぐに二二キロを歩いて伊東に入った。伊東では木賃宿「伊東屋」に止宿した。

「大地から湧きあがる湯は有難い」と、山頭火が書いた和田湯は、田んぼの中から自然湧出した湯を鍬《くわ》で掘って湯船を造り入ったところから、昔は「鍬掘の湯」と呼ばれていたという。伊東屋には内湯はなかったので、山頭火は滞在中、毎日和田の大湯に浸かった。大湯は伊東最古の温泉で、藩政時代には徳川の将軍家へ献湯されたり、大名が入浴したりと、輝かしい歴史をもつ。

玖須美の大衆浴場として大勢の人々に親しまれてきた和田湯は平成二〇年に建て替えられ、和田湯会館の前に山頭火の句碑も建立された。

なみおとのさくらほろほろ
湯の町通りぬける春風
——山頭火

共同湯で居合わせた年配の男性と談笑する温泉博士

湯治の力

単純温泉の俵山での湯治

私は旅行作家として、温泉学者として、年間一五〇〜二〇〇泊前後を温泉旅館で過ごす生活を四〇年以上続けてきました。最近は一か所の温泉に一〇日以上滞在しながら調査する機会がふえています。まるで湯治のようですが、仕事で滞在するのと療養を目的とした滞在では心構えがまるで違うため、効果も自ずと異なります。

こんな私がこれまでに一度だけ、夫婦で七泊八日の〝予防医学〟としての免疫力アップを意識した本格的な温泉療養＝湯治を経験しています。場所は山口県の**俵山温泉**です。平成一七（二〇〇五）年に出版した『温泉教授の湯治力――日本人が育《はぐく》んできた驚異の健康法』（祥伝社新書）のなかで、「湯治場番付」を発表し、東の横綱に**肘折《ひじおり》温泉**（山形県）、西の横綱に俵山温泉をランク付けしたほど、療養温泉としての俵山に注目してきました。肘折は濃厚な成分を有した含重曹食塩泉ですが、対照的に俵山は薄いといわれるアルカリ性単純温泉でした。

俵山では滞在客は昔ながらに外湯（共同湯）に出かけます。四〇軒ほど湯治宿があった半世紀前も二〇軒ほどに減った現在も、同じように湯治客は浴衣姿で外湯に向かいます。内湯（風呂）をもつ宿は一、二軒しかないのも昔のままです。

現在、俵山には二軒の外湯があり、湯治客や地元の人に絶大な人気を誇るのは長州藩毛利家の藩営温泉からの歴史をもつ**「町の湯」**です。俵山は江戸時代前期にすでに四〇軒余もの宿を抱える長州随一の温泉場でした。

私たちがここで七泊の湯治を経験したのは平成一六（二〇〇四）年のことです。入浴は朝食前、午後、就寝一時間ほど前の三回とも「町の湯」に入りました。浴槽内で四〇度程度のややぬる目の湯に二〇分ほど一度浸かるだけです。単純温泉とは思えない〝湯力〟は明らかに並の温泉とは異なりました。

俵山温泉の街並み（提供：俵山温泉合名会社）

つい長湯したくなるぬる目の湯

俵山のようなアルカリ性単純温泉は、最近ブームの美肌効果が優先されそうな湯と思い込みがちです。先入観をもたないで他の入浴客の所作を観察していると、そこの入浴法がある程度わかるものです。ぬる目の湯ですから、時折、深く深呼吸なぞして自然体で浸かります。最初は額から汗が出てきたら、「そろそろ上がりの時間」と考えて良いでしょう。

「町の湯」では一五〜二〇分程度浸かると十分です。昭和二八（一九五三）年に九州大学温泉治療学研究所（当時）の矢野良一教授（リウマチの専門医）の調査・研究で確認されています。一時間入浴しても効果は変わらないとまで科学的なデータが示されています。九州大学では戦前から継続的に俵山の研究が行われていました。じつはこのような科学的な研究が行われていた温泉は日本では意外にも珍しいことなのです。

「町の湯」に入っているとひどく疲れがきます。明らかにもう一か所の露天風呂付きの**共同浴場「白猿の湯」**とは異なります。新陳代謝のスピードの違いです。一見、何の変哲もない湯と軽く見たのか、長湯していた湯客が浴槽から上がった瞬間、倒れて顎をしたままタイルの床に打ちつけ、救急車で運ばれるのを、私は目の当たりにしています。

温泉に馴れているはずの私でも朝食前に二〇分も浸かると、体への負担は相当なものでした。宿に帰り、三〇分ほど横になった後、朝食です。

一日三回の入浴を軸に、食事、散策、読書、そして睡眠だけ。人生の中でこのときほど贅沢に、また幸せを感じたことはなかったものです。「温泉に恵まれた日本に住んでいて良かった」と、素直に思える日々でした。当初期待した以上に、数年分の〝免疫力〟の蓄えを実感しながら、札幌への帰途についたのでした。

七泊八日の湯治を終えた後、私の体調はいつにも増して健康そのものでした。相変わらず「病院知らず」の生活が現在まで続いており、また俵山湯治後は風邪をひくことはめったになくなったことも事実です。それはきちんとした湯治を経験して、体調の管理が適切になったからに違いありません。

成分が薄くても、なぜ効くのか？

「俵山のような単純温泉がなぜ効くのか？」を、科学的に確認する方法はないものか？入浴モニターによる実証実験で、俵山という単純温泉の効き目を実証できないものか？湯治を終えて以来、この二つの課題をぜひともクリアしたいと考えました。最初の課題はこれから簡単にふれます。二つ目の実証実験も実現しましたので、後にあらためてふれます。

「成分が薄くても効くのはなぜなのか？」この疑問を確認するために、「酸化還元電位（ORP）」による評価法を導入したのはいうまでもありません。**温泉の本質を化学的に一言でいうと、その還元作用にあります。**

「町の湯」では、湯口から浴槽（一号湯）に注がれた湯はあふれて隣の浴槽（二号湯）に流れ出す仕組みになっています。一号湯は源泉かけ流しで、二号湯は濾過《ろか》循環されており、湯温は下がります。一号湯の湯口下の酸化還元電位はマイナス二一八mV（ミリボルト）、pHは九・〇六、湯温は三九・六度。湯が隣の二号湯の浴槽にあふれ出る直前の湯尻で、酸化還元電位はマイナス二〇六mV、pHは九・〇三、湯温は三九・四度でした。酸化還元電位の値は低いほど、とくにマイナスを示すほど「鮮度の高い」、「活性のある」温泉であると考えられます。

　浴槽内の湯の酸化還元電位がマイナスの場合、「還元力に優れた温泉」と考えて良いでしょう。なかでも浴槽のどの位置

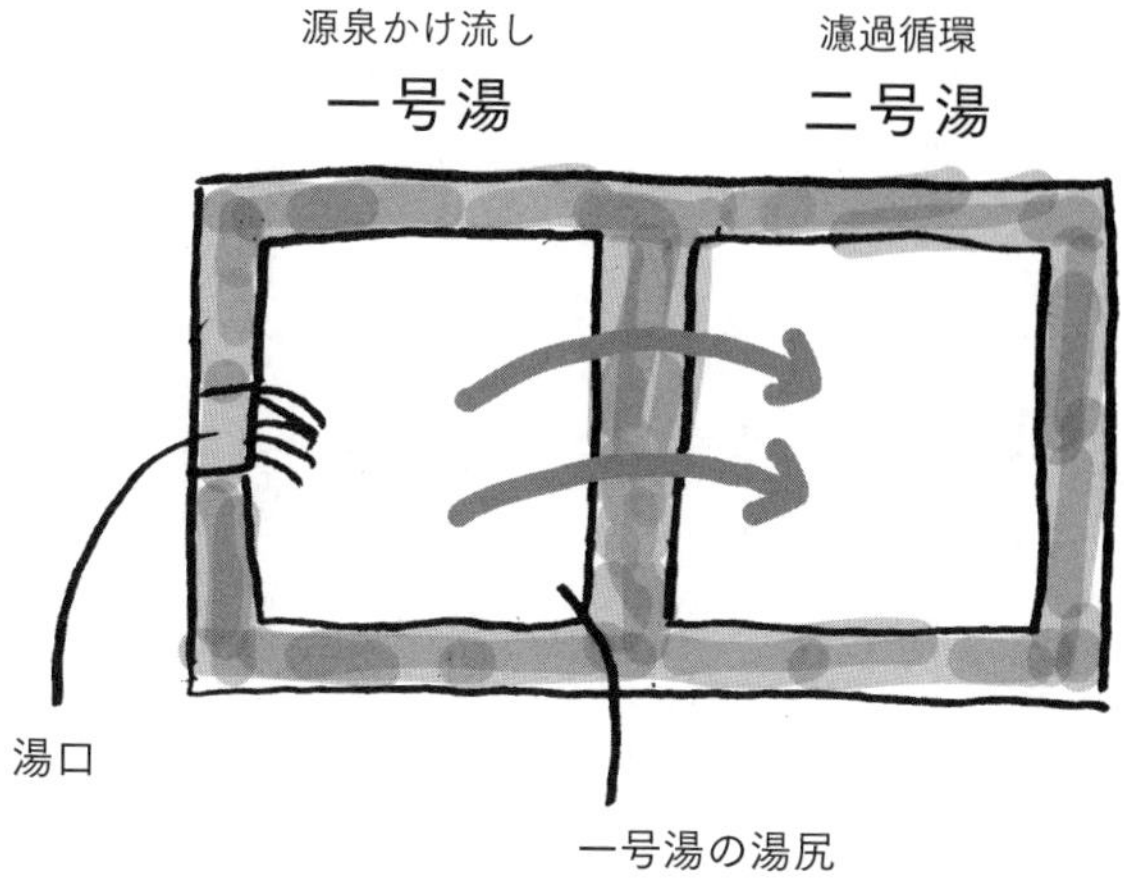

「町の湯」の2つの浴槽（男性用）

で入浴しても湯力にほとんど変化のない**俵山温泉**は、極めて希少価値の高い温泉といえます。湯口下でも湯があふれ出る湯尻でも、浴槽内ではほとんど差がないからです。ただ、温泉は生命力を有する〝生きもの〟であるため、酸化還元電位も季節や気象条件によって絶えず変化します。

かつて〝名湯〟といわれた温泉は、優れた還元系の温泉であったことは間違いないでしょう。ところが温泉源を取り巻く環境の悪化が還元力を弱らせていることもまた事実です。やむを得ない面もあります。俵山温泉の場合は地域の人々の努力で自然環境が保たれ、主力の「町の湯源泉」は昔ながらの自然湧出が維持されています。

その甲斐もあり、湯口から浴槽に注がれた直後の湯と湯口からもっとも離れた湯尻の湯を比較すると、わずか六％程度しか酸化（「温泉の老化現象」）が進んでいない。じつはこのような風呂は〝奇跡的〟なレベルといえます。

先に「〝直湧《じかわ》き〟の貴重な温泉」で説明しましたが、源泉かけ流しの温泉であっても、私たちの調査ではふつう湯口から湯尻まで流れる間に温泉の〝活性〟は二五％前後にまで落ちます。流れながら瞬く間に酸化されて、湯の鮮度、活性が衰えるわけです。それほど温泉はデリケートな〝鮮水〟なのです。

活性が半減、五〇％程度にとどまれば「酸化されにくい温泉」、すなわち「抗酸化作用に優れた温泉」と呼んでも良い、と考えています。したがって、**温泉の本質である還元系を活**

かした〝源泉かけ流し〟の風呂の場合、湯尻から浴槽に入り、最終的には湯口付近に浸かることが「賢い入浴法」と記憶してください。

まだまだあるおすすめの単純温泉

俵山温泉の他にも単純温泉で抗酸化作用に優れている温泉はあります。とくに印象的なのは**榊原温泉「湯元榊原舘」**（三重県）と**原鶴温泉「やぐるま荘」**（福岡県）です。榊原温泉は名古屋から、原鶴温泉は福岡の博多から近く、ともに〝美肌の湯〟で知られる大都市圏の穴場といえます。

とくに都市型の温泉地である原鶴温泉に、これほどのレベルの還元系の湯をもつ宿があると知ったときは驚いたものです。原鶴はほとんどの宿が自家源泉を有していますので、「やぐるま荘」以外にも穴場の宿はあるに違いありません。原鶴と比べると歴史は新しいのですが、隣の**筑後川温泉**（福岡県）にも、**「ホテル花景色」**、**「清乃屋」**など還元系の湯をもつ宿が複数あります。

〝人生100年時代〟を迎えた現代社会で、〝抗酸化〟、〝アンチエイジング（抗加齢）〟は大きなテーマとなります。もちろん温泉大国・日本には単純温泉以外にも抗酸化力を有した優れた泉質の温泉は全国に多数散在しています。

「温泉地」と「温泉郷」

宿泊施設のある温泉を「温泉地」と呼びます。**芽登温泉**（北海道）のように**「源泉かけ流しの宿　芽登温泉」**一軒しか宿泊施設がない場合（これを一般に「一軒宿の温泉」などと呼ぶ）も、**草津温泉**（群馬県）のように数十軒の宿泊施設がある場合も、同じようにひとつの温泉地でカウントします。令和元年度のデータでは二九七一か所の温泉地があります（環境省）。近年、都市近郊に急増している、たとえば**百観音温泉**（埼玉県）のような「日帰り温泉」施設しかない温泉は温泉地にカウントされません。

一方、「温泉郷」には明確な定義はありませんが、一般に複数の温泉地を総称する呼び方で、ＰＲがしやすいこともあってか近年この呼称がふえています。奈良県の十津川村に**十津川温泉**、**湯泉地温泉**、**上湯温泉**の三つの温泉地がありますが、これを総称して**十津川温泉郷**といいます。秋田県の**乳頭温泉郷**は**鶴の湯温泉**、**黒湯温泉**、**蟹場《がにば》温泉**、**妙乃湯温泉**など七つの温泉の総称です。

また岩手県の**花巻南温泉峡**のように〝郷〟ではなく、〝峡《きょう》〟を当てている温泉もあります。**志戸平温泉**、**渡り温泉**、**大沢温泉**、**鉛温泉**など豊沢川沿いの八湯の総称です。他に同じ岩手県の**湯田温泉**でも**湯田温泉峡**を使用しています。

〝郷〟の読み方は「きょう」と「ごう」があり、一般に前者は東日本、後者は西日本の温泉地で使用されているようです。

美人の湯とは

温泉で美肌を手に入れる

大勢の人が温泉に疲労回復やリフレッシュなどの効果を求めるなか、女性にとってもうひとつ気になるのが「美肌効果」ではないでしょうか？「あの温泉は、肌がすべすべになる」とか、「肌がしっとりして化粧ののりが良くなった」等々、温泉が肌を若々しく、生き生きとしてくれることを、女性は文字通り肌で知っているわけです。

そのひとつの目安とされているのが、泉質です。**肌への刺激が少ないシルク感触のアルカリ性単純温泉**、**皮膚を柔らかく滑らかにしてくれるナトリウム—炭酸水素塩泉（重曹泉）**、**古くなった肌の角質を柔らかくする硫黄泉などは、「美人の湯」、「美肌の湯」などと呼ばれ、人気があります**。そうした美肌効果には共通する温泉の微量成分が関係していることがわかってきました。

最近、山陰の古湯**玉造温泉**（島根県）に代表されるように、「美人の湯」、「美肌の湯」のPRに力を入れる温泉がふえています。女性客の心を捉えることが温泉地の人気回復につながるからでしょう。加えて首都圏など都市近郊で温泉掘削ブームが続いており、そこで湧出する温泉の大半がメタケイ酸など天然の保湿成分を含んだアルカリ性単純温泉であることも、〝美人の湯ブーム〟に拍車をかける要因となったと思われます。メタケイ酸は潤い肌用の化粧品などにも配合されている保湿成分です。

肌をみずみずしくする保湿成分「メタケイ酸」

半導体部品に使われるケイ素と酸素、水素の化合物であるメタケイ酸。コラーゲンの生成を助けて肌をみずみずしくしてくれる効果があります。そこに肌をつるつるにする作用をもつカルシウムイオンが加わることで、表皮細胞の角質のターンオーバーが促進され、肌のセラミド（細胞間脂質）を整えてくれます。

肌の潤いはわずか〇・〇二ミリ、ラップ一枚分程度の厚さの角質層（角層）に守られており、皮脂、天然保湿因子（NMF）、それに角質細胞間脂質（セラミド）の三物質のバランスによって保たれています。皮脂の水分が二〜三％、天然保湿因子が一七〜一八％、角質細胞間脂質、つまりセラミドが残りの八〇％前後を占めるというので注目されるわけです。

もともとほとんどの温泉にメタケイ酸は含まれているのですが、とくに温泉水一キログラム中に一〇〇ミリグラム以上含有されていれば、「美肌効果が高い」といわれます。

メタケイ酸は天然の保湿成分で、肌の新陳代謝を促進するとともに、抗酸化作用もありますので、肌のエイジング、老化を防ぐ効果があります。また角質層のバランスを整えるセラミドの働きを助けてくれる、女性には心強い温泉成分だといえます。

しかも温泉は心身の健康力を高めることにより、内からも真の美肌力、美白力を磨き上げることが、スキンケア化粧品類との決定的な違いと思われます。上手に双方を活用したいものです。

温泉に美肌を求められる方は、肌をエイジング（酸化）させないためにも鮮度の高い、源泉かけ流し温泉を選ぶことをお勧めします。次に湯温の低めの湯を選ぶことが大切です。このことは私どもの入浴モニターの協力による、温泉の美肌効果の実証実験からも確認されています。

確かにメタケイ酸は高温に溶ける性質があるため、とくにメタケイ酸の含有量が一キログラム中に五〇〇ミリグラムを超えるような温泉には、七〇〜一〇〇度近くの高温泉が多いことも事実です。ですが、高温泉は発汗作用が活発なため、皮膚の水分量は減少する傾向にあります。含有量ばかりに惑わされずに、リラックスして副交感神経を優位にできるぬる湯を選びたいものです。またメタケイ酸の量を求めるだけでしたら、化粧品の方が効率的でしょう。

「美人の湯」の記述の元祖は天平五年の『出雲国風土記』

「日本三大美人湯」、「日本三美人の湯」などという言葉があります。日本人は昔から「世界三大美人」とか、三を並べることが好きでした。

「日本三大美人湯」とされてきたのは、**川中温泉**（群馬県）、**龍神温泉**（和歌山県）、**湯の川**

温泉（島根県）の三か所の温泉を指します。「日本三美人の湯」の呼称もこの三湯のことで、平成元（一九八九）年に「日本三美人の湯」の姉妹提携が結ばれ、川中、龍神、湯の川では、この言葉で統一して使用しています。

「温泉と美人の湯」の関係は、皆さんが想像されるよりずいぶん早く、天平年間の記録に現れています。奈良時代の和銅六（七一三）年に元明天皇に編纂を命じられ、天平五（七三三）年に完成し、聖武天皇に奏上《そうじょう》されたと伝えられる『出雲国風土記《いずものくにふどき》』に出てくるのです。

数ある「風土記」の中でももっとも完成度の高いといわれる『出雲国風土記』は、**玉造温泉**、**海潮《うしお》温泉**、**出雲湯村温泉**（いずれも現在の島根県）の三か所の温泉に関する記述がある貴重な資料です。現在では**三朝《みささ》温泉**（鳥取県）、**皆生《かいけ》温泉**（同）、**城崎温泉**（兵庫県）、**湯村温泉**（同）等とともに山陰を代表する大温泉地に発展した玉造温泉に関して、次のような記述が出ています。

「一《ひと》たび濯《すす》げば形容端正《かたちきらきら》しく、再び浴《ゆあみ》すれば万《よろず》の病悉《やまひことごと》に除《のぞ》こる。古《いにしえ》より今に至るまで験《しるし》を得ずといふことなし。故《かれ》、俗人《くにびと》、神湯《かみのゆ》と曰《い》ふなり」

『出雲国風土記』は写本で伝わっていたようで、私が所蔵する江戸後期の文化年間の版本に、玉造の湯の効能がこのように記されています。私たちの祖先は約一三〇〇年も前の奈良時代に、すでに温泉の効能を的確に表現していたことに驚かされます。現代語にしておきます。

「（玉造の湯で）一度洗えば容貌も美しくなり、重ねて洗えば万病すべて治癒してしまう。このように、昔から今まで例外なく効験を得ているので、世人はこれを神の湯と言っているのである」

現代のような化粧品も医薬品もなかった時代、神からの賜物のような温泉で湯浴《ゆあ》みすると、「肌が輝き美人になり、病はすべて治癒した」という、先人たちの率直な評価は決して誇張ではなかったでしょう。それどころか昭和三九（一九六四）年に開催された最初の東京オリンピックの頃まで、温泉の効能に対して、「霊泉」とか「効験あらたかなる」などの表現はふつうでした。

さて、川中温泉、龍神温泉、湯の川温泉が「日本三美人の湯」と呼ばれるきっかけとなったと思われる記述は、昭和五（一九三〇）年に出版された大日本雄弁

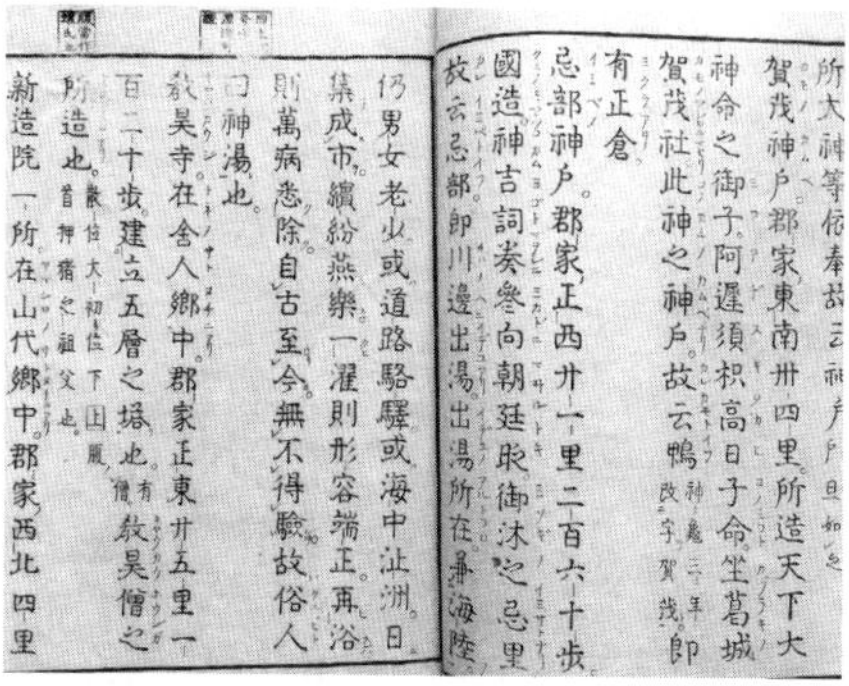
所大神等依奉故云神戸且如之
賀茂神戸郡家東南卅四里所造天下大
神命之御子阿遅須枳高日子命坐葛城
賀茂社此神之神戸故云鴨神亀三年改字賀茂
有正倉
忌部神戸郡家正西卅一里二百六十歩
國造神吉詞奏參向朝廷時御沐之忌里
故云忌部即川邊出湯出湯所在兼海陸
仍男女老少或道路駱驛或海中沚洲日
集成市繽紛燕樂一濯則形容端正再浴
則萬病悉除自古至今無不得験故俗人
曰神湯也
教昊寺在舍人郷中郡家正東廾五里一
百二十歩建立五層之塔也有僧教昊僧之
所造也散位大初位下上腹首押猪之祖父也
新造院一所在山代郷中郡家西北四里

『出雲国風土記』1806（文化3）年版の玉造温泉の記述（著者蔵）

会講談社編『日本温泉案内』（大日本雄弁会講談社）の東部篇、西部篇に出ていました。

川中温泉には「此処《ここ》の湯に入ると色が白くなると云はれて、一に美人湯の名がある」。龍神温泉には「今はこの湯が、肌を細《こまや》かにし、色を白くする効があるといふので、美容温泉といふ現代的な名を附けて喜んでゐる人もある」。湯の川温泉には「醜婦も一浴すれば美人となると言い伝へて、美人泉の称がある」といった具合です。

その後、『日本温泉案内』の記述を踏襲するガイドブックが続出します。そのなかでもっとも影響力のあった温泉ガイド本は鉄道省編纂の『温泉案内』で、大正九（一九二〇）年に初版が刊行されて以来、昭和中期まで毎年のように増刷、改訂などを繰り返していました。

〝日本三美人の湯〟の共通点は？

川中温泉、**龍神温泉**、**湯の川温泉**の「日本三美人の湯」の共通点に、弱アルカリ性の温泉であることがあげられます。石鹸のように肌がぬるぬるするような感触です。
泉質的に美人の湯を分類すると、おおよそ三つに分けることができます。

一・ナトリウム—炭酸水素塩泉（**含重曹泉**）

龍神温泉がナトリウム—炭酸水素塩泉（含重曹泉）で、美人湯の代表的な泉質といっていいでしょう。クレンジング効果で角質を柔らかくし、古い角質を落としてくれます。また余分な皮脂などを洗い流し、一方で保湿効果も高めるという万能的な美肌の湯です。

二．カルシウム―硫酸塩泉（含石膏泉）

川中温泉がカルシウム―硫酸塩泉（石膏泉）で、**湯の川温泉**がカルシウム・ナトリウム―硫酸塩・塩化物泉（含食塩―石膏泉）です。硫酸塩イオンは肌を引き締め、弾力性を回復する効果があります。またカルシウムイオンは肌の汚れを落としてくれます。

三．硫黄泉

古くなった角質を柔らかくしたり、皮脂を溶かす働きがあります。硫黄泉のもっと優れた働きは、メラニン色素を溶かし、また硫黄泉に含まれているコロイド質が肌の表面に膜をつくり、紫外線をシャットアウトすることです。そのため「美白の湯」とも呼ばれています。

硫黄泉とナトリウム―炭酸水素塩泉（重曹泉）は、温熱作用とその含有成分によって、古い角質層を溶かすと同時に、真皮の血液の循環をよくし、新陳代謝を促進します。その結果、シミを防ぐだけでなく、皮膚の細胞を活性化し、みずみずしい肌にしてくれる効果があるわけです。

ただし、硫黄泉でもとくに刺激の強い硫化水素泉の場合、乾燥肌の人は長湯は避けた方が無難でしょう。

「とろける温泉湯豆腐」と「美肌の湯」の旅

嬉野温泉（佐賀県嬉野市）

西に虚空蔵《こくぞう》山、東に国見岳、その間に広がる大野原高原のなだらかなすそ野にまばゆいばかりの緑の茶畑が続いている。茶畑の丘を縫うように流れる嬉野川の河畔に湧く**嬉野温泉**は、奈良時代の『肥前国風土記』にも出てくる由緒正しき古湯である。

アルカリ性の〝美肌づくりの湯〟としてつとに知られてきたが、最近、紅茶が注目されている。「うれしの紅茶」だ。たしかに飲みやすい。渋みがなく、口あたりがまろやかで、香りが優しいのには驚いた。

お茶店も数軒並ぶ温泉街を歩く。嬉野が温泉場として本格的に発展したのは、長崎街道の宿場町となってからのことだ。旧街道沿いの「湯遊《ゆうゆう》広場」の足湯に、シーボルトの名が付けられているところにも、そうした嬉野の歴史を感じさせる。このドイツ人医師は、江戸に行く途中、嬉野に立ち寄っている。

放浪の俳人、種田山頭火が浸かった温泉は、現在でもなお魅力的な雰囲気が漂うところが多い。嬉野もそのひとつだろう。

創業明治元（一八六八）年という「井手酒

造」の店先にとっくりをかたどった山頭火の碑があった。

湯壺《つぼ》から桜ふくらんだ

――山頭火

放浪の俳人は井手酒造の地酒「虎之児」にぞっこんだったが、それ以上に嬉野温泉の〝とろける温泉湯豆腐〟が気に入った。

「これはホントウのユドウフだ」（『行乞記』）

「ふつう豆腐は煮れば煮るほど固くなるものですが、嬉野の〝温泉湯豆腐〟は逆にとろけるような、まろやかな舌触りになります」と、嬉野温泉観光協会の山口保会長。

山口さんによると、山頭火を驚かせた湯豆腐は、江戸末期の文献にも出てくるというから、ずいぶん長く人びとに愛されてきたのである。平成一八（二〇〇六）年、約八〇軒の旅館、飲食店で「嬉野温泉湯どうふ振興協議会」が結成されたのは、自然の成り行きだったのかもしれない。

「温泉湯豆腐」の定義を「嬉野市産大豆一〇〇％使用、振興協議会認定の商標登録の表示があるもの」と明確に謳《うた》い、安心・安全を求める時代の要請に応えているのは嬉しい。日本の温泉地も、グローバル時代に堪えられるようになってきた。

温泉街から少し離れた**「椎葉《しいば》山荘」**に宿泊することにした。放浪の俳人にやさしく「ここに住みたい」と言わしめた嬉野は、「ひとにやさしいまちづくり」を進め、全国で二番目にバリアフリーツアーセンターを設立した自治体でもある。高齢者や車いすの旅行者に対応できる旅館も多く、「椎葉山荘」にも車いすのまま浴室に入れる部屋があった。

棚田や茶畑の丘が続く恵まれた環境のなかにたたずむ「椎葉山荘」の評判の「しいばの湯」に浸かった。山懐に抱かれた湯に体を沈めていると、谷底を流れる瀬音が耳もとに届いた。六月にはホタルの乱舞が見られるという。

翌朝は約三〇種の品々が並ぶ和洋バイキング。自家製の「とろける温泉湯豆腐」や「かご盛り豆腐」なども提供していた。嬉野では夕食か朝食に〝温泉湯豆腐〟を出す習わしだという。昨晩の夕食も十分に楽しめる充実のメニューだった。

「〝美肌の湯〟と〝とろける温泉湯豆腐〟。天は嬉野に二物を与えてくれました」——。美味な豆腐を口に含みながら、山口さんのいかにも嬉しそうな笑みを思い出した。

嬉野の人びとの智恵と結束力が二物を引き寄せたにちがいない。

嬉野温泉に浸かったあと、温泉湯豆腐を食し、肌の潤いを実感する温泉博士

◆紀行文

出雲大社に詣で、〝神話の里の美肌の湯〟玉造温泉で、さらに玉作湯神社の古めかしい鳥居をくぐる

玉造温泉（島根県松江市）

師走の出雲大社の境内は深い森のように静まり返っていた。

玉造温泉への旅の始まりを出雲大社にしたのは、大社の隣に平成一九（二〇〇七）年に開館した「島根県立古代出雲歴史博物館」に寄りたかったからである。

博物館は期待にたがわぬ内容であった。古代の謎をひもとく歴史的な発見、実物の国宝・重要文化財などが随所に展示されていて、時間がたつのも忘れてしまうほどだ。

なかでも興味を引いたのは〝玉〟だった。

玉造温泉の名は古代の玉作りに由来する。出雲では、弥生時代から平安時代にかけて一〇〇〇年近くにわたって玉が作られてきた。その中心が玉造温泉の近くの花仙山《かせん》で、珍しい碧玉《へきぎょく》やめのうの産地として知られた。

〝玉〟は霊魂、たましいに通じた。霊魂は万物に宿り、それによって森羅万象がうごめく。古代人はそうした霊魂を信仰し、畏怖《いふ》した。勾玉《まがたま》などの玉類をより多く身につけることは、霊魂を己に宿すこと、すなわち権威の象徴でもあった。

玉を擦り、艶《つや》出しをする。玉作りは根気のいる仕事だ。

出雲の神はそうした工人たちの生活にうるおいを与えようと、花仙山の麓を流れる玉湯川の河畔に温泉を湧出させたのだろうか。

約一万二〇〇〇坪もの敷地を持つ「**湯之助の宿　長楽園**」、主の長谷川家は松江藩主により、湯守〝湯之助〟の称号を世襲で与えられた名宿である。

「実際に足を運び出雲のにおいを感じ取っていただく。テレビでも写真集でもにおいは出ませんから」

館主の長谷川さんの案内で玉造の温泉街を歩いた。確かに玉造ほど歴史のにおい、歴史の連続性が感じられる温泉地はそうない。

「ほっとすると、よく褒められます。宿屋の本来の目的を追求すると、〝癒やし〟になります。うちでは基本的に団体のお客さんはやめにしました」

湯薬師広場に手湯「**たらい湯**」があり、若い女性が楽しそうに手をひたしていた。「美肌温泉ボトル」に勾玉《まがたま》の形をした湯口から出る湯を詰めると天然の温泉ミストになる。

「玉造の湯は天平の時代（奈良時代）からの美人の湯なのです」

長谷川さんは胸を張った。

「ええ、玉造のように一三〇〇年もの昔から美人の湯であるといわれている温泉は珍しいですから」

事実、奈良時代の『出雲国風土記』（七三三年頃）に、次のような意味の記述がある。

「この湯で一度洗えば容貌も美しくなり……」

古めかしい鳥居をくぐり、石段を上がる。玉作湯神社。先ほどの『風土記』にも玉作湯《たまつくりゆの》社《やしろ》として出てくる歴史と格式のある神社なのである。

「祭神は玉作の神、櫛明玉命《くしあかるたまのみこと》と国造りの神、大名持命《おおなもちのみこと》、それに温泉の神、少彦名命《すくなひこなのみこと》です」

「大変な神々に守られているわけですね」

ここの境内は、花仙山周辺でもっとも古い玉作り遺跡で、国の史跡にも指定されている。

若い人たちが境内の石に手を合わせていた。

「願い石です。触れれば願いが叶《かな》うと人気で」

と、鳥取市内から来たカップル。若い人たちの間で人気のスポットなのだという。

長楽園の一〇〇年以上の歴史を持つという一二〇坪の混浴大露天風呂で、長い一日の疲れを癒やす。七二度もある高温泉を水一滴加えずに適温にするのはもう、湯之助の巧みの技と言っていいだろう。

日本海の松葉ガニが食膳を彩った夕食後、ふたたび河畔に出た。「因幡《いなば》の白うさぎ」などの神話をモチーフにした光のイベント「八百万《やおよろず》の光」が冬の湯客を歓迎していた。

湯薬師広場「たらい湯」にある勾玉の形をした湯口

主な「美人の湯」の温泉施設一覧

＊銀婚湯温泉「温泉旅館　銀婚湯」
（北海道）
＊十勝川温泉「富士ホテル」（同）
＊滝の湯温泉「塩別つるつる温泉」（同）
＊豊富温泉「町営温泉入浴施設
ふれあいセンター」（同）
＊谷地温泉「日本三秘湯　谷地温泉」
（青森県）
＊乳頭温泉郷「鶴の湯温泉」（秋田県）
＊つなぎ（繋）温泉「湯守　ホテル大観」
（岩手県）
＊国見温泉「石塚旅館」（同）
※冬季休業あり
＊東鳴子温泉「旅館大沼」（宮城県）
＊川渡《かわたび》温泉「山ふところの宿みやま」（同）
＊蔵王温泉「蔵王温泉大露天風呂」
（山形県）
＊蔵王温泉「和《う》歌《た》の宿　わかまつや」（同）

＊小野川温泉「尼湯」（共同浴場）（同）
＊小野川温泉「扇屋旅館」（同）
＊高湯温泉「あったか湯」（共同浴場）
（福島県）
＊岩瀬湯本温泉「源泉亭湯口屋」（同）
＊那須湯本温泉「鹿の湯」（共同浴場）
（栃木県）
＊那須湯本温泉「ホテルサンバレー那須」
（同）
＊塩原温泉郷（奥塩原新湯温泉）
「やまの宿　下藤屋」（同）
＊喜連川《きつれがわ》早乙女温泉「喜連川早乙女温泉」
（日帰り温泉）（同）
＊奥日光湯元温泉「日光山温泉寺」（同）
※当面は宿泊不可。日帰り
参篭《さんろう》（日帰り温泉）のみ
＊川中温泉「かど半旅館」（群馬県）
＊沢渡《さわたり》温泉「宮田屋旅館」（同）

*四万温泉「河原の湯」（共同湯）（同）
*鹿沢《かざわ》温泉「紅葉館」（同）
*箱根芦之湯温泉「きのくにや」
（神奈川県）
*箱根仙石原温泉「仙郷楼《せんきょうろう》」（同）
*七沢温泉「七沢荘」（同）
*白骨温泉「湯元齋藤旅館」（長野県）
*田沢温泉「有乳湯《うちゅ》」（共同浴場）（同）
*沓掛温泉「小倉乃湯」（共同浴場）（同）
*白馬八方温泉「みみずくの湯」
（日帰り温泉）（同）
*月岡温泉「村上館湯伝」（新潟県）
*赤倉温泉「香嶽楼《こうがくろう》」（同）
*多宝《たほう》温泉「だいろの湯」（日帰り温泉）
（同）
*観音温泉「観音温泉」（静岡県）
*中宮温泉「にしやま旅館」（石川県）
※当面は日帰り入浴のみ
*平湯温泉「ひらゆの森」（岐阜県）
*榊原温泉「湯元榊原館」（三重県）

*湯の山温泉「アクアイグニス
片岡温泉」（同）
*十津川温泉郷「ホテル昴」（奈良県）
*十津川温泉郷（上湯温泉）「神湯荘」（同）
*入之波《しおのは》温泉「山鳩湯」（同）
*龍神温泉「元湯」（日帰り温泉）
（和歌山県）
*龍神温泉「上御殿」（同）
*椿温泉「道の駅　椿はなの湯」
（日帰り温泉）（同）
*犬鳴山《いぬなきやま》温泉「山乃湯」（日帰り温泉）
（大阪府）
*岩井温泉「明石家」（鳥取県）
*玉造温泉「湯之助の宿　長楽園」（島根県）
*湯の川温泉「松園」（同）
*有福《ありふく》温泉「御前湯」（共同湯）（同）
*美又《みまた》温泉「とらや旅館」（同）
*奥津温泉「奥津荘」（岡山県）
*奥津温泉「東和楼」（同）
※当面は日帰り入浴のみ

＊俵山温泉「町の湯」（共同湯）（山口県）
＊祖谷《いや》温泉「和の宿　ホテル祖谷温泉」
（徳島県）
＊由布院温泉「東ノ間（旧　庄屋の館）」
（大分県）
＊長湯温泉「ラムネ温泉館」（日帰り温泉）
（同）
＊赤川温泉「赤川荘」（同）
※当面は日帰り入浴のみ
＊嬉野温泉「大正屋」（佐賀県）

＊小浜温泉「波の湯　茜」（貸切露天風呂）
（長崎県）
＊島原温泉「ゆとろぎの湯」（日帰り温泉）
（同）
＊平山温泉「元湯」（日帰り温泉）
（熊本県）
＊妙見温泉「妙見石原荘」（鹿児島県）
＊新湯温泉「霧島新燃《しんもえ》荘」（同）
※令和四年一一月末～一二月初旬休業
＊紫尾《しび》温泉「紫尾区大衆浴場」（共同湯）
（同）

人気の〝天然〟炭酸泉とは

日本では希少価値が高い炭酸泉

心身に優しいナチュラルな温泉に健康増進や美容を求める女性や若い人たちがふえてきたせいか、炭酸泉（二酸化炭素泉）に対する関心が急速に高まっています。それに加えて地球の温暖化が原因なのか、〝酷暑〟とも表現されるくらい暑い夏には「シュワシュワ〜」と、清涼感のある「ぬる湯」の炭酸泉が人気になるのもうなずけます。全身に細かな気泡が付くことから、俗に〝ラムネ温泉〟などとも呼ばれています。

まして〝天然〟の炭酸泉に浸かりながら夏場の猛暑をしのぎ、健康と美容効果が期待できるとなると、「浸からなければ損」というものでしょう。

温泉水一リットルに二五〇ミリグラム以上の炭酸ガス（二酸化炭素）が溶け込んでいるものを、炭酸泉と定義されています。そのなかで一〇〇〇ミリグラム以上の高濃度の炭酸泉は「療養泉」に指定され、大いに医学的な効果が期待できます。

ただヨーロッパとは異なり**活火山が多い日本列島では、泉温が高いためガス成分が揮発し**

やすく、それだけに炭酸泉は希少価値が高いといえます。事実、炭酸泉は日本の温泉のわずか〇・五%程度しか存在しません。

都市の温浴施設で〝人工炭酸泉〟がふえていますが、〝天然温泉〟の炭酸泉との大きな違いは、人工的な炭酸泉には無機物は混在していませんが、天然の炭酸泉は地中深くから湧出するので、さまざまな鉱物や有機物も含有されていることです。これらの含有成分は、もちろん炭酸泉（二酸化炭素泉）にプラスされた相乗効果が期待できます。「さまざまな成分が化合した状態にあるのが、温泉の特性であること」を肝に銘じておいてください。まさに温泉は複雑系なのです。

炭酸泉のわかりやすい特徴は全身に付着する気泡で、入浴が楽しくなります。天然炭酸泉の気泡は一般的に人工炭酸泉と比べると、小粒。しかし、天然温泉の小さな気泡の方が、皮膚を覆う被膜の表面積が大きいため、また気泡が安定的なため、結果として炭酸泉の作用は強いことが知られています。

人工炭酸泉のメリットは高濃度の炭酸ガスを作り出せる点にありますが、水を加温するため、入浴前からガスのある程度の散逸は免れません。一方、天然炭酸泉の場合はガスが抜ける量は少ないといえます。

もっとも天然の炭酸泉の場合でも、大半が二〇度台から三〇度未満の低温泉や冷鉱泉が多く、たとえ源泉の炭酸ガス濃度が二〇〇〇ミリグラムあっても、加温して利用することが多いのです。そのため肝心の浴槽では濃度が五分の一、一〇分の一というケースも少なくありません。

それだけに大分県の**長湯温泉「ラムネ温泉館」**（三二・三度）、**七里田温泉「下湯《したんゆ》」**（三六・三度）、**筌《うけ》ノ口温泉「山里の湯」**（三八・三度）のような、三〇度台の加温していない「源泉一〇〇％かけ流し」の天然炭酸泉の人気が高まるのは、当然と言えば当然のことなのでしょう。

天然と人工の炭酸泉の決定的な違いがもうひとつあります。天然炭酸泉は〝還元系〟であることです。すでにふれたように温泉の本質は還元系で、抗酸化作用があることでした。天然炭酸泉には炭酸ガスの働き以外に細胞を酸化から防ぐ、天然ならではの効果があることを付け加えておきます。

一口に炭酸泉といっても、炭酸ガス濃度が多い少ないだけでは判断できないということです。もちろん他の泉質でも温泉の本質は還元系であり、源泉かけ流しであれば酸化されていないことにあります。

炭酸泉の分布

天然炭酸泉が湧出する地域を見ると、その分布はかなり限定的で、とくに**長野県の八ヶ岳周辺や長野と岐阜の県境地帯に集中しています**。ただ泉温は一〇度前後の冷鉱泉がほとんどです。通常のボイラー等で沸かすと、遊離二酸化炭素の大半が失われかねませんので注意が必要です。

また塩素殺菌・濾過《ろか》・循環方式の浴槽（「非・源泉かけ流し」）では、炭酸ガスが失われ効果は限定的になりますので、こちらのチェックも必要です。貴重な炭酸泉の効果を大切にする温泉施設では、冷鉱泉であっても、源泉のままの浴槽と沸かしの浴槽を設《しつら》えているものです。事前に確認しておくと安心ですね。

たとえ泉温が低い場合でも、飲泉（飲み湯）なら問題ありません。湧出したての還元系の新鮮で衛生的な炭酸泉を飲むと、炭酸ガスが胃の粘膜を刺激して、血管が拡張し血流がふえます。胃腸のぜん動運動が活発になり、排便もスムーズになります。一〇〇ミリリットル程度の少量の飲泉でも、副交感神経が優位になり、食欲が増すことが確認されています。その三～五倍飲むと、満腹状態になり、食べ過ぎを抑える効果も期待できそうです。

高濃度の炭酸泉は「ぬる湯」といっても、世界に冠たる高温浴好きの日本人には三〇度以上の湯温は欲しいところですね。**ただし体温以下でも、炭酸泉には血管拡張作用があり、実際には二、三度高く感じられます。**

次に三〇度以上の炭酸泉のエリアをご紹介します。島根県中部、三瓶《さんべ》山の麓には**小屋原温泉**や**千原温泉**など、私もぞっこんの加温せずに入浴可能な三〇度台の炭酸泉の秘湯が点在します。

最近もっとも人気なエリアは大分県の九重連山周辺です。なかでも**長湯温泉**といえば、

「聞いたことがある」という人も多いでしょう。長湯は旅館や日帰り入浴施設の数が多く、湯量にも恵まれていて、三〇度台から四〇度前後の日本人には入りやすい炭酸泉で知られています。

こと炭酸濃度だけで見ると長湯を凌ぎそうな温泉が、先にふれた長湯温泉と同じ九重エリアにある**七里田温泉**の**共同湯「下湯《したんゆ》」**（大分県）と**筌《うけ》ノ口温泉**の**日帰り温泉「山里の湯」**（同）です。

一方、炭酸濃度は六〇〇〜一〇〇〇ミリグラム程度に下がりますが、四〇度台の冬期間でも入りやすい炭酸泉が霧島火山を熱源とする天降川流域にあります。**妙見温泉**を中核とした**新川渓谷温泉郷**（鹿児島県）が高温の中濃度炭酸泉地帯です。妙見温泉、**安楽温泉**、坂本龍馬ゆかりの**塩浸《しおひたし》温泉**、**日の出温泉**など、療養の温泉として根強い人気があります。

炭酸泉の効能

炭酸ガスは脂に溶けやすく、皮膚からよく吸収されます。血中の二酸化炭素の濃度が上がり出すと、脳は「酸素不足だ。全身に酸素を回さなければ」と判断し、指令を送ります。そうすると体はより多くの酸素を取り入れよう

と、毛細血管を拡張するわけです。その結果、血圧も下がり、血行がよくなり、体の芯から温まります。

高濃度の炭酸泉に浸かると、皮膚の表面に細かな気泡がびっしりとつき、ヨーロッパでは「真珠の泡」などとロマンチックな言葉で呼んでいます。これは炭酸ガスが毛穴から吸収されているために生じる現象です。この気泡をできるだけ取らないようにすることが、薬理的効果のうえから大切です。

また毛細血管が拡張して血流量がふえることによって、皮膚が赤くなる「潮紅現象《ちょうこう》」が起こることもあります。

温泉医学が進んでいるヨーロッパでは、炭酸泉は「心臓の湯」といわれ、昔から評価の高い泉質です。とくに高血圧症、心臓病、糖尿病、肝臓病等にも効果があるといわれてきました。現代人は低体温化の傾向があるだけに、「ぬる湯」である炭酸泉を活用すると、体に負担をかけずに生活習慣病の予防ができそうです。

その他に期待できるのは、血流の促進により、筋肉疲労やPCやスマホを手離せない現役世代に多い肩こり、首こりの改善。自律神経のバランスも整えてくれます。よく知られているように自律神経は〝緊張の神経〟交感神経と〝リラックスの神経〟副交感神経からなり、血圧、体温、心臓の拍動、呼吸等をコントロールしています。自律神経が乱れると、睡眠障害をはじめ精神的、肉体的にさまざまな変調をきたすといわれていますので、上手に炭酸泉を活用したいもの。もちろん〝非日常〟の温泉地へ出かけると転地効果も期待できます。

また日本人の二人に一人が罹患するといわれるがんやウイルスと闘うＮＫ（ナチュラルキラー）細胞を活性化すると報告されているのも、心強いかぎりです。免疫力を高める効果があるということです。

炭酸泉は美容の面でも有効です。弱酸性の炭酸泉には「アストリンゼント効果」と呼ばれる皮膚を引き締める作用があります。さらに顔の毛細血管の血流量がふえますから、キメの整った肌が期待できます。

代表的な炭酸泉の温泉地

次に日本の代表的な炭酸泉が湧く温泉地をご紹介しておきます。首都圏、関西、東海などの大都市圏から遠い土地に湧くのは悩ましいかぎりですが、計画的に休暇を取られてみてはいかがでしょうか。「遠くまで出かけた甲斐があった」という声が多いのも、他の泉質にはない炭酸泉の魅力が故でしょう。

長湯温泉（大分県竹田市）

日本の〝炭酸泉の聖地〟**長湯温泉**は、田園風景を縫うように流れる芹川沿いに湧きます。ここには華やかさも雅《みやび》の世界もありません。その分、気負いのない等身大の癒やしの風景が迎え入れてくれます。その風景は里人の人情です。遠い昔、温泉場はこうであったのか、と思わせるような懐かしさが琴線にふれることでしょう。

八世紀の『万葉集』や『豊後国風土記』などにも登場する長湯温泉の歴史は古いのですが、本格的な長湯の始まりは江戸時代の岡藩の藩営温泉にさかのぼることができます。温泉好きであった五代藩主中川久通は、宝永年間（一七〇四〜一七一一）、この地に温泉付き別荘「御茶屋」を建てます。これが藩による最初の湯屋といわれています。安永一〇（一七八一）年には、現在の**温泉療養文化館「御前湯」**の前身、藩営「御前湯」が芹川沿いに建てられています。

当時、藩に出された「申《もう》し上《あ》げ口上覚《こうじょうおぼえ》」には、「長湯の効能が広く知られ、湯治客が増加しているため、浴槽の数と宿をふやして欲しい」などと、記されています。炭酸泉の効能は江戸時代中期から近隣に聞こえていたようです。

「飲んで効き、長湯して利く長湯のお湯は心臓胃腸に血の薬」――。昭和初期、ドイツで温泉治療医学を学んだ九州帝大の松尾武幸博士が帰国後、ドイツと同じ良質の炭酸泉を探し続け、ついに見つけたのが、藩営温泉以来の薬湯が守られてきた長湯でした。

現在、長湯は〝日本一〟の炭酸泉として、その存在感は全国区です。長湯の特徴は源泉の数が五〇を超えるだけに、三〇度台のぬる湯から四〇度台のあつ湯まで、多様な炭酸泉が湧出することでしょう。これが元来高温浴を好む日本人に受け入れられた理由でもあると思われます。もちろん湧出量も豊富で、平成一八（二〇〇六）年に九州で最初の〝源泉かけ流し宣言〟を行った温泉地だけに、域内の全施設が〝源泉一〇〇％かけ流し〟で、入浴客からの信頼度も高いものがあります。

炭酸ガスの濃度は三〇〇～一二〇〇ミリグラムと、施設によって異なりますが、ほとんどの旅館、共同浴場で炭酸泉を楽しむことができます。なかでも建築家、藤森照信氏が設計したメルヘンチックな外観が目を引く**日帰り温泉「ラムネ温泉館」**は、今や炭酸泉・長湯のシンボル的存在です。

「ラムネ温泉飲泉所」で炭酸泉を飲みました。口の中でラムネのようにはじけ、鉄の味が少し残りました。決して飲みやすい湯とはいえないのですが、体に効くことを優先させましょう。

内風呂は二槽からなる主浴槽とサブの浴槽。四一～四二度の濁り湯で、炭酸濃度は約九〇〇ミリグラム。これだけでも満足度はかなり高いのですが、冬場を除いて、ラムネ温泉ファンのお目当ては、約三二度の露天風呂です。体を湯に沈めたら、たちまち全身に気泡が付着します。炭酸濃度は約一三八〇ミリグラムもあるのです。

底から湧き上がってくる炭酸ガスが口や経皮で体内に吸収され、血行が促進され、新陳代謝が活発になります。湯温が約三二度のため最初は冷たく感じられるものの、次第に爽快感に変わります。そのうち体が芯から温まってきます。自然と長湯になりますので、他の入浴客との楽しい会話の輪も広がります。

ただし、過度の長湯は禁物。体への刺激が強くなり過ぎると、むしろ体に負荷がかかる恐れがありますので、無理をしないで、せいぜい三〇～四〇分をめどに上がった方が良いでしょう。

七里田温泉（大分県竹田市）

温泉通の間で、長湯の**「ラムネ温泉館」**を凌ぐとも噂されている炭酸泉が、**七里田温泉**の**共同湯「下湯《したんゆ》」**。長湯から車で一〇分程度の距離です。地元住民の共同浴場ですが、施設の改修工事のため、令和四年一一月から令和五年二月末頃まで休業予定です。

七里田温泉の歴史も古く、奈良時代の『豊後国風土記』に長湯温泉とともに出てくるほどです。また江戸時代前期に岡藩の三代藩主中川久清がここに御茶屋（別荘）を建て、湯治をした記録も残されています。ちなみに滝廉太郎の名曲「荒城の月」は、岡藩の竹田城から着想を得たものです。

現在の通称「ラムネの湯（下湯）」は、浴槽の縁も洗い場の床も、鉄、カルシウム、マンガン等が沈着しているため赤茶色に染まっており、熱心な温泉ファンなら、狂喜しそうな風情が漂います。

炭酸濃度が一五〇〇ミリグラムもあるといわれるだけに、一瞬にして全身に泡が付きます。「泡付き日本一の炭酸泉」といっても良いほどです。

昔ながらの自然湧出の究極の温泉で、約三六度。馴れていない人でも、「寒い」とは感じない程度の湯温でしょう。炭酸泉の体感温度は二、三度プラスされるからです。猛暑日が続く最近の夏場、免疫力を高め猛暑を乗り切るのには、最高の湯に違いありません。実際、この湯温でも早々と額が汗ばんできました。活きた炭酸泉の証《あかし》です。

筌《うけ》ノ口温泉（大分県九重町）

長湯、七里田と同じ大分県で、最近、一部の人々の間で評判になっている炭酸泉が、**筌ノ口温泉**です。筌ノ口温泉は文豪・川端康成ゆかりの旅館もあった歴史のある温泉で、私はこの共同浴場（筌の口共同温泉）が好きです。

ところが一〇年ほど前だったか、九州の炭酸泉に詳しい人から**「山里の湯」**を紹介されて、筌ノ口温泉にも高濃度炭酸泉があることを初めて知って、驚いたものです。

かつてはアルカリ性単純温泉で、筌ノ口の他の施設同様に薄茶の濁り湯だったといいます。その同じ源泉が、透明な炭酸泉に変わってしまったというのですから、摩訶不思議な温泉なのです。

浴槽は二槽になっていて、小浴槽に注ぎ込まれた湯があふれて大浴槽に流れ込む構造になっています。源泉で約三八度だといいますから、高濃度の炭酸泉では湯温はもっとも高い部類でしょう。浴槽の縁と洗い場の床は鉄分で赤茶に染まっています。

鮮度の高い小浴槽に体を沈めると、たちまち全身に細かな気泡が付着しました。凄い！

日本人にはほぼ快適な湯温にもかかわらず、これほど炭酸濃度が濃いのは希少です。小浴槽の方で炭酸ガス濃度は一四〇〇ミリグラムだといいますから、この泡も納得できます。しかも毎分一三〇リットルもの炭酸泉が、源泉一〇〇％でかけ流されています。まさに抜群の還元系！　泉源（湯元）で一六〇〇ミリグラムもあるそうです。
「高濃度天然炭酸泉の入浴法」が掲示されていました。

一．かけ湯をする
二．体を洗う
三．大浴槽に入る（一〇分）
四．小浴槽に入る（一〇～一五分）
　三と四を自分のペースで繰り返すことで体が温まる。
ポイント‥
小浴槽では体への炭酸ガスの泡付を体感することができます。動かずじっと待つことで無数の細かな泡が付着します。その結果、無理なく体の芯から温まります。

　昔ならこのような説明は珍しくなかったのですが、昨今ではほとんどお目にかかることはありません。それだけに「山里の湯」の経営者の温泉への強い愛着、愛情を感じることができそうです。

このような入浴法を参考にして、自分の心身にあう入浴法を見いだすのは大切なことです。温泉は漫然と浸かれば良いというわけでないことを、ぜひ知っていただきたいと思います。

家族湯もあり、また素泊まりも可能です。釣り堀付きの山女魚料理店が本業とのこと。

それにしても湯上がりのぽかぽか感、爽快感はたまりません。病みつきになりそうでした。これこそ、天然炭酸泉の持ち味というものでしょう。

小屋原温泉（島根県大田市）

国引きの神話で知られる島根県の名峰三瓶山の麓一帯は、炭酸泉の隠れた宝庫です。

三瓶山の北西麓、野城川の渓畔に湯煙を上げる**小屋原温泉**は、村里からも離れた一軒宿の秘湯。昭和五（一九三〇）年発行の『日本温泉案内』にも、「現在は旅舎一戸きり」とありますから、二〇〇年前の寛政年間の開湯以来、ず～っと一軒宿であったようです。

それでもぽつんと一軒宿で営業してこられたということは、湯が良いからに尽きます。もっぱら本物の湯を求める湯治客、保養客が相手で、都会の一見《いちげん》の客に迎合しない姿勢は好感が持てます。泉源（湯元）を浴舎に取り込み、鮮度抜群の炭酸泉と風呂に懸ける宿の姿勢は並々ならぬものがあります。代が替わっても、訪れるたびにそれを感じます。

泉質はナトリウム―塩化物泉ですが、遊離二酸化炭素が七五〇ミリグラム。高濃度炭酸泉とはいえないものの、泉源のすぐ近くに浴槽が並んでいるため、実際の濃度もほぼこの数字と思われます。したがって、高い還元系が維持でき、デリケートな炭酸の湯質もほとんど損なわれていないものと思われます。もちろん自然湧出で、源泉一〇〇％かけ流しです。しかも炭酸泉で約三八度もありますから、冬場でも問題ありません。

ここまでのアクセスは関東からは結構大変ですが、その大変さを帳消しにしてくれるのが小屋原温泉です。

〝天与の恵み〟の本物の温泉は正直で、湯船に体を沈めると、たちまち全身に気泡が付着するのですが、泉源（湯元）に近い湯船ほど気泡は大粒になるのです。四つの風呂を入り比べると、よくわかります。**ここでは「温泉は活きている！」ことを実感できます。**

本物の温泉にはさまざまな成分が複雑に混じり合っているため、炭酸ガスを浴槽内にとどめる、それこそたやすくは解明できない化学的なメカニズムが働くに違いありません。それが小屋原温泉を二〇〇年以上も支えてきた原動力だと思うわけです。ここに来て温泉に向き合っていると、そのことを直に感じ取れるのです。炭酸濃度を超えた「効くポテンシャル（潜在能力）」を秘めているということです。

建物を取り巻くありのままの自然も〝効く〟環境をアシストしているに相違ありません。二、三日の連泊をして、命の洗濯をお勧めしたいものです。

湯屋温泉（岐阜県下呂市）

岐阜県の**下呂温泉**の北部を流れる小坂川は、イワナ、アマゴ、アユなどが棲む清流として知られます。その支流、大洞川域の山間の数軒の湯宿からなる閑静な温泉地**湯屋**は、四〇〇年以上もの昔から続く療養の温泉。湯屋、**下島温泉**の各施設の平均の炭酸濃度は一二三七ミリグラムですので、高濃度炭酸泉です。

江戸時代の文献には湯屋は「服用」温泉として紹介され、現代に至るまで飲泉、湯治文化が絶えることなく受け継がれています。高濃度の炭酸泉の薬効で、地元では「胃薬より炭酸泉」といわれてきたほど、飲泉の効能には定評があります。

薬が手軽に入手できる現在でも、寒の入りの最初の日曜日に「寒粥まつり」が催され、湯屋の炭酸ファンが大勢集まります。それは「寒中に鉱泉粥を食べると、一年中、無病息災で過ごせる」という、昔からの言い伝えを継承するためだといいます。

湯屋の炭酸泉は日本の多くの天然炭酸泉同様に、源泉で一五度程度と冷鉱泉で、日本人にはそのままでの入浴は難しい。そこで湯屋温泉の湯元旅館の**「奥田屋」**では、源泉をそのままボイラーで沸かしては炭酸ガスが散逸するため、熱交換器で加温したうえで、源泉をかけ流す工夫をしています。「奥田屋」の源泉の炭酸濃度は一九四七ミリグラムと非常に高いのですが、浴槽での濃度は不明です。ただし嬉しいことに冷鉱泉の源泉そのままの浴槽もあり、こちらは盛夏に人気です。

「炭酸泉の宿　泉岳舘」では、入浴の他に湯上がりには〝サイダー泉〟と称する源泉で喉をうるおしたり、炭酸源泉を使用した「源泉しゃぶしゃぶ」、「源泉蒸し」、「炭酸カクテル」など、炭酸泉活用の歴史が長いだけあって、さまざまな工夫を凝らしているのは、他の炭酸泉の温泉地では見られない取り組みといえます。

天然炭酸泉には豊富なミネラルが溶け込んでいます。湯屋の炭酸泉は美肌効果が期待できるといわれています。二酸化炭素（炭酸）が毛細血管を拡張して、肌の新陳代謝を促進するだけでなく、含有成分の重曹は天然のクレンジング効果が高く、同じく含有されているナトリウム、マグネシウムなどのイオンは肌を引き締め、キメを整える効果等もあるからです。

主なお薦めの炭酸泉一覧

＊みちのく温泉（青森県）
＊玉梨温泉「恵比寿屋」（福島県）
＊玉梨温泉「玉梨温泉共同浴場」（同）
＊唐沢温泉（長野県）
＊稲子湯温泉（同）
＊湯屋温泉（岐阜県）
＊下島温泉（同）
＊入之波《しおのは》温泉（奈良県）
＊花山温泉（和歌山県）
＊灘温泉（兵庫県）
＊吉川温泉「吉川温泉よかたん」（日帰り温泉）（同）
＊小屋原温泉（島根県）

＊千原温泉（同）
＊船小屋温泉（福岡県）
＊島原温泉「ホテルシーサイド島原」（長崎県）
＊長湯温泉「ラムネ温泉館」（日帰り温泉）、他（大分県）
＊七里田温泉「下湯《したんゆ》」（共同浴場）（同）
※令和四年一一月～令和五年二月末頃まで休業予定
＊筌《うけ》ノ口温泉「山里の湯」（同）
＊白水《しらみず》鉱泉（同）
＊湯之元温泉（宮崎県）
＊妙見温泉（鹿児島県）

二章　準備を楽しむ

旅の始まりは準備から

温泉選びのその前に

「一章　お湯を楽しむ」をお読みになって、一口に温泉といっても、その奥深さに驚かれた方も少なくないでしょう。温度や含有成分によって、さまざまな泉質があり、湧出形態の〝直《じか》湧《わ》き〟や浴槽での温泉の利用形態によって、〝源泉かけ流し〟や〝非・かけ流しの循環方式〟があったり、効能もさまざまであることがわかりました。

次の章からは「宿を楽しむ」、「効能と泉質を楽しむ」、「食事を楽しむ」、「温泉場を楽しむ」等々、温泉の楽しみ方を具体的な温泉地や温泉宿をあげながら、書き進めていきます。

この章は「準備を楽しむ」ですが、「温泉旅行」や「日帰り温泉（立ち寄り湯）」に出かける前の準備段階として、まず本書『全国温泉大全』をお読みになり、頭の中でイメージを描きながら、楽しんでいただきたいと願っています。自著ではありますが、本書の版元東京書籍から刊行した『温泉手帳　増補改訂版』を併せて読んでいただいたら、こと温泉に関してはほぼ十分でしょう。本書は『温泉手帳』のいわば実践編です。

さて、一言で「温泉へ出かける」といっても、必ずや目的があるはずです。「リフレッシュのため」、「美味しい料理を食べるため」、「非日常の温泉街を歩くため」、「健康のため」等々。目的が決まれば、そのためには「どこの温泉が良いか」、「どの温泉宿にしようか」と、次のステップへ進めます。関東か紀伊半島か、北海道か信州かなどのエリアの選択、予算などと、結構調べたり、頭を悩ますこともあります。それがまた面白いのです。同時に実りある温泉旅行への第一歩にもなるはずです。

宿を探す

温泉旅館と欧米のホテルのサービスは異なる

日本の温泉旅館は人手が大変かかります。世界的に有名なチェーンホテルであれば、東京で受けられるサービス、パリで受けられるサービスは基本的には同質です。これが欧米のホテルのポリシーだからです。彼らはそれが最高のサービスだと考えている。

しかし、より個性の求められる日本旅館のおもてなしは、それとは異なります。現在、欧米のサービスと日本のサービスに対する評価はごちゃごちゃになってしまっています。

日本旅館に欧米流のサービスを求めることは本来おかしなことで、これが日本の宿文化を壊し、日本人の癒やしの場を結果として失うことにつながっている気がしてならないのです。欧米型の職場がふえるなかで、〝合理的〟を最優先にした画一的なサービスの宿がふえてしまえば、デリケートな私たち日本人は真に落ち着ける場を失いかねないでしょう。

多種多様な個性のある宿のなかから、最終的に自分の感性に合うものを探し出せるようにしたいものです。日本人は優れて個性的な民族だ、と考えるからです。本書がその手助けとなれれば幸いです。

〝宿選びの失敗〟を、宿だけのせいにしないために

ツアー（団体）旅行が全盛であった頃は、旅行代理店（旅行会社、エージェント）に、乗り物から、宿選びまですべて〝丸投げ〟でした。便利といえば便利でしたが、その分、楽しみも半減していたと思われます。旅を計画し、いろいろ下調べをしたり、情報を収集する過程の〝楽しみ〟を、お金付きで旅行会社にプレゼントしていたわけですから。

現在は、〝個人旅行〟が全盛です。ところが状況はそう変わっていないようにも思えます。本当はツアー旅行時代と大いに状況は異なり、個人でもインターネットによって格段に多くの情報やプランを収集できる環境にあります。温泉ガイド本も多様になり、充実しています。にもかかわらず、温泉旅行だけでなく、旅の前段階の楽しみを、相変わらずはしょって、丸投げしているようです。〝もったいない〟に尽きます。まるで予約サイトの「価格の違い比べ」を、旅行の準備と錯覚しているようにも思えるのです。

私は**たとえ「日帰り温泉」に出かける場合でも、事前の情報集めは満足度のレベルを決定する**と考えてきました。それは温泉や旅行の〝プロ〟であっても言えることなのです。ましてや宿泊をともなう旅行であれば、なおさらそうです。丸投げを当たり前と思い込んでこられた方にとって、じつは丸投げしてきた部分こそが、旅行の結構な部分を占める〝楽しみ〟

であったはずなのです。

このような考え方、発想の転換は、仕事や生活にも良い影響を与えるのではないかと思われます。仕事でも簡単に成功は得られません。成功を得るにはそれなりの、あるいは大変な努力の積み重ねがあってこそ、と考えるのがまっとうでしょう。スポーツでも同じです。たまたまとも思える〝幸運〟すらも、そうした努力が呼び込むもので、それがなければ、「いまが好機だ」ということすら気づかずに、せっかくのチャンスを逃してしまうこともあるからです。

宿のある温泉地の観光協会や旅館組合のＨＰを見る

宿泊や立ち寄り湯をしたい温泉地の観光協会や旅館組合の公式サイトで、そこの温泉の歴史を調べたり、外湯、足湯、グルメ、観光スポットなどの情報を集めたりするのも、宿選び同様に楽しいことです。

競い合うように温泉街の美しい写真や動画をふんだんに使用した観光協会の公式サイトがふえています。こうした写真を見ていると、これから出かける、あるいは行きたい温泉に対するポジティブな気持ちをより高めてくれることでしょう。伊豆の**修善寺温泉**（静岡県）の公式サイトは見事です。

また**浅間温泉**（長野県）、**有馬温泉**（兵庫県）、**三朝**《みささ》**温泉**（鳥取県）、**黒川温泉**（熊本県）

など、温泉地の公式サイトに宿の予約サイト付きのところもあり、こちらも活用できそうです。

旅行の準備を楽しむことは、仕事やスポーツのシーンとは異なり、勝負の場では決してないので、心の持ちようははるかに楽です。だからこそ、準備を楽しめるのです。

宿選びに失敗して、もっぱら宿のせいにしてしまうことは簡単です。しかし、もしかしたら、あなたの安易なスタンスが失敗の原因だったのかもしれません。そう考えることができれば、次は失敗を防ぐことにつながるでしょう。旅行代理店経由で予約すると、そこを通してクレームを言うことはできますが、便利そうな予約サイトではそう簡単にはいかないでしょう。

〝安い〟といわれる予約サイトの価格に自分の希望が満たされるのか、という懸念もあります。温泉は日本人にとって、現代でもなお特別なものでしょう。論より証拠に「温泉に行ける」というだけで、嬉しくなります。周りから「羨ましいね。私も行きたいわ」などと言われる〝特別な存在〟なのですから。

ネットショッピングのようにもっぱら〝価格比べ〟で温泉選び、温泉宿選びをしては、何か違う気がするのです。主体性を失っていると言っては言い過ぎでしょうか。

安さの理由がわかるＬＣＣ（格安航空）

同じような価格選びでも、航空会社選びでは違います。e決済する前に、ＬＣＣがなぜ安いのか理由がわかっているからです。あらかじめ航空会社の方から提示されている、格安航空運賃の「諸条件」を納得したうえで選べるからです。

北海道や九州など遠隔地への航空運賃は、ひと頃と比べ選択肢が格段に多くなりました。従来からのＪＡＬ（日本航空）、ＡＮＡ（全日本空輸）のような〝レガシー・キャリア〟、ピーチ、ジェットスターなどに代表される格安航空・ＬＣＣ（ロー・コスト・キャリア）、その中間にＳＫＹＭＡＲＫ（スカイマーク）、ＡＩＲ ＤＯ（エア・ドゥ）などがあります。とくにＬＣＣはＪＡＬ、ＡＮＡと比べると二分の一どころか三分の一の運賃だったりしますので、旅行は格段にしやすくなっています。

コロナ禍の現在でこそ、格安航空の路線は縮小されていますが、コロナが落ち着くにしたがい、路線はコロナ以前同様かそれ以上にふえることは間違いないのです。それが時代の潮流だからです。

ネット予約サイト、ＯＴＡ

かつて主流だった旅行代理店経由で宿側が送客を受けた場合、宿泊料の一五〜二〇％前後を〝手数料〟として、代理店に払うといわれていました。もちろん現在も対面方式の旅行代理店はあります。

これに対して、現在主流となっているネット販売の手数料は五〜一〇％前後ですので、宿側が予約サイトの誕生を大歓迎したのは当然のことでした。

店舗で営業を行っている旅行代理店に対して、「インターネット上だけで取引を行う旅行会社」のことをＯＴＡ（オーティエー）と呼びます。Online Travel Agentの略です。主に宿泊施設や航空券の予約、宿泊と航空券をセットで販売するダイナミックパッケージ販売などを行っています。

温泉旅館、温泉ホテルの予約によく利用されている主なＯＴＡに、じゃらん、楽天トラベル、るるぶトラベル、Yahoo!トラベル、一休.com、Relux（リラックス）、ベストリザーブ等々があります。じゃらんと楽天トラベルは旅館・ホテル予約サイトの閲覧者数で一、二位を争うメジャー・サイトですが、私は一休に注目してきました。

平成一二（二〇〇〇）年にサービスを開始した一休は、「こころに贅沢させよう」をモットーに、他の予約サイトとの違いを際立たせ、高級旅館、高級ホテルに絞ったサイトで成功しています。宿泊日直前にキャンセルが出たりすると、格安で高級旅館に泊まれることもあり、知る人ぞ知る予約サイトです。利用者の平均年齢は四〇代とのことです。

予約サイトの〝評価〟や〝クチコミ〟は参考程度に

私は出張などに利用する都市のシティーホテルやビジネスホテルの予約には、このようなＯＴＡの予約サイトを利用しますが、温泉宿にはほとんど利用しません。

「A旅館は、B旅館、C旅館と比べて安いから宿泊する」といった選び方をしないからです。また**草津**、**有馬**、**由布院**などの温泉地で選ぶのではなく、もっぱら宿で選ぶからです。泊まりたい宿で、同じサービス内容のプランがA社の予約サイトよりB社の方が安いのなら、利用するかもしれません。それでも後でふれますが、宿の公式HPから入る「自社予約サイト」や「宿に直接電話する」方が安く、部屋や料理のランクが上の場合がかなりあるため、OTAの予約サイトだけで即決することはないでしょう。

OTAの予約サイトの利点は、スピーディーに検索、予約できることです。写真を含めた情報量もかなりあり、充実したサイトが多いのは事実です。宿の公式HPに移動できるのも便利な点です。とりわけサイトの利点は価格、エリアの検索、それにクチコミなどにありますが、残念なことにどのサイトもほとんど同じような項目が並んでいます。

たとえばじゃらんのクチコミ項目を見ると、総合、夕食、接客・サービス、風呂、朝食、清潔感、部屋。楽天トラベルは、総合、サービス、立地、部屋、設備・アメニティ、風呂、食事。るるぶトラベルは、総合、立地、サービス、施設・設備、お部屋の快適さ・クオリティ、風呂、食事。

じゃらんは食事を「夕食」と「朝食」の項目に分けた点で、評価できます。どの宿も夕食には注力しますが、夕食と朝食の落差が大き過ぎる宿が多いからです。明らかに手抜きとも思える宿が意外と多く、夕食、朝食を別評価にするのは正解ですし、このサイトを利用する場合は「朝食」をチェックしたいものです。

全体的にはどのサイトもほとんど変わりありません。部屋や食事のレベルの違いは宿泊料金がそのまま反映されるものですから、先の各サイトのクチコミ評価の基準がよくわかりません。条件が示されている格安航空（ＬＣＣ）の安さの理由《わけ》とは異なります。またビジネスホテルの風呂ではなく、温泉宿ですから、とくに「湯質」の評価項目はあってしかるべきなのですが、単に「風呂」でくくってしまっては、利用者に寄り添っているとは決して言えないでしょう。

温泉宿の温泉や風呂に関する評価の基準が〝甘い〟、〝あいまい〟なのは、大手旅行代理店のツアー参加者から回収する宿に対する〝評価項目〟以来の伝統のようで、これが日本の温泉のレベルを下げてきた要因のひとつと、私は目しています。今後、アジア諸国でも豪華な温泉施設がどんどん誕生すると考えられます。すでに中国、台湾などでは目を見張るような規模と設備の温泉ホテルが続々建設されています。温泉はもはや日本だけの〝専売特許〟ではないのです。

それだけに多彩な泉質を活かし、〝レベルの高い湯質〟を維持した、〝日本的できめ細やかなおもてなし〟を、それこそ〝専売特許〟として磨き上げなければ立ちゆかなくなると、一〇年ほど前から強い危機感を抱き始めていました。ＯＴＡの影響力は大きいだけに、また今後期待される観光業としての企業の役割を考えると、予約サイトの規模と価格比較の特化だけであってはならないと思うわけです。

OTA予約サイトの持ち味といわれる現状のクチコミの評価も、必ずしも皆さんの価値観、個性と一致するわけではないため、参考程度にとどめておかれた方が無難でしょう。それぞれの項目の評価の基準が示されていないこと、また評価者の素性もわかりません。まして好ましくない評価はトップページにはこないでしょう。

〝効く〟温泉の目安となる「源泉かけ流しの宿」で比較する

この章以降に、とくに「十章　食事を楽しむ」に温泉宿の価値は、〝地産地食〟にあるとも述べました。〝地産地消〟ではなく、「その土地ならではの食材をその土地に出かけて食す」という造語です。それを単に〝食事〟だけでは何かすっきりしません。

また「一章　お湯を楽しむ」で述べたように〝効く〟温泉であるためには、〝還元系〟の湯をもつ温泉であることが必須でした。そこで、「源泉かけ流しの温泉宿」で検索してみました。

温泉の予約サイトとしては以前から「じゃらん」が定評がありましたが、結論から言いますと、予約サイトでは楽天トラベルが顧客にとって、もっとも丁寧で良心的なサイトとの印象を受けました（二〇二一年九月の執筆時点）。「源泉掛け流しの温泉宿」というページが出てきて、朱の囲みで次のような断りが書かれていました。

〈源泉掛け流しの温泉宿〉

本ページでは宿泊施設から温泉がある旨の申告をいただいた上で、以下の定義に当てはまる施設のみを紹介しております。※露天や内湯、または貸切風呂、客室内の風呂など複数お風呂のある宿については、1つでもこの条件に該当していれば対象としました。

【源泉かけ流し】循環濾過ではなく源泉（正しくは〝泉源〟＝松田注）から直接お湯を引いている温泉。（温度調整を行うことを目的とした加水・加温を含む）

地図上のエリア別、都道府県別の温泉地名をクリックすると、源泉かけ流しの宿が出てきて、使い勝手がよい。試しに北海道の**定山渓温泉**を開くと、六、七軒の該当する宿が表示されます。定山渓温泉は、私の住む札幌市郊外から一〇数キロメートル圏内にあり、表示された宿は知っており、「なるほど」との感想を得たものです。

楽天やじゃらんほど有名ではないものの、私は以前から「ゆこゆこネット」のサイトにも関心を抱いていました。

「源泉かけ流し」で検索すると、「源泉かけ流し」の湯を有する宿が一覧で表示されます。私もよく知っている神奈川県の**箱根湯本温泉**の名宿**「吉池旅館」**の紹介欄には、最安値に続いて、「温泉」、「かけ流し」、「露天風呂」、「貸切風呂」、「送迎あり・なし」などの項目が並び、宿に該当する項目がすぐわかるようになっています。その後に各種プランが出てきます。「ゆこゆこネット」に〝かけ流し〟の項目があることは、この予約サイトが、「温泉とは何か」に向き合っていることを示すものと評価します。温泉宿を扱う予約サイトであれば、すでに「源泉かけ流し」は必須項目です。

「源泉かけ流し」は、首都圏、関西圏の都市の日帰り温泉でもトレンド

一五年ほど前から、ようやく「源泉かけ流し」は、湯質の良い温泉を提供する努力を重ねてきた温泉宿にとって、ブランドづくりのための切り札ともなってきました。

かつては温泉は身体に〝効いて〟こそ、温泉だったため、「源泉かけ流し」が当たり前でした。ところが昭和の終わり頃の「温泉ブーム」、地方自治体による「公共の温泉ブーム」などを契機に、湯量不足から「非・源泉かけ流し」、即ちかつての町の銭湯のお湯のように同じ湯を何回も使い回す「濾過《ろか》・循環・塩素殺菌」方式の風呂が急増し、気がつくと、日本の温泉施設の七〇％前後がそのような風呂で占められるようになっていました。

ですから、地方に行くたびに「源泉かけ流しを〝売り〟にしたらいいですよ、本物の温泉を求めるお客さんが喜びますから」と、「源泉かけ流し」の宿に声を掛けたものです。ところが、「かけ流しが当たり前なので、ことさら宣伝しなくても」とか、「かけ流しでない隣の宿に申し訳ないので」などと、反応がぱっとしなかったのです。

二五年から三〇年近く前の話です。地方の経営者は日本列島の温泉状況を把握できなかったのでしょう。旅行者の多くを占める都市の人々が何を求めているのか、現状を的確に把握できなければ、将来など読めません。事実、ここ一〇年間に一二〇〇軒以上の温泉旅館、温泉ホテルが相次いで廃業しています。この数字には外資に買収された施設は含まれていません。減少分は廃業です。

なお温泉宿泊施設数のピークは平成七（一九九五）年度の一万五七一四軒で、令和二（二〇二〇）年度が一万二九二四軒でしたから、二五年間で二七九〇軒の減少です。

さて、いま見てきたように現在では「源泉かけ流し」は大切な宿の〝切り札〟ですから、予約サイト上の宿の紹介や宿の公式ＨＰに「源泉かけ流し」をＰＲしたりふれていない宿は、「非・源泉かけ流し」と判断してほぼ間違いないでしょう。大手の温泉宿でも、大浴場までは「源泉かけ流し」に造り替えられなくても、貸切風呂、部屋の露天風呂などを「源泉かけ流し」に替え始めたのは、客のニーズが多いからに他なりません。後の章でもふれますが、首都圏、関西圏に急増している「都市の日帰り温泉（立ち寄り湯）」ですら、「源泉かけ流し」をセールスポイントにしている施設がふえている時代なのですから。

心身に〝効く〟温泉を求める日本人のＤＮＡは廃れていないのです。私の昔からの持論ですが、若い人ほど、感性の優れた人ほど、心と体が自然と「源泉かけ流し」を求めます。一度、そのような本物の湯に出合うと、病みつきになるからです。

価格競争は、温泉宿の楽しみである食事の質低下をもたらす

便利なような予約サイトですが、実際には価格競争のサイトである感は否めず、サイトから送客を受ける宿側にしてみれば、次々と安いプランを提供せざるを得ないのが現状です。それに対応できない宿の中には廃業せざるを得ないところもあるでしょう。ただ、こうした安いプランが、「旅行者の満足度にどうつながるのか」がよく見えないのです。宿単価のダウンと直結するのは、食材の質の低下です。食べ物が〝安く〟て〝質が高い〟などということは、食材の旬の季節に地方にでも行かないかぎりあり得ないことです。

いいえ、それすら叶《かな》わぬ時代になっています。経済的に豊かになったアジア諸国に輸出する方がはるかに利益が上がるため、魚介類でも果物でも高級食材は、たとえ旬であっても余る時代ではないのです。全国一の食材の産地、北海道に住んでいるので、その辺りの事情はよくわかります。

「泊まりたい」、「交通費と時間をかけてでも、この宿の湯に浸かりたい、食を楽しみたい」と思う温泉探し、宿探しは自分でそれなりの時間をかけて、その過程を〝楽しみながら〟選びたいものですね。日本人にとって温泉とはそのような〝非日常〟のハレの場なのですから。本来、価格の比較から選ぶ場ではないと思います。

五〇室や一〇〇室を超える中規模、大規模施設で、従来から旅行代理店の送客やツアー客

に相当の割合を依存せざるを得なかった宿にとっては、予約サイトは手間がかからず合理的といえます。ところが利用する私たちの側にとってどうなのか。その評価の仕方によって、活用の仕方も自ずと異なってくるはずです。温泉休暇を楽しむのは個性的な私たちそれぞれの価値観に基づくものだからです。

ひとり旅におすすめの宿

欧米型のホテルは「一室いくら」で売るのに対して、日本の温泉宿は「一人いくら」で売ります。一室当たりの収容人数がふえると安くなるのはそのためです。これが、〝お一人様〟への対応ができない宿が多い原因になっているともいわれます。本当にそれだけが原因なのでしょうか？　時代は大きく変わっているのに、それで良いのでしょうか？

落部川《おとしべ》にかかる吊り橋を渡ると、広大な敷地に素敵な貸切野天風呂が三、四か所もある**銀婚湯温泉**（**上の湯温泉**）「**温泉旅館　銀婚湯**」（北

渓流沿いの貸切野天風呂「どんぐりの湯」（「銀婚湯」）。このような野天風呂が川辺に3、4か所ある（著者撮影）

海道）の経営者・川口忠勝さんが、「うちはひとり旅の女性を優遇しますよ。ひとり旅ができるということはいわば〝旅のプロ〟ですから、大切にします」と言われ、いたく感銘を受けたことを覚えています。もう三〇年余も昔のことになります。その頃は北海道内、しかも近くの函館圏からの客層が大半を占めていましたが、「この宿は将来、人気になる」と、川口さんの経営哲学から感じたものです。客に寄り添った目線から考えているからです。

案の定、現在では全国的にも知る人ぞ知る旅情あふれる名旅館となり、必ずしもアクセスに恵まれているとはいえない、いや恵まれていないからこそ、「違いのわかる」旅人の心を捉え、コロナ禍のなかでも堅実な経営ができています。

三〇年前はまだツアー旅行が相当のウエイトを占めていた時代で、しかも「女性のひとり旅は何か問題を起こすのではないか」と危惧する経営者もいた、現代では考えられない時代でした。「温泉は男が遊ぶところ」との意識がまだ残る過渡期の時代だったのです。

一一六ページに「ひとり泊」を受け入れる主な宿の一覧を掲載しますので、参考になさってください。ただし、経営環境が厳しいなか、「いつでも必ずしも受け入れてくれるわけではない」と察し、直接電話で確認してください。

最近は大手の宿泊施設でも、例えば「星野リゾート」のサイトを見ると、「大人の自由な一人旅」などのページが出てきます。旅行代理店ではＪＴＢ「自由気ままにオトナの一人旅」とか、かねてから個性的な旅行会社と評価してきた「クラブツーリズム」ではツアーで、「おひとり参加限定の旅」などという企画まであります。ひとり旅のニーズが高まってきたことの表れでしょう。

ただし、受け入れてくれる宿はまだかぎられていますし、「平日のみ」とか、「閑散期のみ」とかの条件が付いた宿が多いことも事実です。コロナ禍が落ち着き、インバウンド（訪日外国人旅行）が全盛になった暁には、「（ひとり泊を）受け入れてくれる宿は希少価値が出そう」などと言ってはいられませんね。

「銀婚湯」の経営者のような利用する側の目線に立った温泉宿は、次のページの一覧以外にもとくに二〇室程度までの個性的なところにあります。湯治宿も狙い目です。湯治宿は一般的に部屋の利便性に劣ることが少なくないものの、抜群の湯質の良さ、静かな環境、それに何よりも料金がリーズナブルです。

ひとり泊は、宿に直接頼むと、五割増し程度の料金で予約を受けてくれる場合もあります。とくに湯治系の宿はそうです。その意味でも、宿に直接たずねてみることは大事だと思われます。

「ひとり泊」を受け入れる主な宿一覧

※著者の取材当時の内容です。営業状況が変更になったり、時季によってはひとり泊を受け入れない可能性もあります。ご利用の際は、宿のWebサイト等をご確認ください。

＊丸駒温泉「丸駒温泉旅館」（北海道）
＊銀婚湯温泉「温泉旅館　銀婚湯」（同）
＊嶽温泉「山のホテル」（青森県）
　※令和四年一一月～令和五年三月休業
＊台温泉「吉野屋旅館」（岩手県）
＊花巻南温泉峡（鉛温泉）「藤三旅館」（同）
＊乳頭温泉郷「休暇村乳頭温泉郷」
（秋田県）
＊肘折温泉「若松屋　村井六助」（山形県）
＊肘折温泉「旅館　勇蔵」（同）
＊赤倉温泉「いづみ荘」（同）
＊小野川温泉「うめや旅館」（同）
＊新高湯温泉「吾妻屋旅館」（同）
＊二岐温泉「大丸あすなろ荘」（福島県）
＊甲子《かし》温泉「旅館　大黒屋」（同）
＊小野上温泉「旅館　きくむら」（群馬県）
＊四万温泉「柏屋旅館」（同）
＊万座温泉「万座プリンスホテル」（同）

＊箱根湯本温泉「喜仙荘」（神奈川県）
＊増富温泉「不老閣」（山梨県）
＊栃尾又温泉「自在館」（新潟県）
＊熊の湯温泉「熊の湯ホテル」（長野県）
＊渋温泉「一乃湯　果亭」（同）
＊南紀勝浦温泉「海のホテル一の滝」
（和歌山県）
＊花山温泉「花山温泉　薬師の湯」（同）
＊三朝《みささ》温泉「木屋旅館」（鳥取県）
＊宝泉寺温泉郷（壁湯温泉）
「旅館　福元屋」（大分県）
＊黒川温泉「歴史の宿　御客屋」（熊本県）
＊黒川温泉「山の宿　新明館」（同）
＊黒川温泉「奥の湯」（同）
＊吹上温泉「湖畔の宿　みどり荘」
（鹿児島県）

宿を予約する

ネット全盛でも、予約は電話が一番!?

いい宿とは〝リピーター〟をしっかり抱えている宿です。「安いからまた泊まりたい」とはならないでしょう。日本人は優れて個性的な民族です。宿の選択肢が少なかったツアー旅行全盛の頃とは違って、自分で宿を選ぶ時代ですから、没個性的な宿にはリピートしたくないのです。

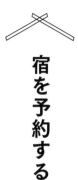

日本の温泉旅館が欧米スタイルのホテルと異なる点は、旅館の従業員と接する機会が多いこと。まさに接客業ですから従業員の数も要します。しかも夕食、朝食付きが基本です。「顔が見えない」予約では、迎える側の宿でも不安なはずです。いいえ、出かけて行く私たちの方こそ、宿の人の顔が見えないところへ出かけ、お世話になるわけですから、もっと不安になります。期待はその裏返しともいえます。だから、リピートは双方に都合がいいわけです。

「当たり外れがあっても、仕方ないか」との、バブル経済期のイケイケの時代とは違い、ストレスのない、コストパフォーマンスの良い旅をしたいわけですから、事前にそのリスクを減らそうと考えるのはごく自然なことでしょう。それには電話での予約が一番なのです。

岡山県を代表する温泉のひとつに**湯原温泉**があります。ダム下にある二四時間無料開放の大露天風呂**「砂湯」**で知られる温泉で、大小個性的な温泉旅館、温泉ホテルがあり、私も好きな温泉地です。湯町を歩くと、元禄元年創業の**「元禄旅籠　油屋」**があり、歴史の香りを感じさせてくれます。平成二五（二〇一三）年に**「湯原国際観光ホテル　菊之湯」**のような客室五三室の中規模ホテルも含めて、湯原温泉街すべての温泉施設が、中国・四国地方で初の〝源泉かけ流し宣言〟を行うほど、湯質の良さにも定評があります。

この湯原に**「プチホテルゆばらリゾート」**という、洋室七部屋、和洋室三部屋の小さな宿があります。令和二（二〇二〇）年に旅行新聞社主催の「第四五回プロが選ぶ日本のホテル旅館一〇〇選」の小施設部門で、「日本の小宿一〇選」に選ばれた素敵な宿で、私も何度か宿泊したことがあります。

ここの経営者古林伸美さんはＩＴに長けており、宿の公式ＨＰも二五年以上前に制作して、自社の予約サイトももちろん自前でシステム化するなど、プロ級の腕前です。その古林さんも、「やはり予約は直接、電話でやるのがベストですね」と語ります。

「話しながら私どもの方でも、お客さんがどのような方か事前の情報をキャッチできますから、おもてなしもきちんと対応できます」。やりとりの中で、お互いに顔が見えるということとなのです。「たとえば苦手な料理をお越しになる前に知ることができるのも、双方に都合のよいことです。とくにお子様連れの方には必要です」。「前もって温泉街の楽しみから、周辺の観光情報、グルメ、アクティビティーなどもご案内できます」

家族の人がネットで予約して、実際にはお年寄りがいらしたとのケースが時々あるといいます。「うちは車椅子対応の部屋もありますから、電話なら予約段階でどうにかなったのですが。お年寄りの方の食事内容に関してもそうです」。食事に定評のある宿だけに、「喜んで帰っていただきたい」との想いが強いのです。小規模施設ならではの心遣いなのでしょう。

予約サイト経由ですと、宿側は五～一〇％前後の送客手数料を払いますので、電話予約を歓迎する宿ではその分を、部屋や料理で上乗せすることがあっても不思議はないのです。「男性客は簡便な予約サイトを使い、女性客はよく調べられて、電話で予約なさるお客さんが多いですね」とのこと。

ネットサーフィンをしていて、「質問サイト」に「温泉旅館の予約方法を教えてください」に対するベストアンサーが掲載されているのを発見。それがなかなか面白いのです。「直接電話が一番です」と答え、「はっきり言って、自分で調査する能力がない人とか、（宿と）交渉する能力がない人とかが予約サイトとか旅行会社に頼るわけですな」。「調査とか、交渉とかも、旅の事前の楽しみの重要なウエイトを占めます」との、的を射た指摘がありました。

その通りなのです。もちろん旅そのものも楽しいのですが、その準備の過程が同じぐらい楽しいからです。しかも〝準備の楽しさ〟は旅の成否にもつながります。「忙しかったので、予約サイトに頼った」では、言い訳にもならないでしょう。ご自分のことなのですから。その結果が「予約サイトがベスト」となれば、それはそれで正しいのです。

宿のＨＰから、自社予約サイトへ

宿は早めに部屋を埋めたいため、宿の公式ＨＰから入る自社予約サイトでは、二週間ほどをめどに「早割プラン」を設定しているところがあります。また空室状況は宿が一番把握しているので、「直前割プラン」を設定しているところも見受けられます。

自社予約サイトをもつ宿は、意欲的な施設と見て間違いないでしょう。制作費や運営費などのコストがかかりますので、ＯＴＡの予約サイトにはない〝特典〟を設けることも多く、そこが狙い目です。正月やゴールデンウィーク、夏休みなど、混み合う時期のキャンセル待ちが可能なことも、自社サイトの優位性でしょう。

たとえば栃木県の**塩原温泉郷（奥塩原新湯温泉）「やまの宿　下藤屋」**では、早くから自社予約サイトを立ち上げ、現在はじゃらん、楽天トラベル経由の予約に次いで三番目の多さだというだけに、魅力的な公式ＨＰを立ち上げています。客室数二二室、乳白色の硫黄泉はもちろん源泉かけ流し、とくに料理が評判で、私も高く評価している宿のひとつです。

「下藤屋」のインターネット会員になると、初回の宿泊料金は五％割引きになるなどの特典があります。またインターネット会員の客が、インターネットを通して予約した場合にのみ適用される「会員限定プラン」もあるようです。食事などに関して、〝要望欄〟もあるのは自社予約サイトならではでしょうか。

このような自社予約サイトをもつ宿は増加傾向にあります。**「鶴雅グループ」**（北海道）、**「星野リゾート」**（長野県）などの大手に多いのですが、「下藤屋」や**伊豆長岡温泉「ホテル天坊」**（静岡県）などのような中小規模の宿にも広まっています。「ホテル　天坊」は、露天風呂付き源泉一〇〇％かけ流しの貸切風呂を有します。公式サイトは過剰な派手さがなく、見やすく利用勝手の良いサイトで好感がもてます。

宿のＨＰから自社予約サイトに入る場合、または電話で直接問い合わせたり、予約する場合は、事前にＯＴＡの予約サイトで空室状況や料金をだいたい把握した後にすると効率的でしょう。電話での問い合わせは宿のチェックイン、チェックアウト時の混む時間帯を避けるのが上手な利用法で、その方が宿もしっかり対応してくれるでしょう。チェックアウトは大半が一〇時ですが、高級旅館では一一時のところもあります。午前一〇時から午後一時頃までの時間帯、及び午後七時から九時にかけてが頃合いでしょうか。

出発前の持ち物チェックリスト

温泉に持っていきたい物

温泉旅行に出かける際に持っていくと役立つものをまとめてみました。常識的なものも念のためにお書きします。参考になさって、なお足りなければ追加してください。

宿や風呂、お湯、グルメ、観光名所、お土産などの印象をまとめたり、イラストや写真、地図などを付けた、あなただけの「温泉の記録」や「旅の手帖」ができると楽しいでしょう。訪ね歩いた温泉の記録は後の想い出になります。そのためのメモ帳か小さなノートがあると便利です。

浴場の脱衣場には、二枚から成る「温泉分析書」が掲示されています。泉質、温度、pH、効能（適応症）などを簡単にメモしておくと、温泉に対する意識がさらに高まることでしょう。

●タオル、バスタオル

宿に備え付けのタオルはありますが、目的地への途中で日帰り温泉や外湯（共同湯）などに立ち寄る際に重宝します。レンタカーなどで移動し、最初からこのような立ち寄り湯に入る予定の場合は、かさばらない薄手、あるいは小さめのバスタオルを用意しておきたいもの。温泉浴で出る汗はハンパではありません。タオルを二、三枚用意し、バスタオルの代用とする手もあります。

●ビニール袋

外湯、日帰り温泉などに寄る際にタオルを入れたり、着替えを入れたりするのに便利で、荷物にもなりません。ちなみに温泉バッグや、タオルを入れるのに適したものも市販されています。

●アメニティーグッズ（洗面道具、化粧品）

秘湯の宿でもないかぎり、宿に備え付けられているものでも間に合うでしょうが、使い慣れたシャンプー、リンス、ボディーソープ等を必要な人は用意しましょう。私の場合は宿の歯磨き粉は使わない主義ですので、髭剃りと共に必ず持参することにしています。化粧品は必要に応じて。

●着替え、下着

旅行日程分の着替え、下着類。レンタカーなどで日帰り温泉に立ち寄る場合は、下着類は多めに用意すると安心です。

●パジャマ

宿には温泉浴衣が用意されていますが、「荷物になっても馴れたパジャマがよい」という方は熟睡できるように持参しましょう。

●ETCカード

レンタカーを借りる場合の必需品ですので、忘れないで用意したいものです。

●携帯電話、スマートフォン、充電器、モバイルバッテリー

これは忘れてはならない必需品です。旅先でバッテリーは消費しがちですので、充電器に加えモバイルバッテリーがあると安心です。ただしモバイルバッテリーは航空機内預け入れはできませんので、手荷物で持ち込みます。

●デジタルカメラ

スマートフォンでも間に合うのでしょうが、きちんとした写真を撮りたい場合は小型のデジタルカメラがあってもいいでしょう。ただ浴場での撮影は禁止です。

●航空券、新幹線のチケット

チケット類の確認は必ずしておきたいもの。スマートフォンなど電子端末に入れてある場合は、二次元コードや予約画面の確認と充電切れに注意。

●運転免許証、健康保険証、常備薬

レンタカーの運転には必須の免許証。思いがけないけがや病気に備えて、健康保険証も持参しましょう。

●**雨具**

超軽量の折りたたみ傘などあれば安心でしょう。

●**温泉バッグ**

宿の浴場まで着替えや入浴道具を持っていくときに重宝です。メッシュ素材なら便利です。また日帰り温泉に入浴する際は男性ならビニール袋でも代用できますが、女性には温泉バッグの方が良いでしょう。

●**ガイドブック**

ガイドブックや旅のムック本は飛行機や電車での移動中の情報源に役立ちます。とくにガイド本類に付いている一目で見られる大きな地図はスマホにはない便利さがあります。

●**メモ帳、手帳**

旅の後で自宅で「温泉の記録」や「旅の手帖」をまとめる際のメモ、走り書き用の小さなノートです。

●**マスク**

念のため数枚用意したいものです。

三章　宿を楽しむ

温泉街の歴史

温泉街のにぎわいは湯治湯の発展とともに生まれた

日本の温泉は文献が残されている奈良時代から、最初の東京オリンピックが開催された一九六〇年代頃まで、わが国の治療学史において重要な役割を果たしてきました。とくに街道や宿場が整備され、庶民の旅が容易になった江戸時代以降、温泉場は効能を競っていたので、現在とは異なり〝効かない〟温泉は温泉と称することは憚《はばか》られていたほどです。

ですから**温泉街も、湯治場の発展とともに始まった**といってもいいでしょう。湯治場のなかには、薩摩街道の**日奈久**（熊本県）や長崎街道の**嬉野**（佐賀県）のように宿場としてにぎわった湯治場もあるので、**温泉街は「宿場系」と「湯治場系」に分類しておくことにします。**

宿場系は東京オリンピック開催の昭和中期以降は「行楽・歓楽型」となり、湯治場系は「行楽・歓楽型」と「療養型」に二分されます。

また**酸ケ湯《すかゆ》温泉**（青森県）や**「鶴の湯温泉」**に代表される**乳頭温泉郷**（秋田県）、阿蘇の**地獄温泉**（熊本県）などは、現在は「療養型」、あるいは後にふれる「秘湯系」としても、熱心な温泉ファンの間で人気のところが多いようです。

宿場系の温泉

行楽・歓楽型の温泉地はもともと宿場が原型であったため、交通の便に恵まれた土地に発展しています。主な立地としては山間と海辺ですが、山間の場合はほとんどが河畔に開けています。

かみのやま温泉（山形県上山市）

羽州街道の宿場町として発展した**かみのやま（上山）温泉**（山形県）は、米沢街道の分岐点でもあり、松平氏三万石の城下町としても知られていました。

歴代藩主は**共同浴場「下大湯」**を設置したり、旅籠《はたご》に内湯を引くことを認めたりしたため、早くから温泉場としても栄え現代に至ります。そのため湯治客はもちろん、参勤交代の大名や蔵王山や出羽三山詣での旅人でにぎわいを見せました。現在も〝羽州の名城〟と呼ばれていた往時を再現した上山（月岡）城を中心に、武家屋敷通りが残されるなど、個性的な湯町を形成しています。

下諏訪温泉（長野県下諏訪町）

中山道と交わる甲州街道随一の宿場、**下諏訪**（長野県）は「温泉のある門前町」として広く知られていました。

諏訪湖の北岸に鎮座する諏訪大社下社秋宮の門前町として大変なにぎわいを見せた**下諏訪温泉**は、名湯「綿の湯」が有名で、当時としては最大級の「旅籠四〇軒」といわれ隆盛を誇ったものです。貝原益軒、十辺舎一九、葛飾北斎等も宿泊した湯町には、現在も江戸期創業の温泉旅館が複数健在です。

下諏訪温泉の街並み

紀行文

江戸時代随一の〝温泉宿場〟甲州街道の「下諏訪宿」～〝湯霊伝説〟が伝わる

下諏訪温泉
（長野県下諏訪町）

下諏訪は江戸時代随一の温泉宿場であった。江戸から京の都へ続く六十九次の中山道。同じく甲斐経由で下諏訪に至る甲州道中。主要五街道のうち、二つの街道はこの古湯で合流した。

下諏訪は諏訪大社の門前町でもあった。『古事記』にその起源を神代の昔と伝える諏訪大社は、諏訪湖の南北に鎮座する四社から成るが、そのひとつ、下社秋宮が温泉街の一角で悠久の時を刻み続けていた。

樹齢七百年という杉の巨木が茂る境内を歩く。三方切妻《きりづま》造りの神楽殿。その奥、二重楼門造りの幣拝殿を中心に、左片拝殿と右片拝殿が並ぶ。これは江戸中期に、初代立川和四郎富棟が建てたもの。

江戸期の社寺建築をリードした立川流の真価は、彫刻にあるといわれるが、楼門造りに施された精緻《せいち》を極めた彫刻はたしかに見事だ。

下諏訪温泉は、大社の潔斎《けっさい》浴と密接な関係があったと思われる。下社秋宮の手水《ちょうず》に御神湯が使われているのだ。下諏訪温泉には次のような湯霊《ゆだま》伝説がまことしやかに伝えられてきた。

「祭神の建御名方神《たけみなかたのかみ》とその妃・八坂刀売神《やさかとめのかみ》ははじめ上社に同居していたが、ある時いさかいがあって下社へ移ることになった。その時、宮の湯を『私の化粧の湯だから』と綿に含ませて運び、下社の地に置くと、そこから温泉が湧き出した」（松田忠徳・監修『日本の千年湯』）

それが綿の湯源泉である。綿の湯は神社直属の神聖な潔斎の湯とされた。下社の七不思議のひとつに、「不浄の者が入浴すると湯口が濁る」というものがある。

温泉街に「歴史民俗資料館」があった。明治初期の木造二階建ての旧民家に、下諏訪宿に関する資料等が展示されている。『木曽路名所図会』や十辺舎一九の『金草鞋《かねのわらじ》』の挿絵が興味深い。共同湯「綿の湯」の入浴光景がリアルに描かれているのだ。

江戸前期、貝原益軒は下諏訪に投宿している。

「下ノ諏訪に温泉三所あり、（略）この所の人は朝夕にゆあみ、あるいは衣を洗うなどするも、みな温泉を用ゆ。往来の旅人も多くこの湯に入る」（『東路記』）

「温泉三所」とは、「綿の湯」「児湯《こゆ》」「旦過《たんが》の湯」の三つの共同湯のことである。「綿の湯は綿のように肌ざわりがよい」「児湯はよく温って子宝に恵まれる」「旦過の湯は熱くて傷によい」と、それぞれの特長が知られていた。

「子宝に恵まれる」と評判だった「児湯」は昭和六二（一九八七）年に綿の湯源泉を引き**「遊泉ハウス児湯」**に建て替えられた。子宝の湯に〝美人の湯〟が加わり、そのうえ清潔な施設にもかかわらず入浴料二四〇円だから、人気の出ない方が不思議だろう。

旧中山道沿いの**「旦過の湯」**に浸かった。タイル張りの浴槽から熱い湯がかけ流されていた。「熱湯《あつゆ》」の伝統は守られている。

下諏訪の発祥の湯である綿の湯の跡地が駐車場になっているのは残念だが、源泉はまだ湧出していた。江戸中期創業の**「みなとや旅館」**の露天風呂で、綿のように柔らかな湯を心と肌で味わうことができたのは幸運と言うべきか。

湯上がりにナマコ塀や板塀の路地を散策する。諏訪湖からの心地よい風に涼みながら、石碑や句碑に往時のにぎわいの余韻にひたる。

諏訪大社の神事のようす。伝説にちなみ、温泉を含ませた綿を入れた桶が神楽殿に運ばれているところ

嬉野温泉（佐賀県嬉野市）・武雄温泉（佐賀県武雄市）

九州は温泉が多い土地柄なだけに、温泉場の宿場がかなりありました。たとえば長崎街道には嬉野宿と塚崎宿（現在の武雄）。前者は**嬉野温泉**（佐賀県）、後者は**武雄温泉**（同）。数ある街道沿いの宿場町で、温泉のある宿場が続くところは長崎街道だけです。

七三〇年頃に編まれた『肥前国風土記』にも登場する嬉野と武雄は、佐賀県というよりも九州を代表する行楽・歓楽型の大温泉地です。武雄はもともと塚崎《つかざき》と呼ばれ、時代が下って塚崎、柄崎などと表されるようになったのが、明治二八（一八九五）年に九州鉄道が開業した際に、駅名を柄崎とせずに武雄としたことから、武雄の名が一般的になります。

嬉野湯宿、湯町、嬉野駅などとも呼ばれていた嬉野宿は、現在の**「和多屋別荘」**付近から**「大正屋」**の前までの約五〇〇メートルで、この間に三〇軒ほどの旅籠、木賃宿があり、商家、農家などをあわせると一〇〇軒余りの宿場だったといわれています。

佐賀藩の三支藩のひとつ蓮池藩の藩営の浴場があり、オランダ商館医でドイツ人医師ケンペルの『江戸参府紀行』にも登場したり、シーボルトによって温泉の調査が行われるなど、早くから外国人にも知られていました。それも長崎街道の宿場であった賜物でしょう。

安永九（一七八〇）年の『湯方定書』によると、上湯、並湯等の別に入浴できる浴槽の規定や入浴料が定められており、「足軽以下町民は並湯に入ること」とあります。

一方、塚崎宿は現在の武雄温泉のシンボル、竜宮城を思わせる華やかな天平式の桜門《ろうもん》の場所に本陣の正門があり、その奥に本陣と温泉場があったようです。脇本陣は現在の**「湯元荘東洋館」**の位置でした。温泉場には御前湯があり、佐賀藩主鍋島家や領主等が使用していました。

享和二（一八〇二）年、尾張の商人、菱屋平七の長崎までの旅の記録『筑紫紀行』に柄崎宿のにぎわいが記されています。「……柄崎の宿。人家四百軒計り。佐賀の家臣衆の領地なり。此所に湿瘡疥瘡などによしといふ温泉あり。遠近の人湯治に来り集る。さるによりて宿屋茶屋も多し」

山鹿温泉（熊本県山鹿市）・日奈久温泉（熊本県八代市）

薩摩街道の山鹿宿（熊本県）には**山鹿温泉**が湯煙を上げ、薩摩藩の島津氏が参勤交代の際によく立ち寄って入浴した日奈久宿（同）には**日奈久温泉**があります。

日奈久は江戸時代から干拓事業が行われていた海辺の宿場。中央を薩摩街道が通っていた現在の日奈久温泉には、なまこ壁や名宿**「金波楼」**のような木造三階建ての旅館が多く残されています。「なまこ壁」というのは、瓦を押さえている漆喰《しっくい》の盛り上がった形状がなまこに似ているところから、こう呼ばれています。

日奈久温泉の風情ある町並みは放浪の俳人、種田山頭火もぞっこんだった旧宿場。「温泉はよい。ほんたうによい。ここは山もよし海もよし。出来ることなら滞在したいのだが、いや一生動きたくないのだが」と絶賛し、温泉街の一角に立派な句碑が立っています。

応永一六（一四〇九）年の開湯という日奈久温泉は、六〇〇年以上の歴史をもち、肥後藩主細川氏が藩営の大浴場を造営し、身分に応じた浴槽の入浴を許可しています。八代城主松井氏もよく入浴したという藩営の「本湯」跡地に、開湯六〇〇年を記念して平成二一（二〇〇九）年に**「日奈久温泉センターばんぺい湯」**がオープンしています。

海辺の宿場としては、羽州街道の宿場、**あつみ温泉**（山形県）は庄内藩主等も湯治に訪れた古湯で、現在も江戸時代から続く朝市でにぎわいを見せます。

温泉津《ゆのつ》温泉（島根県大田市）

世界遺産に登録された石見《いわみ》銀山の積み出し港で知られる**温泉津**は、石見銀山街道の宿場で、その名のとおり温泉場でもありました。江戸中期には四〇軒もの廻船問屋があったという往時をしのばせる閑静な湯町には、鉄さび色の薬湯が昔と変わることなく湧き続けています。

別府温泉（大分県別府市）

「血の池地獄」などの〝地獄〟で知られる大温泉郷・**別府**も、別府湾に臨む日向街道、肥後街道の宿場でした。江戸後期には二〇軒以上の旅籠の存在が知られています。別府は陸路だけでなく、海路での四国の伊予街道への要衝でもあり、これが温泉場の拡大に大いに寄与したことは、他の有名な温泉にはない珍しいことでした。後の大正、昭和の時代になると、関西方面からの大型客船による別府湯治ブームにつながります。

別府温泉「血の池地獄」
（提供：公益財団法人　ツーリズムおおいた）

◆紀行文

豪商が輩出した豊前街道の「山鹿宿」

〜藩主たちが参勤交代の道すがら浸かった〃美肌の湯〃

山鹿温泉（熊本県山鹿市）

「豊前国小倉の藩主だった細川忠利は、寛永年間に肥後熊本藩へ移封（配置替え）されます。忠利は豊前街道を南下して来て、熊本に入る前、あえて山鹿宿に泊まります」

こう語るのは、「山鹿市旅先案内人の会」のボランティアガイドを務める原透湧さん。

「山鹿の湯に浸かるためですね」と私。「忠利は小倉時代、参勤交代で江戸に詰めていた際、熱海で湯治するほど温泉好きだったから、当然、山鹿の湯質の良さは耳にしていたはずです」

「山鹿千軒たらいなし」――。たらいが必要ないくらい湯が豊富なことを表すこの表現は、山鹿の人びとの誇りである。事実、現在でも多くの旅館が自家源泉を有している。

その象徴が旧豊前街道沿い、温泉街の中心に位置する豪華な**市営浴場「さくら湯」**だ。タイル張りの大浴槽から、澄明な湯が惜しみなくかけ流されていた。

「何度入っても心が洗われるようで――」

気持ちよさそうに目を閉じた原さんの顔は仏のようであった。確かに湯の感触は超一級である。浴槽に全身を沈めた瞬間、オブラートの膜に包まれたような感触を得た。

忠利は湯の端に藩主専用の風呂場「御前湯」を造り、さらにその隣に御茶屋（別荘）を建て、かの宮本武蔵を招待したという。

山鹿は温泉のある宿場として栄え、また菊池川の河港でもあったため、巨万の財をなす商人が輩出した。菊池川流域は大坂の米市場で最高評価を受けていた肥後米の産地で知られていた。山鹿はその一大集散地で、米問屋が軒を連ねた。

富を得た〝旦那衆〟と呼ばれる豪商は、神社仏閣の建立をはじめ現存する芝居小屋「八千代座」（国の重要文化財）などの文化施設にその財の一部を回し、地域に貢献するのが習わしだった。

山鹿の夏の風物詩は、毎年八月一五、一六日に催される山鹿灯籠《とうろう》まつりで、多くの女性の頭に載せた和紙の金灯籠の灯が温泉街に揺れるほか、クライマックスは一六日の夜に大宮神社隣の広場で妖しく揺れる千人灯籠踊りである。

室町時代から伝わる金灯籠に、そうした旦那衆の求めによって、江戸時代に宮造りや座敷造りなど、さまざまなレパートリーが広がった。旧豊前街道沿いの「山鹿灯籠民芸館」や「山鹿灯籠の店　なかしま」などで作品を見ることができる。

原さんの案内で菊池川に面した「惣門《そうもん》」（湯町の入り口）から、国の重要文化財で、明治以降現在も営業中の「八千代座」付近までの旧街道を歩いた。江戸期創業のこうじ屋や造り酒屋、湯の端公園の足湯、江戸後期の文化年間に造られた丸い石門をくぐり抜けた奥の、空海創建と伝わる金剛乗寺……。

細川公だけでなく、参勤交代で人吉藩の相良公、薩摩藩の島津公もこの街道を幾度となく通り、待望の温泉に浸かった。時代を越えてその喜びを共有できる幸運をかみしめる。

「さくら湯」に寄る温泉博士。立派な唐破風玄関

湯治場（療養）系の温泉

肘折温泉（山形県大蔵村）・俵山温泉（山口県長門市）

肘折温泉と**俵山温泉**を、東西の代表的な湯治場系の温泉街と評価してきました。

季節の山菜、野菜、果物などが並ぶ朝市でも有名な肘折温泉は、月山の山裾に湯煙を上げる二〇軒ほどの湯治宿が所狭しと軒を寄せ合う。数軒の土産物屋も活気があり、温泉街に四軒の共同湯があります。私はかねてから**共同湯（外湯）**の数は温泉街評価の大切な指標となると考えてきました。

そのひとつ**「上の湯」**は別名「疵《きず》の湯」と呼ばれ、肘折温泉発祥の湯です。骨折の後療法、術後の回復、婦人病、神経痛、リウマチ（関節リウマチ）などに卓効があるといわれてきました。

一方、俵山温泉は、木造二、三階建ての湯治旅館が、狭い湯町に二〇軒ほどひしめきます。石畳の路地を浴衣姿の湯治客が外湯（共同湯）へ向かう、今なお湯の町情緒漂う正統派の湯治場です。旅館に風呂を持つ宿は一、二軒しかなく、昔ながらの外湯が湯町の顔です。

江戸前期には長州藩毛利家の御茶屋（別荘）が建てられ、その霊験あらたかな湯が評判で、湯治旅館が江戸中期にすでに二〇数軒もあったといわれる俵山は、現在も〝リウマチの名湯〟として全国から療養客を集めるほど、その湯質には定評があります。

昭和の東京オリンピック以降、高度経済成長に乗って、日本の多くの温泉場は行楽・歓楽型へ向かいましたが、それでも〝温泉の原点〟である湯治に軸足を置いた温泉もかなりの数に上ることは日本の温泉文化の多様性を示すものに違いありません。

湯治、療養の温泉は心身に〝効く〟温泉を維持していることが必須条件ですから、一級の温泉に出合える可能性が大であることを考えると、たとえ一泊であっても時には湯治場系の温泉地を選ぶのも理に適った選択といえます。静かな環境と比較的空いていること、それにリーズナブルな料金を考えると、〝温泉好き〟には湯治場系は〝穴場〟なのです。

◆紀行文

全国屈指の療養温泉地としての道を歩む

～〝脳卒中の名湯〟

鹿教湯温泉
（長野県上田市）

長野県上田市の南西、開けた山間に湧く**鹿**《か》**教**《け》**湯**《ゆ》**温泉**は、古くから〝中風の名湯〟として知られてきた。中風とは脳卒中の後に意識が回復しても残る、半身不随や手足の麻痺、言語障害などの症状のことである。

小岩井孝著『信州の温泉』によると、すでに寛政九（一七九七）年に、上州新田郡の代官、岩松万次郎が中風療養のため、女中、料理人ら数人を伴って湯治に来た記録が残されているという。

こうした江戸時代からの伝統を受け継いだ鹿教湯は、現在でも全国屈指の療養温泉地である。中風や高血圧、動脈硬化、交通外傷などに悩む療養客や湯治客が絶えない。温泉が併設されている病院、リハビリテーションセンター、クアハウスなどが温泉街の中心部にあり、現代湯治のモデルとして、異色の温泉地の道を歩んできた。もちろん国民保養温泉地にも指定されている。

わが国有数のリハビリ施設を備えた鹿教湯病院に隣接して、**「クアハウスかけゆ」**がある。「クア」とは「保養、回復、治療」などを意味するドイツ語である。一般に「多目的温泉保養館」と訳される。

館内には「かぶり湯」「泡沫浴」「打たせ湯」「圧注浴」「歩行浴」など、七種類の風呂があるほか、プールも併設されている。これらの風呂に、「美容コース」「高血圧・動脈硬化コース」「腰痛・肩こりコース」「一般・健康増進コース」など、目的に合わせたプログラムに従い、水着着用で入浴する。

「前面の山の中腹に文殊堂がある。昔一人の狩人が鹿を射損じ、山深く追つて行つて、ふと発見したのがこの温泉で、その鹿は文殊菩薩の化身であつたといふ。菩薩の大慈悲は日頃信仰の深いこの狩人に、温泉の所在を教示されたのだと云ふ。鹿教湯の名は即ちこの伝説から起こつてゐる」(『日本温泉案内(西部篇)』大日本雄弁会講談社、昭和五年)

鹿教湯温泉の由来である。創業が江戸末期か明治初期といわれる老舗**「ふぢや旅館」**の大浴槽の湯口は、伝説にちなんで鹿の顔をかたどったものだ。

渓谷に面したタイル張りの浴槽から澄明な湯が惜しみなくあふれていた。大小二つの浴槽の湯口にコップが置かれている。柔らかな単純温泉だから、クセがなく飲みやすい。脳卒中の後遺症には、**鹿教湯**のようなぬる目の湯に長湯するだけではなく運動も必要だといわれる。

「ふぢや旅館」の脇を流れる内村川にかかる五台橋を渡り、石段を上ると、薬師堂や文殊堂がある。昔から自力でここに詣でられるようになると、もう大丈夫だろうといわれてきた。ちなみにこの文殊堂は日本三文殊のひとつだとか。

◆紀行文

〝人肌の湯〟のラジウム泉に長湯を楽しむ
～〝宝の湯〟

栃尾又温泉
（新潟県魚沼市）

西川義方のいう浴法とは、長湯のことである。日本人は一般に〝短熱浴〟の民族だといわれる。ところが療養泉として知られる温泉の中にはぬる湯が多い。長湯することにより温泉成分が皮膚から吸収され、血流がよくなり新陳代謝が促進されるから心身に効くのである。古くから〝子宝の湯〟として知られる、越後三山の深い緑に抱かれた**栃尾又**も、そうした温泉のひとつだ。ここは福島との県境、奥只見湖に近い。

ぬるま湯に仰向き浮けば我胸に
　窓越の星が濡れつゝ落ちぬ

――中村憲吉

「名湯に熱い湯なし」との言葉がある。

「日本には、高熱温泉と共に、微温の温泉も、亦《また》、自づから頗《そこぶ》る多い。吾々の聡明な先達は、（中略）長い経験に基いて、熱泉には、熱泉に適応した浴法を案出したが、之《これ》と共に、微温泉には、また微温泉に適応した浴法を推奨し来ってをるのである」（西川義方『温泉言志』、昭和一八年）

「一日に三回入浴すると、それだけで六、七時間。あと散歩で一日が終わります。最近の人は長湯の経験がないので、たいていは栃尾又のゆっくりの魅力に取りつかれますね」。こう語るのは、創業四百年以上の歴史をもつ**「自在館」**の館主、星雅彦さんだ。

平成一六（二〇〇四）年に完成した**外湯「霊泉したの湯」**に浸かった。泉源の真上に昭和五〇年代まで残されていた風呂を再現したものだという。

三五度のラジウム泉が毎分四九リットル自然湧出している。栃尾又は〝人肌の湯〟ともいわれ、三七度が標準的な湯温だが、ここはもう少しぬるい。一回の入浴時間は平均二時間と長いだけに、昔から「夜詰の湯」の習慣があった。夜通しで浸かるのである。それだけに湯の中で話がはずむ。地元のお年寄りが栃尾又音頭をうたってくれた。

「お湯の熱さは一七、八の可愛いあの娘《こ》のそりゃ肌心地／心地よければなが湯も出来る／なが湯すりゃこそ子も出来る」

湯船からあふれる新鮮な湯に浸かっていると、全身に小さな気泡が付着する。これは毛穴が開いて出てくる空気とラジウム泉に溶け込んでいる炭酸によって生じるものだという。

仕上げは隣の沸かし湯に温まる。大正一三（一九二四）年に建てられたという風情ある木造三階建ての湯治棟もあるが、本館は鉄筋で快適。館内の内風呂、露天風呂は共に貸し切りで入浴できるのはありがたい。

江戸中期に建てられた薬師堂前に樹齢四百年の子持ち杉がある。栃尾又の湯に浸かり、この杉の大木をくぐると子宝に恵まれるという。

主なお薦め湯治場系温泉一覧

＊かんの温泉（北海道）
＊カルルス温泉（同）
＊酸ケ湯《すかゆ》温泉（青森県）
＊嶽温泉（同）
＊後生掛温泉（秋田県）
＊乳頭温泉郷（同）
＊秋の宮温泉郷（同）
＊花巻南温泉峡（大沢温泉、鉛温泉）
（岩手県）
＊国見温泉（同）
＊湯田温泉峡（湯川温泉）（同）
＊夏油《げとう》温泉（同）
＊須川高原温泉（同）
＊肘折温泉（山形県）
＊滑川温泉（同）
＊鳴子温泉郷（東鳴子温泉）（宮城県）
＊高湯温泉（福島県）

＊奥塩原温泉郷（元湯温泉、新湯温泉）
（栃木県）
＊板室温泉（同）
＊四万温泉（群馬県）
＊草津温泉（同）
＊万座温泉（同）
＊栃尾又温泉（新潟県）
＊鹿教湯《かけゆ》温泉（長野県）
＊五色温泉（同）
＊小谷《おたり》温泉（同）
＊野沢温泉（同）
＊増富温泉（山梨県）
＊下部温泉（同）
＊小川温泉元湯（富山県）
＊中宮温泉（石川県）
＊十津川温泉郷（湯泉地温泉、上湯温泉、
十津川温泉）（奈良県）

＊入之波《しおのは》温泉（同）
＊湯川温泉（和歌山県）
＊湯原温泉郷（湯原温泉、真賀温泉等）（岡山県）
＊三朝《みささ》温泉（鳥取県）
＊温泉津《ゆのつ》温泉（島根県）
＊小屋原温泉（同）
＊俵山温泉（山口県）
＊原鶴温泉（福岡県）
＊別府鉄輪《かんなわ》温泉（大分県）

＊湯平温泉（同）
＊長湯温泉（同）
＊寒の地獄温泉（同）
＊地獄温泉（熊本県）
＊吉田温泉（宮崎県）
＊新川渓谷温泉郷（妙見温泉、安楽温泉、折橋温泉等）（鹿児島県）
＊霧島温泉郷（湯之谷温泉）（同）
＊指宿温泉（同）

秘湯系の温泉

法師温泉（群馬県みなかみ町）

群馬県の一軒宿の秘湯、**法師温泉**（群馬県）に代表される昭和五〇年代後半（一九八〇年代）から始まる、空前絶後の〝秘湯ブーム〟以来、今日では秘湯という言葉は日本人の間にすっかり定着しています。「アクセスに恵まれない秘境の地や辺鄙《へんぴ》な土地の、主に一軒宿の小さな温泉」を指す言葉です。

都市化された行楽・歓楽型の宿場系温泉街に飽き足らない、本物志向の温泉ファンに人気があります。本物志向とは、俗化度の低い本物の自然環境であり、その多くが〝源泉かけ流し〟、〝自家源泉〟などに象徴される本物の温泉の代名詞でもあります。これに地場産の新鮮な山の幸、海（川）の幸などの食材が加わります。

乳頭温泉郷（秋田県仙北市）

乳頭温泉郷（秋田県）の評価が、わが国の温泉における秘湯の位置づけを確立させたといっても過言ではない、というのが私のかねてからの認識です。

田沢湖高原の奥、乳頭山麓の先達川が縫うように流れるブナの原生林のそこかしこから、濃い湯煙が上がります。**鶴の湯温泉**、**大釜温泉**、**乳頭温泉**、**妙乃湯温泉**、**蟹場《がにば》温泉**、**孫六温泉**、**黒湯温泉**――。この七湯から成る乳頭温泉郷は「日本最後の秘湯」とも呼ばれ、その個性的な温泉と宿のたたずまいで、都会客を魅了し、今日に至っています。最近ではアクセスが不便にもかかわらず欧米人の姿もふえ、〝ＨＩＴＯ〟は国際語になりつつあります。

法師温泉、乳頭温泉郷の他に、**十勝岳温泉「湯元　凌雲閣」**（北海道）、**夏油《げとう》温泉**（岩手県）、**姥湯温泉**（山形県）、**甲子《かし》温泉**（福島県）、**奥鬼怒温泉郷**（栃木県）、**中房温泉**（長野県）、**奈良田温泉**（山梨県）、**大牧温泉**（富山県）、**奥飛騨温泉郷**（新穂高温泉）**「槍見の湯**

槍見舘」（岐阜県）、**祖谷《いや》温泉**（徳島県）、**地獄温泉**（熊本県）など。これらは秘湯中の秘湯でしょう。

なかには大牧温泉**「大牧温泉観光旅館」**のように、庄川を船でしか行けない秘湯もあります。辺鄙な地にもかかわらず施設は驚くほど洗練され、料理も一般にイメージされるような秘湯の宿とは思えないレベルです。

祖谷温泉（徳島県三好市）

洗練された施設といえば、**祖谷温泉「和の宿　ホテル祖谷温泉」**（徳島県）も大牧温泉同様に手つかずの大自然の真っ只中にあります。欧米人に人気なだけに露天風呂付きの特別室が追加されたところにも、グローバル化されたＨＩＴＯであることを感じさせます。ケーブルカーで渓谷の底へ行く凄味すら感じられる露天風呂のロケーションなども、祖谷温泉ならではの個性でしょう。地場の食材をふんだんに使った魅力的な食事も満足度が高いものがあります。

中房温泉（長野県安曇野市）

山岳地帯の秘湯の代表に、標高一四六二メートルの雲上に湧く一軒宿の**中房温泉**（長野県）をあげておきます。北アルプスの燕岳《つばくろ》の登山基地でもある中房温泉には、自家源泉が二九本もあり、これは一軒の施設では日本一です。もちろんすべてが自然湧出で、この豊富な湯量を利用して、蒸し風呂、露天風呂、複数の内風呂と一泊ではとても回りきれそうにない温泉三昧の秘湯です。

十勝岳温泉（北海道上富良野町）

雲上の温泉といえば、ラベンダーで有名な上富良野の**十勝岳温泉「湯元　凌雲閣」**も外せません。九月下旬から始まる紅葉はまさしく〝天上の楽園〟です。二種類の泉質があり、鉄さび色の湯があふれる野性味ある露天風呂から仰ぐ燃えるような紅葉と十勝連峰の山並み——。標高の高い豪雪地帯ですので、二月の厳寒期の雪見露天風呂などは、他の追随を許さぬ絶景です。

「日本源泉かけ流し温泉協会」や「日本秘湯を守る会」のホームページ等を参考に、本物志向の秘湯を選んでください。

紀行文

女性に嬉しい秘湯系の佳宿
～船でエメラルドグリーンの庄川を行く大牧温泉「大牧温泉観光旅館」

大牧温泉
（富山県南砺市）

奥飛騨の沢水を集め、砺波《となみ》平野の肥沃な土壌をうるおしながら、富山湾で日本海へ注ぐ庄川。国道156号線を「合掌造りのちいさな山里」で知られる世界遺産・五箇山《ごかやま》方面へ向かうと、その庄川をせき止めた小牧ダムが現れた。

人気の秘湯・**大牧温泉**へは、堰堤《えんてい》近くの乗船場から、遊覧船に乗らなければならない。離島ならいざ知らず、河畔にあって船でしか行けない温泉宿なぞ、ここしかないだろう。

庄川の変化に富んだ渓谷美に魅せられながらの船旅は、三〇分ほどで終わった。エメラルドグリーンの流れにせり出すように、いや浮かぶようにして、木造三階建ての大きな建物が現れたからだ。

平家の落人伝説が残る山深き利賀《とが》。「この仙境の湯は、寿永二（一一八三）年、砺波山の合戦で敗れた平家の落ち武者が源氏の追撃を逃れる際に発見。その湯を口にし、湯あみをして刀傷を癒やした」と、まことしやかに伝えられてきた。

一軒宿の秘湯だから、さぞかし館内は老朽

化しているに違いないと想像される人も少なくないだろう。そこはさすがに女性に人気の温泉旅館、手入れは万全であった。一角に囲《い》炉《ろ》裏《り》が切られたフロントロビーの磨き上げられた床板などを見ると、有名温泉地の宿とそう遜色はない。

しかも嬉しいことに、湯質がとても上等、極上の湯なのだ。さすがに秘境の湯である。宿の人の話ではアルカリ性の湯が自然湧出しているとのこと。動力による揚湯《ようとう》と違って自然に湧出する湯は、トマトにたとえるならば熟成した〝完熟トマト〟の状態と言えるだろうか。

御影石で縁取られた大きな湯船から、山の空気のように澄明でいかにも肌に優しそうな湯が惜しみなくかけ流されていて、思わず笑みがこぼれた。

ワイドな窓ガラス越しには、庄川と深い渓谷が広がっていた。緑濃い夏、五色に染まる秋、雪化粧した山峡が水墨画の世界を織りなす冬……。どの季節に訪れても、「これほど贅沢で粋なロケーションにたたずむ温泉宿は珍しい」と、思わずため息がこぼれるに違いない。そう思わせるところが、この宿の隠れた魅力か。

手つかずの自然の懐に抱かれた大牧温泉の楽しみは、もちろん露天風呂である。原生林の中の岩を組んだ男性用もいいのだが、庄川の絶景を見下ろせる女性用は二か所もある。とくに奥の山肌の岩盤をくり抜いた風呂などは、男性の私も羨ましくなるほど自然に溶け込んでいた。そうそう、内風呂も女性用は二か所あるという。このような配慮が女性に人気の宿の理由《わけ》なのだろう。

「時々、カモシカやタヌキが顔を見せるかもしれないので驚かないでください」と言う仲居さんの言葉に、思わずうなずいてしまったものだ。改めてここは秘境の温泉なのである。

富山湾に近いので、料理は山海の幸が豊富。イワナの骨酒も好評とか。

かつてはこの渓谷の底に村があったという。小牧ダムの完成で村落は水没してしまったが、大牧温泉は往時の記憶をとどめている。

船でしか行けない秘湯の一軒宿、「大牧温泉観光旅館」

◆紀行文

〝日本三大秘境〟祖谷渓の底の露天風呂へ、ケーブルカーで向かう　～祖谷温泉「和の宿　ホテル祖谷温泉」

祖谷温泉（徳島県三好市）

日本三大秘境のひとつといわれる、四国山地の剣山国定公園祖谷渓《いやだに》。

平家の落人伝説でも知られるV字の深い渓谷の底に祖谷川が流れ、この地に自生するシラクチカズラで編まれたつり橋「祖谷のかずら橋」が架けられている。長さ四五メートル、幅二メートル、水面からの高さが約一四メートルもある、国の重要有形民俗文化財のつり橋である。

昔から、「源氏の追っ手が来たら、いつでも切り落とせるように、かずらを架けたものだ」と言い伝えられてきた。

このようなかずら橋は、現在では二か所しか残されていないそうで、かつては祖谷川の各所に架けられ、村人の大切な生活路でもあったという。

藤の花が咲き競うなか、新緑のシャワーを浴びながら歩き出した途端、橋が左右に大きく揺れ、思わず腰が引けた。大きく深呼吸をし直して、橋の下の急流を見ないように、内心はせきながらも、ゆっくりした足取りで四五メートルの対岸まで渡りきった。

かずら橋から少し下流の断崖絶壁に、鉄筋六階建ての一軒宿**「和の宿　ホテル祖谷温泉」**が現れた。急峻な山々が重なりあい平地がないため、巧みに断崖を利用して鉄筋にしたのだという。見事な匠の技で感動的ですらあった。

仲居さんに案内された露天風呂付きの部屋から、正面にそそり立つ国見山《くにみやま》とその真下の深く切れ込んだ祖谷渓谷のダイナミックなパノラマに圧倒される。**祖谷温泉**を訪れるのは四度目で、訪れるたびに新たな感動で心が揺さぶられる。それほどここにはインパクトのある非日常がある。

五、六年ぶりだったが、この間に秘湯を取り巻く環境も大きく変化していた。女性の姿が多くなったこと、それにも増して欧米人も目立つ。かつて『美しき日本の残像』の著者、アメリカ人のアレックス・カー氏が「こんな美しい風景を持つ場所は日本全国探してもない」と、語っていたことを思い出した。

祖谷温泉といえば、秘湯ファン垂涎《すいぜん》の的、渓谷の底の露天風呂である。そこへ行くには、ホテルの玄関脇から四二度の急傾斜をケーブルカーで一直線に下るのだ。高低差一七〇メートル、祖谷渓谷のダイナミックなパノラマを拝みながらの五分間のアドベンチャー。しかも運転手のいないケーブルカー！　二〇年以上前に初めて乗ったときは冷や汗もので、今となれば忘れられない思い出となっている。

祖谷川の急流にせり出すように造られた、大きな露天風呂からかけ流される柔らかな湯の感触、山肌が迫る谷底から見上げた高く狭い空は、この四国最深部に至るまでの険しい道のりを、一瞬のうちに帳消しにするほどの感動を与えてくれる。正真正銘の秘境の地ならではの、全国でも屈指の秘湯だ。

「温泉がこれほどエキサイティングだとは想像もしていなかった。硫黄の温泉と、周りの自然のすごさには驚いたよ」と、露天風呂で出会ったアメリカ人は興奮気味であった。

松尾芭蕉の『おくのほそ道』の英訳本を読んだというこの青年と意気投合し、湯に浸かりながら、小一時間も日本の文化や温泉について楽しく話し込んでしまった。二週間の日本旅行の予定で来日したばかりとのこと。温泉を介して、四国の辺境の地で国際交流ができるとは夢のような時代だ。

秘湯といっても女性にも人気だけに、料理もなかなか洗練されていて、また個性的でもある。地元の名産阿波牛のほかにも、吉野川で育ったアマゴの塩焼きや祖谷そば、祖谷こんにゃくなど、随所に地場の食材が使われているのはさすがに一級の秘湯である。

HITOに、乾杯！

祖谷のかずら橋（国指定重要有形民俗文化財）

主なお薦めの秘湯の宿一覧

＊十勝岳温泉「湯元　凌雲閣」（北海道）
＊銀婚湯温泉「温泉旅館　銀婚湯」（同）
＊岩尾別温泉「秘境知床の宿　地の涯」（同）
＊黄金崎不老ふ死温泉「不老ふ死温泉」
（青森県）
＊蔦温泉「蔦温泉旅館」（同）
＊青荷温泉「ランプの宿　青荷温泉」（同）
＊谷地温泉「日本三秘湯　谷地温泉」（同）
＊大平《おおだいら》温泉「滝見屋」（山形県）
＊滑川温泉「福島屋」（同）
＊新高湯温泉「吾妻屋旅館」（同）
＊甲子《かし》温泉「旅館　大黒屋」（福島県）
＊木賊《とくさ》温泉「旅館　井筒屋」（同）
＊奥鬼怒温泉郷「手白澤温泉」（栃木県）
＊塩原温泉郷（元湯温泉）
「秘湯の宿　元泉館」（同）
＊法師温泉「法師温泉　長寿館」（群馬県）

＊中房温泉「中房温泉」（長野県）
＊地獄谷温泉「後楽館」（同）
＊逆巻《さかまき》温泉「川津屋」（新潟県）
＊大牧温泉「大牧温泉観光旅館」（富山県）
＊黒部峡谷温泉郷（名剣温泉）
「名剣温泉」（同）
＊奥飛騨温泉郷（新穂高温泉）
「槍見の湯　槍見舘」（岐阜県）
＊十津川温泉郷（上湯温泉）「神湯荘」
（奈良県）
＊入之波《しおのは》温泉「山鳩湯」（同）
＊祖谷《いや》温泉「和の宿　ホテル祖谷温泉」
（徳島県）
＊地獄温泉「青風荘」（熊本県）
＊新湯温泉「霧島新燃荘」（鹿児島県）
※令和四年一一月末～一二月初旬休業

日本列島は〝温泉の浮島〟

四季折々の景観を宿で楽しむ

日本列島は北の北海道から南の沖縄県まで、全長約三〇〇〇キロメートルあり、四方を海に囲まれている。国土の約六七％を森林で覆われているので、〝山国〟ともいえます。

約三八万平方キロメートルの国土に、二万七九七〇本の泉源、宿泊のできる温泉地数は二九三四か所、温泉宿泊施設数は一万二九二四軒（令和三年三月末現在、環境省資料「令和二年度温泉利用状況」）もあり、まさに日本列島は〝温泉の浮島〟と表現しても過言ではないでしょう。

世界一の〝温泉大国・日本〟の魅力は、泉源の数や湯量の豊富さ、高温泉が多いことなどもありますが、それ以上にさまざまなロケーションにこれらの温泉が湧出していることです。山の湯、渓流の湯、海の湯、湖沼の湯、島の湯、最近では大都市の真っ只中の湯もふえています。

単にロケーションだけでなく、内風呂や露天風呂などから景観を楽しめるよう工夫が凝らされている施設も多い。そう、感性豊かな日本人を満足させるために四季折々の景観、入浴する私たち自身が自然と一体になれるように配慮された風呂が、最近は頓《とみ》に多くなってきた気がします。この点でも他の追随を許さないのが日本の温泉なのです。

ここでは「山の宿」、「海&湖沼の宿」、「渓流の宿」を、ロケーション別にそれぞれ一軒と、その他の主なお薦め宿を一六四・一六七・一七二ページに一覧表にしてご紹介します。

紀行文

東北屈指の古湯・蔵王の豪快な大露天風呂に驚喜し、「わかまつや」の気品漂う風呂で心も洗われる

蔵王温泉
（山形県山形市）

頭上を仰げばみずみずしい木立の間に初夏の真っ青な空が広がっていた。

「日本の温泉の良さは心が洗われること」とは連れ合いの口癖だが、こうして昼間から奥深い自然の懐に抱かれながら温泉に身も心もゆだねていると、あらためてその言葉を実感する。

それにしても**「蔵王温泉大露天風呂」**のスケールの大きさと湯質には脱帽である。毎分七三五リットルもの強酸性泉が湯川となり、男女別の風呂で合わせて二〇〇人が入れる階段状の四つの岩風呂を豪快に流れ落ちていく。

蔵王連峰の中腹、標高九〇〇メートルの高所に硫黄臭を漂わせる**蔵王温泉**。かつては最《も》上高湯《がみたかゆ》と呼ばれ、白布《しらぶ》高湯（山形県）、信夫《しのぶ》高湯（福島県）とともに〝奥州三高湯〟として知られてきた。

温泉の発見はすこぶる古く、一九〇〇年もさかのぼる。

「時は第一二代景行天皇の世、西暦一一〇年の頃、日本武尊《やまとたけるのみこと》の東征に従った吉備多賀由《きびのたかゆ》が、矢の毒を癒やしているうち、温泉を見つけて

入浴したところたちまち全快したので、日頃信仰している大国主命《おおくにぬしのみこと》のおかげと、蔵王山頂にこれを祀った」（『山形の蔵王』より）

この古湯の雰囲気を味わうには温泉街の中心部、高湯通りを歩くことだろう。古くからの湯宿や土産屋が軒を連ねるなか、**「下湯共同浴場」**がある。山小屋風の浴舎の横には足湯もあり、若いカップルが楽しそうに談笑していた。浴場の壁にこんな掲示がある。

「当温泉は強酸性ですので、石鹸は使用できません。又ぬれたままのタオルを着物に掛けたりしますと、やがて切れますのでご注意ください」

〝東北の草津〟の異名をもつ蔵王の湯は、草津より強い酸性泉である。だが、草津や那須の湯のように湯ただれの出ることが少ない名湯として知られてきた。

下湯から更に奥へ進むと、酢川温泉神社の参道に**「上湯共同浴場」**があった。老朽化した木造の浴舎に大きな湯船がひとつあり、あつ目の湯が静かにあふれていた。湯は酸っぱくpH一・三五。かの秋田県の玉川温泉に迫る強酸性である。

『ようやく本物の温泉に入った気がします』と、皆さん温泉をほめてくださいます」

こう語るのは創業明暦元（一六五五）年という老舗「和歌《うた》の宿　わかまつや」の一三代目館主、斉藤長右衛門さん。平成八（一九九六）年に現在地に移転したが、自家源泉は昔のままだという。

蔵王目透き石の一八トンもある巨岩をくり抜いた露天風呂に、肌当たりのすこぶる良い湯が源泉一〇〇％のまま注がれていた。その感触に昼間湯あみした大露天風呂の趣とは異なる気品を感じたのは、宿の格式が故か。
湯上がりに歌人・斎藤茂吉直筆の作品を堪能する。「わかまつや」は茂吉ゆかりの宿なのである。

たかはらを越えのぼり来て　消えのこる
ゆきのかたへに　われはたたずむ
——斎藤茂吉

大きな石をくり抜いてできた露天風呂に浸かる温泉博士。
遠赤外線効果で身体がよくあたたまる（「和歌の宿　わかまつや」）

主なお薦めの山の宿一覧

＊十勝岳温泉「湯元　凌雲閣」（北海道）
＊嶽温泉「山のホテル」（青森県）
　※令和四年一一月〜令和五年三月休業
＊酸ヶ湯《すかゆ》温泉「酸ヶ湯温泉旅館」（同）
＊須川温泉「須川高原温泉」（岩手県）
＊須川温泉「須川温泉　栗駒山荘」（秋田県）
　※冬季休業あり
＊蔵王温泉「和歌《うた》の宿　わかまつや」
（山形県）
＊姥湯温泉「桝形屋」（同）※冬季休業あり
＊奥鬼怒温泉郷「手白澤温泉」（栃木県）
＊奥鬼怒温泉郷「加仁湯」（同）
＊万座温泉「万座温泉　日進舘」（群馬県）
＊万座温泉「豊国館」（同）
＊高峰温泉「ランプの宿　高峰温泉」
（長野県）
＊白骨温泉「小梨の湯　笹屋」（同）
＊中の湯温泉「中の湯温泉旅館」（同）

＊中房温泉「中房温泉」（同）
＊蓮華温泉
「白馬岳蓮華温泉ロッジ」（新潟県）
※冬季休業あり
＊黒部峡谷温泉郷（黒薙《くろなぎ》温泉）
「黒薙温泉旅館」（富山県）
※冬季休業あり
＊黒部峡谷温泉郷（名剣温泉）
「名剣温泉」（同）
＊中宮温泉「にしやま旅館」（石川県）
※当面は日帰り入浴のみ
＊奥飛騨温泉郷（福地温泉）
「湯元　長座」（岐阜県）
＊入之波《しおのは》温泉「山鳩湯」（奈良県）
＊祖谷《いや》温泉「和の宿　ホテル祖谷温泉」
（徳島県）
＊地獄温泉「青風荘」（熊本県）
＊霧島温泉郷「旅行人山荘」（鹿児島県）

◆紀行文

ロマンチックな温泉発見譚を秘めた、日本海の絶景温泉を訪ねる ～皆生《かいけ》温泉「華水亭」

皆生温泉
（鳥取県米子市）

「左手の岬が美保関、海上に浮かぶのが隠岐です」と、部屋のワイドな窓ガラス越しに仲居さんが説明し始めた。

今日のように天候に恵まれなければ、日本海の隠岐までは遠望できないという。米子空港から**皆生温泉**に来る途中、残雪を抱いた大《だい》山《せん》もくっきりと見えた。幸運だった。

「二階の女性専用浴場『大山の湯屋』の露天風呂から、それは見事な大山の雄姿が望めます！」

「華水亭」の三階、露天風呂付きの和洋室に泊まる。檜造りの露天風呂に浸かり、潮騒をBGMに春の日本海をのんびり眺める。長旅の疲れを取りながらの至福のひと時だ。眼下に広がる雄大な風景は、『日本温泉案内（西部篇）』（大日本雄弁会講談社、昭和五年）が書かれた九〇年前とほとんど変わりないだろう。

「美保湾に面し、日野川の河口を距《き》る七町、弓ヶ浜の白砂青松の地に開けた新温泉を、伯《ほう》耆大山《きだいせん》の秀峰を背景とし、海上遠く隠岐の島を望んで風光壮大……」

山陰の大温泉郷、皆生の歴史は意外に新し

く、発見は明治の初めである。海岸から一八〇メートルほど沖合にぶくぶくと泡が出ているところがあり、「泡の湯」と呼ばれていた。浜の人たちは魚群が吐く泡だと思い込んでいたところ、海底から吐き出す温泉であることがわかった。何ともロマンチックな話だが、海中では利用する術もなかった。

ところが明治三三（一九〇〇）年の秋、海岸を歩いていた漁師が浅瀬で温泉を発見する。実は美保湾に注ぐ日野川が土砂を運び、それが年に二、三メートルの砂浜を育て、温泉が近づいて来ていたのだという。何とも愉快な話である。

大正時代に入ってから本格的な温泉開発が始まり、現在温泉宿は約二〇軒。ＪＲ米子駅からの便にも恵まれ、風光明媚な海岸の立地も幸いして、山陰を代表するリゾート温泉地として発展してきた。

「華水亭」は皆生温泉では珍しい自家源泉を所有する宿である。砂浜と日本海の美しさを楽しめるようにとの計らいで、豊富な湯を利用し、一階に加えて二階にも露天風呂付きの大浴場が新設された。男性風呂からは大山は拝めないが、代わりに寝湯に浸かりながら日本海の大海原が眺められた。

私の感触では湯質に関しては一階の大浴場がいい。風呂の造りもシンプルで本物志向なのが嬉しい。このまま残して欲しい浴場だ。仲居さんの接客態度もよく、〝山陰屈指の名宿〟といえるだろう。

主なお薦めの海&湖沼の宿一覧

*虎杖浜《こじょうはま》温泉
「心のリゾート　海の別邸　ふる川」
（北海道）◆太平洋
*丸駒温泉「丸駒温泉旅館」（同）
◆支笏湖
*阿寒湖温泉「あかん鶴雅別荘　鄙《ひな》の座」
（同）◆阿寒湖
*然別湖畔温泉
「然別湖畔温泉　ホテル風水」（同）
◆然別湖
*黄金崎不老ふ死温泉「不老ふ死温泉」
（青森県）◆日本海
*五浦温泉「五浦観光ホテル」（茨城県）
◆太平洋側
*伊東温泉「ホテル伊東パウエル」
（静岡県）◆太平洋
*網代温泉「ニューとみよし」（同）
◆太平洋

*稲取温泉「稲取銀水荘」（同）
◆太平洋
*堂ヶ島温泉「堂ヶ島温泉ホテル」（同）
◆太平洋
*熱川温泉「熱川館」（同）◆太平洋側
*熱川温泉「熱川プリンスホテル」（同）
◆太平洋
*北川《ほっかわ》温泉「吉祥CAREN」（同）
◆太平洋
*氷見温泉郷「くつろぎの宿
うみあかり」（富山県）◆日本海側
*和倉温泉「味な宿　宝仙閣」（石川県）
◆日本海
*十津川温泉郷（十津川温泉）
「湖泉閣　吉乃屋」（奈良県）
◆二津野ダム湖
*南紀勝浦温泉「海のホテル一の滝」
（和歌山県）◆太平洋

＊南紀勝浦温泉「ホテル浦島」（同）
◆太平洋
＊白浜温泉「紀州・白浜温泉　むさし」
（同）
◆太平洋
＊皆生《かいけ》温泉「華水亭」（鳥取県）
◆日本海

＊別府温泉郷
「AMANE RESORT SEIKAI」（大分県）
◆太平洋
＊天草下田温泉
「石山離宮　五足のくつ」（熊本県）
◆東シナ海

◆紀行文

北アルプス・槍ヶ岳を源とする高瀬川の渓畔の素敵な露天風呂にまどろむ〜葛温泉「温宿《おんじゅく》かじか」

葛温泉
（長野県大町市）

高瀬川をせき止めたエメラルドグリーンの水がまばゆく照り返す大町ダムから、高瀬渓谷が始まる。V字の険しい渓谷はアルプスの雪解け水を集めた清水と奇岩に彩られ、訪れる者を魅了せずにはおかない。

アルピニストの基地として古くから親しまれてきた**葛温泉**は、長野県大町市の西、北アルプス連峰の槍ヶ岳を源とする高瀬川の河畔に湧く。

葛の発見は早く、安土桃山時代の慶長三（一五九八）年との説もある。『大町市史』によると、安永年間（一七七二〜一七八一年）に開湯され、湯屋や木屋《きや》（宿泊施設）もあったという。大町を治めていた豪族、仁科氏の湯治場であったようだ。

「地は槍ガ嶽の北側に源を発する高瀬川の渓谷にあり、その清流に沿うて橋本ノ湯、元湯、桜ノ湯、五倫ノ湯、金壺ノ湯の五つの浴槽が散在している」

鉄道省が編纂した温泉ガイドの定番『温泉案内』が発行された昭和六年の八月、斎藤茂吉は土屋文明らと共に葛温泉に宿泊している。

葛発祥の橋本ノ湯に入浴したものと思われる。

西にむきてとほきはざまに来りけり

湯のいぶき白雲やまがはの浪や

アルピニストに愛されてきた葛温泉には現在、三軒の宿が点在している。その一軒、美術館のようなお洒落《しゃれ》なエントランスがいかにも信州らしい**「温宿《おんじゅく》かじか」**の露天風呂の源泉も橋本ノ湯であった。平成八（一九九六）年に二七年ぶりに再開した「温宿かじか」の前身は戦前からあった「河鹿荘」で、昭和四四（一九六九）年夏の集中豪雨で流失したのだという。

昔の文人宿を意識したという和室が六室のみ。

「可能なかぎり家族でお客様に接する商売をしたい、と思いました。それがお客様への満足できるおもてなしにつながるのではと――」

と、ご主人。

なにせ敷地は二万五〇〇〇坪もある。部屋数が少ない分、パブリックスペースはたっぷり取られている。たとえばロビーの一角がレンガ壁になっていて、絵が飾られ、山岳書が並べられ、その奥にある高瀬川に面した食事処は香り立つ木の館といった具合なのである。

この宿のセンスの良さをもっとも感じさせるのは風呂場であろう。ゆったりとしたスペースの風呂場から、「湯宿の基本はあくまでも温泉」との経営哲学が見えてくる。

内風呂は高野槇《まき》造りの大きな湯船。底には切り石が敷き詰められ、壁は切り石と檜板。湯船に浸かると目線の高さに低い窓が設《しつら》えられていて、その向こうに絵画のような森が広がっていた。じつに憎い演出である。お洒落な風呂場である。

外に出てみると、その森の一角に舞台のように露天風呂が設えられていて、湯が途絶えることなくこぼれていた。柔らかな湯に浸かりながら、舞台のうえから四季折々の森の移ろいを眺め、自然の息づかいを直《じか》に感じる――。

「茂吉が再訪したなら、どのような秀歌を残してくれるだろうか？」

とりとめもなく空想を巡らしながら、ついまどろんでしまった。

「温宿かじか」の湯船にて、あまりの心地よさにまどろむ温泉博士

主なお薦めの渓流の宿一覧

*養老牛《ようろううし》温泉「湯宿だいいち」（北海道）
*銀婚湯温泉「温泉旅館　銀婚湯」（同）
*青荷温泉「ランプの宿　青荷温泉」（青森県）
*花巻南温泉峡（大沢温泉）「山水閣」（岩手県）
*秋の宮温泉郷「鷹の湯温泉」（秋田県）
*作並温泉「鷹泉閣　岩松旅館」（宮城県）
*二岐温泉「大丸あすなろ荘」（福島県）
*川中温泉「かど半旅館」（群馬県）
*塩原温泉郷（元湯温泉）「秘湯の宿　元泉館」（栃木県）
*塔之沢温泉「福住楼」（神奈川県）
*山田温泉「藤井荘」（長野県）
*五色温泉「五色の湯旅館」（同）
*葛温泉「温宿かじか」（同）
*西山温泉「西山温泉　慶雲館」（山梨県）

*大牧温泉「大牧温泉観光旅館」（富山県）
*湯ヶ島温泉「湯本館」（静岡県）
*榊原温泉「湯元榊原館」（三重県）
*奥飛騨温泉郷（新穂高温泉）「槍見の湯　槍見舘」（岐阜県）
*奥飛騨温泉郷（福地温泉）「山里のいおり　草円」（同）
*十津川温泉郷（湯泉地温泉）「十津川荘」（奈良県）
*奥津温泉「奥津荘」（岡山県）
*三朝《みささ》温泉「旅館大橋」（鳥取県）
*長門湯本温泉「原田屋旅館」（山口県）
*天ヶ瀬温泉「天龍荘」（大分県）
※休業中、令和五年以降に再開予定
*長湯温泉「大丸旅館」（同）
*宝泉寺温泉郷（壁湯温泉）「旅館　福元屋」（同）

＊古湯温泉「鶴霊泉」（佐賀県）
＊黒川温泉「旅館　山河」（熊本県）
＊黒川温泉「山みず木」（同）
＊奥満願寺温泉「旅館　藤もと」（同）

＊人吉温泉「人吉旅館」（同）
＊妙見温泉「妙見石原荘」（鹿児島県）

四章　建築を楽しむ

〝和風建築〟あっての日本の温泉文化

非日常の癒やしの湯

日本の温泉文化の真骨頂は、突き詰めれば旅館と浴舎（風呂場）の木造建築にあるような気がします。

訪日外国人客の間で温泉への関心が非常に高いのは、このことと密接な関係があるものと思われます。それは食文化を含め、**温泉は日本文化の粋を結集したもの**に他ならないということです。なかでも「温泉旅館」は〝オンリーワン〟の日本の個性といっても過言ではないでしょう。〝和風建築〟あっての日本の温泉文化なのです。

一方、温泉旅館は、日本人にとってのアイデンティティーを確認する場としての役割をいっそう増しているようにも思えます。それは昨今の若い人びとの和風志向などにも表れています。日本人の多くが都市部に住み、高層マンションではもちろんのこと、戸建て住宅でも洋風生活を送っています。それだけに床の間のある旅館建築は単に〝非日常〟というだけでなく、日本人の精神的なＤＮＡを取り戻す一級の〝癒やしの場〟そのものになっている気がするのです。

江戸時代の熱海温泉

現在全国にかろうじて残されている木造の三階建てなどの温泉旅館建築の〝原型〟は、私の知見では江戸時代の**熱海温泉**（静岡県）にあったと思われます。

熱海は徳川家康が関ヶ原の戦い（一六〇〇年）の前後に静養するほど、数ある温泉のなかでもっとも信頼を寄せていた温泉でした。江戸幕府を開いた後、家康は熱海を幕府の直轄領とし、三代将軍家光は別荘を建てたことなどにもそれは表れています。また家康の後継者たちも、〝御汲湯《おくみゆ》〟と称して、熱海の湯を江戸城まで運ばせ湯治するほどで、もっとも運ばせたのは、かの有名な八代将軍吉宗と言われています。**将軍家御用達の「熱海の湯」の評判は江戸やその近郊でうなぎ登りでした。**

それどころか、「将軍家がぞっこんの熱海の湯に実際に浸かってみたい」と、参勤交代で江戸詰めの諸大名までが、争うように熱海詣でをするほどでした。加賀藩主前田公、薩摩藩主島津公、南部藩主南部公等は、国元に有名な温泉を抱えていることもあってか、大の温泉好きで、もちろん熱海の入湯を果たしています。武将たちは「家康様と同じように熱海からパワーを得たい」と願ったのでしょう。

熱海には幕府から認められた二七軒の湯戸（宿）があり、今井半太夫と渡辺彦左衛門の二

熱海から将軍様御用達の御汲湯を江戸城へ運ぶ想像図
(『熱海歴史年表』 著者蔵)

軒は大名が投宿する本陣に指定されていました。興味深いことに、当時の絵図を見ると本陣の今井家に「一碧楼」、脇本陣の渡辺家には「一色亭」という「離れ」が存在します。

あまり知られていないことですが、じつは現代でいえば昭和の終わりから由布院温泉の離れが湯客を魅了していますが、熱海ではすでに三〇〇年も昔に〝離れブーム〟が起きていたのです。江戸屋の「望洋亭」、清水屋の「枕流亭」など、二七軒の湯戸の多くが離れを競っていたことが江戸期の文人たちの紀行文を読むとわかります。

しかも現代の離れとは異なり、一戸当たりの部屋数は多く、今井家のもう一棟の離れ、「二楽亭」では四間もあり、もちろん浴場付き。さらに相模灘に浮かぶ初島を眺めるための望楼付きといった豪華さ。部屋も日本の伝統的な書院造りや数寄屋造りでした。

一方、江戸時代の温泉場の宿の多くは街道筋の旅籠《はたご》か木賃宿のレベルでした。なぜなら温泉場は病気を〝治癒する場〟であったため、ことさら宿の構えや部屋の意匠に工夫を凝らす必要はなかったからです。大正時代や昭和時代の初期にかけての湯治宿は、現代でいえば病院のような役割であったため、大部屋は珍しくありませんでした。昭和初期の湯治場でも相部屋は珍しくなく、経営者にとってはいかに大勢の湯治客を詰め込むかが腕の見せ所でした。

箱根に多い「文化財」の温泉旅館

国が指定・登録する「文化財の温泉旅館」を見ると、**箱根温泉郷**（神奈川県）が突出して多いことに気づきます。重要文化財に**箱根湯本温泉**の**「萬翠楼　福住」**、登録有形文化財に**小涌谷温泉**の**「三河屋旅館」**、**宮ノ下温泉**の**「富士屋ホテル」**、**強羅温泉**の**「箱根太陽山荘」**、**塔之沢温泉**の**「福住楼」**と**「元湯　環翠楼」**、及び**「塔ノ沢　一の湯」**の合わせて七軒。宮ノ下温泉の「奈良屋旅館」も登録有形文化財のいぶし銀の旅館でしたが、残念なことに廃業しています。

同じ神奈川県で**湯河原温泉**から三軒、関西の名門、**城崎温泉**（兵庫県）から五軒（うち一軒は廃業）が続きます。ちなみに**熱海温泉**、**有馬温泉**（兵庫県）からは一軒もありません。昭和四〇年代からの高度経済成長期に、鉄筋コンクリート造りの高層化した温泉街に変貌したためでしょう。

温泉の歴史の転換点

江戸後期の文化二（一八〇五）年に箱根湯本温泉で「一夜湯治騒動」が起こります。箱根温泉郷に瀟洒《しょうしゃ》な和風建築が何軒も残されることになったのは、一夜湯治騒動と関係があるのではと思われます。

温泉の歴史コラム～一夜湯治騒動とは？

江戸時代、旅行する際に必要な通行手形がもっとも入手しやすかったのは、神社仏閣詣で、次に病気治療のための温泉旅行でした。温泉旅行といっても現在のように日帰りや一、二泊の短期滞在は認められず、箱根の湯本、芦之湯など箱根七湯（湯本、塔之沢、堂ヶ島、宮ノ下、底倉、木賀、芦之湯を指す）での滞在、即ち湯治療養は、「三廻《みまわ》り（三週間）」が基本でした。

ところが湯本では一泊だけの客を密かに認めていたため、湯本温泉に近い東海道沿いの宿場、小田原宿と箱根宿がお上に訴えたのが、一夜湯治騒動の発端でした。ところが湯本側の「一夜湯治の客は問題にされるほど多くない」との反論が功を奏したのか、袖の下を渡したのか、結果として湯本の言い分が認められることになります。

これを契機に温泉の役割が多様化されたことを考えると、**箱根湯本温泉での「一夜湯治騒動」は、日本の温泉観光の歴史において画期的な出来事だったといえます。何せ温泉はそれまでの滞在型の〝湯治一色〟から、現在のような一、二泊の観光・慰安旅行や日帰り温泉旅行まで間口が広がった**わけですから。この時それまでなかった温泉と料理の組み合わせという新たな楽しみも誕生します。

このように箱根七湯の宿泊形態が様変わりし、現在のような観光目的の湯客を対象としたため、宿間の競争が激しくなり、建物や料理が高級化します。書院造り、数寄屋造りなどの日本の伝統的な建築様式に則ったうえで、建築美を競い合うようになりました。たとえば慶長一九（一六一四）年の創業と伝わる**塔之沢温泉**の**「元湯　環翠楼」**などは、現在でも箱根温泉郷では希少な〝源泉かけ流し〟の大浴場をもち、木造四階建ての本館と三階建ての別館からなる「日本旅館建築の博物館」のような名旅館です。

「箱根の山は、天下の嶮《けん》……」と「箱根八里」の歌詞にもあるように、箱根の険しい地形が施設の大型化、高層ホテル化を阻んだことも、後に文化財に指定・登録される日本人の琴線にふれるような名宿を数多く残すことにつながり、今となれば幸いしたと考えるべきでしょうか。個人的にはぜひ、これまで以上に大勢の日本人、インバウンド客に〝日本の湯宿〟を、箱根温泉郷で楽しんで欲しいものです。

そのための基礎知識として、温泉の建築物にかかわる、日本の伝統的な建築様式を簡単にまとめておきます。

日本の伝統的な建築様式と温泉旅館

温泉旅館建築の基本は、日本の伝統的な建築文化の様式を伝える「書院造り」や「数寄屋造り」です。これらに湯屋や渡り廊下、広縁など温泉に独特の建築物が加わり、温泉建築ともいうべき構造が発達しました。

古代の寝殿造りを原形として、鎌倉、室町時代の過渡期を経て、桃山時代に完成した書院造りは、武家文化から生まれたもので、現代に至る〝畳文化〟の原点といわれます。寝殿造りでは畳は人の座る所だけに使われていたのですが、鎌倉時代から主要な部屋全体に敷き詰められはじめ、室町時代以降はそれが一般化します。

書院造りは、床の間、違い棚、それに付《つけ》書院といわれる、床の間脇の縁側に張り出した出窓風の飾りを備えた豪華なものを指します。

一方、江戸時代に流行する数寄屋造りはよく知られているように、茶室建築の手法をとり入れた建築様式のこと。床の間はあるものの、派手な書院造りとは違って、用材は白木のまま塗装をしない、無装飾、面皮柱《めんかわばしら》などを特色とします。

数寄屋でも、その様式が書院風のものは書院式数寄屋、草庵風のものは草庵式数寄屋などと呼ばれ、そうした茶道に立脚した数寄屋の構造、構想がとり入れられた住宅を数寄屋造りと呼びます。その手法を受け継ぎながら、新しい材料や新しい構法によって現代生活に合うように改良されたものを〝現代数寄屋〟と呼んでいます。

現代日本に存在する唯一の建築様式と言ってもいい数寄屋は、一六世紀に始まります。中世から近代にかけては千利休《せんのりきゅう》（一五二二〜一五九一）、近世では小堀遠州《こぼりえんしゅう》（本名・小堀政一。一五七九〜一六四七）、そして昭和初期に吉田五十八《よしだいそや》（一八九四〜一九七四）によって近代数寄屋が始められ、四世紀もの長い歴史を有します。

数寄屋は現在、茶室、一般住宅の和室、日本旅館、料亭などに受け継がれています。

襖の奥に座敷

さて温泉旅館の客室のドア、戸を開けると、家庭の履物を脱ぐ玄関に相当する部分、洗面、トイレ、浴室などがある踏み込みゾーンです。そして襖《ふすま》の奥に座敷が広がります。本間の座敷に続いて次の間が設《しつら》えられているのが一般的ですが、最近の旅館では次の間のない本間が多くなっています。

座敷（本間）は庭に面しているのが基本で、障子戸を開けると、板張りの縁側が設けられています。座敷に目を転じると、床の間には掛け軸がかかり、花が生けられた花瓶などが置かれています。

このような旅館建築の技術が最盛期を迎えるのは、意外にも遅く大正から昭和初期にかけてのことでした。この頃の部屋には窓、欄間《らんま》、障子などにも意匠を凝らしたものが多く、建物の築年代に留意すると楽しみが広がるでしょう。なかには洒落《しゃれ》たステンドグラスをあしらったり、**銀山温泉**（山形県）の木造三階建て**「能登屋旅館」**（国の登録有形文化財）のように望楼が付いた旅館も見受けられます。

〝和モダン〟のデザイナーズ旅館

和風旅館に洋風のステンドグラスというのは一見、突拍子もない感じもします。ただ大正時代に洋風文化が大流行しており、温泉旅館にはホテルや別荘など多くの建築と同様〝粋〟、〝オシャレ〟を追求する進取の気性に富んだ経営者も少なくなかったのです。昨今の和風建築に、インドネシアのバリ風の雰囲気を持ち込んだりする〝デザイナーズ旅館〟などもそうした流れかもしれません。

デザイナーズ旅館、デザイナーズホテルという呼称は和製英語で、英語圏の国々ではデザインホテル、ブティックホテルなどと呼びます。一九九〇年代から広まった潮流で、建築デザインやインテリアデザインに著しく優れた宿泊施設のことを指します。

露天風呂付き客室を売りとする、高級旅館に多く見られるデザイナーズ旅館とは、「建築家やデザイナーが設計から内装、照明、インテリア、さらには食器、アメニティ・グッズや小物に至るまで、トータルに手がけた宿」のことです。なかには有名建築家が設計を担当したものもあります。その多くは木造と和紙（とくに照明器具）を基本とし、和風を演出しているものの、日本旅館と似て非なる〝無国籍化〟したものも見受けられます。

また最近では〝和モダン〟という響きの良い言葉を耳にする機会がふえています。土壁や畳などの伝統的な和の素材に派手な着色を施すなど、芸術家のキャンバスのような部屋壁まで登場しています。典型的なスタイルは和室にベッドを設えた部屋です。

なかには歴史のある木造旅館の館内をデザイナーズ旅館に大改装したところもあります。デザイナーズ旅館が流行り始めた二〇年ほど前は、「露天風呂付きの高級旅館」と相場は決まっていたものです。ところが一〇室前後の小さな宿で、かなりリーズナブルな料金のデザイナーズ旅館が登場してきたのです。若い女性層を中心に一定のニーズがあるようで、今後、どのように進化していくのか、個人的にはその動向に興味があります。

日本情緒あふれる山陰の古湯・城崎

山陰の**城崎温泉**（兵庫県）の町並みは〝日本一の湯町〟だという私の評価はここ三〇年、変わることはありません。

二〇歳前後から四〇代の女性たちに人気を博し、近年では訪日外国人にも圧倒的に支持されています。理由は簡単。〝純日本的〟だからです。浴衣姿が城崎ほど絵になる湯町を他に探すことは難しいのです。投宿先の宿で気に入った「色浴衣」に着替え、下駄を履き、入浴具を手に、しだれ柳の並ぶ川沿いを歩いて外湯巡りをする若い人たちの姿には、新鮮さを覚えます。

城崎には在来線はあるのですが新幹線はないため、城崎の名は知っていても首都圏の方にはなかなか行きにくい温泉です。ところが、外国人は行くのです。関西国際空港に降り立ち、京都や城崎温泉をめぐります。日本という〝異文化〟をたっぷりと堪能するために。

城崎温泉には名宿の誉れ高い**「西村屋本館」**をはじめ、文豪・志賀直哉が『城の崎にて』を書いた木造三階建ての**「三木屋」**や**「小林屋」**、**「新かめや」**、それに「旧大和屋旅館」（建物は現存）の合わせて五軒も、国指定の登録有形文化財の旅館がまとまってあるのは〝日本の湯町〟ファンとしては嬉しいかぎりです。

◆紀行文

しっとりと和の情緒漂う湯町

城崎温泉
（兵庫県豊岡市）

城崎はしっとりと和の情緒漂う湯町である。日本海に注ぐ円山川の支流、大谿《おおたに》川が町の中央を流れる。弁天橋、桃島橋、柳湯橋、愛宕橋、王橋……。浅い流れにかかる石造りの太鼓橋が虹のように重なり合って美しい。

しだれ柳の並木が川面《かわも》に映えるその両岸に、軒を連ねる木造三層楼の湯宿。創業江戸期の老舗が十数軒も残る、一級の古湯である。

手拭いをさげて外湯に行く朝の
旅のこころと駒下駄《げた》の音
――与謝野鉄幹

昭和五（一九三〇）年の春、歌人・与謝野鉄幹は妻の晶子とこの山陰の古湯に遊んだ。それから九〇年。日本人のＤＮＡが記憶するセピア色の湯町のたたずまいがそのまま残されていることに、訪れた人はだれしも新鮮な驚きを覚えるに違いない。

この日の朝は、窓の外の下駄の音で目覚めた。前の晩もおそくまで、メインストリートの湯の里通りには、外湯めぐりの下駄の音が心地よく鳴り響いていた。

「現在、城崎には約七〇軒の温泉旅館があります。宿は貸し切り風呂を造って、七〇通りのおもてなしができるわけです。外湯がしっかりしていますから、館外でも楽しんでください、というのが城崎の昔からのおもてなしです」

こう語るのは名宿「**西村屋本館**」のご主人。

城崎ほど下駄と浴衣姿が絵になる湯町は他に知らない。まるで毎日が縁日のようなのである。それには歴史に彩られた魅力的な外湯の存在が大きい。

「宿へ着くと彼は飯よりも先《ま》ず湯だった。直ぐ前の御所《ごしょ》の湯《ゆ》というのに行く。大理石で囲った浴槽《ゆぶね》の中は立って彼の乳まであった。」（志賀直哉『暗夜行路』新潮文庫）

〝小説の神様〟ともいわれた志賀直哉と城崎の縁は深い。大正二（一九一三）年に初めて山陰の名湯を訪れて以来、一〇度も来遊している。その間、代表作『城の崎にて』や『暗夜行路』を書いた。

文豪は老舗「**三木屋**」を定宿とした。その真向かいに**外湯「御所の湯」**があった。鎌倉時代の文永四（一二六七）年、後堀河天皇の姉、安嘉門院《あんかもんいん》が来浴されたことからこの名が付けられたという。

平成一七（二〇〇五）年夏、この由緒ある外湯が四所神社の隣に百メートル程移動して、全面改築された。山すその岩肌を伝い落ちる滝を借景とした露天風呂を持つ、杉丸太を組み上げた堂々とした浴舎だ。

このほかにも、城崎には桃山時代を意識した歌舞伎座を思わせる**「一の湯」**をはじめ、**「さとの湯」「地蔵湯」「鴻《こう》の湯」**など、合わせて七つの外湯がある。

そのひとつ、町はずれの「鴻の湯」の向か

いに温泉寺の山門が見える。城崎温泉を開いた道智上人により、天平年間に創建されたという。山門では運慶・湛慶の作とされる仁王像が見られる。

ロープウェイで城崎を一望する本堂に参詣した。その昔、湯客は温泉寺で「祈祷《きとう》」された湯杓《ゆしゃく》を使って入浴するのが習わしだったという。諸病平癒を願う湯浴みが信仰と結びついていた往時にしばし思いを馳せる。

外湯めぐりに出かける温泉博士

主な〝和モダン〟、〝デザイナーズ〟温泉旅館一覧

＊ニセコ温泉郷「坐忘林」（北海道）
＊朝里川温泉「小樽旅亭　藏群」（同）
＊湯田川温泉「湯どの庵」（山形県）
＊銀山温泉「藤屋」（同）
＊かみのやま温泉「名月荘」（同）
＊草津温泉「奈良屋」（群馬県）
＊谷川温泉「別邸　仙寿庵」（同）
＊鴨川温泉「宿　中屋」（千葉県）
＊箱根湯本温泉「月の宿　紗ら」
（神奈川県）

＊箱根強羅温泉「和の宿　華ごころ」（同）
＊大沢山温泉「里山十帖」（新潟県）
＊熱海温泉「ATAMI　海峯楼」（静岡県）
※休業中、令和五年一月再開予定
＊修善寺温泉「宙 SORA 渡月荘金龍」
（同）
＊修善寺温泉「ねの湯　対山荘」（同）
＊山代温泉「べにや無何有」（石川県）
＊城崎温泉「但馬屋」（兵庫県）
＊宮之城温泉「手塚 ryokan」（鹿児島県）

木造三階建ての温泉旅館

〝粋〟といえば、木造三階建て、四階建ての温泉旅館ですね。しかもそれらは「総三階建」てです。「総」というのは一、二階をそのままかさ上げした建物を指し、上に行くほど小さくする造りとは違います。

現在の建築法ではもう建てられませんが、平成二七（二〇一五）年に閉館した湯の児温泉「山海館」（熊本県）はなんと木造五階建てでした。

木造四階建ての温泉旅館はまだ全国に散在します。創業二五〇年を超える**渋温泉「歴史の宿　金具屋」**（長野県）の昭和一一（一九三六）年に完成した「斉月楼」は、国の登録有形文化財です。私が宿泊した木造建築で最上階の部屋は**台温泉「中嶋旅館」**（岩手県）の四階の特別室「翁」でした。昭和八（一九三三）年に建てられたわずか一〇室の、建物の造り、部屋の意匠から岩盤をくり抜いた天然岩風呂、リーズナブルな宿泊料金に対する料理のレベルに至るまで、これほど完成度の高い〝正統派の日本の湯宿〟は稀でした。二度目の宿泊から二〇年近く経過していますが、その時の感動が昨日のことのように思い出されます。

山陰の古湯、**有福《ありふく》温泉**（島根県）の**「三階旅館」**も強く印象に残っています。有福はアクセスにやや難のある温泉ですが、私の好きな温泉トップ一〇に入る名湯です。「三階旅館」は江戸末期に建てられた、もちろんその屋号通りの木造三階建てで、築二〇〇年ほどを経過

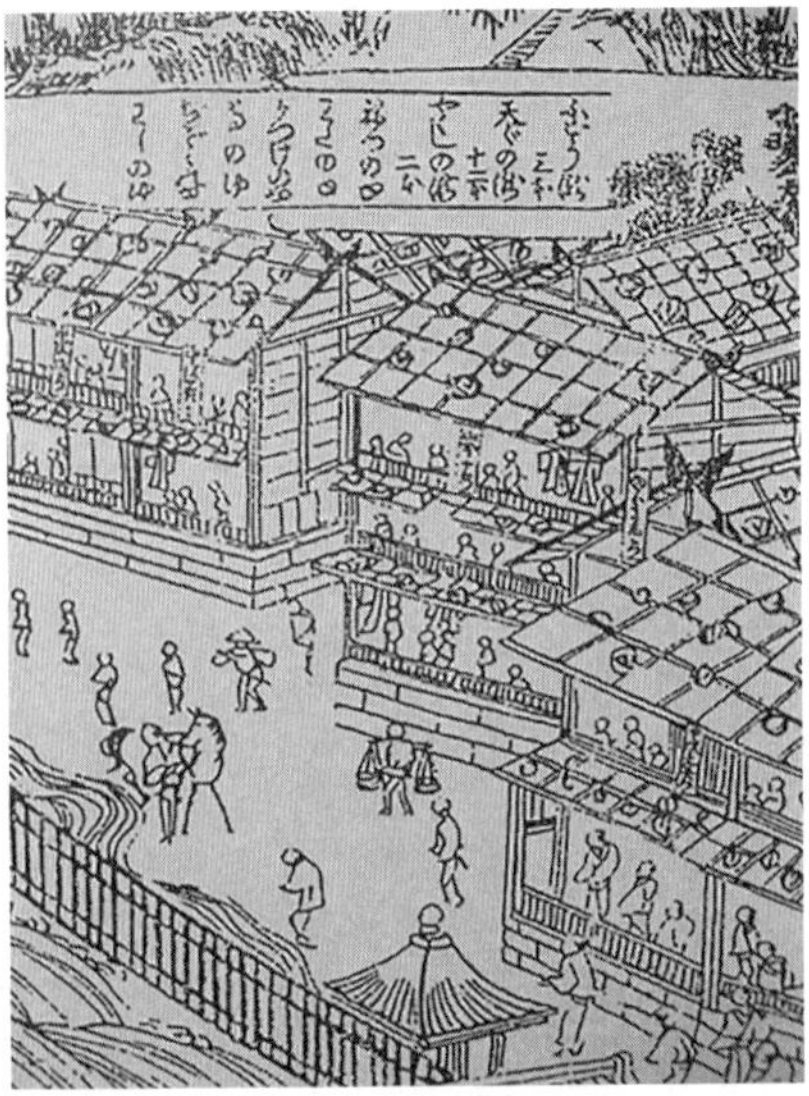

江戸後期・草津の３階建ての旅館（十辺舎一九『諸国道中金の草蛙十三』 著者蔵）

している点では、明治から大正初期に建てられたこの種の木造旅館のなかでも異彩を放っています。もともとは殿様の隠居の館だったといいます。

さて日本の建築技術の高さを示す木造三階建ての旅館がいつ頃から現れたか定かではないのですが、**わが国を代表する温泉草津には、江戸後期にすでにかなりの数の木造三階建ての旅館があったことが、さまざまな文献から知られています。**

有名な十辺舎一九の『諸国道中金の草鞋十三』に、「こゝのやどやいづれも大家にしてふしんのけつこうみな三がいづくり也」と記され、湯畑とその周辺が描かれた挿絵に三階建ての旅館が見えます。十辺舎一九が草津を訪れたのは文政元（一八一八）年のこと。その翌年、文政二年に記された清水浜臣の『上信日記』を読むと、当時草津には三階建ての旅館が四〇軒近くもあったというから驚きです。このことからも、**江戸時代には名湯として名を馳せた温泉では、三階建ての温泉旅館は全国的に〝ブーム〟であったことが推測できます。**

このようないぶし銀の木造建築の屋根の切妻《きりづま》についている山形の板「破風《はふ》」も特徴的ですが、このことについては後にふれます。

木造建築が温泉街全体に連なる貴重な湯町が東北の山間にあります。山形県尾花沢市の奥の**銀山温泉**です。湯町の中央を掘割のような銀山川が流れ、その両岸に大正から昭和初期にかけて建てられた木造三階建て、四階建ての町並みがまるで蜃気楼のように現れます。

銀山温泉の町並み

◆紀行文

大正時代の湯町がそのまんまにたたずんでいる

銀山温泉

（山形県尾花沢市）

「足湯に浸かりながら、とうふを食べるのがはやっているんです」

「立ち食いとうふあります」との珍しい張り紙が出ていたので店の人に尋ねてみると、こんな言葉が返ってきた。なるほど、しっとりと日本的な**銀山温泉**にとうふとは、老舗のとうふ屋ならではの着想である。

河畔の足湯に浸かりとうふを食べていると、台湾からの観光客が集まってきた。英語で聞いてみると、風情のある銀山は台湾でも有名なのだという。

銀山川の清冽《せいれつ》な流れが秋の陽光を浴びる掘割の両側に、木造旅籠《はたご》建築の三層、四層建ての温泉旅館が十数軒、軒を連ねている。

山間の猫の額ほどの土地に残された異次元とも思える世界に、外国人が目を見張るのも無理はない。日本人にとっても、地方都市ですら景観が無国籍化するなかで、銀山の町並みは訪れるたびに新たな感動を与えてくれる。大正時代の湯町がそのまんまにたたずんでいるのである。

「銀山はせわしい時間を忘れてもらう場所で

す」

こう語るのは、創業明治二五（一八九二）年、**「能登屋旅館」**の女将、木戸幹子さん。レトロな温泉街でひときわ異彩を放つ望楼付

能登屋旅館

きの三階建ての建物は、内部こそ手が加えられているものの、大正一〇（一九二一）年築といういぶし銀の外観はいくら眺めても飽きない。

「銀山のこの雰囲気を次世代に残すために、電柱を地中化し、石畳を敷きました。銀山川にかかる橋の上にいすを置き、足湯を造ったのもここの風情を楽しんでいただくためです」

散策マップをもらい、川沿いに銀山の廃坑「銀鉱洞」へ向かった。ゆっくり歩いて一時間もかからないコースだという。

銀山温泉の名は、江戸初期の一七世紀に隆盛を極めた野辺沢（延沢）銀山に由来する。にわかには信じ難いことだが、この山間に二〇万人もの住民を記録した。

紅葉を借景に「白銀の滝」や「籟音《らいおん》の滝」の水しぶきを心の眼に焼き付けて、上流へさ

かのぼる。

廃坑とはいえ坑内にはきちんとした遊歩道が整備されていた。江戸時代には鉱員たちがノミと金づちで採掘した執念の跡が残されていて、感動的である。

心洗われる清流の瀬音を聞きながら秋一色の山歩きでかいた汗を、温泉街の**共同浴場「しろがね湯」**で流す。

わずかな土地を利用した狭小浴場なのには驚いたが、石造りの浴槽から肌にしっとりまといつくような湯がかけ流されていた。

翌朝、「能登屋旅館」の女将さんから「芭蕉の『おくのほそ道』を訪ねるこだわりの中高年のご夫婦がふえています」との言葉を聞いて、尾花沢市まで足を延ばすことにした。

松尾芭蕉は元禄二（一六八九）年に一〇泊一一日も尾花沢に滞在している。

当時、尾花沢は羽州街道の宿場町であった。芭蕉が難所、山刀伐峠《なたぎり》を越えて尾花沢に足を運んだのは、著名な談林俳人で豪商、鈴木清風がいたからだ。彼は、野辺沢銀山の衰退後、銀山温泉を開発した功労者としても名を残している。

芭蕉の足跡を知ることのできる「芭蕉・清風歴史資料館」は、江戸期の雪国の典型的な町家である旧酒造店を利用したもので、銀山温泉の落ち着いた雰囲気の余韻をなおも楽しめた。

芭蕉が七泊した養泉寺も近い。明治期に火災に遭ったため、現在は小さな観音堂となったのは残念だったが、ここから望む鳥海山や月山の山並みは芭蕉の時代のまんまである。歴史と文化の連続性こそ、真の癒やしをもたらせてくれる。

和の趣が楽しめる温泉宿一覧

＊強首《こわくび》温泉「樅峰苑《しょうほうえん》」◆（秋田県）
＊乳頭温泉郷「鶴の湯温泉」◆（同）
＊花巻南温泉峡（鉛温泉）「藤三旅館」
　三階建て（岩手県）
＊台温泉「中嶋旅館」四階建て（同）
＊鳴子温泉「ゆさや旅館」◆（宮城県）
＊青根温泉「湯元　不忘閣」◆（同）
＊銀山温泉「能登屋旅館」◆三階建て
　（山形県）
＊瀬見温泉「喜至楼」四階建て（同）
＊飯坂温泉「なかむらや旅館」◆三階建て
　（福島県）
＊会津東山温泉「向瀧」◆三階建て（同）
＊北温泉「北温泉旅館」三階建て（栃木県）
＊塩原温泉郷「明賀屋《みょうがや》本館」（同）
＊草津温泉「山本館」◆三階建て（群馬県）
　※休業中、令和四年一二月再開予定

＊法師温泉「法師温泉　長寿館」◆（同）
＊たんげ温泉「美郷館」（同）
＊箱根湯本温泉「萬翠楼　福住」
　◆重要文化財、三階建て（神奈川県）
＊箱根湯本温泉「萬寿福《ますふく》旅館」三階建て
　（同）
＊塔之沢温泉「元湯　環翠楼」
　◆四階建て（同）
＊塔之沢温泉「福住楼」◆三階建て（同）
＊小涌谷温泉「三河屋旅館」◆（同）
＊湯河原温泉「ゆ宿　藤田屋」◆（同）
＊奥湯河原温泉「旅館加満田」（同）」
＊渋温泉「歴史の宿　金具屋」
　◆四階建て（長野県）
＊別所温泉「旅館　花屋」◆（同）
＊小谷《おたり》温泉「大湯元　山田旅館」
　◆三階建て（同）

（◆は国の文化財の宿）

＊湯田中温泉「よろづや」◆三階建て（同）
＊田沢温泉「高楼ますや旅館」◆三階建て
（同）
＊松之山温泉「凌雲閣」◆三階建て
（新潟県）
＊村杉温泉「環翠楼」◆（同）
＊熱海温泉「古屋旅館」（静岡県）
＊修善寺温泉「新井旅館」◆三階建て
（同）
＊修善寺温泉「湯回廊　菊屋」（同）
＊修善寺温泉「あさば」（同）
＊湯の花温泉「安田屋旅館」◆（同）
＊湯ヶ島温泉「おちあいろう」◆（同）
＊下呂温泉「湯之島館」◆三階建て
（岐阜県）
＊洞川《どろがわ》温泉「宿　花屋徳兵衛」（奈良県）
＊龍神温泉「上御殿」◆（和歌山県）
＊湯の峰温泉「旅館あづまや」
四階建て（同）

＊城崎温泉「三木屋」◆三階建て
（兵庫県）
＊三朝《みささ》温泉「旅館大橋」◆三階建て
（鳥取県）
＊岩井温泉「岩井屋」三階建て（同）
＊温泉津《ゆのつ》温泉「旅館ますや」三階建て
（島根県）
※休業中、令和五年四月再開予定
＊有福《ありふく》温泉「三階旅館」三階建て（同）
＊小薮《おやぶ》温泉「小薮温泉」◆三階建て
（愛媛県）
＊湯平温泉「右丸旅館」（大分県）
＊日奈久温泉「金波楼」◆三階建て
（熊本県）
＊人吉温泉「人吉旅館」（同）
＊日当山温泉「数寄の宿　野鶴亭《やかくてい》」
（鹿児島県）

（◆は国の文化財の宿）

茅葺き屋根の温泉旅館

一方で、飛騨は**奥飛騨温泉郷**の**福地温泉「湯元　長座」**（岐阜県）や霧島の**妙見温泉「忘れの里　雅叙苑」**（鹿児島県）のように、明治初期の豪農の住まい、「庄屋造り」といわれる庄屋屋敷や古民家のスタイルの温泉旅館が、主に都会からの客や欧米人に人気です。

「古民家」とは一般に明治、大正時代以前の年数を経た庄屋造りも含めた日本の住宅を指します。クギなどを使わない伝統的な日本建築の工法で組み立てられており、耐久性に優れている特性があることから、現在使用されているものは解体、移築され、旅館として再生されたものがほとんどです。その背景には、伝統的な町並みが破壊され無国籍化したことへの危機感、日本人のアイデンティティーの回復、及び観光のグローバル化による「日本の個性の芽生え」などがあるものと思われます。

事実、これだけ欧米化された町並みの温泉街がふえたなかで、日本の伝統的な建築、町並みが外国人にだけでなく、むしろ日本人にとって斬新であることは間違いないでしょう。ただ、先にふれた木造三階建ての温泉旅館にせよ、茅葺きの古民家にせよ、機密性の高いホテルのような合理的な〝完璧さ〟を求めることは酷というもの。このことを前もって理解しておく必要はあるでしょう。これらの伝統的な旅館で求められるのは、失われつつある日本的な風情でありぬくもりであり、その先には私たちの琴線にふれる癒やしなのでしょうから。

古民家の特長は、外観は重厚な茅葺きの屋根、内部は高い吹き抜けの天井で、梁《はり》がむき出しの開放的な空間が演出されていること。広い土間と囲炉裏も日本人だけではなく、とくに日本文化、ディープな日本に興味をもつ欧米人をも十分に魅了します。

コロナ禍が落ち着いた暁には日本人の間にふたたび「再発見！ 日本の温泉」ブームのようなものが巻き起こると期待しています。そのキーワードは〝日本的な温泉〟です。私たちを真に癒やしてくれるものは〝歴史と文化の連続性〟であるというのが、かねてからの持論です。それはまさしく温泉です。コロナ禍で疲弊した人々を癒やさずして、日本の温泉の真価はどこにあるというのでしょうか。

主な茅葺きの温泉宿一覧

＊乳頭温泉郷「鶴の湯温泉」◆（秋田県）
＊花巻南温泉峡（大沢温泉）「菊水館」（岩手県）
※休業中、令和五年二月頃再開予定
＊白布温泉「湯滝の宿　西屋」（山形県）
＊岩瀬湯本温泉「分家」（福島県）
＊湯野上温泉「本家扇屋」（同）

＊横川温泉「湯元巴屋旅館」（茨城県）
※当面は日帰り入浴のみ
＊谷津温泉「離れ家　石田屋」（静岡県）
＊奥出雲湯村温泉「湯乃上館」（島根県）
＊由布院温泉「ほてい屋」（大分県）
＊妙見温泉「忘れの里　雅叙苑」（鹿児島県）

（◆は国の登録有形文化財の宿）

古民家を移築した奥飛騨の「湯元　長座」

いまこの本を書きながら気づいたのですが、私がかつて「温泉旅館番付」で東西の横綱と評価してきた秋田県の**乳頭温泉郷「鶴の湯温泉」**は、水車と江戸時代に建てられた茅葺きの長屋、岐阜県の**奥飛騨温泉郷の福地温泉「湯元　長座」**は、江戸時代の豪農の古民家を移築したもので、奇しくもともに伝統的な日本の家屋でした。

「鶴の湯温泉」も「湯元　長座」も二〇～三〇年前から都会に住む人たちのハートを捉え、その後は欧米人を魅了し、昨今では台湾、香港、シンガポールなどのアジアの「違いのわかる人たち」が訪れ始めていまず。「なぜ違いのわかる人なのか？」と言うと、「鶴の湯温泉」も「湯元　長座」も、

「鶴の湯温泉」のエントランス。左手は江戸時代の茅葺き長屋で、宿泊できる（著者撮影）

「湯元　長座」外観

それぞれ日本の首都から遠い、日本の最深部、辺境の地に位置するからです。

「湯元　長座」のある福地温泉は高山市の奥、奥飛騨温泉郷のなかでも地味な存在でした。ただ自然環境と湯量に恵まれ一〇数軒の旅館、民宿があり、そのなかに重厚な庄屋造り風の古民家の旅館が数軒あって、異彩を放っています。

　庄屋風の外観が目を引く「湯元　長座」の玄関に入ると、飛騨地方特有の広い土間に迎えられます。土間の奥は黒光りした板の間のロビーと囲炉裏が切られた畳の間。薪《たきぎ》の煙がくすぶる囲炉裏端には熊の毛皮が敷かれています。

　吹き抜けの天井の梁の太さに目を丸くする人もいるでしょう。豪農の家から集めた古材で造り上げたという重厚な母屋です。

白壁を基調としたロビーを、柱や梁で演出した幾何学的な空間には、純和風の粋を超えて、西欧的なミステリアスな雰囲気すら漂います。

水車が回る庭を眺めながら、長い廊下伝いに向かう桐の家（客室棟）も風情があります。家族風呂待合所の木枠の窓越しに見える何の変哲もないような緑が、はっとするほど新鮮なのには驚かされます。

もちろん浴舎も木造り。太い丸太の梁の下には鉄平石が敷き詰められた広い洗い場。三槽に仕切られた湯船に身をゆだねると、澄明な山の湯が肌にしっとりとまといつく感じがして、じつに心地良いのです。

食事はもちろん炭火を囲みながらの炉端焼き。芋田楽、五平餅、朴葉味噌《ほおばみそ》、イワナの塩焼き、肉厚の飛騨牛……。

同じ福地温泉にある**「いろりの宿　かつら木の郷」**も、築一五〇年以上の庄屋造りの古民家を移築したもの。玄関を入ると正面に自在鉤に鉄瓶がかけられた囲炉裏の間。その奥にロビーがあって、大きなガラス戸越しに緑豊かな自然が飛び込んできます。約四〇〇〇坪の敷地内に離れが七棟点在、夕食は贅沢にも囲炉裏付き個室で炉端料理をいただきます。

和風建築の見どころ

床の間

床の間は和風建築の象徴で、格式の高いものは「本床《ほんどこ》」と称します。床板に畳を敷いたものもあり、床柱は上質の角材が使用されます。旅館の客室の床の間は本床を簡易にしたものが多く、壁に書画をかけ、置物を飾るため床を一段高くしてあります。

なお書院造りの本床に「床脇」が付くのが一般的で、床脇は違い棚や袋戸棚などで構成されています。

客室に通され座ったら、まず床の間に目をやりたいもの。床の掛け軸は亭主のもてなしの神髄であるからです。

畳

湯上がりに素足で楽しむ畳の踏み心地は格別なものがあります。畳の美しさもさることながら、〝感触美〟といっても過言ではないでしょう。もちろん畳の嗅覚美も無視できません。

すっかり洋風化した生活に馴れきった日本人にとって、畳のある温泉旅館はまさに非日常の異空間になりつつあります。

畳はもともとは座具であり、寝具でした。平安時代の貴族社会では、そこに座る人の身分、地位を表すもので、権力者ほど広く厚い畳を、時に数枚も重ねて使用したといいます。ちなみに畳の素材は藁《わら》と藺草《いぐさ》です。

縁側、広縁、濡れ縁

座敷の庭に面した空間で、ふつう縁側の幅は半間から一間で、床は板張り。縁側の前には段石《だんいし》が置かれ、庭へ出入りできます。縁側は日本建築独特のもので、一階の奥の縁側付き角部屋は特別室であり、上客の部屋になります。洋風のホテルは最上階に特別室がありますが、京都の名旅館をはじめ、日本旅館では庭に面した一階の角部屋が特別室です。

山口市の**湯田温泉**の名宿**「松田屋ホテル」**の場合もやはり一階奥の角部屋「一〇一萩の屋」が特別室で、その手前の「一〇二高杉」も上等です。「一〇一萩の屋」に何度か宿泊したことがありますが、縁側付きで江戸中期に造られたと伝わる大きな池のある回遊式日本庭園には、三条実美手植えの松の木、奥には西郷隆盛、木戸孝充、大久保利通の会見所も残されています。歴史通にはよく知られている「長州藩士ゆかりの宿」で、小説家の司馬遼太郎もぞっこんの宿でした。

「松田屋ホテル」の圧巻は先の三人に加えて、坂本龍馬、高杉晋作、伊藤博文らが入浴した総御影石造りの「維新の湯」です。

さて二階以上に客室がある場合、このスペースは広縁（幅の広い縁側）と呼ばれ、日本旅館ではテーブルと椅子、さらには洗面台、冷蔵庫などが設置されていることが多く、日本旅館らしい雰囲気を演出しています。時々、素敵な畳敷きの広縁を見かけることもあります。

縁側、広縁は建物に取り込まれていますが、外に突き出た、屋根のない縁側を濡れ縁と呼びます。雨の日には濡れてしまうところからこう呼ばれます。昔ながらの茅葺きの旅館や古民家を移築した旅館などで見かけることがあります。

西洋建築のウッドデッキのようなものですが、濡れ縁は縁側の延長で腰を掛けるのが主な目的ですので、幅が狭いのがふつうです。**別所温泉「旅館　花屋」**（長野県）などのように、濡れ縁を巡らせた回廊で庭を愛でる粋な湯宿もあります。

透かし彫りを施した「欄間《らんま》」

天井と鴨居《かもい》（長押＝なげし）の間の格子や透かし彫りを施した板のことを欄間と呼びます。本来は採光や通風のためのものですが、温泉旅館では装飾の意味合いの方が強い。とくに厚板に松、竹、梅、牡丹などの彫り込み、それに極彩色を施した彫刻欄間はじつに華やかです。

正面玄関の唐破風の瓦屋根がインパクトのある**三朝《みささ》温泉「旅館大橋」**（鳥取県）は、同じ設《しつら》えの部屋はないことで有名な純和風旅館で、欄間の明かり窓など各部屋の精緻な細工は「建築の博物館」のようでとても楽しい。

島崎藤村ゆかりの老舗、**田沢温泉「高楼ますや旅館」**（長野県）の大正初期に建てられた「客室五十二」の部屋の書院に付いている欄間もぜいたく至極です。富士山と日の出、松、鶴などの細工が施されています。

床の間と欄間は亭主の趣向がもっとも表れた部分と言ってもいいでしょう。客間に通されたら、まずは床の間や欄間に目をやりたいものです。

旅館の格の違いがわかる「天井」

ふつうの旅館と格式のある旅館の違いは、客間の天井を見上げれば一目瞭然です。天井の延べ面積は意外とあるため、ここに本物の建材を使っているか否かで旅館の〝格〟がわかるからです。

和風建築の天井には凝ったものが非常に多く、ここに注目すると、温泉旅行の楽しみは格段に広がるでしょう。主な天井の種類をあげておきます。

●棹縁《さおぶち》天井

もっともありふれた天井で、一般住宅の和室の大半がこれ。一枚板を並べ、それに対して直角に棹縁と呼ばれる細い棒状の材を等間隔で平行に並べた天井です。

●格《ごう》天井

棹縁天井の棹縁に当たるものが格子状に組まれたもので、格式の高い書院風の部屋によく見られます。格天井は高級な客間です。

ほとんどの部屋が数寄屋風造りの**会津東山温泉「向瀧《むかいだき》」**（福島県）の大広間の格天井は、会津桐の柾目《まさめ》板で組み上げた豪華なもの。玄関の屋根が赤瓦の入母屋造りの「向瀧」は、平成八（一九九六）年にわが国第一号の登録有形文化財の指定を受けた名旅館です。

「向瀧」の大広間の格天井

●**網代《あじろ》天井**

高級といえば最近、ほとんど見かけなくなったのが網代天井。杉や椹《さわら》、竹などを薄くはいだ板（折《へ》ぎ板）を斜めか縦横に編んで張ったもので、非常に手が込んだ天井です。

●**折上《おりあげ》天井**

天井が周囲の壁面より高くなっているもので、斜面または曲面で持ち上げられています。この持ち上げることを折上と呼び、「折上格子天井」の場合が多い。

〝銘木旅館〟として知られる**塔之沢温泉**（神奈川県）の老舗旅館、木造四階建ての**「元湯　環翠楼」**の最上階にある大広間の天井は、壮大なスケールの二重折上天井です。**渋温泉**（長野県）の木造四階建ての老舗**「歴史の宿　金具屋」**の、やはり最上階「飛天の間」の折上天井も見応えがあります。

「元湯　環翠楼」の大広間「万象閣」の折上天井

●**鏡天井**
棹縁も格縁もなく、天井一面を板で鏡のように張った天井のこと。もともとは素木《しらき》造りだったのですが、絵が描かれていることが多いようです。

この他、中央部が深くなった天井を「舟底天井」、片側に傾斜した天井を「斜め天井」などと呼びます。

「障子」や「襖《ふすま》」に癒やされる

江戸時代には「日本の家は木と紙で出来ている」と言われたものですが、障子や襖ですら現代の一般住宅ではめったに見かけることができなくなっています。それだけに和風の温泉旅館は、私たち日本人のＤＮＡを癒やすうえでも大変貴重な存在でしょう。

私の好きな**塔之沢温泉**の木造三階建ての**「福住楼」**（神奈川県）は、福沢諭吉、夏目漱石、島崎藤村、吉川英治、川端康成らそうそうたる文化人、文豪が愛したことで知られる名宿。明治創業の「福住楼」はまさに「木と紙の湯宿」で、窓枠にアルミサッシはもちろん、絨毯すら使わないこだわりようには脱帽です。

「紙」の代表が障子であり、襖です。日本の温泉旅館の真骨頂は障子と襖だと思われます。木の格子を骨組みとして、その両面に和紙や布を張り、敷居と鴨居の間に立て、部屋の仕切りとして開閉できるのが襖ですが、本来は「襖障子」と呼ぶべきもの。一方、「明かり障子」

と呼ぶべき障子は、木の格子を化粧材として、その片面に白い和紙を張ったものです。障子を透かして部屋に差し込んでくる柔らかな明かりは、欧米のカーテンやブラインドのホテルにはない日本の文化です。私たちの住宅もカーテンで光が遮断されているだけに、本格的な日本の温泉旅館で、平安時代の王朝文学の世界のように、朝の微妙な光の移ろいを楽しみたいものですね。

「さえぎる」「へだてる」――。こうした本来の役割の他に、障子や襖には、日本旅館ならではの美学として、亭主の遊び心が湯客を楽しませた名残があるといえます。さまざまな絵柄の組木の障子や絵師が描いた襖絵のことです。粋でお洒落《しゃれ》な湯宿はいうなれば「生活に根ざした美術館」といえます。

西伊豆の内浦湾越しに富士山が浮かぶ絶景の**湯の花温泉「安田屋旅館」**（静岡県）の、大正七（一九一八）年築の「牡丹の間」の漁船の帆と波をあしらった大きな障子などは、往時をほうふつとさせる漁師町ならではの意匠でしょう。

書院に設けられた「書院障子」、いかにも花鳥風月を愛する日本的で粋な「雪見障子」。後者は「上げ下げ障子」とも呼ばれ、障子のなかほどで上げ下げできる小障子を入れたもの。「襖障子」は鎌倉時代頃から始まったといわれますが、水墨や金碧で絵画が描かれ、奈良時代にまでさかのぼる「衝立《ついたて》（障子）」が起源とか。

湯宿の「窓」

一般住宅では、窓はどうしても機能性を重視するため特段面白みはないのですが、和風旅館では雪見窓、丸窓など装飾的なデザインを主体としたものが多く、その意外性が楽しくもあります。

木枠に飾り細工を施した「飾り窓」は、職人の心意気を感じさせてくれます。歴史ある和風旅館にあしらわれた洋風のステンドグラスの斬新さに、思わず声を上げてしまうこともあります。大正、昭和初期の職人のなかには、遊び心のある粋人が少なくありませんでした。**志太温泉「潮生館《ちょうせいかん》」**（休業中、再開未定）（静岡県）は、二階への階段の手前が薄紅色の漆喰《しっくい》壁で、さらに階段の途中の水色の漆喰壁に配された円窓もインパクトがあります。

「格子窓」や土壁の一部を塗り残して竹や葦《あし》などの下地を露出させた「下地窓《したじまど》」、あるいは茶室などで上下二段に中心をずらした下地窓をあしらった「色紙窓《しきしまど》」。このような粋な窓に出合ったりすると、「熱海の離れの高級湯宿はこうだったのか」などと、江戸時代にタイムスリップしたような気持ちに誘ってくれます。

「渡り廊下」

和風建築の魅力のひとつに、一般に廊下と呼ばれているさまざまな「廊」があります。廊とは建物と建物を結ぶ細長い屋根付きの廊下で、回廊、歩廊、渡廊《わたろう》、橋廊、透廊《すきろう》、太鼓廊下、石渡廊、中門廊などの総称です。

床は近年は板張りであることが多いようですが、土間であったり、飛石が敷かれていることもあります。また両側に壁をもつものから、片壁だけのもの、屋根だけのものもあります。

私たちが日常的に使用する廊下という言葉は、建物内部の通路を指し、両側に部屋がある場合は「中廊下」と呼びます。

●回廊

「回廊」はいかにも格式ある本格的な温泉旅館をイメージさせる言葉です。事実、文豪・夏目漱石ゆかりの**修善寺温泉**（静岡県）の名宿**「湯回廊　菊屋」**や、〝信州の鎌倉〟とも呼ばれる歴史ある**別所温泉「旅館　花屋」**（長野県）のように、両側の日本庭園を眺めながら館内を渡り歩く、渡り廊下（渡廊）とも回廊ともいえる廊を設えた老舗旅館も少なくありません。このような旅館に出合うと、日本人としての誇りすら感じられ、つい頬が緩みます。

木造三階建ての古風な温泉旅館がほとんどない四国にあって、**小薮《おやぶ》温泉「小薮温泉」**（愛媛県）の回廊も印象的でした。二階、三階の客室のぐるりに欄干付きの回廊がめぐらされており、風情もたっぷり。入母屋造りで大正中頃の築といわれ、国の登録有形文化財の宿です。

●歩廊

「歩廊」は現在ではほとんど耳にすることのない言葉ですが、床下に敷瓦や飛石を敷いたり、土間にした廊下などで、古くからの高級旅館などで時折、お目にかかれます。長い土間の歩廊としては、**奥飛騨温泉郷（福地温泉）**の名宿**「湯元　長座」**（岐阜県）を思い出します。

●橋廊

「橋廊」は廊橋とも言い、文字通り廊下の床が橋のような廊を指します。

●渡廊《わたろう》

「渡廊」は一般には渡り廊下と呼ばれ、棟と棟、宿舎棟と浴舎などをつなぐ廊下で、よく目にします。典型的な渡り廊下は**法師温泉**の登録有形文化財の宿**「法師温泉　長寿館」**（群馬県）。明治八（一八七五）年築の本館と法師川をはさんで渡り廊下で昭和一五（一九四〇）年築の別館、同五三年築の薫山荘などを結んでいます。渡殿《わたどの》ともいい、形状は階段をつけたもの、スロープ状のもの、太鼓橋のもの、また床は板、敷石、敷瓦、飛石、土間などさまざまなものがあります。

温泉旅館に川を渡るような渡廊が多いのは、長い歴史のなかで代替わりの際などに継ぎ足しのように増築を繰り返したためで、迷路のような館内の形状とあいまって、日本旅館独特の風情を醸し出しています。

渡廊などでよく見られる、屋根付きで両側に壁のない吹放ちのものを「透廊《すきろう》」と呼びます。すいろう、透渡殿などと呼ぶ場合もあります。
一口に廊下といってもこのように細分化されていて、日本の温泉旅館はまるで「建築文化の生きた博物館」のようです。

伝統的な和風旅館の顔「屋根」

伝統的な和風建築で真っ先に目に付くのは、やはり玄関の屋根でしょう。屋根は日本建築では、雨露を防ぐ以上に外観上とても重要視されてきました。鉄筋コンクリートのホテルにはない華やかさで見る者を惹きつけます。

このように屋根形式は、大棟から両側に勾配のある屋根をもつ「切妻《きりづま》造り」、四方に勾配のある「寄棟《よせむね》造り」、それに上部に切妻造り、下部に寄棟造りを組み合わせた「入母屋《いりもや》造り」に大別されます。

切妻造りは、ユネスコの世界文化遺産に登録された「合掌造り」の白川郷の近く**平瀬温泉「白山荘」**（岐阜県）の「切妻合掌造り」、寄棟造りは**塔之沢温泉「福住楼」**（神奈川県）、入母屋造りは国の重要文化財に指定されている**道後温泉**の**共同浴場「道**

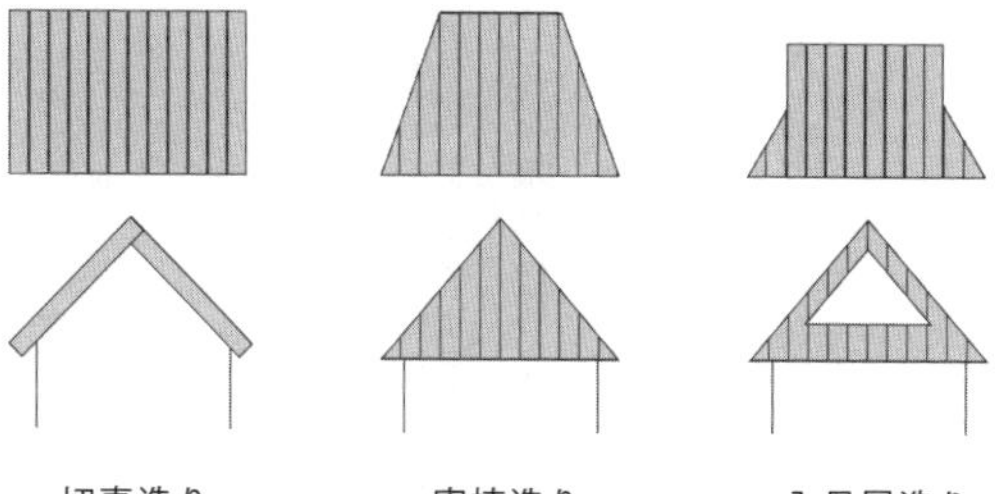

後温泉本館」（愛媛県）、**山田温泉の共同浴場「大湯」**（長野県）などをあげることができます。

屋根の切妻に付いている山形の板「破風《はふ》」にも注目しましょう。位置や形によって「唐破《からは》風《ふ》」、「千鳥破風《ちどりはふ》」などと呼ばれます。

ちなみに唐破風は中国（唐）から伝わったものではなく、日本固有の屋根形式です。左右両端が「照《て》り」（破風板が下に反っている）、中央部が「起《むく》って」（上に反る）います。**三朝《みささ》温泉**の登録有形文化財の**「旅館大橋」**（鳥取県）、**小涌谷温泉「三河屋旅館」**（神奈川県）などはその典型です。**共同浴場**では、**別府温泉**のシンボル、**「竹瓦温泉」**（大分県）などです。

一方、千鳥破風は屋根の流れ面に取り付けられた切妻の破風のことで、登録有形文化財の宿、**強首《こわくび》温泉「樅峰苑《しょうほうえん》」**（秋田県）、〝立ち湯〟で有名な木造三階建ての**花巻南温泉峡**の**鉛温泉「藤三旅館」**（岩手県）、**松之山温泉「凌雲閣」**（新潟県）などがあげられます。

〈唐破風の屋根〉別府温泉の共同浴場「竹瓦温泉」

〈千鳥破風の屋根〉強首温泉「樅峰苑」（登録有形文化財）

地場の銘木、名石を使用した浴槽

●木材を使用した浴槽

青森県の**酸ヶ湯温泉**《すかゆ》の樹海に浮かぶ巨大な木造の一軒宿**「酸ヶ湯温泉旅館」**は、全国屈指の湯治旅館で、大浴場「ヒバ千人風呂」などで知られます。

ヒバとは青森ヒバ（ヒノキアスナロ）のことで、香りの強い地元青森の銘木。これをふんだんに使った混浴の大浴場（女性専用の時間帯有り）は、古きよき湯治場の雰囲気を残し、湯煙がたちこめた木造のしっとりとした風情が入浴客を心底癒やしてくれます。

昔から風呂の材料として使われてきた木のなかでもっとも耐久性に優れているのは、日本の固有種、高野槇《こうやまき》です。この木特有の樹脂が耐水性を高めることから、高級な浴槽用材料として重宝されてきました。

次いで青森ヒバ。建築材料としても高級素材の檜《ひのき》、それに汎用性の高い材料としてマツがあり、酸性泉でも耐用年数が十数年あるといわれます。

とくに日本人は檜の芳香に癒やされる人が多いようです。ただし木の浴槽や洗い場の管理は大変です。手入れの行き届いた総木造りの浴場の温かさは、心のこもった掃除、管理の賜物でもあるのです。

同じ地元の素材ということでは、石造りの風呂も少なくありません。火山灰が堆積してできた凝灰岩である通称「青石」と呼ばれる青緑色の十和田石や伊豆石は、濡れると滑りにくくなることから、浴槽や洗い場の床によく使用されます。

●十和田石

十和田石で有名な宿は**湯瀬温泉**の**「湯瀬ホテル」**（秋田県）。五〇人は入浴できる大浴槽と洗い場の床に敷かれています。アルカリ性の澄明な〝美肌の湯〟の底に鮮やかな青石が映え、印象的です。同じ秋田県の**大湯温泉「龍門亭　千葉旅館」**は、美しい庭園で知られる一五〇年の歴史をもつ名宿。四季折々の庭園の移ろいを、十和田石の露天風呂から堪能できます。雪景色はとくに風情があり、かけ流しの湯ともども私も好きです。

●伊豆石

伊豆石造りの風呂は伊豆の温泉はもちろん、関東地方でよく見かけますが、**伊豆下田温泉**の**「下田大和館」**（静岡県）のオーシャンビューの大浴場に、「伊豆石風呂」があります。客室露天風呂にも使われています。

北陸の旅館で見かける福井県の薄い青緑色の笏谷石《しゃくだにいし》も同じ種類です。笏谷石の宿といえばいの一番に思い出されるのは、加賀の**粟津温泉「法師」**（石川県）。この歴史ある名宿を訪れた文人墨客は数知れない。藤原定家、花山法皇、小堀遠州、桂太郎……。「法師」に着くと、まず茶室で抹茶のもてなしを受けるのが習わしです。廊下から見る苔むした日本庭園の凜《りん》とした美しさに、老舗ならではの気品が漂い、思わず背筋がぴ～んとなります。「法師」の自慢の風呂は笏谷石造りの大浴槽。青石の風呂から静かにこぼれる粟津の湯は、澄明で柔らかな〝美白肌造り〟の温泉でした。

●天草陶石

また、有田焼や瀬戸焼などに使用される良質の陶石で、古くから砥石にも使われる高級石材、熊本の天草陶石も見栄えが良いため、風呂場の壁面や浴槽の底などに使われてきました。黄土色の独特の風合いで、また肌触りも良いため、地元はもちろん全国各地の温泉浴場で見かけます。

地元天草では**天草下田温泉「旅館伊賀屋」**（熊本県）。源泉かけ流しの気持ちのよい湯があふれる浴槽と壁に、見事な天草陶石が使われています。ずいぶん前に南会津の秘湯、**木賊《とくさ》温泉の「旅館　井筒屋」**（福島県）を訪れた際に、内風呂の天草石と出合い感動したことを思い出します。木賊には名物の露天岩風呂の**共同浴場「木賊温泉共同浴場」**があり、秘湯ファン垂涎《すいぜん》の湯です。

木と石ではもちろん質感は異なりますが、いずれもその土地の素材ということで、旅行者に特別な感銘を印象づけ、それがまた温泉の魅力ともなっています。

木造の風呂場の魅力

温泉旅館の真骨頂

日本で浴舎や浴槽に木が使われてきたのは、もちろん森林が国土の六七％を占める〝森林の国〟で、木材がもっとも身近な素材であったことが一番の理由でしょう。

それとともに「木造の風呂場は心地良い」、そこに浸かると「真に癒やされる、リラックスできる」ということを、温泉との長いかかわりの歴史のなかで、日本人は〝経験温泉学〟的に学んできたからに違いありません。〝温泉ＤＮＡ〟なるものに刷り込まれてきたからに相違ない。私たちは木造の浴舎、湯船に出合うと、自然と笑みがこぼれ、この時点ですでに脳は〝癒やしのモード〟に切り替わっています。そう、心にも〝効く〟から、木造の風呂場は廃れないで現代に至るまで続いているわけです。

天井に吹き抜けのゆったりとした空間をとった木造の風呂場、たっぷりと湯が注がれ、濃い湯煙を上げる木造の湯船。こんな風呂に浸かれば肩の力も抜け、自然体になれるというもの。

木にはぬくもりがあり、肌ざわりが良く、さらには芳ばしい香りが副交感神経を刺激して、リラックスさせてくれます。

また**木の素材には、温泉の成分によって腐食されにくい利点があります。**日本に多い硫黄泉、酸性泉はコンクリートを溶かしてしまうため、とくにこの泉質の風呂に木が使用されてきました。

また木の香を放つ檜風呂の方が、無機質なＦＲＰ（繊維強化プラスチック）やタイル張りの風呂よりもより癒やされることを、日本人のＤＮＡは記憶しています。ＦＲＰやタイルの風呂は耐久性にすぐれ、管理、手入れは非常に楽です。ですが、ここにもシャワーの〝洗い流す文化〟の外国人とは異なる〝浸かる文化〟の日本人の風呂に対する特別な感性が働きます。それは目に見える身体の汚れを洗い流す場としてのシャワールームやバスタブと、表面の汚れだけでなく心まで清浄にする精神的な癒やし（神道の禊《みそぎ》にも通じる）、安らぎの場としての湯船、浴槽との相違です。

木の素材は人を癒やす

森林医学が専門の千葉大学名誉教授の宮崎良文博士は檜材の壁と白ペンキで塗られたコンクリートの壁を人に見せて、自律神経の反応を検証しています。檜材の壁を見せると、緊張抑鬱《よくうつ》疲労の感情が減少し、活動が増加したといいます。一方、コンクリート製の白壁を見ると、まったく反対の反応を示したそうです。

さらに興味深いことは、檜材の壁を好きだと感じる人の血圧は下がり、嫌いと感じても血圧は上がらなかった点です。主観的感情と生理的な反応は一致しなかったというのです。「たとえ木が嫌いでも、ストレスは増加しない」ところに、木の科学的に優れた効用があると実証されたわけです。片やコンクリートの白壁が嫌いな人のストレスは増加しました。

ヒトの誕生から約七〇〇万年といわれます。私たちはその歴史のほとんどの歳月を、自然環境のもとで生きながら現代に至っています。コンピューター時代の二一世紀とはいえ、現代人は今なお野生動物と同じように自然界の一部で、森林や木に接すると〝リラックスの神経〟副交感神経が優位になり、〝緊張の神経〟交感神経が抑制されたということなのです。このことを私たちは日常的にも実感しています。

私たちがもっとも癒やされるのは歴史と文化の連続性にふれるときである、というのがかねてからの持論です。ストレスフルな昨今、より効果的に温泉に向き合ううえで、ロケーションを含めて、「木造」をキーワードに温泉選びをすることも選択肢に入れてはいかがでしょうか？

木造の風呂場と〝ゆらぎ〟

自然界には〝自然が織りなすリズム〟があり、物理学者で東京工業大学名誉教授の武者利光博士は、これを「ゆらぎ」という言葉で表現しています。名門の温泉旅館や京都のお寺に代表されるように日本庭園、あるいは畳の目などにはあえて規則性をくずした乱れがあります。渡り廊下や歩廊の飛石は真っ直ぐに敷かれることはありません。もちろん日本庭園の飛石も同じです。

一方、ヨーロッパの庭園や宗教建築などはシンメトリー（英語の発音ではシメトリー）、つまり左右対称であることが特徴的ともいえます。荘厳、厳粛で、日本で生まれ育った私などはつい緊張してしまいそうです。

「ゆらぎと私たち人間の生体リズムが共鳴し合う時に快適さを感じる」と、さまざまな実験を通して武者博士は確認しています。人間は自然のなかで生きてきました。自然界にはコンパスや定規で引かれたような左右対称はほとんどありません。ゆらぎがあります。

障子の外から差し込んでくる日の光も刻々と変化します。日本人はカーテンではなく、そのような自然に近い光の変化、ゆらぎと生体のリズムを共鳴させることで、癒やされてきたのです。生体にとって、「心地良い、快適だからこそ、美しい」とも感じられるのでしょう。「心身ともに健康的な状態でなければ、美しさを素直に感じ取れないのかもしれない」などとも、考えてしまいます。

私たちが木造の風呂場、湯船から安らぎを受けるのは、自然のリズムと生体のリズムが共鳴するためです。それは情緒的なものを越えて、生理的なものだということです。生理的にも真の美しさを知るということは、医学的にいえば副交感神経が反応して、免疫力の中枢である白血球の機能を高めることにもつながります。
日本人の木造建築、木造浴場へのこだわりをいつまでも失わないようにしたいものです。
これこそが日本人の「温泉文化」ではないかと考えます。

木造の風呂場が魅力的な温泉旅館

全国一万数千軒の温泉旅館のうち、浴舎（風呂場）も浴槽（湯船）も丸ごと木造の温泉旅館は意外と少ないものです。高度経済成長期（一九五五―一九七三年頃）からバブル経済期（一九八六―一九九一年頃）にかけて、有名温泉地で競って鉄筋の高層建築に衣替えしたことと、木造建築は維持、管理に手間がかかること、及び耐久年数の問題などが木造の浴舎・浴槽の激減した理由だと思われます。

それだけに私たちの心身を真に癒やしてくれるこうした浴場を残す旅館は、希少価値があるだけではなく、頼もしい存在でもあります。

木は材料になってからも生きています。だからこそ日本人の生体リズムと波長が合うのです。木造の浴舎、湯船は年季を重ねてもその歳《とし》にふさわしい輝きを保ち続けます。古くなればなるほど温かみを増す――。人間と同じですね。

浴舎、浴槽ともに木造の主な温泉旅館をご紹介します。

雌阿寒温泉「山の宿　野中温泉」（北海道足寄町）

阿寒湖の南西、日本百名山の雌阿寒岳の麓にコバルトブルーの水をたたえる〝北海道三大秘湖〟のひとつ、オンネトー。その近くにエゾマツの美しい純林帯に硫化水素臭の湯煙を上げる通称**「野中温泉」**こと**雌阿寒温泉**。浴舎も湯船もクギ一本使わない総トドマツ造り。木のぬくもりと源泉一〇〇%かけ流しのまろやかさがぴったりと融合した秘湯の宿で、登山客の利用も多い。

ここの温泉は科学的にわが国でも屈指のレベルであると、高く評価しています。

酸《す》ヶ《か》湯《ゆ》温泉「酸ヶ湯温泉旅館」（青森県青森市）

八甲田山系の最高峰、大岳の西麓に硫黄臭を漂わせる**酸ヶ湯温泉**は、昭和二九（一九五四）年に「国民保養温泉地」の第一号指定を受けた、わが国を代表する療養温泉の名門です。

名物「ヒバ千人風呂」は広さが約一六〇畳もある、地場産の総ヒバ造りの混浴大浴場（女性専用の時間帯有り）。浴槽の底から自然湧出する源泉一〇〇%かけ流しの「熱の湯」をはじめ、「冷の湯」、「四分六分の湯」、「湯瀧」の四つの源泉があり、白濁した湯が常にあふれています。男女別の浴場も別にあります。日本に**「酸ヶ湯温泉旅館」**があることを誇りに思います。

蔦温泉「蔦温泉旅館」（青森県十和田市）

東北を代表する湖、十和田湖畔から奥入瀬《おいらせ》渓流を抜けると、十和田樹海と呼ばれるブナの原生林のなかに湯煙が上がります。破風の正面入り口が凜《りん》とした威風を漂わせる木造二階建ての本館は、大正七（一九一八）年に建てられたもの。

浴場は「久安の湯」と奥の「泉響の湯」の二か所。圧巻はヒバ造りで、高さ一二メートルもの吹き抜け天井をもつ「泉響の湯」で、湯船の底のブナ板の間から直湧《じかわ》きの澄明な湯が〝湯玉〟となってふつふつと湧き上がってきます。誕生したての湯に浸かることの悦楽！　ここは私のもっとも好きな風呂のうちのひとつです。

高湯温泉「旅館　玉子湯」（福島県福島市）

見事な庭園の一角に湯煙を上げる萱《かや》ぶきの湯小屋「**玉子湯**」は、明治元（一八六八）年の創業以来の姿をとどめています。

源泉一〇〇％かけ流し、乳白色の硫黄泉に入ると肌が玉子のように滑らかになることから、玉子湯と名づけられたといいます。萱ぶき屋根の昔ながらの木造の浴舎は非常に珍しく、質の高い温泉とともに貴重な存在です。

法師温泉「法師温泉　長寿館」（群馬県みなかみ町）

上越国境、三国峠麓の一軒宿の温泉で、早くから多くの文人墨客を魅了してきた名湯です。**「長寿館」**の一番の魅力は、明治二八（一八九五）年に造られた鹿鳴館風の大浴場。杉の梁にブナやモミジなどの板が使われた純和風の湯殿ですが、木枠の窓が洋風のウインドフレームなのです。このエキゾチックな雰囲気こそが、古湯、**法師温泉**の意外性なのでしょうか。

田の字型の大浴槽の底に敷き詰められた玉石の間から、熟成された自然湧出のまろやかな石膏泉がぷくぷくと湧き上がってきます。泉源の上に浴槽を設えたのです。これほど適温の直湧きは希有な存在といえます。私が好きなナンバー・ワンの風呂がここ法師なのです。

沢渡温泉「まるほん旅館」（群馬県中之条町）

草津の湯は名だたる酸性泉でしたから、近くの**沢渡《さわたり》温泉**は湯治療養で荒れた肌を柔らげ〝仕上げの湯（直し湯）〟として、昔からその存在はつとに知られていました。

江戸初期の元禄年間創業という**「まるほん旅館」**の風呂場は、沢渡の柔らかな湯を十二分に引きだそうとしてか、浴舎は惚れ惚れとするような総檜造りです。風呂場へ続く廊下や階段も木材。そうした木の宿の雰囲気は確かに〝玉肌づくり〟の湯の効果を一段と高めてくれそうで、憎い演出に思えます。

たんげ温泉「美郷館」（群馬県中之条町）

平成以降に建てられた温泉旅館で、**「美郷館」**のように総木造の旅館というのは極めて珍しい。しかもインパクトの強い見事な造りなのです。沢渡温泉から四キロメートルほど奥の丹下《たんげ》川の渓畔に平成三（一九九一）年に開湯した一軒宿「美郷館」は、木造の白壁の外観が周囲の緑によく映えます。

ロビーには圧倒されます。樹齢三〇〇〜五〇〇年という総欅《けやき》造りで、磨き込まれた床などは最近ではそうはお目にかかれない感動ものです。一八室の部屋もすべて木造で銘木が使用されています。

浴場「瀬音の湯」がいい。木の香りが漂うなか、窓を開けると、外の渓流のせせらぎが耳もとに届いてきます。「滝見の湯」や「月見の湯」などの露天風呂もあります。この宿は樹木が育つ環境を慈しむ経営者の心が伝わってくるような、現代では希有な宿です。このようなコンセプトの宿と出合うと、「日本もまだ捨てたものではないな」と勇気をもらいます。

塔之沢温泉「福住楼」（神奈川県箱根町）

多棟式木造三階建ての全館が国の登録有形文化財の**「福住楼」**は、早川渓谷の涼しげな瀬音が心地良い、福沢諭吉ゆかりの名宿です。

大正時代に造られた名物「大丸風呂」。檜と杉の湯殿（浴場）に赤松の大木から造ったという湯船がひとつ。小粋にも銅板で縁取られた丸い湯船から、澄明な湯が音もなくかけ流されています。

しかも丸い風呂の湯に早川渓谷の四季折々の色彩が映える、何とも贅沢な、入るのがもったいなく、つい見とれてしまいそうな風情のある湯殿には心底脱帽です。箱根温泉郷でも一番好きな風呂です。

塔之沢温泉「福住楼」の風情ある大丸風呂（著者撮影）

伊豆下田河内温泉「金谷旅館」（静岡県下田市）

昭和四（一九二九）年に建てられた木造二階建ての本館が落ち着いた雰囲気を醸し出す**「金谷旅館」**の創業は、慶応三（一八六七）年。

大正四（一九一五）年の完成という「千人風呂」は、じつに惚れ惚れとする日本最大級の総檜風呂です。幅約五メートル、長さ約一五メートル、深いところで一メートルはあります。
女性大浴場「万葉の湯」、打たせ湯と泡風呂を備えた男女別露天風呂など、すべての浴槽から自家源泉かけ流しの湯がふんだんにあふれ、気持ちのよいこと！　明治末に造られたという味のある「一銭湯」（現在は貸切風呂）は、私の大のお気に入りです。

湯の峰温泉「旅館あづまや」（和歌山県田辺市）

平安時代から熊野詣での際に心身を清める「湯垢離《ゆごり》」の場として知られた紀伊山地の古湯、**湯の峰温泉**。木造四階建ての**「旅館あづまや」**の湯船は、江戸後期創業の老舗旅館にふさわしい風格が漂います。湯殿（風呂場）は総槇《まき》造り、洗い場の床板は檜材で、憎いことに滑り止めの刻みが入れられています。

「ひさびさの槇の湯舟に心やすらぎて眠る」　――斎藤茂吉

旅館の他にも歴史のある温泉街、とくに東日本の外湯（共同浴場）に風情のあるしっとりとした木造の浴舎が数多く見受けられます。主なものを次のページの一覧で紹介します。

風情のある主な木造「共同浴場」一覧

＊鳴子温泉「滝の湯」（宮城県）
＊遠刈田温泉「壽の湯」（同）
＊小野川温泉「尼湯」（共同浴場）
（山形県）
＊蔵王温泉「下湯共同浴場」（同）
＊飯坂温泉「鯖湖《さばこ》湯」（福島県）
＊那須湯本温泉「鹿の湯」（栃木県）
＊草津温泉「千代の湯」（群馬県）

＊草津温泉「白旗の湯」（同）
＊野沢温泉「大湯」（長野県）
＊野沢温泉「中尾の湯」（同）
＊山田温泉「大湯」（同）
＊道後温泉「道後温泉本館」（愛媛県）
※国の重要文化財
＊別府温泉「竹瓦温泉」（大分県）

五章　作法を楽しむ

旅館を上手に楽しむための心得

「泊めていただく」気持ちが大事

日本の温泉旅館がヨーロッパスタイルのホテルやビジネスホテルととくに異なる点は、従業員や他の宿泊客との接触の機会が多いこと。そのため宿の従業員との意思の疎通を図ること、マナーを心がけること等は、温泉旅館で快適な時間《とき》を過ごすうえで大切なことです。

予約の際に伝えた到着予定時刻に合わせて、宿は夕食をはじめお迎えのための準備をします。したがって、到着時刻が遅れるような場合は、早めにその旨を宿に電話で伝えるのが礼儀です。

旅館に到着したら、笑顔で「お世話になります」と、こちらからも声をかけたいものですね。「泊めていただく」との心の持ちようは、温泉旅館を上手に楽しむための、さらには期待以上の「おもてなし」を受けるための第一歩だと思います。お互いの立場を尊重し合うことは、日本人の作法ではないでしょうか。

和室の作法

玄関で靴を脱ぐに際しては、正面に向かって脱いだままで結構です。靴の向きを直す必要はありません。ただし揃えて脱ぎたいもの。下足番や仲居さんに「よろしくお願いします」、「ありがとうございます」などと、言葉をかけたいですね。だれもいない場合は向きを変えて揃えておきます。

部屋へ案内される途中で、あるいは部屋に通された後、仲居さんが食事やお風呂の時間、宿のサービス等について説明してくれます。話はきちんと聞いておきたいもの。こちらからも旅行の目的、この旅館を選んだ理由などを伝えたりすることで、初めての宿なら意思の疎通も図りやすくなるでしょう。

和室の部屋に通された際は、夫婦やカップルの場合、男性が床の間のある「上座」に座るのが、以前は和のマナーとされてきましたが、最近ではこだわらない場合も多いです。床の間がないときは奥が上座となります。目上の人と一緒のときは目上の人が上座に座ります。**床の間には花が活けられていたり、掛け軸が飾ってあったりと、お客様に対する宿のおもてなしの心を示す場所なので、荷物を置くのは失礼です。**

下座か、入り口付近に荷物を置く場合は、出入りの邪魔にならない空きスペースに置きます。キャスター付きキャリーケース等は板の間があればそこが最適でしょう。また和室では布団などの入っている押し入れは、荷物置き場ではないので気をつけたいものです。なおキャスター付きのスーツケースは、畳など土足禁止の場所では持ち上げて運ぶようにします。

和室では傷みやすい敷居や畳の縁は踏まないように配慮することも、和の作法です。また花瓶、掛け軸、絵画などには触りません。装飾品はあくまでも鑑賞用です。

仲居さんに部屋に案内され着座する際には、テーブルの前にセットされている座布団は移動させない、座布団を足で踏まない。これも伝統的な和の作法と心得ましょう。

座布団への正しい着座の仕方は、まず畳の上に正座してから、座布団を手で押さえて脚を浮かせ移動しますが、もちろん脚のご不自由な方は楽な着座で構いません。

客室で客室係や仲居さんからお菓子とお茶を勧められます。これは旅の疲れを取っていただこうという宿の気遣いです。基本はお茶菓子をいただいてから、お茶を飲みます。抹茶の場合は作法に従うなら、両手で茶器を胸の辺りで、二度時計回りにまわして、二、三口で飲みきります。ただし、最近ではそこまで畏《かしこ》まらなくても大丈夫でしょう。

「心づけ」を渡すべきか。渡すならいつか？

海外のホテルではポーターやドアマン、コンシェルジュなどにチップを渡します。受け取る側はそれぞれの労働に対する当然の権利である、という認識が定着しています。

一方、日本の「心づけ」は、「お世話になったことへの感謝の気持ちを伝えるもの」というのが考え方です。サービスに対する代償でしたら、宿泊料のなかに「サービス料」は含まれています。したがって「心づけ」を渡さなくても問題はありません。

データはありませんが、女将さん方の話では五人に二人ぐらいの割合でしょうか。とくに高級旅館では「心づけ」を渡すお客さんは多いようです。

同伴者に幼児がいるとかご不自由なお年寄りがいらして、何かとお願いすることがあるような場合に渡すことはあってもいいでしょう。もちろん、「より気持ちよく過ごしたい」という思いから渡すことだっていいでしょう。

「心づけ」の相場は宿泊料の一〇%ぐらい、一〇〇〇円から三〇〇〇円ぐらいのようです。ただし紙幣で、お洒落《しゃれ》なポチ袋か封筒などに入れて、メッセージを添えてスマートに渡すと粋ですね。ポチ袋を忘れた場合はティッシュペーパー以外の紙で包む工夫が喜ばれるようです。「北海道女将の会」の会長を長い間務められた**登別温泉**の名宿**「滝乃家」**の女将、須賀紀子さんをはじめ、各地の名女将さんからの話を基にしています。

渡すタイミングは、客室に案内してくれた仲居さんが退室するとき。あるいは食事の前に。「期待していた以上に満足できた」と、チェックアウトの際でも構いません。いずれの際にも「お世話になります」とか「ほんの気持ちですが」、「大変お世話になりました」などの言葉を添えると気持ちが通い合えるでしょう。ただ宿の方針で、〝心づけ〟を受け取らないところもあります。そのような際には無理強いをせずに、感謝の気持ちを伝えたいものです。

私の知っている全国紙のベテラン記者に「温泉旅館はチップが面倒なので、どうも……」と言う人がいました。本来「心づけ」は必要ありません。

「ふだん〝心づけ〟など考えないで泊まっていたけれど、今度素敵なポチ袋を用意して渡してみようかしら」というのも、新たな温泉の楽しみ方につながるかもしれませんね。

浴衣を美しく着こなす

温泉旅館の浴衣は一般の浴衣と少し違い、「温泉浴衣」、「かんたん浴衣」などと呼ばれています。

温泉浴衣は旅館の〝部屋着〟であり、〝寝間着〟であり、館内の大浴場、朝食会場などにもそのまま出られる。それどころか下駄、草履などを履いて、浴衣のまま温泉街にも出かけられます。いつもとは違う格好で過ごせる温泉浴衣を美しく着こなせると、とくに女性たちにとっては温泉旅行の楽しみ方が格段に広がりそうです。

温泉浴衣の特徴は「衿が薄く柔らかいこと」、「袖付けにゆとりがあること」、「袂《たもと》が短いこと」、「帯は基本的に紺と赤の二種で、細くて柔らかいこと」などでしょうか。

他の和服と同様、浴衣は男性用も女性用も右の衿を下（内側）に合わせて、帯を結びます。

男性では衿と背中をぴったり体につけて、右手が懐に入る程度の余裕をもたせて左右の前衣を合わせ、裾は床につかないように着る。帯は腹のやや下にすると見栄えが良い。腰に二巻きして前で蝶結びか固結びした後、右後ろへまわします。最後に左前の裾線が垂直になっているか、懐に手が入る程度の余裕があるか等を鏡でチェックします。

女性の着姿のきもは衿の後ろを首から少し離す（「衣紋の抜き」）こと。帯は前で蝶結びにする点が男性と異なります。温泉浴衣はどうしても動くたびに崩れやすいため、帯の位置がポイントといわれ、ウエストの細い部分が最適のようです。帯は細長く柔らかいため、前で結ぶ「もろ輪結び（蝶結び）」が一番似合います。

外出する際には羽織や夏用の袖のない羽織を着ます。雪国では丹前も用意されているので、温泉浴衣は便利なことこの上ありません。なにせ、館内の風呂にせよ外湯（共同浴場）にせよ、脱衣の簡単なこと。まさに温泉浴衣です。

高級旅館を除いて一般に温泉浴衣は男女ともに白地に紺の模様です。湯治場ではこれでもいいのでしょうが、〝非日常〟の現代の温泉街には「時代遅れ」との声も聞こえてきます。「浴衣と下駄が絵になる」日本一の温泉情緒あふれる湯町と評価している**城崎温泉**の、木造三階建ての老舗旅館**「山本屋」**あたりが草分けではなかったかと思うのですが、二〇数年前からお洒落な〝色浴衣〟を貸し出すサービスが始まりました。

①

浴衣を羽織り、左右と
裾の位置を整えます。

②

右側の衣を合わせます。
余分な身ごろがあれば
折り返しておきます。

③

右手が懐に入る程度の
余裕をもたせて左側の
衣を合わせます。

④

浴衣を押さえながら、帯
と腹の中心を合わせて
後ろへまわします。

ポイント

男性はウエストのやや下に帯の位置を調整します。

女性の帯は、ウエストのくびれた細い部分に結びます。

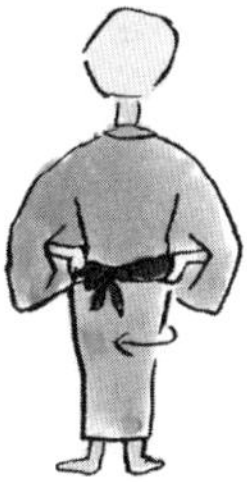

帯は蝶結びか固結びにし、右後ろへまわします。

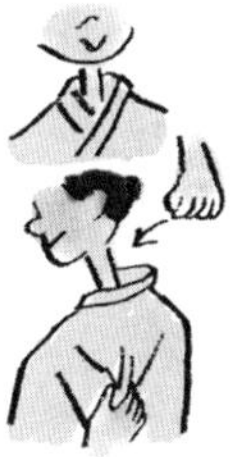

衿の後ろをほんの少し首から離します。

完成!!

⑤

帯を背中でクロスして、前へ戻します。

⑥

前で帯を結びます。

城崎は後であらためてふれますが、全国屈指の〝外湯めぐり〟の楽しい湯町です。美しい浴衣を着て歩くのは若い女性たちに人気で、川沿いのしだれ柳の並木と連なる木造の湯宿をバックに色浴衣で歩く姿は絵になります。あなたもその素敵な風景に溶け込んでみてください。

現在では〝色浴衣〟、〝選べる浴衣〟を揃えている旅館は、全国の温泉地にふえています。「色浴衣で過ごす夏旅」プランなどもあるようです。

温泉の歴史コラム
～浴衣はその昔、入浴の際に着用されていた！

夕涼みに浴衣がけの構図は江戸時代の錦絵によく描かれています。じつはこの頃から浴衣が外出に着用されるようになったのです。

それまでは浴衣は欠かすことのできない湯具のひとつで、入浴の際に使用されていました。〝湯具〟というのは「入浴七つ道具」のことで、その代表的なものに浴衣、湯褌《ゆふんどし》、湯巻《ゆまき》、風呂敷などがありました。

奈良、平安時代には裸体での入浴は他人と肌を接することから衛生風紀上戒められていました。そのため絹、麻、木綿などで作られた「湯帷子《ゆかたびら》」を着用するのが習わしでした。これが後に略されて「浴衣《ゆかた》」と呼ばれるようになります。

平安時代の末から鎌倉時代にかけて、町湯（銭湯）などではなにかと不便な浴衣を省略して、代わりに男性は「湯褌《ふんどし》」、女性は「湯巻」を使用するようになります。

手拭い一本素っ裸で風呂に入るようになったのは、江戸中期からで、文化文政の頃には現在の入浴スタイルが確立されたようです。

浴衣はその後、入浴の前後に着用し、現代のバスローブ兼バスタオルのような役割を果たします。湯上がりに浴衣を着て、体のしめりをすい取ったのです。何とも優雅です。

それまで白布であった浴衣に簡単な柄が染められ、色ものが出回るようになると、夏の夕涼みにそのまま外に出るのが粋なファッションとなります。江戸中期頃のことで、錦絵の格好のモデルとなったのです。

礒田湖竜斎「入浴後」
江戸中期の浮世絵版画（著者蔵）

主な色浴衣のある湯宿一覧

＊蔵王温泉「和歌《うた》の宿　わかまつや」（山形県）
＊伊香保温泉「岸権旅館」（群馬県）
＊草津温泉「お宿ゆきずみ」（同）
＊箱根湯本温泉「月の宿　紗ら」（神奈川県）
＊箱根強羅温泉「ゆとりろ庵」（同）
＊箱根仙石原温泉「箱根風雅」（同）
＊修善寺温泉「ねの湯　対山荘」（静岡県）

＊伊豆長岡温泉「源泉の宿　姫の湯荘」（同）
＊伊豆片瀬温泉「味湯海亭　福松荘」（同）
＊湯涌温泉「山音《やまね》」（石川県）
＊下呂温泉「悠久の華」（岐阜県）
＊城崎温泉「山本屋」（兵庫県）
＊夕日ヶ浦温泉「料理旅館夕日ヶ浦」（京都府）　※令和五年二月末まで日帰りプランのみ
＊杖立温泉「旅館日田屋」（熊本県）

日本料理をお洒落にいただく作法

「料理人の腕は吸い物でわかる」といわれます。日本料理の基本は、一汁三菜の汁にあたる椀（吸い物）が出汁《だし》で決まるためです。出汁は日本料理の要で、鰹《かつお》、鯖《さば》、飛魚《とびうお》、椎茸など。椀の具は魚、肉、旬の野菜やきのこなど。残りの三菜はお造り、煮物、焼き物。

左手をお椀に添えて、右手で蓋《ふた》を開ける。蓋を開けたら両手でお椀をとり、香りとお椀のなかの〝景色〟を楽しむ。

最初は箸を持たずに汁を吸い、その後に具をいただきます。お椀の蓋の裏に粋な紋様が施されていることもあり、その際は鑑賞したいものです。

産地へ旅し、その土地で食す〝地産地食〟の楽しみのひとつ、お造り（刺身）――。わさびを醤油に溶く人が多いようですが、香りが飛ばないように醤油に溶かないで、刺身に付ける通もいます。花穂じそや紫芽は醤油に入れます。刺身は盛り付けられた手前から順に取り、醤油皿は左手に持っていただくのが美しい食べ方の作法。つまは刺身の合間に、大葉は大根を巻いて食べると大葉の刺激が薄まります。

煮物は数種類の素材がひとつの器に盛り合わされていることが一般的です。手前から左、右、奥、ふたたび左、右、奥といった順にいただきます。料理人は美味しく感じて食べられるように盛り付けをしています。先付、八寸などでも同じ要領です。

焼き物は日本料理店では旬の魚ですが、最近の温泉旅館では和牛ブームということもあり、但馬牛、松阪牛、米沢牛など地場の特産の和牛が供されることも多いようです。

焼き魚が一尾魚で出された場合は、左側から身を食べ半身を終えたら、左手で頭部を押さえ骨を外してから、残りの半身を食べるのが美しい作法といわれます。

季節の素材を使った揚げ物は温泉旅館の定番です。レモンやスダチ、カボスなどが添えられていることも多いのですが、素材の風味を損なわないために、天ぷらの上に搾るのではなく、小皿に搾ってから具を付けるのが基本です。小皿がなければ、リクエストしてもいいでしょう。塩をかける場合も同じです。

チェックアウトの前に

係の人が後でシーツ等を交換するため、布団はたたまなくてそのままでいいのですが、少し整えておく方が印象はいいでしょう。浴衣、帯は軽くたたんで布団の上に置きます。使用した濡れタオル、バスタオル類は畳の上や座椅子等に掛けないで、タオル掛けや洗面台などに置くのがマナーです。

備え付けのゴミ箱に入りきらないペットボトル類はゴミ箱の近くにまとめて置きましょう。お互いに気持ちのよいマナーは相手を思いやる心ではないでしょうか。

チェックアウトの際に「大変お世話になりました」と、笑みを浮かべながら挨拶できるような気持ちのよい旅立ちを迎えられると最高ですね。

正しい入浴作法

一泊につき入浴は三回が目安

江戸中期随一の医学者、香川修徳は温泉学の大家でもありました。彼が著したわが国初の温泉医学書『一本堂薬選』続編は、温泉論としての内容も備えた書物ですが、入浴法にもふれています。

「**入浴は一日に三回から五回を基準とする。身体の弱い者は二、三回とするべきであろう。強い人はあるいは六回から七回に及んでも害はない。これを過ぎては疲労する**」

せっかくの温泉だからと、何回も風呂に入ってのぼせてしまった、という経験をお持ちの方もいらっしゃ

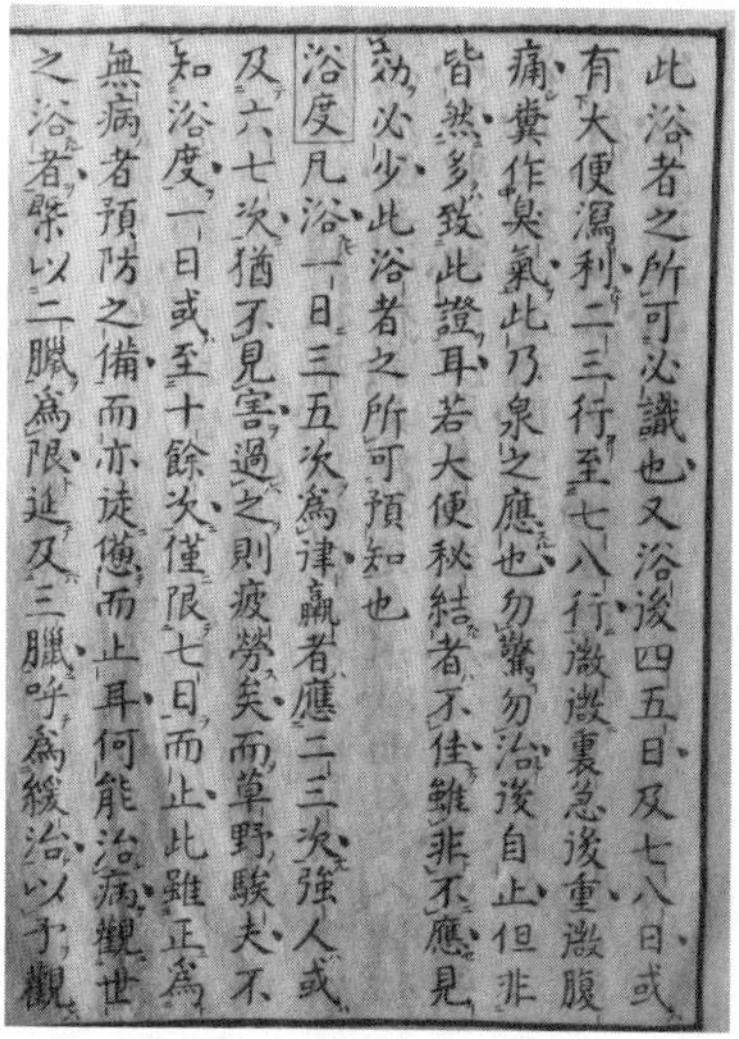
此浴者之所可必識也又浴後四五日及七八日或
有大便瀉利二三行至七八行徹徹裏急後重徹腹
痛糞作臭氣此乃泉之應也勿驚勿治後自止但非
皆然多致此證耳若大便秘結者不佳雖非不應見
効必少此浴者之所可預知也
浴度　凡浴一日三五次爲律羸者應二三次強人或
及六七次猶不見害過之則疲勞矣而草野騃夫不
知浴度一日或至十餘次僅限七日而止此雖正爲
無病者預防之備而亦徒憊而止耳何能治病觀世
之浴者槩以二臘爲限延及三臘呼爲緩治以予觀

香川修徳『一本堂薬選』続編
（元文３年、1738年　著者蔵）

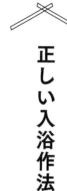

るでしょう。過度の入浴を江戸時代から〝欲浴〟と称していましたが、「過ぎたるは猶《なお》及ばざるが如《ごと》し」という言葉があるように、むしろマイナスになります。

香川修徳以降の江戸から明治にかけての温泉論、入浴論でも、入浴回数として三、四回としているものが大半です。しかも当時の温泉浴は病気を治癒するための「湯治」目的であることを考えると、今の時代は一泊の温泉旅行で宿泊日に二、三回、翌朝一回で十分でしょう。私の場合はチェックインした後に、温泉街の外湯（共同湯）、就寝の一時間ほど前と翌朝に宿の風呂に入ります。食前食後、とくに食後は一時間は空けてから入浴します。

温泉浴は想像以上に体力を消耗します。源泉かけ流しの〝湯力〟のある温泉に浸かると、新陳代謝が促進されかなり体力を消耗するものです。具体的には縄跳びを五分間したときの消費カロリーは約一七キロカロリーですが、**温泉に五分間じ〜っと浸かるだけで約一六キロカロリーも消費します**。ちなみに五分間のウォーキングでは約七キロカロリーです。驚かれたことでしょう。

ですから、「温泉に入るとスリムになる」といわれるのです。実際には温泉に入ると胃腸の働きが良くなるものですから、食が進んでむしろ逆のことの方が多いのですが――。久々の温泉旅行ではこればかりは仕方のないことですよね。

先に朝風呂に入ると書きました。気をつけたいのは、起き抜けの入浴は避けましょう。身体の機能がまだ活発でないため、急に熱い湯に浸かるのは危険だからです。とくに冬場の起き抜けは、体温が低下しているので要注意です。

浴槽に入る前にまずは「かけ湯」

入浴の前後には水分を摂りましょう。暑い夏場を除いて、とくに中高年の方は常温のミネラルウォーターかぬるま湯がベストです。

熱い湯にいきなり入ると血圧が急上昇し、危険です。これを防ぐために十分な「かけ湯」をしてから浴槽に入ります。かけ湯は心臓から離れた下半身、上半身、肩の順に入念に浴槽の湯をかけるのが基本。これは体をこれから浸かる湯に反応させるためです。準備体操のようなものです。とくに下半身の汚れを落としてから入ることは大切な入浴マナーです。

私は気持ちを落ち着かせながら、一〇回以上は桶で湯を汲みかけ湯します。湯の香りや肌への感触も楽しみながら――。周りに人がおらず、鮮度の高い源泉かけ流しの風呂で、かつ湯量も豊富な場合は、片膝を床について手拭いを被せた頭にもしっかり「かぶり湯」をします。のぼせ防止になりますし、強い還元系の湯なら頭がす～っとして、じつに爽快な気分になります。

レベルの高い山の湯ですと、あえてシャンプーで洗髪しなくても、温泉の還元作用で汚れは取れ、また殺菌作用もあるため、二〇～三〇回かぶり湯をすると十分です。

日本人がお金と時間をかけて温泉へ出かけ、赤の他人と裸でお湯に入るのは、昔から「輪になって和を極めること」に喜びを感じる精神性があったからこそでしょう。それが令和の現代に至ってもなお引き継がれているということは、取りも直さずこのような入浴法が日本人の精神や肉体の健康と密接にかかわってきたからに他なりません。

そうであれば、パブリック（公）の風呂場での作法は最優先されるべきです。私は大学で学生たちによくこう語ったものです。

「温泉で自分が気持ちよくなりたければ、まず他人《ひと》に気配りをしなさい。たとえば、入浴マナーを守ることによって、他人を気持ちよく入浴させてあげると、それがそのまま自分に返ってくる。これが日本人の和の心なんだよ」

最近は若い人たちは風呂に入る前にシャワーで汚れを落とします。ただし湯に浸かることなく、シャワーだけで一気に頭、体を洗っては汚れはきちんとは落ちません。入浴前のシャワーはかけ湯の代わりと考えたいものです。下半身をシャワーで流してからかけ湯でもＯＫです。浴槽の縁に桶が置かれている宿は「気遣いのある経営者」と評価しても良いでしょう。

気をつけて観察するようになって四〇年余、男性風呂ではとくに中高年のマナー違反は相変わらずです。かけ湯もシャワーもしないで、いきなり浴槽にドボ～ンと入る人が五人のうち二～三人。そのようなマナー違反の入浴者が入ってくると、無意識のうちに私の体は遠ざかっています。

湯尻付近から浴槽に入り、徐々に湯口へ

〝源泉かけ流し〟の浴槽の場合、新鮮な湯が常時出てくる「湯口」に対して、湯口から一番離れた、湯が浴槽の外にかけ流される辺りを「湯尻」と呼びます。**しっかりとかけ湯をした後、湯尻付近から入るのが日本の正しい入浴作法です。**また、すぐに湯口付近に移動することも作法に反します。

湯口付近にはもっとも新鮮な湯が注がれるので、早くそこに浸かりたい気持ちは理解できます。ただすでに湯に浸かっている人に比べ、皆さんの体は汚れていると考えるのが道理というもの。しかも湯口から一番熱い湯が出ています。したがって、湯温が比較的ぬるく、湯の汚れが多少ある湯尻から体を馴らしながら、順次上手、すなわち湯口付近へ移動して行くのが正しい作法といえます。科学的、かつ精神的にも理に適った日本の入浴法だと思いませんか？

同じ湯を数日間も濾過《ろか》・循環して使い回している「非・源泉かけ流し」の風呂では、このかぎりではありません。湯口付近は消毒のための塩素臭が強いので、私はむしろ湯口付近からもっとも離れた位置で浸かります。

六章　効能と泉質を楽しむ

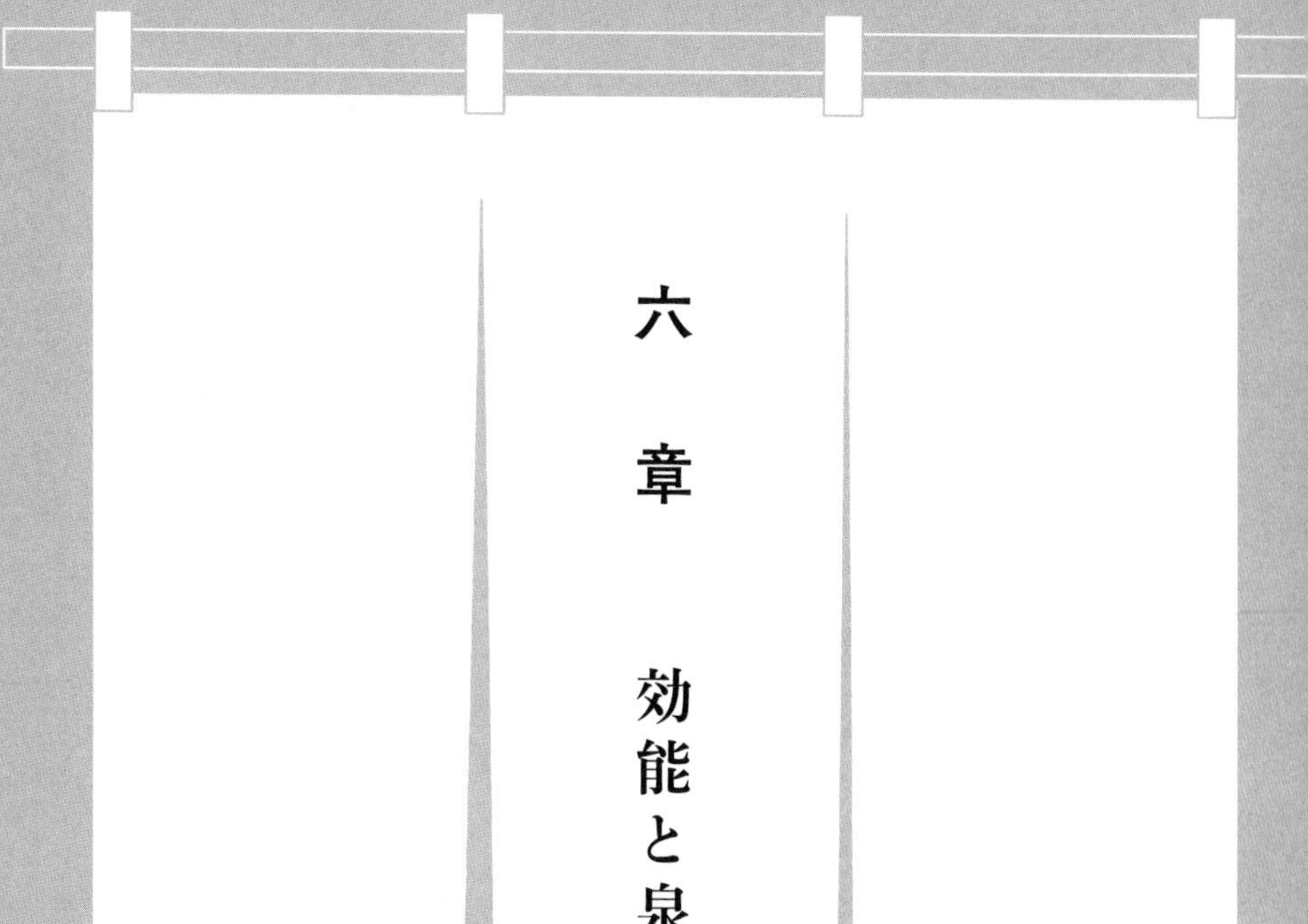

温泉と健康の関係

現代医学は病気を治す、温泉は体を直す

現代（ヨーロッパ）医学がこれほど発達し、さらに二一世紀は再生医学に人類の英知が結集されようとしています。その一方で、かぎられた資源の有効活用を考えたとき、**温泉は自律神経系、免疫系、内分泌系などの機能を本来の姿に正す〝予防医学〟、〝予防医療〟としての役割が求められると、期待しています。**かつて「現代医学は病気を治す、温泉は体を直す」と言われていたものです。

私たちが生きる現代社会の病気の大半は、がん、糖尿病、高血圧症、動脈硬化症、肥満症など、自らの食生活や乱れた生活等によってもたらされる〝生活習慣病〟です。しかも、「生活習慣病は完治がなかなか難しい時代にある」とも言われています。

日本でまだ湯治が盛んだった昭和四〇年前後（一九六〇年代）によく耳にした「予防に勝る治療はない」という言葉が、私の脳裏に蘇ってきました。二〇年ほど前、アメリカのＮＣＩ（アメリカ国立がん研究所）は、「がんは予防が第一である」と宣言しています。それ以来、

予防医療を推進してきたアメリカでは、がんの罹患者数が減少していることはよく知られているところです。

なにせ科学がこれほど発展した現代社会で、温泉が未だに廃れることはなく、逆に最近では首都圏をはじめ大都市圏での日帰り温泉施設が増加しているのは、精神的にも、肉体的にも温泉が健康に有効であることのひとつの証拠ともいえます。

しかも首都圏や関西圏で、なんと〝源泉かけ流し〟の温泉施設が年々、増加しているのです。これは単に大都市圏の温泉ブームというよりは、「健康を意識したワンランク質の高い温泉施設」が、現役世代のニーズであることの現れだと、私は注目してきました。だからこそ、二〇一二年初版の『温泉手帳』（東京書籍）の『増補改訂版』（二〇一七年）の発行に際し、「都市近郊の〝かけ流し〟温泉施設」のページを追加することにしたのです。

温泉は予防医療の場

日本ではドイツ、フランス、イタリアなどヨーロッパの先進諸国のように、医師が温泉とかかわることはほとんどないため、温泉と健康の関係がことさら意識されていませんが、多くの人たちは温泉浴をすることで、「癒やされた」との確かな実感を得ています。〝ストレスは万病の元〟であることを考えると、温泉は優れた予防医療の場と考えても良いでしょう。

医師が病気を治す専門家であるとしたら、健康の専門家はあなた自身です。現行の保険制度下では、日本の医療は予防医学、予防医療ではなく、〝治療医学〟で、病人が現れて初めて医師の仕事が始まるともいえるからです。ですから、温泉で「癒やされる」「疲れが取れる」と皆さんが実感されることは、主体的にご自分の健康にかかわる第一歩でもあるといえるのです。

現代社会は「これだ！」という決定打のない時代です。総力戦の時代です。「現代医学」と「温泉」を上手に活用して、「人生一〇〇年時代」に向かいたいものです。日本は世界に冠たる〝温泉大国〟だからです。しかも、温泉という恵まれた資源を十分に活用できているとは言い難い現状にあるからです。

東鳴子温泉「旅館大沼」の貸切露天風呂「母里の湯」は毎月訪れる私の癒やしの湯（著者撮影）

温泉の主な効能

なぜ温泉は身体に効くのか

温泉には温熱、静水圧、浮力による「物理的効果」、含有成分が心身を本来の姿に戻すためのさまざまな生体反応をもたらす「化学的効果」、温泉地の気候、風土などの自然環境の変化による「転地効果」、それに「非特異的効果」の、大きく分けてこの四つの効果があります。

これらに加えて、「化学的効果」に含まれますが、従来言及されてこなかった〝還元系〟の温泉特有の「還元作用」、「抗酸化作用」が複合的に働くものと、私は考えています。この点に関しては、すでにふれましたが、**この章の「単純温泉の侮れない温泉力」、「〝都市の温泉〟の温泉力」**で、私どもの実証調査の一部を掲載します。

物理的効果

温熱作用

すでに記したように、熱くも冷たくも感じない温度を「不感温度」といいます。日本人の場合は欧米人より少し高く、三五〜三七度ぐらいといわれています。不感温度の温泉に入浴すると、身体の代謝はそれほど変化はなく、心臓の負担も少なくすみます。

一方、これより熱くても冷たくても、身体への影響は大きくなります。湯に浸かった瞬間から交感神経が刺激され、体表の血管が収縮し、心臓への血流量が増加して、血圧が上がります。しばらく浸かっていると、収縮した血管が拡張して、血圧も下がってきます。また血圧が低下してくると、今度は内臓や筋肉の血管が収縮して、血液を送り出し、血圧が下がり過ぎないように調整されます。後でふれる静水圧作用も加わります。

不感温度より温かい湯は、皮膚の表面の老廃物を洗い流します。皮膚の表面には汗腺があり、そこから汗が、また皮脂腺から脂肪を分泌していて、ほこりや雑菌が付着していますが、湯に浸かるとそれらが洗い流されます。そのため皮膚の表面が清潔になり、温度調節や発汗がスムーズにいき、本来の機能が働くことによる爽快感が得られます。

新陳代謝を促す〝温かい湯〟

温かい湯に入ると、皮膚の表面だけでなく、新陳代謝が活発になり、体の中の老廃物や筋肉の疲労物質などが、汗や尿として体外に排出されます。腎臓が温まると血流が促進され、排泄作用が高まります。これらの働きを「温熱作用」と呼びます。

日本人に特徴的な**高温浴（四〇度以上）には発汗作用はもちろんのこと、鎮痛効果や全身のこわばりを和らげたり、胃酸の分泌を抑制し、胃腸の運動を調整する働きがあります**。神経痛、リウマチ（関節リウマチ）、五十肩などの痛みを主症状とする病気にも応用できます。日本ではとくに慢性のがんこな病気の変調療法に利用されてきました。ただし、高血圧、心臓病などの循環器疾患や刺激を与えたりしてはならない病気は避けなければなりません。

就寝前の入浴はリラックスする〝ぬる湯〟を

一方、体温に近いぬる目の湯に浸かると、自律神経の副交感神経が優位になります。**副交感神経は別名〝リラックスの神経〟ともいわれるように、代謝の高まりが少なく、心臓への負担も少ないため、血圧が高い人でも徐々に下げる効果が期待できます**。鎮静効果です。また、筋肉のこりや痛み、関節の痛みなどを和らげる鎮痛効果もあります。お年寄りや乳児にはもちろん、気持ちが高ぶっているときにお勧めです。就寝前の入浴はもちろんぬる湯です。

静水圧作用

浴槽に体を沈めたとき、二の腕やお腹が細くなったように感じられることはありませんか？　錯覚ではなく実際に細くなっているのです。浴槽の水面からの深さに比例して、身体の表面に水圧がかかります。水深が一メートルあると、その部位には七六ｍｍＨｇの圧がかかります。

肩までどっぷりと浸かると、体全体で約八〇キロもの水圧を受けるため、お腹周りで三〜五センチメートル、肋骨で囲まれた胸部でも一〜二センチメートルは縮みます。これは「静水圧作用」によるものです。浴槽に体を沈めた際の圧迫感の正体です。

その結果、肺の容量が少なくなり、空気の量も減るため、それを補うために呼吸数が増加します。また血管、リンパ管も水圧により圧縮されるため、静脈の血液やリンパ液がいっせいに心臓へ戻ってくるため、血圧は上がり、心臓の働きは活発になります。先ほど温熱作用によって、末梢血管を拡張し血圧を下げると説明しましたが、この静水圧作用により血圧の著しい低下を防いでいるわけです。

浴槽から立ち上がる際、立ちくらみに注意を

高血圧症や心臓病、高齢者の方には、静水圧作用の影響を少なくする方法として、首まで

浸かる全身浴ではなく、半身浴をお勧めします。とくに高齢者で、全身浴から急に立ち上がり浴槽から出るのは危険をともなう場合がありますので、少し時間をかけてゆっくりと出る習慣をつけたいもの。水圧で圧迫されていた血管が、急に浴槽から出ることで水圧が抜けて、皮膚の表面に血液が流れ出て、立ちくらみ（脳貧血）を起こす恐れがあるからです。高温浴の際にはとくに気をつけたいものです。

血行促進に効果的な入浴法「立湯」

静水圧作用を積極的に活用する方法もあります。これまでの説明を逆手に取ると、水圧により呼吸機能や筋力を高めて、健康増進に利用できると考えた方もいらっしゃるでしょう。

昔から伝わる日本の伝統的な入浴法に「立湯《たちゆ》」があります。文字通り、立ったまま浸かる入浴法です。浴槽の深さが一メートル二〇センチ前後もあるため、「立位浴」とも呼ばれていますが、全身に水圧がかかり「循環器系を整え、血行促進に効果的」と、その効果がイメージできそうですね。

スーパーのレジなど立ち仕事の方は、どうしても血液が脚に鬱積してむくみがちです。**深い浴槽の底ほど水圧がかかるため、ちょうど歯磨きのチューブを下から絞り出すように、脚に鬱積した血液が絞り出されて、心臓に戻り、代謝が活発になります。**「水圧マッサージ」です。しかも温熱作用が加わるため、効率的に「デトックス（解毒）効果」も期待できます。

「立湯」の名湯

ここでは歴史のある三か所の有名な立湯をご紹介します。

鉛温泉「藤三《ふじさん》旅館」（岩手県花巻市）

東北を代表する名湯で、湯治旅館としても知られています。館内に数か所の風呂場があり、約六〇〇年前に発見されたという混浴の名物風呂「白猿の湯」が立湯です。大きな楕円形の浴槽は、深さが一・二五メートルあり、源泉は底からぷくぷく湧き上がってくる貴重な〝直湧《じかわ》き〟です。

藩政時代に南部藩主も浸かった、アルカリ性の柔らかな名湯。見上げると、三階まで吹き抜けの感動的な浴場です。

混浴ですが、一日に三回の女性専用タイムがあり、デトックス効果を試したいもの。浴場の雰囲気は他の施設では得がたい、江戸時代にタイムスリップしたような幽玄の趣を漂わせています。

秋の宮温泉郷「鷹の湯温泉」（秋田県湯沢市）

平安時代に活躍した才色兼備の女流歌人、小野小町の故郷としても知られる秋田最古の温泉**秋の宮温泉郷**は、奈良時代の高僧行基によって発見されたと伝えられます。

雄物川の支流、役内川の上流域に宿が点在し、その最深部に湯煙を上げる老舗旅館**「鷹の湯温泉」**は、露天風呂、渓畔の野天風呂などをもつ、温泉好きには垂涎《すいぜん》の的の秘湯です。「無垢《むく》な」と、形容したくなるほどの汚れなき瀬音を聴きながらの湯浴《ゆあ》みは、まさに極楽気分なのです。

大浴場に木枠の浴槽が並び、そのひとつ名物の「立湯」は一・三メートルの深さで、澄明で活きた湯がふんだんにかけ流されています。自炊部もあり、湯に対する経営者のこだわりは本物の温泉好きの期待を裏切らないでしょう。

奥津温泉「奥津荘」（岡山県鏡野町）

清冽《せいれつ》な吉井川の河畔に佇む**「奥津荘」**は、津山藩主の湯治場として知られた名湯。アルカリ性のシルクのような感触の湯に、歴代の津山のお殿様は魅了されたようです。近年では世界的な版画家、棟方志功がたびたび訪れ、奥津荘の湯に浸かっていました。

奥津荘には四、五か所の源泉一〇〇％かけ流しの風呂があり、そのうち二か所が〝直湧き〟です。ひとつは津山のお殿様がぞっこんだった「鍵湯」、もうひとつが「立湯」です。

立湯は深さが約一・二メートル、底まで透き通るような湯です。吉井川の川底の花崗岩の岩盤と一枚岩で、岩のくぼみを利用した立湯は、心身ともに爽快な気持ちにしてくれることでしょう。

浮力作用

アルキメデスの原理で、人間の体は水の中では軽くなります。首まで湯に浸かると約九分の一の軽さになります。湯が一杯に張られた風呂に入り、あふれ出した分と同じ体積の湯の重さだけ体が軽くなり、浮力を受けるからです。

この原理を応用して、足腰の筋肉に障害がある人たちの機能回復訓練、リハビリテーションなどに温泉が活用されています。水中や温泉の中で素早く手足を動かすと、水圧や水には粘性があって抵抗力があるため、水中運動は筋肉増強のトレーニングに最適なのです。

私は他に人のいないときは、温泉の中でよく手足、膝、腰のストレッチを行います。水の物理的特性に加えて、温泉には温熱作用もありますから、五十肩を無理なく治してしまいました。

化学的効果

温泉の中にはさまざまな鉱物質、ガス等が溶け込んでいます。これらの化学成分は皮膚か

ら体内に浸透し、あるいは湯煙中のガスが肺に吸入されたり、飲用により吸収されます。とくに二酸化炭素（炭酸）、硫化水素、放射性物質のラドン、トロンなど脂に溶けやすいガス成分は、皮膚や肺（呼吸）によって吸収されやすく、またナトリウム、カリウム、塩素、炭酸水素、硫酸などのイオンも微量ながら滲入《しんにゅう》します。

湯温が高いほど、入浴時間が長いほど、電解質の濃度が高いほど、皮膚からの吸収は促進されます。

これらの成分は、皮膚のすぐ下にある結合組織というところに入り込み、細胞を活性化します。結合組織というのは全身につながっている唯一の組織で、血管から滲《にじ》み出した栄養分を細胞に届ける役割を果たす組織です。

全身浴の効用

日本人の全身浴という入浴法はこう考えると、非常に優れたものであることがおわかりでしょう。人間の身体の皮膚を広げると、成人男性で畳二枚分以上あるといわれます。全身浴によって、温泉の成分を皮膚の下の結合組織に吸収させ、細胞へ届けることで代謝が促進され、全身の細胞が活性化されるわけです。

このように温泉の温泉たる所以《ゆえん》は、含有成分の働きによるところが大きいと考えられ、温泉の効能を決めるうえで泉質が重要視されてきた理由です。

「飲泉」には新鮮な温泉を

とくに含有成分を薬と見立ててきたヨーロッパでは、飲泉による温泉療法が盛んで、含有成分の作用を最優先してきました。

ただし温泉は生きもの、生ものですので、野菜やフルーツと同じように時間の経過とともに老化、即ち酸化し、活性が失われます。これを「温泉の老化現象」と呼びます。

したがって、湧き立ての新鮮な温泉でなければ効能は著しく失われます。温泉の生命線は鮮度、化学的には〝還元系〟にあります。このことはすでに「一章　お湯を楽しむ」でもふれました。

わかりやすいのは鉄泉です。茶褐色のイメージが印象的な鉄泉ですが、湧き立ての鉄泉は他の泉質の温泉同様に無色透明です。それが空気にふれるにつれて、茶褐色に変色していきます。いかにも効きそうですが、二価の鉄が三価の鉄に酸化されたということで、残念ながら効能は湧出時と比べると落ちます。

これが飲用となると効能は著しく低下しますので、飲泉は現地で新鮮なうちに行うよう心がけましょう。

転地効果

昔から知られている温泉地の多くは渓谷や山間、海辺などにあります。なにかとストレスの多い毎日を過ごしている現代人にとって、自然環境に恵まれた温泉地に出かけることは、物理的効果、化学的効果などとの相乗効果が期待できます。

事実、温泉地に行く、あるいは温泉地に到着したというだけで、癒やしの脳波アルファ波が発現することがあると確認されています。それが自律神経系、免疫系、内分泌系の活性にもつながります。

日常生活とはまったく異なる環境で、そこの地形、気候などによって、私たちの心身はさまざまな影響を受けます。脳下垂体、副腎系等が刺激を受け、ホルモンの分泌が活発になります。また自律神経系にも反応が現れ、ストレス解消だけでなく、慢性的な疲労にも効果があります。恵まれた自然環境に転地するだけで、血圧が下がるのもそうした現れでしょう。

代表的な温泉の環境として、「山の温泉」と「海の温泉」を考えてみましょう。

山の温泉

山の温泉といえば森林浴ですね。ヨーロッパで盛んな森林浴療法は〝山国・日本〟でも、官民挙げて健康増進をはかる療法として、ずいぶん活用されてきました。

そのポイントは森の香りです。日本では「フィトンチッド」といわれてきた「テルペン」は、樹木が発散する揮発性の香りです。森林はリラックス効果をもたらすことがよく知られていますが、たとえば檜材の香りでリラックスしたときに発現する脳波、アルファ波やシータ波が増加し、逆に緊張したときに発現するベータ波が減少するとの報告があります。

また森林を歩くと、血液中のストレスホルモンであるコルチゾールやノルアドレナリンが減少するデータもあります。最高血圧も森林を歩くと低下します。

こうした〝テルペン効果〟は、広葉樹よりもテルペン含有量が多く、香りも強い針葉樹の方が効果的のようです。テルペンの含有量は春から夏にかけてふえ、気温が上昇するほど放出量も増加することが知られています。時間帯は午前中が最適です。

ただし山は空気が清々しく清涼感は心地よいのですが、山間にはさまざまな花粉が飛んでいるため、季節によっては花粉症やアレルギー性喘息の方は避けたほうが無難でしょう。

海の温泉

山の温泉に比べ、海辺を吹き渡る風には花粉やちり、ほこりは少なく、清浄といえます。花粉症の方は不快な季節には海辺の温泉がお勧めです。

文明開化の明治の初めから大正、昭和の前期にかけて、健康増進のために「海水浴と温泉」をテーマにした温泉ガイド本がよく出ていました。日本はもちろん海洋国家なのですが、高度経済成長期以降、〝予防医学〟、〝予防医療〟をそれほど意識してこなかったせいか、〝転地効果〟を考えずに温泉地の選択をしてきたようです。

海の自然療法「タラソテラピー」

時折、「タラソテラピー」という言葉を目にしたり、耳にしたりすることはあると思いますが、実際にどのようなものかを理解している人は多いとはいえないでしょう。タラソテラピーは「海の自然療法」のことですが、「海水や海産物、海辺の環境、海のあらゆる特性を生かして、心身を癒やしたり治療したりする方法のこと」で、ヨーロッパでは古くから研究、実践されています。

以前、テレビに和歌山県の**白浜温泉**の海水浴場が映し出されていました。関西を代表する大温泉郷白浜温泉は私も好きな温泉で、海水浴の季節でなくても、真っ白な白良浜《しららはま》を素足で歩くのが好きです。海の砂は足裏を刺激する効果があります。乾いた砂のさらさら感、波打ち際のしっとり感。温かい砂とひんやりした海水。血行がよくなり、自律神経も刺激を受け、交感神経と副交感神経のバランスを整えてくれます。

山に比べ海の温泉は、気温の高低差が少なく、保養には過ごしやすい環境にあります。空気も清浄であることは先に指摘しましたが、刺激が少なく精神的にも快いリズム性の刺激をもたらせてくれる潮風が、海の温泉の一番のポイントです。

私たち人間の血液と海水はミネラル成分の組成がほぼ同じであることはよく知られている通りです。ナトリウム、マグネシウム、カリウム、カルシウム、鉄、亜鉛、ヨウ素、マンガン……。このようなミネラルが豊富に含まれた海水の波が砕け散るときに、〝海塩粒子〟となって空中に舞い上がり浮遊します。

この海塩粒子は、主に呼吸によって体内に入りますが、皮膚に付着することによっても吸収されます。温泉成分と同じように経皮で体内に滲入《しんにゅう》するわけです。

非特異的効果

一日に何度か入浴を繰り返すと、温度や水圧、浮力、含有成分、とくに酸性度等が総合的な刺激として、皮膚を通して私たちの体に強い刺激を与え、ゆさぶりをかけます。

体の方もこうした刺激に反応して、たとえば自律神経機能が亢進《こうしん》している場合は機能の亢進を抑え、低下している場合は亢進するなど、体の機能を調整します。つまり「体の機能の変調を利用して、機能を正常に戻す作用のこと」を、「非特異的作用」と呼びます。

一つひとつの刺激の種類には関係なく、総合的な刺激の強さ、及びその刺激を受ける人の反応の仕方とレベルが問題となるため、〝非特異的〟といわれています。

　生体がいま述べてきたような温泉浴によって受けた刺激にゆさぶられながら、反応しながら、ゆがんでいた自律神経系、免疫系、内分泌系の機能を本来ある姿に直し、正常化するというわけです。

　この作用は家庭の風呂では得られない温泉特有の現象で、「温泉はなぜ効くのか」の大きな部分を占めると考えられます。あらためて、「温泉は体を直す、正す」のです。

温泉の総合的生体調整作用

　近年、非特異的効果に環境（「転地効果」）を加えて、「総合的生体調整作用」という言葉を目にする機会がふえました。

　それぐらい温泉は何故《なにゆえ》に効くのか、一言で表現できない、最近の言葉で表現すると〝複雑系〟であるということでしょう。複雑系とは「文字どおり多くの要素から成り、部分が全体に、全体が部分に影響しあって複雑に振る舞う系、システム」を指す言葉です。部分の総和以上に働くのがポイントのひとつです。

　だからこそ、温泉は面白いのです。答えがひとつでは、日本人は科学、医学がこれほど発達した現代、温泉にこれほどもかかわり続けることはなかったに違いないと思われます。

　単純化、図式化できなかった、つまり「手っ取り早くお金にならなかった」から、日本では昭和三九（一九六四）年の東京オリンピック以降、温泉医学の研究が他の分野と比べるとほとんど停滞したままの状態に等しく、発達しなかったのだと、私は理解しています。

私たちの生体も複雑系であることはだれもが実感しているところでしょう。対症療法の現代医学の弱点を補完する意味で、温泉の総合的生体調整作用のエビデンス（科学的根拠）の積み重ねが必要となります。

北海道大学名誉教授の阿岸祐幸博士やドイツの温泉生理学者ヒルデブランド博士等の研究により、温泉療法による生体リズムは約七日周期で変動することが確認されています。

日本では伝統的な温泉療法「湯治」は、江戸時代の四〇〇年前から一週間を一単位として、三廻《みまわ》り（三巡り）を基本とする湯治期間が確立されていました。現代科学がこれを追認したことになります。「三七日湯治《みなぬか》」、即ち「一週間単位の湯治を三廻り行う」ということです。

飯島裕一著『温泉の医学』（講談社現代新書）によると、リズム性反応の主役は自律神経です。交感神経が優位になると、警告反応が起きます。血糖値を高め、血圧や脈拍数を上げて、血流量をふやし、「闘う態勢」をつくります。ところがしばらくすると、今度は副交感神経が優位となり、過剰反応の修復を行うのです。

このように交感神経優位相と副交感神経優位相が交互に発現して、生体の機能性反応の波が生まれます。自律神経全体の〝平衡状態《へいこう》〟が整うまでこの波動は続いて、体の抵抗性が高まることが科学的に確認されています。

温泉の科学コラム～熱刺激で得られる健康効果とは？

熱の刺激により活性化される「健康」と「美容」のタンパク質（HSP）

日本人は温泉に浸かると、なぜ心地よさを感じるのでしょうか？　それはまず、なんといっても温かいからでしょう。私たちは身体が温かく血行が良い状態を気持ちよく感じます。温めることで心身が健康になるからです。本質は単純なのです。その意味で、温熱作用こそ、温泉の一番の恵みともいえるでしょう。

かつて、日本人の多くが好む湯温は四二度前後といわれていました。体温が三六～三七度としても、結構な熱さ＝ストレスを感じる温度です。多くの外国人には熱すぎるようです。ところが、そんな湯に浸かりながら「あぁ～、ごくらく、極楽」などと言って、日本人は恍惚とした状態に満足しています。

肉体的にはストレスを受けながら、精神的には極めて気持ちのよい状態にある。長い入浴（浸かる）文化、温泉文化のなかで、日本人は世界でも独特の感覚をもつに至ったわけですが、それは単に嗜好の問題ではなく、科学的なバックアップがあったとしたら、どうでしょう？

それがHSP（Heat Shock Protein＝ヒートショックプロテイン）とされます。HSP

は一九六二年にイタリアの遺伝学者フェルチョ・リトッサ博士によって発見されたタンパク質の一種で、熱によって身体に有効性があるといわれる物質です。リトッサ博士が飼育しているショウジョウバエの幼虫を、研究仲間が誤って二五度から三七度の飼育器に移動したところ、染色体の一部が膨らむ現象が観察されました。そこから研究が進み、産生がふえるタンパク質が発見されました。熱ショック（ストレス）を与えることによって出現したところから、のちにＨＳＰ（＝熱ショックタンパク質）と名付けられたのです。

高温浴の習慣が、日本人を〝長寿〟にしてきた？

温度変化は生物にとって大変なストレスになることが知られていますが、肩までどっぷり浸かる習慣をもつ入浴好き、温泉好きの日本人には、誠に嬉しい科学的な成果でした。体温より低い三三〜三五度程度の低温の湯に浸かるヨーロッパ人とは違って、日本人は四〇度以上の高温浴でもストレスを感じないどころか、むしろ〝極楽気分〟を満喫することができます。もちろん、肉体的にはストレスを感じているのでしょうが——。

人間は数十兆個の細胞から成り立っており、この細胞は水分を除くとほとんどがタンパク質で構成されています。細胞は活性酸素による酸化ストレスで傷つきますが、それは細胞内の変性であることが解明されています。変性とは、タンパク質の立体構造が崩れてしまうことで、ＨＳＰにはこの変性を防いだり、修復したりする能力があるとされます。タンパク質の変性がひどく修復できないときは、その細胞をアポトーシス（自死）へ導くことで、障害が残らないように働く賢いタンパク質なのです。

ふだんから温熱による弱いストレスを受けることによって、細胞のＨＳＰをふやしておくと、細胞はストレスに強くなります。そうすると強いストレスを受けても、細胞が変性したり傷ついたりすることなく生き残ることができ、組織や個体も守られるという見方です。

伊藤要子博士の論文や『ＨＳＰが病気を必ず治す』（ビジネス社）、『加温生活』（マガジンハウス）などによると、入浴によって体温（舌下温度）が約三八度に上昇すると、ＨＳＰは一・二〜一・五倍にふえ、三八・五度になると一・八〜二・〇倍になるとのことです。

目安として四〇度の温度で二〇分、四一度で一五分、四二度で一〇分浸かればいいことがわかっていますが、**俵山温泉**など〝還元系〟の質の高い温泉の場合は、もっと短い入浴時間で三八度以上に達することを私自身で確認しています。日本に古くから存在する湯治は、昔の日本人が経験的、直観的にＨＳＰの効能を知っていたうえでの合理的な治療法なのかもしれませんね。

ＨＳＰを確実にふやすには、浴後に上昇した体温をいかに維持するかがポイントです。皆さんも実感されているように温泉の保温効果は、家庭風呂に比べ格段に高いものがあります。泉質では「熱の湯」ともいわれる、ナトリウム―塩化物泉（食塩泉）あたりがもっとも効率的と思われます。食塩泉は単純温泉に次いで多い泉質ですから、探すのはそう難しくありません。

ＨＳＰの抗酸化作用により、自然治癒力、免疫力が高まり、サビついてがん化の恐れがある細胞を修復するなど、さまざまな生活習慣病を防ぐとされます。抗酸化力は皮膚の老化を防ぎ、シミ、シワを防御する働きも期待できます。

ＨＳＰとアンチエイジング

温泉に浸かって体温が上がると血行がよくなり、新陳代謝が促進されます。全身に新しい酸素と栄養分が行き渡り、老廃物などはデトックス（解毒）されます。細胞が活性化された状態になるわけです。

これこそがまさに、ＨＳＰの働きが現れたものとされ、はるか昔から日本人は温泉に入ることで病気を治癒し、病気の予防を実践してきたといえるのです。

伊藤要子博士らの研究により、高温浴によるＨＳＰの増加は次のような効果が確認されています。

・血糖値が低下する

・リンパ球が増加し、ＮＫ（ナチュラルキラー）細胞などの免疫細胞が活性化する

・抗原提示能（免疫反応を起こす細胞の能力）が一〇倍以上に上昇
・マクロファージが活性化し、細菌やウイルスを攻撃する
・炎症の抑制
・乳酸の産生が遅れるため、疲れにくくなる
・中性脂肪の減少
・シミ、シワの減少
一方で、うつ病になるとＨＳＰが低下するという報告もあります。

温泉の泉質別効能

温泉は自然治癒力を引き出し、免疫系を活性化する

「温泉法」で定義している「適応症」とは、温泉療養を行うことによって効果をあらわす症状のことを指しますが、ここでは一般に使用されている「効能」を使うことにします。

洞爺湖温泉を産湯に生まれ育ち、現在は定山渓温泉と目と鼻の先で生活している私の体験からはっきりと言えることがあります。それは、温泉は**個別の症状**に、だれに対しても即、効くとは必ずしも言えるわけではない、ということです。

温泉は自律神経系、免疫系、内分泌系に揺さぶりをかけて、それらの機能を本来の働きに戻すことにより、「人間が生まれながらに備えている病気を治そうとする力」＝「自然治癒力」を引き出し、高め、治癒します。現代医学で使われる言葉、「免疫力」を活性化して治癒します。感染症に対しても同様でしょう。

つまり「温泉は私たちの心と体を直す、本来のあるべき姿に正す」わけです。温泉の正常化作用です。

現代医療のたとえば「痛みに対する鎮痛剤」といった「対症療法」ではなく、私たちの心身をあるべき姿に戻すのが温泉の特徴といえます。**温泉がとくに慢性病に有効といわれてきた理由《わけ》です。**

そのなかでもとくに大切で、温泉で比較的簡単に対応できるのは自律神経のバランスを整えることです。私が幸いにも一〇年に一、二度程度しか病院のお世話にならないで現在に至っているのは、疲労やストレスを温泉で癒やし、自律神経のバランスを整えてきたからです。副交感神経を温かい、鎮静効果のある温泉で優位にすると、免疫細胞のリンパ球が活性化する、ということです。

そう、**常日頃から温泉を、「予防医学」、「予防医療」と意識して活用する**ことです。この防波堤（免疫力、自然治癒力）を突破され、疾病に陥った際には現代医学があります。同じ病気に罹患してもふだんからこの〝防波堤〟を意識している人は、回復も早いでしょう。

泉質別効能と入浴法

以下に一〇の泉質別効能と入浴の際の注意を説明します。「効能」は所管の環境省が発表している適応症の他にも、日本人と温泉の長いかかわりの歴史のなかで〝効く〟といわれてきたもの、及びヨーロッパの温泉医学先進国の情報等を含んでいます。

単純温泉

【効能】

神経痛、関節痛、腰痛など、主に温熱効果によるもの。傷や運動器障害にも有効です。一般に含有成分が薄く刺激が少ないため、手術後や脳卒中、高血圧症、動脈硬化症など、回復期における保養やリハビリに適しています。とくにぬる目のアルカリ性単純温泉は美肌効果も高い。

どの泉質にするか迷ったときはお勧めします。日本でもっとも数が多いのが単純温泉で、昔から日本人の心身になじんでいます。さまざまなミネラルが含まれているため、疲労回復や健康増進にも役立ちます。

【入り方】

アルカリ性の単純温泉の場合、浴後は清涼感があって気持ちが良いのですが、冷えやすいため、保温に気をつけたいもの。とくに幼児、高齢者の「湯上がり直後」の冷えた飲み物は控えた方がいいでしょう。

【代表的な温泉地】

阿寒湖温泉（北海道）、花巻南温泉峡・大沢温泉・鉛温泉（岩手県）、鬼怒川温泉（栃木県）、箱根塔之沢温泉（神奈川県）、鹿教湯《かけゆ》温泉（長野県）、修善寺温泉（静岡県）、下呂温泉（岐阜県）、奥津温泉（岡山県）、道後温泉（愛媛県）、俵山温泉（山口県）、由布院温泉（大分県）など

塩化物泉（食塩泉）

【効能】

塩分が毛穴をふさぎ、汗の蒸発をふせぐため、保温効果が大きく、昔から「熱の湯」と呼ばれ、とくに冷え性、末梢循環障害などに効果的です。神経痛、関節痛、切り傷、打ち身、火傷、慢性皮膚病、慢性婦人病などにも良いでしょう。

飲用では胃腸病、便秘など、吸入では慢性気管支炎、咽頭炎などに効果があるといわれます。

自律神経系や内分泌系を整え、リラックス効果も高く、また単純温泉に次いで多い泉質であり、日本人に昔から合う泉質です。有名温泉地に多い泉質です。

【入り方】

塩化物泉（食塩泉）は温まり方が早く、また発汗作用に優れているため、入浴前後の水分補給を忘れないこと(若い人以外、かつ夏場以外は、常温か温かい飲み物が好ましい)。無理な長湯は避け、分割入浴がお勧め。

毛穴に付着した塩分は浴後の保温力を持続するうえで大切ですので、源泉かけ流しの場合は上がり湯にシャワーを使わず手拭いで軽くふく程度にしましょう。

【代表的な温泉地】

定山渓温泉（北海道)、熱海温泉（静岡県)、片山津温泉（石川県)、あわら温泉（福井県)、白浜温泉（和歌山県)、城崎温泉（兵庫県)、小浜温泉（長崎県)、黒川温泉（熊本県)、指宿温泉（鹿児島県）など

【効能】

重炭酸土類泉は鎮静効果があるため、じんましん、アレルギー性疾患や慢性皮膚病などに効能があります。飲用では利尿作用があり、尿酸の排出をうながし、痛風、尿路結石などに効果的です。

一方、重曹泉は皮膚表面の脂肪分や分泌物を乳化するため、美肌効果があります。飲用では胃腸病、糖尿病、胆石、初期の肝臓疾患などにも効果があるといわれます。とくに肉食が多く酸化体質の方は重曹泉を飲むと中和してくれます。

【入り方】

清涼感とともに、「冷えの湯」といわれるように冷感を覚えるため、夏場の入浴に最適です。ただ、湯上がり直後の冷たい飲み物は控えましょう。温泉成分と入浴者の皮脂で石けんの役割を果たしてくれるため、必要以上に石けんで洗い流すと、浴後に皮脂が失われる恐れがあります。湯上がり後は早めに保湿クリームなどを塗りましょう。

【代表的な温泉地】

東鳴子温泉（宮城県）、肘折温泉（山形県）、小谷《おたり》温泉（長野県）、奈良田温泉（山梨県）、十津川温泉（奈良県）、嬉野温泉（佐賀県）、妙見温泉（鹿児島県）

硫酸塩泉（芒硝泉・石膏泉・正苦味泉）

【効能】

含有成分の主な陽イオンの種類により、①芒硝泉（ナトリウム－硫酸塩泉）、②石膏泉（カルシウム－硫酸塩泉）、③正苦味泉（マグネシウム－硫酸塩泉）に分かれます。

塩化物泉同様に保温効果が高いため、幅広く効能に優れています。①芒硝泉は高血圧症、動脈硬化症、外傷などに、飲用では便秘、糖尿病、痛風などに効果があります。②石膏泉は昔から「傷の湯」「中《ちゅう》風《ぶう》*の湯」と呼ばれていたように、外傷、火傷、痔疾、慢性関節痛、慢性皮膚病などに効き、飲用では芒硝泉と同じ効能。③正苦味泉は希少価値の高い温泉で、降血圧作用があるため、高血圧症や動脈硬化症の予防効果があります。また脳卒中（脳梗塞、脳出血、くも膜下出血）にも効果のあることが知られています。

＊中風：脳卒中の後に残る身体の不自由や手足の麻痺、言語障害などの症状。

【入り方】

含有成分が濃厚な場合が多いため、入浴前の水分補給に留意してください。とくに循環器系の疾患の方は無理して長湯せず、分割入浴をお勧めします。あつ湯よりぬる湯にリラックスして入りましょう。

【代表的な温泉地】

銀山温泉（山形県）、伊香保温泉（群馬県）、法師温泉（同）、四万《しま》温泉（同）、箱根仙石原温泉（神奈川県）、西山温泉（山梨県）、湯ヶ島温泉（静岡県）、山中温泉（石川県）、山代温泉（同）、岩井温泉（鳥取県）、玉造温泉（島根県）など

二酸化炭素泉（単純炭酸泉）

【効能】

炭酸ガスが皮膚から吸収され、毛細血管を拡張するため、血圧を下げたり血流を促進させ、とくに高血圧症や心臓病のほか、糖尿病、肝臓病などに効果があります。

炭酸泉は心臓への負担が少ないうえ、血圧降下作用は長く続くことが確認されています。ヨーロッパでは「心臓の湯」と呼ばれ、評価が高い。飲用では胃腸病、痛風、便秘などに効果的です。

【入り方】

泉温が35度を割るものが大半ですので、心臓に負担をかけずに比較的長湯できます。泉温は一部を除いて低いのですが、血管の拡張作用があるため、体感温度は2、3度高く感じられます。ただ、炭酸泉はガス分が生命線であるため、新鮮な湯が絶えず出てくる“源泉かけ流し”でなければ効能は期待できません。

冷鉱泉の場合は、源泉のままかけ流している浴槽と沸かしの40度前後の浴槽をもつ施設が好ましいですね。低温の源泉浴と沸かしの湯を交互に繰り返します。

【代表的な温泉地】

ふるさと温泉（青森県）、大塩温泉（福島県）、湯屋温泉（岐阜県）、入之波《しおのは》温泉（奈良県）、小屋原温泉（島根県）、島原温泉「ホテルシーサイド島原」（長崎県）、長湯温泉（大分県）、筌《うけ》ノ口温泉「山里の湯」（同）、七里田温泉「下湯《したんゆ》」（同）など

含鉄泉（鉄泉・炭酸鉄泉・緑礬《りょくばん》泉）

【効能】

関節痛、皮膚病、慢性湿疹、更年期障害などに効果が知られます。飲用では鉄欠乏性貧血に効果的です。

【入り方】

鉄泉は茶褐色のイメージが強いのですが、湧出時は無色透明で、空気中の酸素にふれて含有されている鉄分が酸化鉄になるため、どんどん濃く変色します。入浴にしても飲用にしても、可能なかぎり湧き立ての無色透明に近い湯を選ぶことが、鉄泉の正しい入り方、飲み方です。なお鉄泉の飲用は胃の粘膜を刺激しないように食後が好ましいですね。

【代表的な温泉地】

恵山《えさん》温泉（北海道）、見市《けんいち》温泉（同）、黄金崎不老ふ死温泉（青森県）、恐山温泉（同）、鳴子温泉（宮城県）、伊香保温泉（群馬県）、有馬温泉（兵庫県）など

硫黄泉（硫黄泉・硫化水素泉）

【効能】

硫黄泉は昔から「万病に効く」といわれ、広範な効能が知られています。末梢毛細血管を拡張する作用があるため、高血圧症、動脈硬化症、心臓病などに効果があります。硫化水素ガスは「たんの湯」といわれ、たんを出しやすくし、喘息に卓効が知られています。また硫化水素は解毒作用が強いため、入浴、飲用によって金属中毒、薬物中毒に、及びその強い殺菌作用は湿疹、疥癬《かいせん》など慢性皮膚病に卓効があります。飲用では血糖値を下げる効果もあります。

硫黄泉は私が永年もっとも信頼してきた"火山国・日本"を代表する個性的な泉質で、体の芯から温まる点でも群を抜きます。私どもの検証でも極めて抗酸化作用に優れていることが確認されています。また最近の研究では、硫黄泉は「細胞を活性化する」ことが解明されています。

【入り方】

血流を促進し、体温の上昇が早いため、入浴前後の水分の補給には留意することと、長湯を控えること。硫化水素泉は効き目があるのですが、中毒の危険性のある場所では換気に十分に注意することが肝要です。

また成分が濃い場合、幼児や高齢の方は、湯あたり予防や皮膚粘膜を守るため、上がり湯を利用してください。

【代表的な温泉地】

登別温泉（北海道）、乳頭温泉郷（秋田県）、高湯温泉（福島県）、奥塩原温泉郷・新湯温泉・元湯温泉（栃木県）、奥日光湯元温泉（同）、箱根小涌谷温泉（神奈川県）、野沢温泉（長野県）、別所温泉（同）、白骨温泉（同）、雲仙温泉（長崎県）など

酸性泉（単純酸性泉）

【効能】

硫黄泉とともに“火山国・日本”の温泉に多く、世界的には珍しい泉質です。強い殺菌作用があり、水虫、湿疹、疥癬などの慢性皮膚病に卓効があります。飲用では慢性消化器病にも効果的といわれます。

酸性の刺激を利用して、草津温泉の「時間湯」のように、頑固な慢性病を治癒するのにも活用されてきました。

【入り方】

肌への刺激が強いため、敏感肌の人は入浴を控えた方がいいでしょう。皮膚の湯ただれを防ぐため、真湯の上がり湯を利用するのも方法です。細胞への刺激で免疫系、自律神経系、ホルモン系にゆさぶりをかける、“効く”温泉ですが、長湯は避けましょう。

【代表的な温泉地】

川湯温泉（北海道）、十勝岳温泉（同）、嶽温泉（青森県）、酸ヶ湯《すかゆ》温泉（同）、玉川温泉（秋田県）、須川高原温泉（岩手県）、蔵王温泉（山形県）、岳温泉（福島県）、那須湯本温泉（栃木県）、草津温泉（群馬県）、万座温泉（同）、別府明礬《みょうばん》温泉（大分県）など

含よう素泉（含ヨウ素ー食塩泉）

【効能】

2014年7月の「鉱泉分析法指針」の改訂で、新たに追加された泉質です。うがい薬やヨードチンキのような殺菌効果があります。甲状腺ホルモンの機能を活発にし、全身の新陳代謝を促進します。また皮膚細胞や髪のターンオーバー（皮膚の細胞が一定の周期で生まれ変わる仕組み）を促進するため、美容の効果も期待できます。さらには血管壁を軟化し、関節炎、リウマチ疾患（関節リウマチ）にも効果があります。

飲用で高コレステロール血症に効果がありますが、甲状腺機能亢進症の人は飲用禁止です。

【入り方】

非火山性で、海水が温泉源となっており、したがってナトリウム-塩化物泉（強食塩泉）が含まれている場合が多く、温まり方が早いのが特徴です。このため発汗作用に優れており、入浴前後の水分補給を忘れないことが大切です。無理な長湯は避け、分割入浴をお勧めします。海水が源となっているため、東京近郊の温泉に多い。

毛穴に付着した塩分は浴後の保温力を持続するうえで大切ですので、上がり湯にシャワーを使わず手拭いで軽くふく程度ですませましょう。

甲状腺が過剰に働く甲状腺機能亢進症の方、妊娠中の方は、よう素過剰摂取は危険な場合があり、入浴は避けましょう。よう素の強力な殺菌作用は刺激が強いため、乳幼児の入浴も控えたいもの。

【代表的な温泉地】

稚内温泉（北海道）、豊富温泉（同）、晩成温泉（同）、強首《こわくび》温泉「樅《しょう》峰苑《ほうえん》」（秋田県）、大潟村温泉（同）、白子温泉（千葉県）、酒々井《しすい》温泉「湯楽《ゆら》の里」（同）、天然戸田温泉「彩香《さいか》の湯」（埼玉県）、東鷲宮百観音温泉（同）、前野原温泉「さやの湯処」（東京都）、東京天然温泉「古代の湯」（同）、大手町温泉「スパ大手町」（同）、新津温泉（新潟県）、新富町温泉（宮崎県）、三重城温泉「島人の湯」（沖縄県）など

（この泉質の施設は数が限られるため、「日帰り温泉施設」しかない温泉も含めました）

放射能泉（放射能泉）

【効能】

ラジウムやラドンなどの放射能物質を含む泉質で、含有成分によってラジウム泉、ラドン泉などとも呼ばれます。昔から「万病に効く」といわれています。とくに「痛風の湯」として知られ、利尿効果が高いため、他にも糖尿病、尿路の慢性炎症などに効果があります。また鎮静作用があり、自律神経のバランスを整えます。血圧降下などにも効能が知られています。

なお放射能泉といっても、ラジウム、ラドンなどの放射線量はごく微量で、入浴後にすぐ排泄されるレベルですので、心配はありません。

【入り方】

ラジウムやラドンは空中に拡散するため、必ず源泉100％かけ流しの湯に、できれば湯口付近に浸かって湯気も吸入してください。もちろん飲用に際しても、新鮮な湯を摂取するように留意してください。飲泉は胃の粘膜を刺激しないように、食後が最適です。

また長湯すると湯あたりを起こすこともありますので、注意してください。

【代表的な温泉地】

栃尾又温泉（新潟県)、村杉温泉（同)、増富温泉（山梨県)、三朝《みささ》温泉（鳥取県)、関金温泉（同）など

あなたの症状にぴったりの泉質

療養に役立つ「療養泉」

「温泉法」によって、とくに療養に役立つ泉質を有する温泉は「療養泉」と呼ばれ、温度（二五度以上）、または含有成分の種類と量によって分類されます（二一〇ページ参照）。

療養泉の効能は環境省のウェブサイトに便利な一覧表が掲載されており、それを次ページでご紹介します。

こんな症状にはこの泉質がおすすめ！

泉質＼症状	末梢循環障害	冷え性	高血圧（軽症）	耐糖能異常（糖尿病）	高コレステロール血症	胃腸機能低下	便秘	胃十二指腸潰瘍	逆流性食道炎	萎縮性胃炎	胆道系機能障害
①単純温泉	◆	◆	◆	◆	◆	◆					
②塩化物泉	◆	◆	◆	◆	◆	◆	◇			◇	
③炭酸水素塩泉	◆	◆	◆	◆◇	◆	◆		◇	◇		
④硫酸塩泉	◆	◆	◆	◆	◇	◆	◇				◇
⑤二酸化炭素泉	◆	◆	◆	◆	◆	◆◇					
⑥含鉄泉	◆	◆	◆	◆	◆	◆					
⑦酸性泉	◆	◆	◆	◆	◆	◆					
⑧含よう素泉	◆	◆	◆	◆	◆◇	◆					
⑨硫黄泉	◆	◆	◆	◆◇	◆◇	◆					
⑩放射能泉	◆	◆	◆	◆	◆	◆					

◆＝浴用に適応症がある泉質
◇＝飲用に適応症がある泉質

環境省「温泉療養のイ・ロ・ハ　症状別泉質選択表」を参考に作成

症状／泉質	痛風	関節リウマチ	自律神経不安定症	不眠症	うつ症状	筋肉や関節の慢性的な痛みやこわばり	運動麻痺による筋肉のこわばり	きりきず	皮膚乾燥症	アトピー性皮膚炎
①単純温泉		◆	◆	◆	◆	◆	◆			
②塩化物泉		◆	◆	◆	◆	◆	◆	◆	◆	
③炭酸水素塩泉	◇	◆	◆	◆	◆	◆	◆	◆	◆	
④硫酸塩泉		◆	◆	◆	◆	◆	◆	◆	◆	
⑤二酸化炭素泉		◆	◆	◆	◆	◆	◆	◆		
⑥含鉄泉		◆	◆	◆	◆	◆	◆			
⑦酸性泉		◆	◆	◆	◆	◆	◆			◆
⑧含よう素泉		◆	◆	◆	◆	◆	◆			
⑨硫黄泉		◆	◆	◆	◆	◆	◆			◆
⑩放射能泉	◆	◆	◆	◆	◆	◆	◆			

◆＝浴用に適応症がある泉質
◇＝飲用に適応症がある泉質

環境省「温泉療養のイ・ロ・ハ　症状別泉質選択表」を参考に作成

症状＼泉質	尋常性乾癬	慢性湿疹	皮膚化膿症	表皮化膿症	強直性脊椎炎	鉄欠乏性貧血	喘息・肺気腫（軽症）	痔の痛み	病後回復期	疲労回復・健康増進
①単純温泉							◆	◆	◆	◆
②塩化物泉							◆	◆	◆	◆
③炭酸水素塩泉							◆	◆	◆	◆
④硫酸塩泉							◆	◆	◆	◆
⑤二酸化炭素泉							◆	◆	◆	◆
⑥含鉄泉						◇	◆	◆	◆	◆
⑦酸性泉	◆			◆			◆	◆	◆	◆
⑧含よう素泉							◆	◆	◆	◆
⑨硫黄泉	◆	◆	◆				◆	◆	◆	◆
⑩放射能泉					◆		◆	◆	◆	◆

環境省「温泉療養のイ・ロ・ハ　症状別泉質選択表」を参考に作成

温泉の抗酸化力

活性酸素と酸化ストレス

私たちは酸素がなければ数分も生きていられません。呼吸することによって酸素を体内に取り入れているのは、細胞内でエネルギーを産生するためです。よく知られている細胞内の発電所「ミトコンドリア」のことです。

小さな細胞のなか、数十兆個の細胞の一つひとつには、ミトコンドリアが数十個から数百個もあるといわれています。人間が一日に必要なエネルギー量は体重に匹敵する量ですから、体中の細胞のミトコンドリアがフル稼働しなければならないわけです。

ミトコンドリアでエネルギーを産生する際に使われた酸素は、水素等と還元反応を起こし、最終的には水になり体外へ排出されます。これが生体の基本的なメカニズムなのですが、約二%が活性酸素となり体内に残ります。

活性酸素は体内に侵入した細菌、ウイルス等を攻撃する際に使われたりするのですが、激しいスポーツによって過剰に産生されたり、強い紫外線、食品添加物、排気ガス、タバコの煙など、外部から取り入れられた活性酸素が、私たち自身の細胞を攻撃することになります。すでに記したように、活性酸素は体内で脂質と結合して、病気の原因となる過酸化脂質を作ることに関与します。体内にはこのような活性酸素を無害化する酵素が備わっているのですが、それ以上に過剰に活性酸素が日常生活のなかで産生され、〝酸化ストレス〟が原因のひとつによるがん、糖尿病、高血圧、動脈硬化などの生活習慣病と戦っているのが現代社会の状況ともいえるでしょう。

細胞膜や生体膜を酸化したり、ＤＮＡを傷つけてがん化する、さらには生活習慣病の原因となる等々のことが解明されてきています。なかでも私たちの「老化」も活性酸素が原因のひとつともいわれます。

活性酸素による酸化反応と抗酸化反応のバランスが崩れて、酸化状態に傾き、私たちの生体が酸化的障害を起こすことを、〝酸化ストレス状態〟と呼びます。

温泉の抗酸化作用

細胞の酸化を防ぐ抗酸化力は主に食生活が反映されますが、「含有成分が薄い」といわれてきた単純温泉でも、さまざまなミネラルが含まれています。野菜、果物、海藻類と遜色のない抗酸化力が期待できるのです。「温泉で抗酸化力が得られるのはごく当たり前のこと」というのが、全国のさまざまな泉質で検証を行ってきた私どもの結論です。

湯治が全盛だった昔、東北、北陸、信州のような雪国では正月明けから三月にかけての湯治期間中に、現在のように新鮮な生野菜を入手することは容易ではありませんでした。にもかかわらず湯治は野菜にかわるものとして「効果があった」のです。その〝正体〟は温泉の野菜効果とも言うべき、〝抗酸化力〟にあったのです。

「昨年は忙しくて野沢に湯治に行かれなかったから、今年はどうも風邪を引きやすい」などといった言葉は、昔ならよく聞かれたものです。正直に言って私はこのあとに紹介する実証実験を繰り返して、初めて「温泉の凄い抗酸化作用」に開眼しました。詳しくは次の「単純温泉の侮れない温泉力」でふれます。

四国の秘境、祖谷渓谷の抗酸化力に優れた露天風呂（祖谷温泉「和の宿　ホテル祖谷温泉」（著者撮影）

単純温泉の侮れない温泉力

「リウマチの名湯」、俵山温泉

「含有成分が薄い」といわれてきた単純温泉でも、さまざまなミネラルが含まれていて、単純温泉が「単なるお湯」ではないことは何度か述べました。ここでは**俵山温泉**（山口県長門市）などの具体例を挙げながら、その驚くべき効果を紹介していきます。

俵山温泉は江戸前期より長州藩三六万九〇〇〇石の毛利家直営の由緒ある温泉場です。古くからの町の湯、川の湯の二大源泉を含め、現在五本の源泉が使用されていて、いずれもpH九（!!）台のアルカリ性単純温泉です。リウマチ（関節リウマチ）、神経痛などに卓効が知られる共同湯**「町の湯」**に引湯されている町の湯源泉は、平安初期の延喜一六（九一六）年の発見ともいわれ、現在に至るまで自然湧出のシルクのような感触の湯で好評です。

俵山は「町の湯」**「白猿の湯」**の二軒の外湯（共同湯）を中心に、二〇軒ほどの昭和初期を彷彿《ほうふつ》とさせる古風な湯宿が軒を連ねる、わが国を代表する保養、療養の温泉場です。一、二軒を除いて宿には内風呂がないため、泊まり客のほとんどは昔ながらに二軒の外湯へ出かけます。といっても、遠い宿からでも徒歩数分程度の距離です。

木造旅館が連なる湖底のように静まりかえった路地を浴衣姿で歩くと、日本人としての〝琴線〟にふれたようでほっとします。「このような温泉場こそ、日本人にとっての癒やしの〝原風景〟であった」と、訪れるたびに思います。

俵山が現代もなお異彩を放っているのは、さまざまな慢性病をはじめ現代医療でも容易には手に負えない病を抱えた人々の、癒やしの湯としてでしょう。その代表的な病がリウマチで、俵山は江戸時代から〝リウマチの名湯〟といわれてきました。

リウマチの原因は自己免疫障害で、現代医学でも決定的な治療法はないともいわれます。俵山で療養すると、関節リウマチが寛解《かんかい》したり、炎症や激痛が抑えられたりして、ＱＯＬ（生活の質）を落とさずに生活できるという評判で、リウマチを患う人々の〝聖地〟的な地位を確立してきました。

単純温泉の俵山がなぜ、リウマチの名湯なのか、昔から調査、研究がされてきました。かつては北九州方面からの湯治客が多かったせいか、とくに現在の九州大学医学部が戦前から俵山の研究に熱心でした。

昭和二八（一九五三）年に行われた九州大学の四か月にわたる調査で、なぜ、リウマチに効くのかは決定的な解明こそできなかったものの、興味深いことが判明しています。調査に動物実験を併用した結果、入浴五分で「反応」は現れず、一〇分で出始め、一五〜二〇分でピークに至る。その後は一時間入浴しても変わらない。ここでいう「反応」とはホルモンの分泌を指します。これらの結果から、療養客は一五～二〇分入湯、一日に最大三回で充分、との入浴法が確立され、現在に至っているわけです。

俵山の単純温泉の効能に医学者たちは魅力を感じていたようで、大正から昭和の中期にかけて、当時の温泉医学の錚々たる学者たちが〝俵山詣で〟をしていました。大正天皇の侍医であった西川義方（東京医科大学病院）、高安慎一（国立別府病院）、関正次（岡山大学医学部）、矢野良一（九州大学医学部）、……などです。

皆さんのなかには、「難しいリウマチに良いのなら、さぞかし効能のある温泉では？　予防医学にも最適に違いない」などと、イメージされた方も少なくないでしょう。私も「健康寿命を延ばすうえで最適の温泉だ」と、訪れるたびに意を強くしています。俵山の経営者たちは皆さんお酒が好きなのですが、驚くほどの健康長寿で、七〇代後半はおろか八五歳になっても、二次会、三次会に付き合う元気な人たちが多いのです。

地元の人々のなかには、「長門市俵山地区には寝たきりのお年寄りは誰もいないのではないか？」と、真顔で話す人もいます。日本人の男性の健康寿命は七二・一歳であることを考えると、俵山の人たちは確かに元気なのです。〝健康寿命〟というのは介護を受けずに、自分で食事やトイレに行ける、「自立した生活を送れる期間」を指し、女性は七四・七歳です。日本人の平均寿命は男性で八一・六歳、女性で八七・七歳であることを考えると、健康寿命を平均寿命に近づけることが今後の課題といえます。

水素による抗酸化力

露天風呂付きの共同湯**「白猿の湯」**の一号湯に供給されている源泉は江戸時代から知られる「川の湯源泉」で、「町の湯源泉」のリウマチの名湯**「町の湯」**と同じアルカリ性単純温泉です。川の湯源泉の方は昔から火傷、皮膚病に効能があるといわれてきました。

平成二〇（二〇〇八）年頃、私は数年にわたる科学的な検証結果から、両源泉の効能の違いは温泉に含まれている「溶存水素」の量の違いであることを、ほぼ確信するに至りました。もちろん自然由来の水素です。町の湯源泉の溶存水素は、川の湯源泉にくらべ、金属性のミネラル等に吸蔵され抜けにくいのではないかと推測しています。酸素が鉄をサビさせる酸化剤だとしたら、水素は逆の働きをするサビを取る還元剤です。

念のため産業用水素のトップ企業、岩谷産業の研究機関に追跡調査を依頼したところ、やはり町の湯源泉で三・一ｐｐｍ、有力な源泉とは目されていなかった森の湯源泉でも、同じく三・一ｐｐｍの水素ガスの検出が確認されました（トレース・アナリティカル社製のＲＧＡ３で測定）。ｐｐｍ（ピーピーエム）というのは、parts per million（パーツ・パー・ミリオン）の略で、主に液体の微量濃度を示す際に「一〇〇万分の一」を示します。単位ではなく、％（パーセント）と同じように使用し、三・一ｐｐｍは三・一mg／Ｌということです。

たとえ微量の水素であっても、入浴中に水素ガスは吸入、あるいは経皮で体内に取り込まれ続けます。電気分解により発生させた水素の医療への活用を研究している順天堂大学客員教授の太田成男氏の研究グループによると、水素は七分程度で全身を巡るということです。

よく知られているように水素は宇宙でもっとも小さく軽い元素です。水素は末梢血管を拡張するため、他の温泉より早く代謝が促進されます。このため、半世紀以上前に九州大学が報告した「町の湯」の入浴時間は、含有成分が薄いといわれてきた単純温泉でも、一五～二〇分程度の入浴で十分であったのでしょう。

水素は血管のない骨にも、もちろん関節リウマチの軟骨にも、細胞膜や細胞のなかのミトコンドリアにも、DNAにも染み込みます。水素分子は桁外れに小さいため、くすりが容易に届かない脳にも届くといわれます。

太田教授の研究チームは、水素がもっとも強烈で手強い活性酸素、ヒドロキシルラジカルを消去することを、動物実験で確認しています。リウマチの炎症を慢性化させる要因として活性酸素があげられており、俵山温泉の「町の湯」が〝リウマチの名湯〟と呼ばれてきた理由のひとつに水素の抗酸化力、抗炎症力があった可能性が見えてきました。実際に太田教授らの研究で、「水素には抗酸化作用、抗炎症作用があることが確認された」と報告されています。

つまり、天然由来の水素が溶け込んだ俵山の湯に浸かると、経皮で水素を吸収し、また呼吸器から水素ガスを吸入することで、末梢血管を拡張し、代謝が促進されるということです。二〇分以上浸かっていると体に負荷がかかるのは、細胞が活性化し、代謝が加速度的に促進されるためであったと考えられます。

温泉の科学コラム～俵山温泉での実証実験

私どもは**俵山温泉**で、医療従事者とともに、二年間「温泉療養効果」の実証実験を行いましたが、ここではナチュラルキラー（NK）細胞の活性の検証結果を簡単に報告しておきます。

NK細胞はよく知られているように、単独でがんやウイルスと戦う頼もしい免疫細胞です。「がんに罹患しないためには、NK細胞の〝活性〟をいかに高め維持するかにかかっている」ともいわれています。

NK細胞の活性度（NK値）には個人差があり、一般に男性で四三～五四％、女性で四一～五〇％を基準としています。また男女ともに六〇％以上が「非常に良い」とされています。

俵山では山口県内の男女二三名（平均年齢六〇歳）の協力で、自宅から三か月間の「週一、二回の通い湯治」をしてもらいました。

結果は男女平均で湯治開始前の四九・七％から、三か月後には五二・一％に増加しました。ＮＫ細胞の活性度が高まったのです。

先にふれたようにＮＫ細胞の活性の指標は男女で異なります。八名の男性モニター（平均年齢六三歳）の湯治前のＮＫ細胞の活性度が基準度（値）以上のモニターは八名中六名（七五・〇％）で、そのうち「非常に良い」は一名（一二・五％）でした。三か月後には、七名（八七・五％）が基準を超え、うち三名（三七・五％）が「非常に良い」評価に改善されています。

俵山温泉
NK細胞活性3か月通い湯治
（男性）

	年齢	湯治前のNK細胞の活性度	湯治後のNK細胞の活性度
1	39	26.7	55.5
2	81	56.7	63.0
3	57	58.5	49.0
4	57	48.3	42.5
5	78	21.7	53.9
6	74	61.0	62.3
7	65	57.7	62.3
8	53	49.4	48.7
平均	63	47.5	54.7

基準度（値）：43〜54（男性）　60以上は非常に良い
単位は%

「3か月通い湯治モニター〈男性〉」の結果

○モニター実施期間：平成25年10月27日〜26年1月27日
○俵山温泉にて

また男性モニターの平均は、湯治前の四七・五％から五四・七％に〝有意に増加〟しています。効果が示唆されたということです。

一方、女性モニター一五名（平均年齢五七・九歳）の平均ではほぼ変化がなかったものの、内容のレベルアップが確認されています。湯治開始前には一一名（七三・三％）が基準超えで、そのうち二名（一三・三％）が「非常に良い」評価でした。三か月後には基準超えのモニター数に変化はなかったのですが、「非常に良い」評価が五名（三三・三％）と、二・五倍にもふえ、しかも七〇％以上が二名（一三・三％）も出ています。

俵山温泉
NK細胞活性3か月通い湯治
（女性）

	年齢	湯治前のNK細胞の活性度	湯治後のNK細胞の活性度
1	62	57.9	62.1
2	60	38.0	48.6
3	61	58.4	61.7
4	42	25.9	37.4
5	63	38.2	53.0
6	60	59.3	55.5
7	68	55.3	70.4
8	72	46.1	29.2
9	56	59.7	44.0
10	63	34.7	45.7
11	50	65.5	70.5
12	57	47.4	45.3
13	42	58.3	65.5
14	57	54.5	38.4
15	55	64.9	34.0
平均	57.9	50.9	50.8

基準度（値）：41～50（女性）　60以上は非常に良い
単位は%

「3か月通い湯治モニター〈女性〉」の結果

○モニター実施期間：平成25年10月27日～26年1月27日
○俵山温泉にて

他には福島県の高湯温泉でも実施しております。今後、さらにデータの積み重ねが必要と考えています。

古湯温泉にて、活性酸素代謝物の酸化度を測定

県庁所在地佐賀市の奥座敷、**古湯温泉**は佐賀県を代表する温泉です。アクセスに恵まれていることと福岡市内から一時間圏内に立地すること、それにシルクのような感触の美肌の湯が好評で、落ち着いた温泉街の雰囲気が加わり、好感度の高い歴史ある温泉です。泉質は**俵山温泉**と同じアルカリ性単純温泉です。

大正九（一九二〇）年に歌人の斎藤茂吉がスペイン風邪を患い療養したことでも知られるこの古湯温泉で、全国から参加した一六名（平均年齢五七歳）の「四泊プチ湯治モニター」と、地元佐賀県内から参加した二四名（平均年齢四七歳）の「三か月週一回通い湯治モニター」の協力で、「血中活性酸素代謝物の酸化度」を測定する「酸化ストレス度」の実証実験を行いました。入浴によって活性酸素を除去、抑制できるか否かを検証するものです。フリーラジカル解析装置「ＦＲＥＥ」（ウイスマー社）を使用しました。なお、活性酸素とフリーラジカルについては、六章末の注をご参考ください。

古湯温泉**「鶴霊泉」**に宿泊し、一日に三回程度入浴する「プチ湯治モニター」群の活

性酸素は〝有意に減少〟し、古湯温泉の効能を示唆する結果を得ました。次の表でモニター個別のデータを見ると、一六名全員の活性酸素が減少し、開始前には五名（三一・三％）のモニターが「正常」域に属していましたが、終了時の四日後に三倍近くの一四名（八七・五％）に増加しています。

	年齢	湯治前の活性酸素代謝物	湯治後の活性酸素代謝物
1	69	265	195
2	67	✱✱✱ 385	✱✱ 336
3	69	✱ 302	182
4	59	✱✱ 322	242
5	69	✱✱ 324	245
6	68	✱✱✱ 367	271
7	41	✱ 320	214
8	43	✱✱✱ 341	239
9	43	256	223
10	50	✱✱ 339	274
11	50	291	286
12	53	✱ 318	260
13	53	✱ 301	259
14	61	✱✱✱✱✱ 544	✱✱✱ 357
15	54	261	191
16	67	249	202
平均	57	✱✱ 324	249

単位：CARR U（ユニット・カール）

1 CARR UはH_2O_2（過酸化水素）0.08mg/dLに相当する

✱✱✱✱✱	かなり強度の酸化ストレス（501以上）
✱✱✱✱	強度の酸化ストレス（401-500）
✱✱✱	中程度の酸化ストレス（341-400）
✱✱	軽度の酸化ストレス（321-340）
✱	ボーダーライン（301-320）
	黒字のみは正常（200-300）

「4泊プチ湯治モニター」の活性酸素代謝物量の増減

○モニター実施期間：平成30年2月19日～2月23日

○古湯温泉にて

酸化ストレスの程度	湯治前			湯治後	
	人数	割合		人数	割合
かなり強度の酸化ストレス	1名	6.3%	→	0名	0%
強度の酸化ストレス	0名	0%	→	0名	0%
中程度の酸化ストレス	3名	18.7%	→	1名	6.3%
軽度の酸化ストレス	3名	18.7%	→	1名	6.3%
ボーダーライン	4名	25.0%	→	0名	0%
正常	5名	31.3%	→	14名	87.5%

「4泊プチ湯治モニター」の酸化ストレス度の変化

一方、古湯温泉の外湯の役割を果たしてきた**「英龍温泉」**で入浴する「通い湯治モニター」の結果はどうでしょうか？　通い湯治は三か月間、週一回、自宅から古湯温泉に通うもので、仕事、食生活、飲酒、喫煙等は通い湯治をしていない時と変わりありません。「週一回の入浴時に浴場内で一時間程度は過ごすこと」を指導しました。

こちらも活性酸素は〝有意に減少〟しました。泉質が単純温泉にかかわらず、他の泉質の温泉であっても、私たちが行ってきた延べ六五〇名を超える実証実験の結果、たとえ週一回の温泉浴であれ、「継続は力なり」ということを確認してきました。

次の表を見ると、モニター平均で活性酸素代謝物量が三か月後には約三四%の大幅な減少を見たことがわかります。個別では「通い湯治」開始前には「正常」に分類されていたモニターは二四名中七名（二九・二%）でしたが、終了時には二二名（九一・七%）に大幅に増加しています。温泉は侮れそうにありませんね。

	年齢	湯治前の活性酸素代謝物	湯治後の活性酸素代謝物
1	73	✱ 306	212
2	70	✱✱✱ 341	197
3	52	✱✱✱ 386	273
4	56	✱✱ 322	241
5	41	✱ 312	202
6	41	275	205
7	29	✱✱✱ 344	✱✱✱ 361
8	28	261	158
9	24	291	225
10	28	274	159
11	69	✱ 318	204
12	66	✱ 318	171
13	63	281	162
14	54	✱✱✱ 352	175
15	51	✱✱✱ 354	221
16	49	✱✱✱ 359	204
17	47	282	203
18	47	✱✱✱✱ 447	270
19	46	✱✱✱ 352	213
20	45	✱✱✱ 361	200
21	44	✱ 316	210
22	38	✱✱✱✱ 403	224
23	37	✱✱✱ 388	✱✱ 330
24	27	258	232
平均	47	✱✱ 329	219

単位：CARR U

「3か月通い湯治モニター」の
活性酸素代謝物量の増減

○モニター実施期間：平成30年2月19日～5月21日
○古湯温泉にて

酸化ストレスの程度	湯治前			湯治後	
	人数	割合		人数	割合
かなり強度の酸化ストレス	0名	0%	→	0名	0%
強度の酸化ストレス	2名	8.3%	→	0名	0%
中程度の酸化ストレス	9名	37.5%	→	1名	4.2%
軽度の酸化ストレス	1名	4.2%	→	1名	4.2%
ボーダーライン	5名	20.8%	→	0名	0%
正常	7名	29.2%	→	22名	91.7%

「３か月通い湯治モニター」の
酸化ストレス度の変化

- かなり強度の酸化ストレス(501以上)
- 強度の酸化ストレス(401-500)
- 中程度の酸化ストレス(341-400)
- 軽度の酸化ストレス(321-340)
- ボーダーライン(301-320)
- 黒字のみは正常(200-300)

榊原温泉にて、抗酸化力の変化の測定

次に血中の過剰な活性酸素に打ち克つ力を分析測定し、数値化することにより「抗酸化力」の増強を確認しました。具体的にはFe（Ⅲ）を含む試薬に血漿《けっしょう》を混ぜると、抗酸化物質の作用でFe（Ⅱ）に還元され、脱色します。色の変化を光度計で測定し、血漿の抗酸化力を評価する方法です。

抗酸化力の程度	湯治前 割合		湯治後 割合
抗酸化力が大幅に不足	6.3%	→	0%
抗酸化力がかなり不足	0%	→	0%
抗酸化力が不足	6.3%	→	0%
抗酸化力がやや不足	6.3%	→	0%
ボーダーライン	37.5%	→	0%
適値	43.8%	→	100%

「4泊プチ湯治モニター」の抗酸化力の変化

	年齢	湯治前の抗酸化力	湯治後の抗酸化力
1	40	2286.7	3011.7
2	61	✶2078.3	2904.5
3	63	✶2180.3	3046.5
4	75	2246.8	3197.9
5	72	2235.6	2887.3
6	60	2296.5	2843.2
7	53	2240.6	2820.0
8	38	✶2101.9	3018.1
9	56	✶2161.0	3861.9
10	53	✶✶✶✶✶1303.8	2807.3
11	58	2313.0	2566.1
12	65	2391.7	2716.1
13	65	✶✶✶1723.0	2976.6
14	50	✶✶1938.3	2604.2
15	64	✶2167.3	2475.9
16	61	✶2026.0	2542.9
平均	58	✶2105.7	2892.5

単位：μmol/L

✶✶✶✶✶	抗酸化力が大幅に不足(1400以下)
✶✶✶✶	抗酸化力がかなり不足(1401-1600)
✶✶✶	抗酸化力が不足(1601-1800)
✶✶	抗酸化力がやや不足(1801-2000)
✶	ボーダーライン(2001-2200)
	黒字のみは適値(2201以上)

「4泊プチ湯治モニター」の抗酸化力の増減

○モニター実施期間：平成28年9月12日〜9月16日

○榊原温泉にて

抗酸化力の程度	湯治前 割合		湯治後 割合
抗酸化力が大幅に不足	0%	→	0%
抗酸化力がかなり不足	0%	→	0%
抗酸化力が不足	0%	→	0%
抗酸化力がやや不足	4%	→	0%
ボーダーライン	60.0%	→	8%
適値	36.0%	→	92.0%

「3か月通い湯治モニター」の
抗酸化力の変化

- ✱✱✱✱✱ 抗酸化力が大幅に不足(1400以下)
- ✱✱✱✱ 抗酸化力がかなり不足(1401-1600)
- ✱✱✱ 抗酸化力が不足(1601-1800)
- ✱✱ 抗酸化力がやや不足(1801-2000)
- ✱ ボーダーライン(2001-2200)
- 黒字のみは適値(2201以上)

	年齢	湯治前の抗酸化力	湯治後の抗酸化力
1	62	✱2009.5	2391.7
2	62	✱2148.7	2338.6
3	67	✱2180.9	2333.5
4	31	✱2120.0	✱2171.7
5	57	2243.3	2305.1
6	70	✱✱1987.3	2468.0
7	67	✱2117.6	2307.5
8	64	✱2198.6	2497.4
9	45	2308.4	2212.3
10	53	✱2080.9	✱2065.7
11	55	2335.7	2443.0
12	61	✱2084.4	2504.6
13	63	✱2118.9	2629.5
14	46	✱2099.7	2356.3
15	59	✱2064.0	2771.7
16	64	2212.7	2272.8
17	75	2279.8	2304.0
18	63	2309.3	2393.5
19	77	✱2132.8	2395.3
20	29	✱2177.8	2500.0
21	69	✱2087.0	2444.2
22	57	2257.9	2962.9
23	60	2321.9	3161.1
24	59	✱2156.2	2723.3
25	38	2450.5	2919.2
平均	58	✱2179.4	2474.9

単位：μmol/L

「3か月通い湯治モニター」の抗酸化力の増減

○モニター実施期間：平成28年9月12日〜12月9日　○榊原温泉にて

平安時代に書かれた清少納言の『枕草子』にも出てくる三重県津市の**榊原温泉**は県庁所在地津市の奥座敷で、四日市市や名古屋市からもアクセスしやすい東海地方屈指の古湯です。泉質はここもアルカリ性単純温泉です。

四泊の「プチ湯治モニター」は東海、近畿、関東から参加した一六名（平均年齢五八歳）、三か月週二回の「通い湯治モニター」は三重県内から参加した二五名（平均年齢五八歳）です。過剰な活性酸素に打ち克つ抗酸化力はふだんの食生活が大きなウェイトを占めます。抗酸化力は主に野菜、果物、海藻類から得られますが、野菜不足の偏りのある食生活を続けていると生活習慣病に陥りやすく、早く老ける（エイジング）リスクが高まるともいわれます。

三一〇〜三一一ページの表からおわかりのように、**「旅館清少納言」**に宿泊し入浴した「プチ湯治モニター」、及び**「湯元榊原舘」**に通い入浴した「通い湯治モニター」ともに、抗酸化力は〝有意に〟増加しました。

しかも両群ともに「適値」（二二〇一μmoℓ／L以上）の基準を大幅に上回っていました。「プチ湯治モニター」の抗酸化力の増加率は湯治開始前と比べ、わずか四日で約三五％にも達しました。しかもモニター全員が「適値」ラインを超えています。榊原は〝ぬる湯〟ということもあり、一日三〜四回の入浴を長湯で楽しんでいたようです。

「通い湯治モニター」の方も約一三％の増加を見ました。三重県は西日本でも有数の健康県ですから、県民の野菜、果物等の摂取量は多い方だと思われますが、それでも温泉に定期的に通うことで、抗酸化力を余裕をもって増強できたようです。

「都市の温泉」の温泉力

都市圏に温泉施設が急増中

佐賀市の**古湯温泉**も津市の**榊原温泉**も歴史ある古湯ですが、県庁所在地にあり、それぞれ福岡市、名古屋市といった大都市の近くに立地する「都市の温泉」ともいえます。

一方で、最近、首都圏や京阪神、中京の三大都市圏を中心に、都市に新興の日帰り温泉施設（立ち寄り湯）が急増し、利用者の数も伸びています。しかも掘削技術の進歩から、なかには豊富な湯量をもつ施設が現れ、従来の常識では考えられなかった「都市の〝源泉かけ流し〟の温泉施設」すら誕生しています。「その実力は如何に？」と、興味津々の方もいらっしゃるでしょう。

首都圏の「天然温泉　きぬの湯」で検証をする

そのような施設のひとつ、茨城県常総市の**「天然温泉　きぬの湯」**から、効能の検証の依頼を受けました。茨城県とはいえ、つくばエクスプレスで秋葉原駅から三七分で最寄りの守谷駅に着きますから、東京近郊のようなものです。

首都圏の入浴施設だけに多彩な内風呂、露天風呂があり、「源泉かけ流し」がセールスポイントです。泉質はナトリウム―塩化物泉（食塩泉）。二本の自家源泉があり、うち一本の還元力には正直、絶句したものです。市街地にもかかわらず、塩原や那須の湯力と遜色ないことを、酸化還元電位（ＯＲＰ）の低さが示唆していました。

「天然温泉　きぬの湯」の内風呂「美肌の湯」

「三か月週一回通い湯治モニター」と「三か月週二回通い湯治モニター」を募集したところ、二〇歳から四〇歳台の現役世代が半数を超えました。その中から性別、年齢、応募理由などを勘案し、週一回群は一四名（平均年齢四五歳）、週二回群は一三名（平均年齢五〇歳）に協力をお願いしました。

血圧が下がる

通い湯治の結果、最高血圧（心臓収縮期）、最低血圧（心臓拡張期）は、「週一回モニター」と「週二回モニター」ともに低下しました。日本高血圧学会の「正常血圧」の範囲内に収まり、平均年齢の若い「週一回モニター」は、正常血圧より上の理想的なランク「至適血圧」にほぼ収まったのです。

これは特別なことではなく、これまで全国で行ってきた大半の温泉地における検証でも確認されていることです。温泉浴により〝リラックスの神経〟副交感神経を刺激されたことが主な理由と考えられます。

活性酸素が有意に減少

次のページの表を見ると、通い湯治開始前の活性酸素代謝物は「週一回モニター」の平均で、「軽度の酸化ストレス」の域にあり、平均年齢が五歳高い「週二回モニター」群は一ランク悪い「中程度の酸化ストレス」域にあったことがわかります。

三か月後には両群とも活性酸素は減少し、とくに「週二回モニター」群は〝有意な減少〟を示し、結果両群ともほぼ正常の「ボーダーライン」域に収まっています。

首都圏の「都市の温泉」も侮れそうにありません。今後、ますます地方の有名温泉地との競い合いが激化しそうな感じです。

ちなみに血中活性酸素を減らすと、老化のスピードを遅らせ、がんの発症率も下がることが、さまざまな動物実験で確認されています。

	湯治前		湯治後
かなり強度の酸化ストレス	0%	→	0%
強度の酸化ストレス	14.3%	→	0%
中程度の酸化ストレス	21.4%	→	21.4%
軽度の酸化ストレス	14.3%	→	7.1%
ボーダーライン	21.4%	→	14.3%
正常	28.6%	→	57.1%

「週1回通い湯治モニター」の酸化ストレス度の変化

	年齢	湯治前の活性酸素代謝物	湯治後の活性酸素代謝物
1	42	✱303	298
2	35	270	281
3	42	✱✱✱355	✱✱323
4	54	✱320	262
5	38	✱310	284
6	37	✱✱334	✱✱✱365
7	43	✱✱✱352	277
8	43	✱✱✱✱462	✱✱✱398
9	37	✱✱✱✱410	✱✱✱389
10	64	✱✱✱372	✱315
11	67	227	275
12	67	260	✱302
13	31	✱✱338	287
14	32	211	209
平均	45	✱✱323	✱305

単位：CARR U

✱✱✱✱✱	かなり強度の酸化ストレス（501以上）
✱✱✱✱	強度の酸化ストレス（401-500）
✱✱✱	中程度の酸化ストレス（341-400）
✱✱	軽度の酸化ストレス（321-340）
✱	ボーダーライン（301-320）
	黒字のみは正常（200-300）

「週1回通い湯治モニター」の活性酸素代謝物量の増減

〇モニター実施期間：平成30年6月7日～8月28日
〇きぬの温泉にて

	湯治前		湯治後
かなり強度の酸化ストレス	0%	→	0%
強度の酸化ストレス	15.4%	→	7.7%
中程度の酸化ストレス	46.2%	→	15.4%
軽度の酸化ストレス	0%	→	15.4%
ボーダーライン	7.7%	→	15.4%
正常	30.8%	→	46.2%

「週2回通い湯治モニター」の酸化ストレス度の変化

	年齢	湯治前の活性酸素代謝物	湯治後の活性酸素代謝物
1	54	✱✱✱ 375	261
2	60	✱✱✱ 351	264
3	61	286	272
4	43	293	288
5	42	✱✱✱ 380	281
6	40	✱✱✱ 359	✱✱✱ 343
7	48	250	✱ 306
8	54	✱✱✱✱ 439	✱✱ 337
9	39	270	223
10	39	✱ 304	✱ 307
11	65	✱✱✱ 372	✱✱✱ 384
12	47	✱✱✱✱ 476	✱✱✱✱ 409
13	57	✱✱✱ 389	✱✱ 328
平均	50	✱✱✱ 350	✱ 308

単位：CARR U

✱✱✱✱✱ かなり強度の酸化ストレス（501以上）
✱✱✱✱ 強度の酸化ストレス（401-500）
✱✱✱ 中程度の酸化ストレス（341-400）
✱✱ 軽度の酸化ストレス（321-340）
✱ ボーダーライン（301-320）
黒字のみは正常（200-300）

「週2回通い湯治モニター」の活性酸素代謝物量の増減

○モニター実施期間：平成30年6月7日～8月28日
○きぬの温泉にて

注：活性酸素・フリーラジカルの解析について

活性酸素とは？

わたしたちが呼吸によって取り込んだ酸素のうち、約２％は、通常よりも活性化された状態で体内に残るといわれています。これを「活性酸素」といいます。活性酸素は、体内の免疫機能において大切な役割を果たしますが、過剰につくられると、細胞を傷つけてしまいます。

フリーラジカルとは？

通常、分子のなかの電子は「対」になっていますが、まれに対になっていない場合があり、これを不対電子といいます。この不対電子をもつ分子や原子を「フリーラジカル」といい、「ラジカル（過激な）」という言葉のとおり、電子が足りないために不安定で反応しやすい性質をもちます。生体内でフリーラジカルが生成されたり、あるいは、喫煙などにより体外から取り入れられたりすると、それらがタンパク質やDNA、細胞膜の脂質などを攻撃して、傷つけることが明らかになっています。

こうした活性酸素・フリーラジカルの発生をなるべく抑えようとする防御機構がわたしたちの身体には備わっており、その役割を担う酵素やタンパク質などを総称して「抗酸化物」といいます。

血液中の「活性酸素・フリーラジカル代謝物」と「抗酸化力」の測定

活性酸素・フリーラジカルは、老化の促進や生活習慣病などにつながる可能性が指摘されています。活性酸素・フリーラジカルのもとになるものとしてよく知られているのは、強い紫外線や放射線、激しい運動や強いストレス、喫煙や過剰な飲酒などです。

フリーラジカル解析装置「FREE carpe diem」（ウイスマー社）は、血液の酸化度、還元度、抗酸化力等を専用試薬で測定する外国製の医療機器です（現在は生産終了。後継機はREDOXLIBRA)。この装置で、入浴モニターの血液の酸化度、還元度等の分析測定を行いました。

・酸化度測定【d-ROMs テスト】

活性酸素・フリーラジカルによる代謝物であるヒドロペルオキシド：R-OOH（過酸化された脂質、タンパク質、アミノ酸、核酸等の総称）の量を呈色液クロモゲンにより測定するテスト。（特許：Diacron International s.r.l., Grosseto, Italy）

・還元度測定【BAPテスト】

酸化鉄塩 FeCl3 は、ある特定のチオシアン酸塩誘導物を含む無色の溶液に溶解すると三価鉄$Fe3^{+}$イオンの機能として赤く呈色する。そこにサンプルを添加すると、サンプル中の抗酸化物質の作用で二価鉄$Fe2^{+}$イオンに還元され、脱色される。色の変化を光度計で測定し、サンプルの還元力を評価する方法。

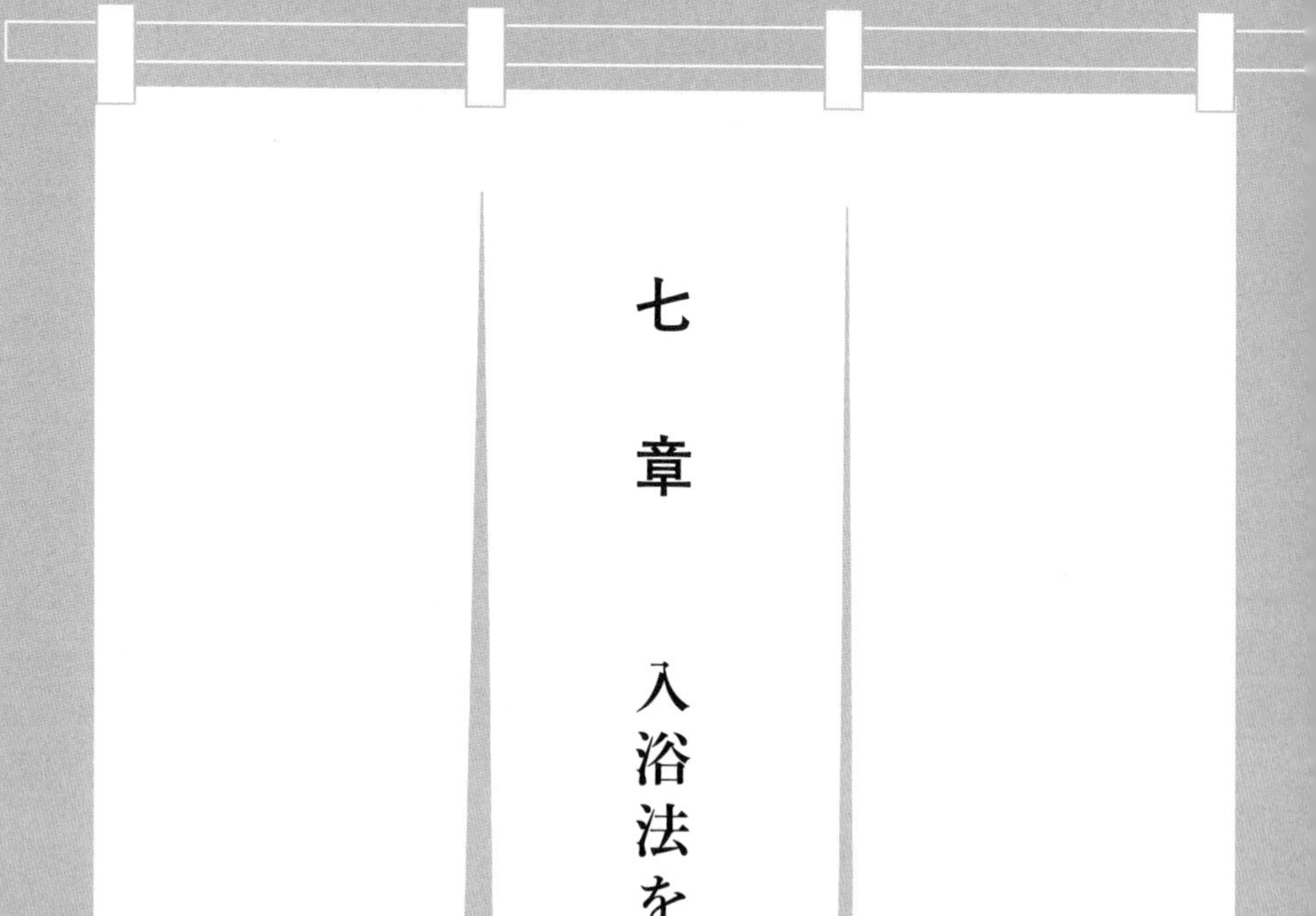

七章　入浴法を楽しむ

日本の伝統的な温泉入浴法「蒸し湯」

〝心にも体にも効く〟風呂の文化

日本は世界でも名だたる〝入浴文化〟をもつ国です。それだけに単に浸かるだけの入浴法の他にも、さまざまな入浴法があり、現代にまで受け継がれています。

理由はもちろん「効く」、「効果がある」からに尽きます。実際に現在でも利用できる伝統的な入浴法をご紹介しましょう。まずは日本の風呂の原点といわれる蒸気浴「蒸《む》し湯」から――。

蒸し湯は日本人の風呂の原点

「岩盤浴」という言葉が定着して二〇年以上になります。最近では若い世代を中心に、湿度を高めたサウナがブームです。**じつは岩盤浴とサウナは、日本の伝統的な温泉浴法「蒸し湯」と密接な関係にあります。**

また、奈良時代に瀬戸内地方の岩窟で誕生した「蒸し湯」は、日本の風呂の原点とも考えられています。

玉川温泉の岩盤浴

八幡平《はちまんたい》のうっそうたるブナの原生林が覆うなか、**玉川温泉**（秋田県）の大きな一軒宿「**玉川温泉**」が立つ渓谷だけが、爆裂火口のように黄色味を帯びた火山特有の荒々しい地肌が露《あら》わで、特異な光景です。

宿泊棟の手前に、一周三〇分ほどの探勝遊歩道があります。その途中の玉川の湯元でもある大噴《おおぶけ》がおどろおどろしい。九八度の熱湯が猛烈な勢いで噴き出していて、その量はなんと毎分九〇〇〇リットル。それが幅三メートルの熱湯の川となって流れ出して行くのです。

玉川温泉には微量のラジウムが含まれており、一〇年間に一ミリずつ石化してわが国唯一の「北投石《ほくとうせき》」（特別天然記念物）となります。玉川温泉の岩盤浴は、この北投石が土中に埋まった地熱地帯（四〇〜五〇度ほどの地温がある）にゴザを敷き、横になって毛布などにくるまりながら放射線を浴びるもの。一回に四〇分、これを一日に二回行うのがここでの湯治の習わしです。免疫力を高める予防医学として活用するのが理想ですが、藁《わら》にもすがる思いで、ここに来る人も少なくないとも言われます。

このような岩盤浴は、わが国の伝統的な温泉入浴法「蒸し湯」の一種と言っていいでしょう。古くから、とくに温泉療法が積極的に行われるようになった江戸時代以降、「蒸し湯」

と「滝湯（打たせ湯）」は温泉施設の定番でした。

「蒸し湯」は奈良時代の瀬戸内地方の岩窟で誕生

蒸し湯とは蒸気浴を指します。北欧の乾式サウナと比べ体への負担が少ない湿式サウナは、いわば日本人のＤＮＡが記憶している〝風呂の原点〟と言ってもよいでしょう。なぜなら、**奈良時代に瀬戸内地方などで海岸の岩窟などを利用した石風呂《いわぶろ》が、日本の風呂の起源だと考えられているからです。**

アーチ形や四角い形に掘り抜かれた穴の中で、雑木の生木を焚き、床土を焼き尽くしてから、海藻類を敷き詰める。すると海藻から塩分やヨードを含んだ大量の水蒸気が穴の中に充満します。

その後、海水を浸したムシロを床土の上に敷き、横になって全身を温めます。途中、ときどき外に出て海水などで体を冷やしては石風呂にこもる。これを一日に二、三度繰り返すのが入浴法でした。

いわば現代のミストサウナです。汗が噴き出した後の爽快感はたまらなかったでしょう。効用はそれだけではありません。蒸気に大量のヨード分が含まれていますから、神経痛、リウマチ、胃弱、慢性腎臓炎ほか、さまざまな病気に卓効がありました。

別府鉄輪温泉名物「むし湯」

石風呂の温泉版が大分県**別府鉄輪《かんなわ》温泉**の「むし湯」です。生木を焚いて海水をかけ湯気を出す代わりに、「鉄輪地獄」の天然の噴気を利用したものです。温泉ですから、蒸気のなかにも有効成分が含まれていて、呼吸器を通して体内に吸収されます。

「鉄輪むし湯」はかつては「石風呂」と呼ばれていました。

鉄輪に最初の蒸し湯を造ったのは、鎌倉時代の僧侶で、時宗の開祖として知られる一遍上人とされます。伊予国（現在の愛媛県）の出身でしたから、瀬戸内地方の石風呂をよく知っていたのでしょう。鎌倉時代の建治二（一二七六）年のことだったといいますから、七五〇年近くもの歴史があります。

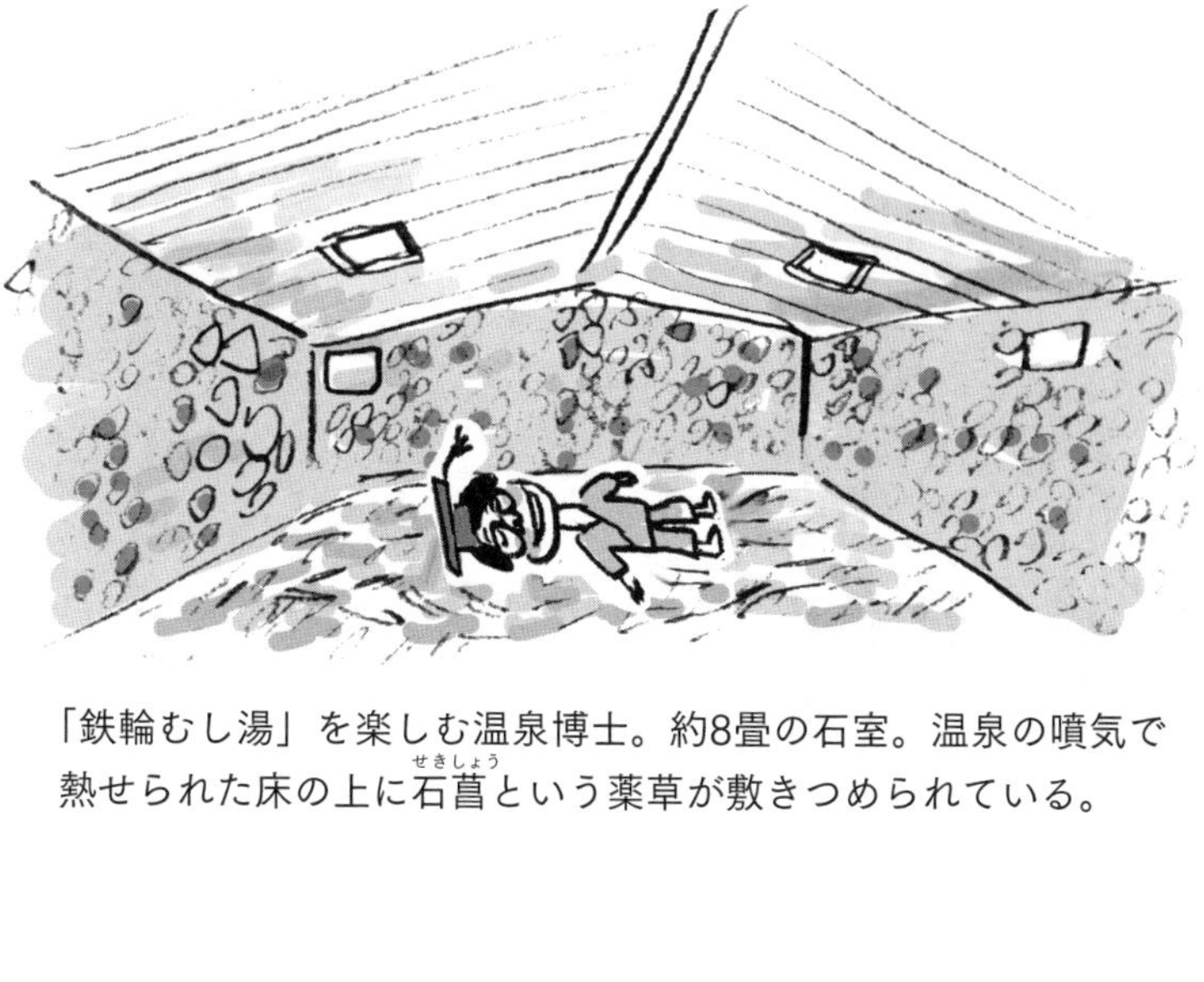

「鉄輪むし湯」を楽しむ温泉博士。約8畳の石室。温泉の噴気で熱せられた床の上に石菖《せきしょう》という薬草が敷きつめられている。

「石菖《せきしょう》」という香りの良い薬草を敷き詰めた石室の中は、八〇度近くに保たれていて、存分に発汗した後の爽快感は現代人でも病みつきになりそうです。単に爽快感だけではなく自律神経が整うのです。〝サウナー（サウナ好きのことを称する）〟は「ととのう」と表現します。

わが国の伝統的な入浴法である蒸し湯の形態は、別府鉄輪温泉の蒸し湯の他にもまだいくつかあります。鉄輪の蒸し湯と同じように現在も利用できる蒸し湯のご当地バージョンをご紹介します。

蒸し風呂

群馬県の**四万《しま》温泉**は、かつては関東を代表する湯治場で、現在でも全国的に見ると湯治客用の施設は多い方です。

この四万温泉に、五代将軍綱吉の時代に蒸し湯があったことを伝える古文書が残されています。元禄七（一六九四）年創業の**「積善館」**に伝わる「蒸し湯」もその流れをくむものと思われます。

昭和五（一九三〇）年に建て替えられた国の登録有形文化財「元禄の湯」の蒸し風呂のことです。

箱蒸し

首だけを外に出して箱の中で体が蒸される、いわば半蒸し風呂です。

三〇〇年の歴史をもつ秋田県**後生掛**《ごしょうがけ》**温泉**の一軒宿**「後生掛温泉」**の「箱蒸し風呂」が有名。蒸し風呂と比べ長時間入浴できる利点があります。蒸し湯の入浴時間は一般に一〇〜二〇分ですが、箱蒸し風呂ですと三〇分前後は大丈夫でしょう。

ふかし湯

その代表は青森県の**酸ヶ湯《すかゆ》温泉**名物「まんじゅうふかし」で、「子宝の湯」とも呼ばれています。九五度の高温泉が樋《とい》で流され、その上にかけた木の蓋が一見ベンチ風に二列並んでおり、服を着たまま腰かけたり腹ばいになっていると、体の深部までじんわり温まってきます。

若返り効果の他にも、胃腸、婦人病、痔疾にも効果てきめんと、知る人ぞ知る評判の蒸し湯です。

ふかし湯といえば、山形県の**瀬見温泉**街にある**瀬見温泉共同浴場「せみの湯」**もユニークです（コロナ禍でふかし湯は休止中。内湯と露天風呂は営業中）。かつては「痔蒸し」と呼ばれるほど、痔疾専用の蒸し湯で知られていました。

総檜造りの室内の床に直径四センチほどの穴が開けられていて、蓋をとるとそこから蒸気が噴き出てきます。床下に高温泉が流れている簡単な仕組みです。

この穴の上にタオルを敷いて、浴衣などを着たままお尻をつけて座ったり、仰向けに寝ると患部に蒸気が当たり効果は抜群です。腰痛や婦人病などにも効能が知られています。

砂むし

南九州にわが国独特の「砂むし」があります。鹿児島県の**指宿《いぶすき》温泉**が有名です。

指宿の三〇〇年前から知られる天然砂むし温泉場、**砂むし会館「砂楽《さらく》」**は、一キロメートルにわたる砂浜で、錦江湾の波に洗われた砂の中に横になり、最高八五度のナトリウム―塩化物泉（食塩泉）で温められた砂を、「砂かけさん」に首から下にかけてもらうものです。しばらくじっとしていると砂の熱と砂圧で、どっと汗が噴き出します。砂浴時間の目安は約一〇分です。

温泉浴と比べ体の深部体温が上がることが地元鹿児島大学医学部の検証で確認されており、幅広い効能が知られ根強い人気です。外国人からは「和風サウナ」と好評のようです。関節リウマチ、関節痛、腰痛、五十肩、膝関節痛、神経痛、筋肉痛、冷え性、脳卒中後の麻痺、全身美容デトックスなどに効果的です。ただし、心臓病や高血圧症の方は避けてください。

地むし

地熱そのものに蒸される入浴法で、先にご紹介した**玉川温泉**の岩盤浴はかつては「地むし」と呼ばれていました。

岩手県**須川高原温泉**の「おいらん風呂」も蒸気が出る地面の上にゴザを敷いて横になる古くから伝わる入浴法（天然蒸気ふかし湯）です。

オンドル浴

「箱蒸し」でご紹介した秋田県**後生掛温泉**の「オンドル浴」も地むしの一種でしょう。

後生掛温泉では地熱帯に「オンドル宿舎」と呼ばれる部屋があり、温泉の成分を含んだ湿気で常時部屋が満たされています。温泉浴をしながら、さらにこの部屋で寝泊まりすることで体温を上げ、自然治癒力を高めます。

自炊が基本で、和気あいあいとおしゃべりしたり、助け合ったりして、共同生活することで心身の活力を取り戻す、根強い人気の入浴法です。

さまざまな温泉浴法

それぞれの土地に伝わるユニークな入り方

日本には「蒸し湯」の他にも、さまざまな入浴法が伝わっています。熱い温泉、ぬるい温泉、冷たい温泉、成分が濃い温泉、薄い温泉――。それは、それぞれの土地に湧出した天与の恵みである温泉を、「いかに健康に活用するかの到達点」でもありました。

日本人の温泉との長いかかわり合いの歴史から生まれ、現代に至るまで伝わる代表的な入浴法をご紹介しましょう。

時間湯（高温浴）

日本人は高温浴好きの民族で知られていますが、なかでも四八度前後の高温浴で三分間の入浴を、一日に三、四回繰り返す**草津温泉**の「時間湯」などは、高温浴による代表的な温泉療法です。時間湯は廃止騒動で揺れていましたが、現在も共同湯の**「千代の湯」**と**「地蔵の**

湯」で行われているのは嬉しいかぎりです。

かつては栃木県の**那須湯本温泉**の共同湯**「鹿の湯」**でも、時間湯が行われていましたが、廃止されてからかなりの歳月が経過しています。現在は、温度差をつけた浴槽がいくつも設えられた個性的な共同浴場として、異彩を放っています。

松尾芭蕉ゆかりの「鹿の湯」は現在、男性浴場で六つの浴槽、女性浴場で五つの浴槽を備えています。男性浴場では脱衣場から入り、手前左からそれぞれ四一度、四二度、四三度、四四度、四六度、四八度の源泉がかけ流された浴槽が左右に並び、それが奥まで続く景色は、まことに壮観で、風情もたっぷり。首都圏に未だこのような共同浴場が残されていることに、訪れるたびに感動を新たにし、また地元の人々のご努力に頭が下がります。

湯上がりには近くの『平家物語』にも出てくる、敷地一万坪の那須温泉神社に詣でましょう。私の評価では日本一の温泉神社です。芭蕉が『おくのほそ道』で、一句残しました。

「湯をむすぶ誓ひも同じ石清水《いわしみず》」

草津の時間湯も「鹿の湯」の高温浴も、自律神経の変調作用を利用して、頑固な慢性病を治癒しようとするものです。〝刺激療法〟、〝鍛錬療法〟などと言ってもよく、体質改善にもつながります。時間湯では、アトピー性皮膚炎、慢性皮膚疾患、関節リウマチなどを患う人によく利用されているようです。

ぬる湯（持続浴）

日本人の体温に近い不感温度三五～三七度ぐらいのぬる湯に入ると、血圧が安定し、鎮静効果が働きます。また長湯（持続湯）が可能なため、温泉成分が体内に取り込まれやすく、薬理作用が期待できます。

新潟県の**栃尾又温泉**は持続湯で有名な温泉ですが、かつて森村誠一のベストセラー小説『人間の証明』の舞台ともなった群馬県の**霧積温泉**も、昔は浴槽のなかで将棋を指す持続湯の温泉で知られていました。

現在、宿は**「金湯館」**一軒だけですが、かつては四、五軒の宿がありました。金湯館はその佇まい、お湯、食事ともに好感度の高い宿で、私も好きな秘湯です。なにせその昔、伊藤博文も滞在し、明治憲法の構想が練られたという歴史ある温泉です。

約三九度の湯が大量にタイルの浴槽に注がれ、山の空気のように清々しいこと。別名「入りの湯」とも呼ばれていました。長く入ってようやく体の芯から温まります。還元系の活きた湯ですから、自律神経を整えるのにも最適です。これほど都会から離れた温泉へ来てまで、せく必要などないでしょう。〝非日常〟の過ごし方にあれこれと頭を巡らせ、出かける前から楽しみましょう。

冷泉浴

一三、四度の硫黄泉に入浴する**寒の地獄温泉**の一軒宿**「山の宿・霊泉　寒の地獄旅館」**（大分県）が有名です。寒冷刺激を利用して、自律神経のバランスを整えることにより、生体リズムを本来の姿に戻そうとする療法です。温度は石清水のように低いのですが、寒の地獄温泉では鮮度抜群の還元力のある冷鉱泉が川のように浴槽に注ぎ込まれ、かけ流されています。隣の部屋にストーブがあり、湯上がり（？）の体をしっかり温めてくれます。

打たせ湯（湯の滝）

二、三メートルの高所から落下する湯を体に当てる「打たせ湯」は、江戸時代には「滝湯」と呼ばれた歴史ある入浴法で、現在でも湯治場などで見かけます。

かつては江戸後期に箱根で〝滝湯ブーム〟が起き、各宿が滝湯の設えを競ったものです。この滝湯の名残が現在でも見受けられます。「一章　お湯を楽しむ」でご紹介した**妙見温泉**

「妙見石原荘」の大浴場「天降殿（あもりでん）」（男性用）の湯口は、壁から突起しており、約一メートル下の大浴槽に湯が豪快に落下しています。

他に滝湯の名残を現代にとどめている例は、巨石伝いに湯煙を上げながら熱い湯が浴槽に注ぎ込まれる風呂でしょう。

湯の滝、現代の打たせ湯の利点は、温熱作用と高所から落下する湯圧による物理的効果です。打たれた局所の血行が良くなり、筋肉の凝りが和らぎます。また、湯がはじけ飛ぶ際にマイナスイオンが発生し、これが心身のリラックス効果、鎮静効果をもたらせてくれます。滝つぼ付近の効果と同じです。

打たせ湯は、自分の体の位置を上下することによって、湯の当て方の調整ができて、慣れてくると面白いものです。立ったまま肩や腰の患部に当てると湯圧は弱いですが、中腰になると少し強くなり、伏せると落差が大きくなり、相当に強いです。

打たせ湯でぜひご紹介しておきたい所は、大分の**由布院温泉**と熊本の**黒川温泉**の間に湧く**筋湯温泉**（大分県）。九重連山に抱かれた高原の温泉で、三〇軒近くの宿からなる九州では知られた温泉で、私はとくに**「山あいの宿　喜安屋」**を高く評価しています。

筋湯の温泉街には**「岩ん湯」**と**「薬師湯」**、それに足湯があり、それぞれ魅力的な共同浴場なのですが、**「うたせ大浴場」**という温泉道場のような〝打たせ湯専門〟共同浴場まであるのです。

高さ約二メートル、常時一八本もの打たせ湯が落下していて、人の話し声はまったく聞こえません。初めて訪れたときは、唖然として立ち尽くすだけでした。いまでも鼓膜の奥に、激しい湯音が残っています。もちろん日本一の規模で、非常に個性的です。

鉱泥《こうでい》湯

温泉成分をたっぷりと含んだ湯で全身浴する方法のほかに、その鉱泥を湿布状にして患部の治療に用いる方法もあります。ヨーロッパや、モンゴルで盛んに活用されています。私も何度か経験していますが、良く効きます。また泥に含まれている含有成分は酸化されにくいため、抗酸化作用が持続することを私も化学的に確認しています。

日本では**別府明礬《みょうばん》温泉**の「**別府温泉保養ランド**」や**天然坊主地獄**の午前中のみの日帰り温泉「**鉱泥温泉**」に代表されるように、入浴、蒸し湯などで利用されています。全身入浴法では熱泥による保温作用とともに、泥に含まれる有機物やミネラルが肌に直接作用し、さまざまな効果が期待できます。

「別府温泉保養ランド」に掲示されている適応症の欄には、リウマチ、水虫、一般的な皮膚

病、神経痛、糖尿病、アトピー性皮膚炎、慢性婦人疾患、貧血症、自律神経失調症、不妊症、喘息、甲状腺、慢性胃腸病などと記載されていて、その効果は多岐に及んでいます。

二〇～三〇分、ゆっくりと浸かります。ただし、ふつうの温泉浴より一般的に体に負担がかかりますので、要注意。

飲泉（飲み湯）

温泉療法が盛んなヨーロッパでは多様なミネラルが溶け込んでいる温泉は、「飲む野菜」ともいわれています。

一回に一〇〇～二〇〇ミリリットルを、時間をかけてかむようにして飲みます。食前三〇分から一時間前の空腹時に飲むのが基本です。ただし、放射能泉（ラジウム泉、ラドン泉）、鉄泉など、胃の粘膜を荒らす恐れのある刺激の強い温泉は食後に飲みます。

飲泉では痛風、糖尿病などに効く重曹泉、消化器系によい食塩泉、多様な疾患に効く硫酸塩泉、他に硫黄泉、酸性泉、炭酸泉、放射能泉など、すべての泉質が有効です。飲泉に関しては「八章　飲泉を楽しむ」で詳しくふれます。

〝松田流〟温泉入浴法

温泉の効果を保つために

健康のために、心にも体にも〝効く〟温泉浴を実践するにあたり、もっとも避けなければならないことは「冷やす」ことです。温泉は心も体も温める場だからです。ところが意外にも、せっかくの温泉浴の効果を台無しにしていることがあります。「いかに温まるか、そして温めた体を冷やさないように、〝湯冷め〟しないようにするか」――、これに尽きます。

たとえば、寒い冬場、入浴を終えて脱衣場に上がる際に、足に水をかけると反射的に血管が収縮して湯上がり後も保温状態を持続できます。冷え性の方はぜひ試してみてください。

とっておきの〝主治湯〟

私には主治医ならぬ〝主治湯〟と〝サブ(副)主治湯〟が数か所あります。もちろん現在住んでいる札幌圏にあります。

二〇数年前までは最寄りの地下鉄駅から徒歩一、二分以内の、利便性を最優先した都会生活ならではの環境に、住居と仕事場がありました。勤務先の大学へのアクセスにも恵まれていました。

ところが月に一五回前後飛行機で飛び回る生活を続けていたその頃、講演直後に若い人が「先生、とてもお忙しそうで、温泉に入る暇はあるのですか？」と、真顔でジョークとも受け取れる質問をしてきたのです。二五年ほど前のことでした。ショックでした。やつれた表情だったのでしょうか。それとも講演の内容から、質問のとおり「温泉に入る暇などない」と決めつけられたのでしょうか。

私はあえて前者だと考えることにしました。幸い、〝温泉力〟のお陰で、入院の経験はなく、健康診断も受けず（もちろん自己責任で）、病院は学生時代以来、ほとんどお世話にならずにこられていました。

若い女性の質問を契機に、温泉を生活の糧としてだけでなく、「温泉がいかに心身の健康に有効であるのか」、私自身を実証実験のモニターに仕立てることを思いついたのでした。もともと若い頃から、意識して温泉で自律神経を調整する習慣は身につけてはいました。「ストレスをため込まない生活」は、二〇代にほぼ確立されていたといえます。

これに加えて、病気を治癒するというより、温泉で免疫力、自然治癒力を高め、病気になりにくい体、ウイルスを寄せつけにくい体、即ち予防医学、予防医療としての温泉と向き合いたい、と考えるに至ったわけです。

漫然と湯に浸かるのではなく、常に〝効く〟入浴、〝心が喜ぶ〟入浴、〝細胞が元気になる〟入浴を意識することにした、ということです。

健康あっての仕事、キャリアです。逆に「健康であれば、もし仕事を失ったとしても、新たな仕事は得られ、やり直しも利く」と、考えていました。それから一年後には温泉の近くへ引っ越すことにしました。札幌の郊外、**定山渓温泉**の近くの住宅街です。年間百数十万人が宿泊する定山渓から、すぐ先の中山峠を越え、**洞爺湖温泉**や**ニセコ温泉郷**、**登別温泉**など、北海道の代表的な温泉群へも容易にアクセスできます。

ぎっくり腰も〝主治湯〟で

現在地に引っ越し、二〇年余。結論は成功でした。幸い一日も入院していない記録はこの間も伸び、かつては栄養ドリンク類を週に三、四本飲んでいたのが皆無に、病院の方は以前からの五、六年に一度の割合は七、八年に一度に減ったでしょうか。この間加齢が進行していることを考えると順調な成果です。くすりは半世紀お世話になっている市販の風邪薬ぐらいです。PCで仕事をする時間が長いので、目薬との付き合いは少しふえましたが――。

ここへ引っ越してきたのは**定山渓温泉**の**「ホテル山水」**を宿には内緒で〝主治湯〟にするためでした。湯力だけでなく、宿の経営者ご夫婦と相性が良く、また旅館や湯客の雰囲気がとても良かったことが決め手となりました。温泉選びに〝相性〟は〝湯力〟同様に大切なことです。

「ホテル山水」の自家源泉は良き〝主治湯〟として期待に応えてくれ、職業病である「痛風」の発作から幾度となく救ってくれ感謝しています。長野県のS温泉の〝温泉偽装騒動〟の際に国内外から、大学の夏休み中にもかかわらずメディアの取材攻勢で、過労からぎっくり腰になったのですが、主治湯がものの見事に完治させてくれたのです。ある夜、ニューヨークのラジオ局からの取材の電話を切って、椅子から立ち上がろうとすると、腰が「がっくんがっくん」として、思うように歩行ができなくなったのです。「これがぎっくり腰か！」と慌てました。翌日は群馬県の前橋市で全国紙主催の講演が予定されており、日帰りという強行日程が組まれていました。早朝に札幌の自宅を立たなければなりません。帰宅は夜遅く一一時頃になるため、入浴のチャンスは今晩しかない。

「ホテル山水に行くより他ない！」。その頃には「ホテル山水」は〝掛かりつけ医〟と言ってもいい存在でした。人生の繁忙期でしたが、それほどよく利用させてもらっていたのです。夜の九時過ぎに山水に行き、入念に「分割入浴」を繰り返すこと一時間二〇分。私のふだんの入浴は五〇分、特別に体調を整える時で七〇分でしたから、八〇分というのはいかに危機感の現れであったかおわかりでしょう。女将さんには「明日講演から帰ったらまたお世話になるかもしれません」と、お礼を言ってホテルを出ました。明日の朝には完治していることを念じながら。

翌日午後からの講演に際して、念のため椅子も用意していただいたのですが、使うことなく立ったまま無事に二時間の講演を終え、腰は再発することなく帰宅できたのです。ぎっくり腰を発症して後、ためらわず信頼する主治湯へ直行したことが功を奏したようです。腰、膝は慢性化すると、完治まで大変な時間を要します。お年寄りの多くは完治できずに痛みの緩和程度の治療となりがちです。

痛風は〝主治湯〟や旅先の名湯で治す

痛風の発作といえば、新聞連載の取材で**塩原温泉**へ、親指を真っ赤に腫れ上がらせ足を引きずりながら、出かけたこともありました。ところが**奥塩原新湯温泉**の**「やまの宿　下藤屋」**に泊まった翌朝、温泉場の共同浴場への雪の積もった長い石段を平気で上り下りできるようになっていたのです。「下藤屋」では前日、三度濃厚な硫黄泉に入念に浸かっていました。一晩で「魔法のように」腫れも痛みも引いたのです。塩原温泉郷には県医師会塩原温泉病院、リハビリテーションセンターもあります。

旅先では伊豆の**吉奈温泉**（静岡県）、奈良県の**十津川温泉「ホテル昴《すばる》」**、大分県の**由布院温泉「由布院　玉の湯」**などの湯でも痛風を治癒した経験があります。私は泉質を問いません。温泉の活性をいかに細胞に反応させるかが勝負だからです。もちろん私なりの入浴の流儀はあります。

なにせ年に一五〇～二〇〇泊前後、高カロリーの食事が出る温泉旅館を泊まり歩きながら、原稿を書くストレスフルな生活を半世紀近く続けてきたものですから、痛風は職業病というより他ありません。それでもあえて「温泉があったから、この程度ですんだ」と言っては、負け惜しみになるでしょうか。

数本の毎週の新聞や雑誌の連載をかかえながら、単行本を年に七、八冊続けて出したこともありましたから、体は確実に悲鳴を上げています。もちろん大学の講義、ゼミのフィールドワーク、加えて飛行機で国内外へ移動してでの取材、講演、調査研究……。それ以上にエネルギーを費やすのがメディアからの取材です。一日に三〇本前後の電話が入ります。私のホームグラウンドの定山渓温泉の主治湯の「ホテル山水」や〝サブ主治湯〟、それに取材先、講演会先、フィールドワーク先に主治湯に匹敵するかそれ以上の〝湯力〟を有する温泉が頭の中にインプットされているからこそ、痛風の発作程度、ぎっくり腰程度で済んできたというのが正直なところです。

ちなみに私は痛風の発作に際しても、病院には行きません。もちろん自己責任で。足を腫らし靴が履けないものですから、サンダル履きで、海外出張へ行かざるを得なかったことも何度かあります。その際はもちろん出先の国に温泉を探して、対応してきましたが――。

五年前に大学を退職して、ストレスのかなりの部分が緩和されたことと、また職業病の痛風への私の対応が著しく進化し、発作の症状を事前に抑える術を会得しています。幸い七～

八年間痛風の症状は出ていないのです。

尿管結石の激痛にのたうち回ったことも一〇回ほどありましたが、それはすべて自力で石を排泄しています。当面の激痛を抑えるには温かい湯、温泉に浸かることです。なにせ旅先の大半に、東京にも！　温泉があるものですから、ずいぶん救われました。こちらは幸い一〇年以上は発症していません。私の持病対策は着実に進化しているのでしょう。

今後はこれらの職業病に対する「体質改善」が目標です。加齢が進む中での私の入浴法のさらなる進化が課題で、じつはこの過程を楽しんできました。自分の体は自分が一番わかっているのです。「なぜ今朝喉が痛くなったのか？」、正しくわかるのはあなた自身です。お医者さんは風邪の診断を下し、適切な処方箋を出すのが仕事です。

現在の主治湯は札幌の秘湯、豊平峡温泉

自宅から車で約二時間の**ニセコ温泉郷**の**新見《にいみ》温泉**「**新見本館**」と、目と鼻の先の定山渓の「**ホテル山水**」が相次いで廃業したのは、まさに青天《せいてん》の霹靂《へきれき》でした。明治時代に開業した新見温泉の源泉は自然湧出で、しかも土地の高低差を利用して動力をいっさい使わず風呂場の浴槽まで自然流下で引き湯するという、江戸時代さながらの風呂でした。露天風呂は五月の連休明けまで雪に囲まれており、春の雪見風呂を楽しめたものです。

現在の主治湯は、定山渓温泉のすぐ先の日帰り温泉「**豊平峡《ほうへいきょう》温泉**」です。三〇数年前から

豊平峡温泉「内風呂」（男女湯は日替わり）

入浴してきた豊平峡は、こと湯力に関しては科学的にも先の二軒より強力ですが、「混みすぎる」のが唯一の難点でした。だれにでも、〝効く〟、〝癒やされる〟と感じられる温泉だからこその人気なのでしょう。入浴客の七〇～八〇％が若い世代で、彼らの感性は鋭いのです。

新型コロナウイルス禍のなか、遠出できない最中も免疫力を高めるために、豊平峡温泉は大いに役立ってくれたものです。

写真をご覧になるとおわかりのように、ここは二〇〇万都市「札幌の秘湯」です。「これぞ温泉！」との風格すら漂っているように思えます。初めての人はその雰囲気に皆、圧倒されます。北海道の屋根、大雪山系の山奥へ分け入らなければ出合えそうにない湯であることは確かです。早くから外国人の間でも人気だったのです。「本物とは国境を越えてもわかり合えるのか」と妙に感心したことを思い出します。

それぞれもう一軒の主治湯とサブ主治湯が札幌から一〇〇キロ圏内にあるのですが、町村営の共同湯で風呂場が狭いため非公開とします。

もし私が関東に住んでいたら、**奥塩原温泉郷（元湯温泉）**の**「秘湯の宿　元泉館」**（栃木県）を主治湯にします。恵まれた自然環境だけでなく、科学的にも極めて〝温泉力〟に優れた「邯鄲《かんたん》の湯」、「宝の湯」、それに露天風呂付き大浴場「高尾の湯」の3か所もの浴場を有します。

関西に住んでいたら、**十津川温泉郷**（奈良県）の十津川温泉**「ホテル昴」**か**湯泉地温泉**の**「十津川荘」**、あるいは**南紀勝浦温泉「海のホテル一の滝」**（和歌山県）を、主治湯かサブ主治湯に選ぶでしょう。十津川温泉、湯泉地温泉では入浴モニターによる実証実験も実施しました。両温泉には多数の施設がありますが、どこも抗酸化作用に優れ、最終的にどの施設にするか迷いそうです。あとは宿との相性次第でしょう。この〝相性〟は施設選びには欠かせません。

中京圏では**榊原温泉「湯元榊原館」**（三重県）の三一・二度の「源泉かけ流し風呂」が主治湯でしょう。津市の奥座敷、榊原温泉でも、モニターの協力による医学的な実証実験を行いました。同じ三重県の**湯ノ口温泉「湯元山荘　湯ノ口温泉」**がサブ主治湯でしょうか。

皆さんも週に一回、いいえ年に数回でも、通い専用の主治湯とサブ主治湯を考えてみませんか？　現代医学と温泉力、食事力、「人生一〇〇年時代」へ向けて、健康力を高めるにはまさしく総力戦の時代です。

シニア世代はもちろん、テレワークの機運も高まった現在、現役世代の「移住もあり」の日本は、なにせ国そのものが〝温泉の浮島〟といえます。

全身浴のススメ

さて入浴法です。まず入浴前に水分をとってください。夏を除いて常温のミネラルウォーターか、中高年の方はぬるま湯、お茶が好ましいですね。

先にもマナーとして記しましたが、浴槽に入る前に、しっかりとかけ湯をする。熱い湯にいきなり入ると、血圧が急上昇して危険です。これを防ぐ意味と、とくに下半身の汚れを落とす大切な入浴マナーとして。他人《ひと》に不愉快な思いをさせない、他の入浴者の心を冷やす行為をしない。「輪になって和を極める」――。これこそが日本の〝湯浴《ゆあ》みの心〟であると考えます。

浴槽に入ったら、しばらく横隔膜の高さ（みぞおちあたり）まで浸かり、続いて肩まで浸かります。手足を伸ばして〝無我の境地〟で浸かりましょう。肩の力を抜き、湯の温もりに素直に身をゆだねましょう。

最近は一日中パソコンに向かった仕事、それにスマホやゲームなどで、首への負担が多く、若い人の間にも肩こり、首こりが非常に多くなっているようです。肩から上へ血液が流れにくく、代謝も滞る。したがって、眼精疲労も目立ちます。

女性のなかには、もっぱら半身浴という人も少なくないようです。半身浴では、これらの症状を改善することは難しいでしょう。全身浴で肩、首筋まで温め、脳までスムーズに血が流れるように意識したいものです。女性に多い冷え性の方にも有効です。

シニア世代は首筋をよく温めて、自律神経を正常に機能させることが、認知症予防にもつながります。日本人は昔から全身浴が基本でした。この入浴法こそが、日本人の健康を支えてきたということです。全身の皮膚から温泉の含有成分を貪欲に体内に取り込む――。理に適った日本の入浴法です。なにせ皮膚を広げると男性で畳二枚分にも相当するといわれます。加えて温熱作用により、代謝も早く高めてくれます。

体に負担をかけずに血流を全身に巡らす「分割入浴」

季節やその人の体温、体質によっても多少異なりますが、一回目は体が冷えているので五分から一〇分近くは浸かることができるでしょうか。額に汗がにじんできたら一度上がる。もちろんその前に暑苦しさを覚えたり気分が悪くなったら、我慢せずに浴槽から出たり、半

秘湯の宿　元泉館「高尾の湯」の露天風呂（著者撮影）

「十津川荘」の露天風呂（著者撮影）

身浴、あるいは浴槽の縁に座り足浴の状態になるのも良いでしょう。

二回目の入浴は体が温まっているので、一回目より短く、五分前後、三回目は三分前後と分割することによって、体に負担をかけずに無理なく、血流が足の先から脳まで巡るように時間をかけて繰り返し入浴をしてください。入浴と入浴の間は、足浴の状態でも、洗い場に行っても、露天風呂に出てもいいでしょう。

たとえ半身浴の状態であっても、湯煙が浴場にこもっているような本来の温泉であれば、温泉成分、とくにガスを湯気から吸入することができます。

代謝が促進される良質の温泉では五分間湯に浸かっているのと、五分間縄跳びをするのと消費カロリーはほとんど変わりありません。一六〜一七キロカロリーです。ウォーキングでは十数分に相当するカロリー消費で、一キロメートル以上も歩ける時間です。

このように温泉浴はかなり体力を消耗しますので、無理をしないことが大切です。日本の入浴は、もっぱら爽快感を得る目的のサウナとは異なりますので、汗を出すことに汲々としていては本末転倒です。

温泉場に来てまで、体を洗い流さない

副交感神経を優位にしながら、肩の力、心の力を徐々に解放する。湯が体に心に染み入るのをイメージしながら、感じながら、ふだんの家庭風呂や慌ただしい銭湯とは異次元の世界

に遊んで欲しいものです。ですから頭や体を洗うのは二の次。いいえ、むしろ洗わないのがベストかもしれません。せっかく〝非日常〟の温泉まで来たのですから、湯に浸かりながら、こころの襞《ひだ》に溜まった汚れ、穢《けが》れを時間をかけて流したいもの。

実際、〝ホンモノ〟の温泉に入ると、私たちの体の皮脂と含有成分で天然の石けん状態になりますので、肌の古い角質や汚れは入浴中に自然に流れます。それを「せっかく温泉まで来たのだから」と、ふだんより石けんを泡立たせてしまっては、浴後に肌の水分を失ってむしろガサガサになりかねません。

洗髪は、他に入浴者がいないような場合、浴槽の縁で私はときどき、かけ流される湯を汲んで五〇杯、一〇〇杯と還元力のある湯を頭からかけます。肩まですーっとする。シャンプーは不要です。とくにアルカリ性の湯の爽快感はたまりません。

「ぬる湯」のススメ

気象庁では最高気温が三五度以上の日を「猛暑日」と呼んでいますが、四〇度前後の猛暑日がふえるにつれ、「酷暑日」という言葉まで耳にすることがあります。

かつては「暑い夏こそ、熱いラーメンを食べて乗り切ろう」などと、元気のいい日本人は多かったものですが、涼しいといわれる北海道でも一般家庭でエアコンの使用が珍しくなくなった昨今、このような威勢の良い言葉は聞かれなくなっています。

心配なのは食べ物、飲み物を含めて体を冷やす日本人の生活習慣は、免疫力を低下させかねないことです。酷暑を乗り越えるにも、自律神経のバランスを整え、免疫力を高める必要があります。

それにはやはりシャワーではなく、入浴、温泉です。日本は〝温泉大国〟といわれるだけあって、泉質だけでなく湯温もじつにバラエティーに富んでいます。夏は「あつ湯」に入らなくても、むしろ「ぬる湯」で十分です。〝夏温泉〟がまさにぬる湯です。

暑い日が続く夏は自律神経が乱れがちで、ぬる湯で長湯を楽しみながら〝リラックスの神経〟副交感神経を優位にします。副交感神経が優位になると、免疫細胞である白血球中のリンパ球が活性化します。しかも真夏にぬる湯から上がった後の清涼感は、なんとも言えない悦楽そのものです。

熱くも冷たくも感じない日本人の「不感温度」は欧米人より少し高く三五〜三七度ぐらいです。ぬる湯の温度に定義はないのですが、体温に近い三六度前後から四〇度未満と考えてよいでしょう。ただ暑い夏は三二〜三三度程度からでも大丈夫でしょうが、体温が下がると免疫力にも影響を与えかねませんので、温かい温泉と交互浴を心がけるようにしましょう。

私の故郷は、平成二〇（二〇〇八）年七月にサミット（主要国首脳会議）が開催された北海道の洞爺湖温泉街。もちろん産湯も洞爺湖温泉で、大学に進学するため洞爺湖温泉街を離れるまで、温泉があるのが当たり前の環境で育ちました。ただ洞爺湖温泉の源泉は六〇度前後の高温泉だったものですから、私の〝温泉ＤＮＡ〟があつ湯に適応するようになっていたのは自然の流れでした。

これまでもふれたように、かつて日本人の浸かる湯温は四二度前後といわれていました。ですから日本人は世界でも珍しい「高温浴を好む民族」といわれてきたものです。北海道、東北、北陸などの雪国や、海辺の温泉では四五度前後で入浴するのはふつうでした。ただ日本人の低体温化とともに、若い世代を中心に四二度では熱いと感じる人がふえています。

私はあつ湯で育ちましたが、じつは四、五年前から〝ぬる湯派〟に転じました。ぬる湯でもレベルの高い温泉では抗酸化力に優れていることを、私どもが検証してきた延べ六五〇名に及ぶ「入浴モニターによる温泉療養効果」の実証実験で、科学的に確認できたからです。しかも高温泉では得られにくいぬる湯のメリットは、美肌効果が顕著だということです。

天然温泉　きぬの湯（茨城県）、**昼神温泉**（長野県）、**榊原温泉**（三重県）、**奥津温泉**（岡山県）、**俵山温泉**（山口県）、**古湯温泉**（佐賀県）、**長湯温泉**（大分県）、**妙見温泉**（鹿児島県）などのぬる湯で、温泉の抗酸化作用による活性酸素の除去、抗酸化力の増強とともに、美肌効果（皮膚の張り、抗酸化力、保湿力など）を確認しました。

皆さんも、夏こそ〝ぬる湯温泉〟で健康力を高めてみませんか？　温泉の楽しみ方のバリエーションを広げてみてはいかがでしょうか？

仕上げが肝心——入浴後の心得

湯量がふんだんにあり、しかも経営者の温泉への愛情があふれているような施設では、洗い場のカランやシャワーの湯に温泉を使用していることもあります。温泉か否かは匂いでわかります。カランの冷たい水が地下水の場合はさらに嬉しいものです。

私の主治湯、日帰り温泉**「豊平峡温泉」**は、毎分四〇〇リットルの湯が源泉一〇〇％でかけ流されているだけでなく、カランやシャワーの湯も温泉、水は地下水と理想的です。

豊平峡温泉に来る若い人たちの動きを見ていると、浴場に入ると、まず軽くシャワーで体を洗い流し、外の池のような大露天風呂で仲間たちと一～二時間も談笑し、内風呂で体を温め、洗い場で体を洗い、上がる。彼らは癒やしを目的として豊平峡温泉に来ているようで、露天風呂にゆっくりと浸かることが主です。洗い場にいる時間は一〇分にも満たない。どうもホンモノの湯に出合うと、温泉場は家庭風呂の延長ではなくなるようです。このような光景を目撃するたびに、若い人たちの感性には感心させられるのです。若い人にこそ〝ホンモノ〟との出合いが必要なのだ——。この傾向はここを訪れる外国人にはもっと顕著です。

皆さんが入られる温泉はきっとホンモノなので、風呂から上がる際にはシャワーは必要ないでしょう。手拭いで体を軽くふいて、脱衣場へ。皮膚に付着した温泉の成分は、上がった後でも体内に浸透します。

湯上がり直後は、冷房や扇風機の風に直接当たらないようにして、自然に汗が引くのを待つのがベストです。もしこの間、飲み物が必要なら、常温のミネラルウォーターか、季節、年齢によってはむしろ温かい白湯とかお茶をお薦めします。せっかく体を芯から温め、副交感神経を優位にして免疫力を高めようとしているのに、胃腸から冷やすのでは本末転倒というものでしょう。「もったいない」ことです。

免疫細胞の主役は白血球のリンパ球で、その約七〇%は腸にあります。「胃腸を冷やさないこと」が健康上手ということです。昔の日本人は腹巻きをしていました。この〝差〟を体感できるようになると、温泉の楽しみは数倍にも広がるに違いありません。

冷えたビールは入浴直後ではなく、食事のときまで待ちたいもの。家庭用冷蔵庫が広く普及してからせいぜい半世紀余。近年まで口にできる冷たいものと言えば湧き水などの自然の流水で、温度もせいぜい一三、四度。わずか数十年で、私たちの細胞が冷蔵庫で冷やされた

豊平峡温泉・露天風呂（男女湯は日替わり）

ものを健康的に受け入れられるように「飛躍的に進化した」というデータはありません。

そもそも湯から上がったときに〝喉がからからになる〟ような入浴法は間違っています。温泉はサウナではありません。入浴前に水分をしっかりと補給しておくのがベストです。湯上がり直後に、がちがちに冷えた飲み物を飲む一瞬の爽快感だけで健康になるのでしたら、お医者さんは必要ないと考えます。子供たちの健康への影響も侮れないと思われます。

ちなみに昔の日本人は温泉旅館で飲む清酒は熱燗でした。ビールの本場の西欧では本来、冷やして飲みません。常温で飲みます。現代日本ほど、がん、高血圧、糖尿病など、ふだんの私たちの生活が原因で発症する「生活習慣病」に悩まされている時代は過去にありませんでした。健康の原点に立ち返る必要がありそうです。日本人の入浴の原点は、「禊《みそぎ》」によって心身ともに清浄になること、及び「温める」ことです。それが健康への王道でした。

〝松田流〟温泉入浴法の一端をご紹介しましたが、これを基にして、あなたご自身の体に合った入浴法に改良してください。理由は日本の温泉療法は〝自己裁量〟にこそ、その神髄があると考えるからです。温泉療法の面白さは、主役があなたご自身であること。主体性をもつことなしには健康な心身は得られないということです。

日本人は本来、優れて個性的な民族だと私は確信しています。だからこそ、個性的な温泉を永きにわたってかくも愛し続けてきたと――。

八章　飲泉を楽しむ

湧き立ての源泉を味わう

飲泉は貴重な体験

かつては温泉は飲めるのが一般的でした。どの施設でも浴槽の湯口から湧き立ての新鮮な温泉が出ていて、コップが置かれていたものです。ところが現在では飲泉（飲み湯）可能な温泉は激減しています。現在の温泉施設の七〇％以上は同じ湯を使いまわす濾過《ろか》・循環方式で、非衛生的で飲めなくなったことが主たる原因だと思われます。

飲泉の条件としては、何よりも湧き立ての〝新鮮〟な源泉でなければなりません。飲泉には保健所の許可が必要なため、有害物質が混入していない、安全でかつ衛生状態が担保された源泉であることが必須条件となります。しかも地中の泉源からストレートに飲泉口まで送られて来る源泉でなければ許可されません。県によっては「前例がない」として、飲泉の許可を申請しても認められるまでに一年以上もかかるケースすら珍しくないようです。

つまり飲泉所が設置されているだけで、もうその施設の温泉は〝超一級〟だとして、「品質保証された」と受け止めることもできます。このように「飲める温泉」は希少価値が高いのです。そのような温泉と出合え、飲泉を体験することは、温泉の楽しみ方の幅をこれまで以上に広げてくれることでしょう。

飲泉所を備えた施設は、経営者の温泉に対する見識の高さを反映している、と私は考えています。もし地域ぐるみで飲泉に取り組んでいるとしたら、それだけでその温泉地を評価するうえで確かな指標ともなり得ます。

群馬県の**四万《しま》温泉**、山口県の**俵山温泉**、大分県の**長湯温泉**などは、温泉地ぐるみで飲泉に前向きで、飲泉のできる施設を複数備えています。

近畿地方には飲泉のできる施設は比較的少ないのですが、奈良県の**十津川《とつかわ》温泉**の**村営施設「庵《いおり》の湯」**併設の飲泉所の源泉は、私どもの科学的調査では抗酸化力に優れた一級の飲み湯です。ここは奈良県第一号の飲泉許可を取得した飲泉所で、ダム湖を望む風呂はもちろん源泉かけ流しで、足湯も備えた極めてレベルの高い公共温泉施設です。泉質はナトリウム―炭酸水素塩泉（重曹泉）ですから、血糖値や尿酸値を下げるのに効果的と思われます。

飲泉のできる施設は北海道から九州まで全国に点在しています。北海道の**滝の湯温泉「塩別つるつる温泉」**、栃木県の**塩原温泉郷（元湯温泉）「秘湯の宿　元泉館」**、**奥那須温泉「大《おお》丸《まる》温泉旅館」**、三重県の**榊原温泉「湯元榊原館」**、鹿児島県の**妙見温泉「妙見石原荘」**など、優れて抗酸化力のある飲み湯を提供している旅館も少なくありません。

とくに鹿児島空港に近く**霧島温泉郷**の玄関口に立地する「妙見石原荘」では、早くからヨーロッパのように磁器製の飲泉用のカップも販売されていて、経営者の見識の高さを窺い知ることができます。この宿はわが国を代表する一級の湯宿で、私もその環境、湯質、風呂の多様性、質の高い料理、スタッフの熟練度など、いずれも高く評価しています。

飲泉カップ（「妙見石原荘」）

飲泉に熱心な温泉地として、他にも**川湯温泉**（北海道）、**肘折温泉**、**あつみ温泉**（以上、山形県）、**伊香保温泉**（群馬県）、**増富温泉**（山梨県）、**湯屋温泉**（岐阜県）、**城崎温泉**、**湯村温泉**、**浜坂温泉**（以上、兵庫県）、**三朝《みささ》温泉**（鳥取県）、**船小屋温泉**（福岡県）、**長湯温泉**、**天ヶ瀬温泉**（以上、大分県）、**山鹿温泉**（熊本県）などがあげられます。

飲泉のできる主な温泉施設を次の表にまとめましたので、温泉選びの際の参考になさってください。

主な飲泉のできる温泉施設一覧

※表は二〇二二年一〇月時点の内容です。お出かけの際は、最新の情報をご確認ください。

*阿寒湖温泉「あかん遊久の里　鶴雅」（北海道）
*滝の湯温泉「塩別つるつる温泉」（同）
*登別温泉「第一滝本館」（同）
*白老温泉「ピリカレラホテル」（同）
*妹背牛《もせうし》温泉「ペペル」（同）
*かみのやま温泉「有馬館」（山形県）
*かみのやま温泉「三木屋《さぎや》参蒼来《さんそらい》」（同）
*小野川温泉「湯杜《ゆもり》　匠味庵《しょうみあん》　山川」（同）
*塩原温泉郷（元湯温泉）
「秘湯の宿　元泉館」（栃木県）
*塩原温泉郷（元湯温泉）「ゑびすや」（同）
*塩原温泉郷（元湯温泉）「大出館」（同）
*塩原温泉郷（大網温泉）「湯守田中屋」
（同）
*塩原温泉郷（塩の湯温泉）
「明賀屋本館」（同）

*奥那須温泉「大丸《おおまる》温泉旅館」（同）
*四万温泉「四万たむら」（群馬県）
*猿ヶ京温泉「ホテル湖城閣」（同）
※休業中、再開未定
*西山温泉「西山温泉　慶雲館」（山梨県）
*甲府湯村温泉「ホテル神の湯温泉」（同）
*上諏訪温泉「旅荘二葉」（長野県）
*八ヶ岳縄文天然温泉「尖石《とがりいし》の湯
たてしなエグゼクティブハウス」（同）
*湯田上温泉「越後乃お宿わか竹」
（新潟県）
*村杉温泉「薬師の湯」（共同浴場）（同）
*村杉温泉「長生館」（同）
*観音温泉「観音温泉」（静岡県）
*伊東温泉「伊東　緑涌」（同）
*下田相玉《あいたま》温泉
「下田セントラルホテル」（同）

＊榊原温泉「湯元榊原館」（三重県）
＊和倉温泉「加賀屋」（石川県）
＊十津川温泉「庵の湯」（共同浴場）
（奈良県）
＊湯村温泉「朝野家」（兵庫県）
＊奥津温泉「奥津荘」（岡山県）
＊三朝《みささ》温泉「依山楼《いざんろう》岩崎」（鳥取県）
＊俵山温泉「町の湯」（共同浴場）
（山口県）
＊俵山温泉「白猿の湯」（共同浴場）（同）
＊船小屋温泉「船小屋鉱泉場」（同）
＊嬉野温泉「嬉泉館」（佐賀県）
＊古湯温泉「鶴霊泉」（同）
＊長湯温泉「御前湯」（大分県）
＊長湯温泉「ラムネ温泉館」（日帰り温泉）
（同）
＊塚野鉱泉「旅館山水荘」（同）
＊由布院温泉「柚富の郷　彩岳館」（同）
＊妙見温泉「妙見石原荘」（鹿児島県）

ヨーロッパでは、温泉といえばまず飲泉

「妙見石原荘」で販売されているような飲泉用カップは、ヨーロッパの温泉地ではふつうに使用されています。

ヨーロッパでは「温泉（鉱泉）と言えば、飲泉を連想する」ほど人々になじみの深いものです。「温泉は飲む野菜」とも言われるほどで、温泉保養地では飲泉は温泉療法の基本とな

っています。温泉にはさまざまなミネラルが豊富に含まれているからです。アジアでもっとも温泉療法が盛んなモンゴルでも、常駐の専門医の指導のもと、飲泉療法が盛んに行われています。

含有成分を余すことなく体内に取り入れるという、温泉を〝くすり〟に見立てた発想でしょう。現代医学（ヨーロッパ医学）はくすりで治す治療医学であることを考えると、ヨーロッパの温泉地で飲泉が盛んなのは納得できます。温度の低い炭酸泉（二酸化炭素泉）が多かったことも、浴用よりも飲用での利用が盛んになった理由のひとつだと思われます。

温泉の歴史コラム～日本における飲泉の文化

日本では明治初年にヨーロッパ医学の指導のために来日し、後に〝日本の近代医学の父〟と称されるようになるドイツ人医師、エルヴィン・フォン・ベルツの影響で、飲泉の習慣が広まりました。ところが一九六〇年代の国民皆保険制度（一九六一年）や東京オリンピック開催（一九六四年）などを契機に、それまでの長い歴史をもつ日本人の湯治の習慣が急速に廃れ始めます。代わって観光型の温泉旅行が主流となるにつれ、本格的な湯治場以外では飲泉の習わしはほとんど消えた、と言ってもいい状況にあります。

わが国の飲泉の歴史においても、泉質に関係なく温泉を飲むと、胃腸の調子が良くなることは医学的にも確認されています。

入浴を主体とした湯治と併用すると効果は顕著ですが、胃粘膜の血流量がふえて胃の運動機能が高まり、消化器系の正常化作用が働くものと考えられます。ちなみにこの効果は入浴によっても得られます。温泉旅館に宿泊すると、つい食べ過ぎになるのは解放感だけのせいではなさそうです。

泉質については、痛風、糖尿病にはナトリウム—炭酸水素塩泉（重曹泉）、消化器系にはナトリウム—塩化物泉（食塩泉）、さまざまな疾患に有効な硫酸塩泉。ほかにも硫黄泉、酸性泉、放射能（ラジウム）泉など、ほとんどの泉質が飲泉可能です。多様な泉質を有する日本こそ、じつは〝飲泉・大国〟の条件を十分に備えているといえます。

妙見温泉「妙見石原荘」の素敵な飲泉場（著者撮影）

効果的な飲み方と効用

空腹時に噛むようにゆっくりと飲む

健康のために温泉を飲むには飲み方があります。水を飲むようにはいきません。泉質は問いません。ほとんどの泉質で効能が期待できるからです。湧き立ての新鮮で、衛生状態が担保（保健所からの飲泉許可のある）された温泉であれば大丈夫です。

酸性度の高いもの、塩分の濃厚なもの、強い硫黄泉などを除いて、大半は飲むうえで支障はないでしょう。

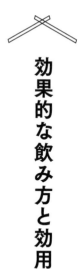

アルカリ性単純温泉やアルカリ性単純硫黄泉などクセのない泉質の温泉を有する湯宿では、よくコーヒーやお茶にも利用しています。一方で「硫黄泉（硫化水素泉）は、万病に効く」と昔から言われており、実際に私たちの入浴モニターによる実証実験でも顕著な効果を確認してきましたが、この泉質はクセがあって飲むうえで難点があることも確かです。

そこで湯治の歴史の長い栃木県の**塩原温泉郷（元湯温泉）「秘湯の宿　元泉館」**では、朝食時に複数ある源泉の中から胃腸に適した名湯、硫黄泉の「邯鄲《かんたん》の湯」で炊いた「温泉おかゆ」を提供しています。長野県の**白骨温泉**でも、地域ぐるみで硫化水素泉（硫黄泉）を同じように「温泉粥」で提供し、宿泊客に喜ばれています。白骨温泉は各宿が自家源泉を所有しており、同じ粥でも宿ごとに味が微妙に異なる点がポイントです。「〝効く〟硫黄泉の成分をまるごと体内に取り込んで健康になってもらいたい」との温泉経営者の思いです。これなども「形を変えた飲泉」ですね。

さて飲む量は一〇〇～二〇〇ミリリットルのコップ等で一日に二～三杯。利尿作用を目的とする場合はこの数倍飲むこともあるでしょうが、この場合は医師に相談された方が良いでしょう。**飲み方はごくごくと一気に飲むのではなく、噛むようにして時間をかけて飲みましょう**。マイカップに新鮮な源泉を入れて、森林浴や渓流沿いを散歩しながら、あるいは贅沢に足湯を楽しみながら味わうのも素敵ですね。

温泉は適時に飲めば良いというわけではなく、もっとも効果的なのは基本的には空腹時、食事と食事の間です。理由は胃の粘膜に吸収しやすいためです。ただ空腹時といっても、飲泉の直後に食事というのは避けたいですね。

ただし、胃腸の粘膜に刺激を与え胃腸障害を起こしやすい鉄泉は、胃に食事の残存物がまだある食後に飲むのが良いでしょう。放射能（ラジウム）泉も刺激を与えやすいので、食後が好ましい。ラドンが徐々に吸収されるようにするためです。

飲泉でもっとも大切なのは、繰り返しになりますが、湧出したての鮮度の高い温泉を飲むことです。温泉は時間の経過とともにエイジング（酸化）します。

飲泉は一度飲むだけでも効く

飲泉は入浴と異なり、「一、二杯飲んだからといってすぐに効果は現れない」と思われがちですが、平成二八（二〇一六）年に閉院された旧岡山大学医学部附属三朝《みささ》医療センター等で、「一度飲んでも、連日飲んでも胃粘膜の血流量が改善される」ことが確認されています。

昔から、入浴でも、飲み湯でも、胃粘膜の血流量が増加するといわれていました。胃粘膜の血流量がふえると、胃の運動機能、胃液分泌機能が高まり、慢性胃炎、胃潰瘍の治癒だけでなく予防にも有効です。しかも泉質は問いません。

入浴や飲泉による胃の運動機能の向上、胃酸分泌機能の正常化（胃酸の分泌の多すぎる場合は抑制し、少ない場合は促進させる）は、自律神経のバランスによってコントロールされています。第一章でもふれましたが、自律神経は〝緊張の神経〟こと交感神経と〝リラックスの神経〟こと副交感神経からなっており、私たちの意思ではコントロールできません。それだけに温泉による自律神経調整の働きは貴重といえます。

温泉の科学コラム〜飲泉は入浴並みの効果があるのか？

珍しい「飲泉許可」を取得した施設

北海道の旭川市に近い米どころ妹背牛町の**妹背牛《もせうし》温泉「ペペル」**のように、源泉かけ流しで、しかも飲泉の許可まで取得している公共温泉施設となると、全国的にも稀な存在です。他にすぐに思い浮かぶのは大分県**長湯温泉**の竹田市営の**「御前湯」**でしょうか。

四、五年前、私たちは町営の日帰り温泉施設「ペペル」で、「飲泉療養効果」の実証実験の機会に恵まれました。入浴モニターによる実証実験は全国各地で行ってきましたが、三か月に及ぶ飲泉モニターの協力による検証は初めてのことです。

「健康寿命」の延伸が叫ばれている今日、ＱＯＬ（クオリティ・オブ・ライフ＝「生活の質」）を高めるうえで、温泉に対しても従来の〝温泉気分〟から〝効く温泉〟が求められ始めています。それは首都圏、関西圏を中心とした大都市に日帰り温泉施設が急増している現象からもうかがえます。現役世代は予防医学としての〝効く温泉〟に期待感を抱いていると、私は感じています。「日々の疲労を取りのぞき自律神経を整えること」は、予防医学のもっとも大切な基本だからです。

そのような期待に応えるには、妹背牛温泉のような条件の整った施設において、〝飲泉〟

の科学的な実証実験を行うことは意義のあることでしょう。ドイツ、フランス、イタリア等、ヨーロッパの先進諸国のようにエビデンス（科学的根拠）が得られれば、飲用の温泉を入浴と併用することで、温泉の楽しみ方のバリエーションを広げ、日本人の温泉に対する信頼、期待に応えていけるのではないかと考えています。

しかし、飲泉の習慣が根付いていない日本では、飲泉モニターを長期間お願いすることは難しく、そのうえ飲泉に際しては、新鮮な「活性」状態の温泉を飲むことがもっとも大切で、モニター期間中、飲泉所に一日に二度も足を運ばなければならないことは、モニター協力者の確保をさらに困難にしました。そこで「ぺペル」から五〇〇メートルほど離れた妹背牛町役場の職員一五名にお願いして、モニターになっていただきました。「ふだんは飲泉をしていない、また現在通院しておらず、糖尿病の治療も受けておらず、服用中の薬がない人」がモニター参加の条件でした。「ぺペル」のスタッフが、週末を除く毎日、午前と午後に役場へ運び込んだ新鮮な飲泉用の温泉水を、役場の職員に休憩時間等に飲んでもらうことになったのです。

妹背牛町でのモニター調査

「飲泉モニター」は一五名（平均年齢＝四一歳、男性＝一〇名、女性＝五名）。飲泉モニター開始時、終了時の二回、体温と血圧の測定、唾液の酸化還元検査、及び医師により採血をしました。血液から酸化ストレス度、抗酸化力、潜在的抗酸化力、並びに空腹時血糖、HbA1c（ヘモグロビン・エー・ワン・シー）等の検査を行いました。

飲泉モニターの一番の眼目であった酸化ストレス度の測定と血糖値に関して、簡単にふれておきます。

先の章でもふれたように細胞膜や生体膜を酸化させる活性酸素は、老化（エイジング）やがん、糖尿病、高血圧、肥満症など「生活習慣病」の元といわれています。肌のシワ、シミなどの原因もそうです。そこで、酸化ストレス度測定（d－ROMsテスト）を用いて、入浴（または飲泉）前後における血液中の特定の代謝物の量を比較することで、活性酸素の除去に温泉が寄与しているかどうかを最重点に検証しました。

加えて血糖値です。糖尿病は今や〝国民病〟と言ってもいいでしょう。厚生労働省が発表した令和元（二〇一九）年のデータによると、「糖尿病が強く疑われる人」の割合は男性一九・七％、女性一〇・八％。五年前の二〇一四年で男性一五・五％、女性九・八％でしたから、とくに男性の増加が懸念されます。活性酸素による「酸化ストレス」は糖尿病の大きな要因と考えられています。

飲泉モニターと並行して検証した〝入浴〟による酸化ストレスの増減についての「三か月通い湯治モニター」群は、週一回入浴群一八名のモニター（平均年齢五〇歳、男性七名、女性一一名）で実施。女性入浴モニターの割合を多くしたのは、妹背牛温泉の泉質が〝美肌の湯〟で知られる重曹泉であることが理由でした。

活性酸素・フリーラジカルの代謝物が「正常域内」に収まるモニターは、開始前に一八名中六名（三三・三％）であったのが、三か月後には一八名中一七名（九四・四％）と大幅な増加をみせています。妹背牛温泉での入浴者は活性酸素を除去・抑制する可能性を示唆する結果が出たのです。

参考のため、飲泉モニターではない「週一回入浴群」（三か月通い湯治モニター）一八名の結果を次の表に掲載します。

	年齢	湯治前の活性酸素・フリーラジカルによる代謝物	湯治後の活性酸素・フリーラジカルによる代謝物
1	39	277	184
2	47	✱✱✱ 353	267
3	69	✱ 303	274
4	65	✱✱✱ 342	252
5	61	✱✱✱ 372	✱✱ 326
6	68	259	236
7	47	248	241
8	32	275	232
9	32	✱✱✱ 353	282
10	66	✱✱✱✱ 433	289
11	32	✱✱ 328	278
12	59	✱✱✱ 381	298
13	40	✱✱ 325	270
14	50	✱ 306	258
15	50	✱✱✱ 380	264
16	55	252	290
17	64	277	183
18	31	✱✱ 324	246
平均	50	✱✱ 322	259

単位：CARR U（ユニット・カール）
1 CARR UはH_2O_2（過酸化水素）0.08mg/dLに相当する

✱✱✱✱✱	かなり強度の酸化ストレス（501以上）
✱✱✱✱	強度の酸化ストレス（401-500）
✱✱✱	中程度の酸化ストレス（341-400）
✱✱	軽度の酸化ストレス（321-340）
✱	ボーダーライン（301-320）
	黒字のみは正常（200-300）

「週1回入浴群」の湯治前後の酸化ストレスの増減
○モニター実施期間：平成28年9月3日～11月26日
○ペペルにて

飲泉でも、活性酸素は有意に減少

「飲泉モニター」の方は、実証実験の開始前に一五名平均で「軽度の酸化ストレス」状態にあったのですが、一日に二回の飲泉を週五日、三か月継続して、〝有意に減少〟をみました。しかもモニター全員の平均でも活性酸素が「正常域内」を示しました。

開始前にモニター一五名中六名（四〇・〇％）がすでに「正常」でしたが、終了時には二倍近くの一一名（七三・三％）に増加しています。これに「ボーダーライン」を加

	年齢	飲泉前の活性酸素代謝物	飲泉後の活性酸素代謝物
1	40	274	257
2	29	✱✱✱✱ 419	280
3	43	✱✱✱✱ 465	✱✱✱ 359
4	54	294	✱ 301
5	45	✱✱ 324	262
6	18	272	154
7	48	✱ 312	279
8	39	248	243
9	37	245	236
10	22	238	245
11	49	✱✱ 324	✱ 316
12	52	✱✱✱✱ 409	✱✱✱ 344
13	58	✱✱ 322	267
14	39	✱ 308	272
15	47	✱✱✱ 377	243
平均	41	✱✱ 322	271

単位:CARR U

- ✱✱✱✱✱ かなり強度の酸化ストレス(501以上)
- ✱✱✱✱ 強度の酸化ストレス(401-500)
- ✱✱✱ 中程度の酸化ストレス(341-400)
- ✱✱ 軽度の酸化ストレス(321-340)
- ✱ ボーダーライン(301-320)
- 黒字のみは正常(200-300)

「飲泉モニター」の酸化ストレスの増減

○モニター実施期間:平成28年9月3日～11月26日
○ペペルにて

酸化ストレスの程度	飲泉前		飲泉後
かなり強度の酸化ストレス	0%	→	0%
強度の酸化ストレス	20.0%	→	0%
中程度の酸化ストレス	6.7%	→	13.3%
軽度の酸化ストレス	20.0%	→	0%
ボーダーライン	13.3%	→	13.3%
正常	40.0%	→	73.3%

「飲泉モニター」の酸化ストレス度の変化

えると、八六・七％という高い数値が出ました。しかもモニター一五名中一三名の活性酸素・フリーラジカルの代謝物量が減少し、増加した二名もそれぞれ「正常域内」と「ボーダーライン」での増加でした。

血糖値は下がるのか？

妹背牛温泉の泉質はナトリウム−塩化物・炭酸水素塩泉（含食塩−重曹泉）です。飲泉による温泉療法が確立されているヨーロッパ諸国では、「重曹泉は糖尿病に有効」として、温泉医療の現場で積極的に活用されています。

日本では重曹泉は〝美人の湯〟、〝美肌の湯〟で知られていますが、**温泉をもっぱら治療や予防に活用してきたヨーロッパでは、温泉に対する捉え方がわが国とはかなり異なります。**ドイツ、フランス、イタリア以外でも、ロシア、ハンガリー、ブルガリアなどで、温泉療法に医療保険が適用されています。ちなみにアジアでは、ヨーロッパの温泉療法の流れを汲むモンゴルでも、同様に保険が適用され、温泉保養所は大変な人気です。

ヨーロッパではナトリウム－炭酸水素塩泉（重曹泉）を飲用すると、胃腸の機能を正常化するだけでなく、胆汁の分泌を促し、肝臓や膵臓の機能をも適正化するため、胆石症や糖尿病に効果的とされています。とくに糖尿病に関しては血糖降下作用が確認されています。

飲泉と血糖値の関係

妹背牛の一五名の飲泉モニターの協力で、空腹時血糖とＨｂＡ１ｃの検証を行いました。

①空腹時血糖値

一〇時間以上絶食した状態で計測。食事前、血糖値がもっとも低くなっている状態の値を判定したものです。

②ＨｂＡ１ｃ（ヘモグロビン・エー・ワン・シー）

一〇時間以上絶食下状態で計測。赤血球に含まれるヘモグロビンにブドウ糖がくっついたものをＨｂＡ１ｃと呼びます。検査直前の食事や運動などの影響を受けない過去一～

二か月の平均的な血糖の状態を知ることができます。

空腹時血糖値の「基準値」は七〇～一〇九mg／dLです。モニター平均で、飲泉湯治前に血糖値は「基準値」内にあり、湯治終了時には同じく「基準値」内でさらに減少を示しました。

糖尿病で通院していないことをモニター参加の条件としたのですが、実際に一五名全員が飲泉開始前から「基準値」内にあったことも確認しています。

内訳は終了時に血糖値がさらに下がったモニターは、一五名中八名で、全体の五三・三％を占めました。わずかに上がったモニターも全員が基準値内での変動でした。

一方、ＨｂＡ１ｃの「基準値」は四・六～六・二％です。飲泉モニターの平均が飲泉湯治前には五・三％で、終了時にも同じく五・三％で変化は認められませんでした。

ＨｂＡ１ｃも、空腹時血糖同様に湯治前にモニター平均で「基準値」内にあり、また個別でも一五名全員が「基準値」内に収まっていました。

平均では変化はなかったのですが、個別の内訳が下がったモニターは一五名中六名（全体の四〇・〇％）、変化なしは四名（二六・七％）で、上がったモニターは五名（三三・三％）でした。わずかに上がったモニターも全員が基準値内での変動でした。

結果はほとんどの検証で期待以上の数字が得られ、「飲泉がこれほど効果があるとは！」と、正直言って衝撃を受けたものです。飲泉より入浴を常に上位に考えていたものですから、あらためて〝温泉の奥深さ〟を思い知らされました。

日本にはナトリウム―炭酸水素塩泉（重曹泉）はかなり多いのですが、妹背牛温泉のように飲泉の許可が得られている施設となると非常に少ないことは事実です。炭酸水素塩泉で有名な温泉といえば**嬉野温泉**（佐賀県）ですが、**「嬉泉館」**は自家源泉を有し、風呂は源泉かけ流しで、飲泉もできます。また、長野県の歴史ある老舗旅館、**小谷《おたり》温泉**の**「大湯元　山田旅館」**も飲泉が可能な炭酸水素塩泉で、古くから糖尿病に効くといわれてきました。先にもふれた奈良県**十津川温泉**の村営**共同浴場「庵の湯」**併設の飲泉所も、炭酸水素塩泉で、村からの依頼で科学的な調査を行いましたが、抗酸化作用に優れた還元系の大いに期待のできる飲み湯です。他には**白老温泉「ピリカレラホテル」**、**登別温泉「第一滝本館」**（いずれも北海道）などがあげられます。

十津川温泉「ホテル昴」の飲泉所併設の庭園天然風呂。抗酸化力のある源泉である（著者撮影）

九章　源泉を楽しむ

温泉は生もの

「源泉」とは？

「源泉」という言葉から、何をイメージされますか？　「源泉かけ流し」という言葉がすっかり定着しましたから、源泉という温泉の専門用語も市民権が得られたといえるでしょう。

源泉とは「地中から湧き出た温泉そのもの」を指します。人為的に水を加えたり薬剤などを混入しない、地中から噴出した温泉そのもののことです。

温泉は〝生もの〟です。私たちが採りたての野菜や果物、あるいは水揚げしたばかりの魚介類にこだわるように、湧き立ての温泉にこだわるのは科学的に理に適ったことです。

「鮮魚」という言葉があるように、生ものは「鮮度が命」ということですね。温泉は地中深く無酸素状態で誕生するため、地表に湧き出た後に空気にふれ続けることは、その〝生命力〟を失うことを意味します。この状態を「酸化した」といいます。私たちの細胞も酸化して、さまざまな疾病の原因のひとつとなることはよく知られているところです。

湧きたての温泉、すなわち源泉の科学的な特徴は何でしょうか？　それは「還元状態」にあるということです。地下水も還元状態にあるのですが、温泉は地下数キロメートルから十数キロメートルの深さから湧出すること、またさまざまな鉱物、ガス等が含まれていることなどから、同じ還元状態でも湧水とはレベルが格段に違います。

酸化は、例えば鉄がさびることを指します。化学的には物質（水、温泉水など）が電子を失うことです。還元はその反対、電子を得ること、さびを取ることです。事実、さびたクギを温泉に浸けておくとさびが取れます。これを「還元した」といいます。エイジング（酸化）を抑制することも可能です。

源泉は「活性力」を宿しているから美しい

皆さんは源泉を間近に見たことはありますか？　温泉地へ出かけてもなかなか源泉を見る機会に恵まれませんが、**草津温泉**街の中央の「湯畑」を実際に見学されたり、ＴＶ番組などでご覧になったことはあるでしょう。あの湯畑は日本が世界に誇る代表的な源泉です。毎分約四〇〇〇〇リットルもの大量の源泉が噴き出てくるのです。

源泉が湧出する井戸を「泉源」と呼びます。「湯元」のことです。

源泉を見られる温泉地は草津のほかにも主なところで**登別温泉**（北海道）、**ニセコ湯本温泉**（北海道）、**須川高原温泉**（岩手県）、**玉川温泉**（秋田県）、**蔵王温泉**（山形県）、**奥日光湯元温泉**（栃木県）、**野沢温泉**（長野県）、**別府温泉**（大分県）などがあげられます。

歴史的な名湯、**熱海温泉**（「熱海七湯めぐり」静岡県）や**有馬温泉**（兵庫県）では、泉源巡りができます。案内板があって源泉の由来等が掲示されています。

源泉を見て感じることは何でしょうか？　私たちが実際に浴槽に浸かる湯と何か違いを感じることができるでしょうか？　一言で表現すると、「源泉は美しい！」ということではないでしょうか。深い地中から噴出したばかりで、生命力を宿しているから美しいのでしょう。〝活性力〟が漲《みなぎ》っている。〝温泉力〟が漲っているから、美しいのだと思います。〝活性力〟こそが、入浴する私たちの肌を含め全身の細胞を活き活きとしてくれます。それが証拠に医学がこれほど発達した今日でも、私たち日本人はなおも温泉に浸かることをやめません。温泉へ行くことに大いなる喜びさえ感じています。

日本人は「温泉へ行く」というだけで、もう活き活きとしてきます。まるで全身の細胞が活性化してきたかのように。これも日本人と温泉の長いかかわりの歴史のなかで育まれてきた、日本人特有のＤＮＡの一部のようなものなのでしょう。

とくに草津の〝湯畑源泉〟はじっくりと見学でき、また見ていて楽しくもあるので、よく観察してください。源泉は必ずしも無色透明ではない。草津の場合は硫黄の香りもします。地下深くで誕生した源泉はその後、長い地中の旅をしてようやく地表に湧出します。さまざまな鉱物やガスを取り込んできた源泉は、たとえ一見、単純温泉のような無色透明な湯であっても、地下水とは異なる濃度を感じさせます。無色透明な湯が美しいわけではありません。〝活性〟を感じられてこそ、温泉の温泉たる所以《ゆえん》、すなわち〝温泉の本質〟だということです。浴槽に肩まで体を沈め、心と体に活性が感じられ、喜びが湧き上がってくるような温泉を「美しい」というのです。それが温泉本来の個性だからです。もちろん乳白色や灰白色の「濁り湯」の場合であっても、です。

なかには水道水を沸かした湯と五十歩百歩の温泉もあります。活性や生命力の感じられないただの温かい水。これを美しい温泉、清潔な温泉とは言いません。活性力のある温泉は透明であっても、濁り湯であっても殺菌作用、抗菌作用に優れていて、科学的にも清潔です。

泉源（湯元）で湧く源泉と私たちが実際に入浴する風呂の源泉（温泉）が科学的に差がなければならないほど、私たちの心は、全身の細胞は理屈なしに喜ぶことでしょう。源泉の活性力を衰えさせるもとがエイジング（酸化）ですが、人為的に酸化を加速させるものは、湯の撹《かく》拌《はん》、加水、濾過《ろか》・循環、塩素系薬剤の混入などです。ただ温度を下げるために自然由来の地下水で割っても、なお温泉力に優れた〝還元状態〟の温泉と出合うことがときどきあります。奈良県十津川村の**湯泉地《とうせんじ》温泉**などはその代表的なケースです。

源泉が湧出する泉源（湯元）のある温泉街で、忘れてはならない効用に、「湯煙」があります。日本人は優れて情緒的な民族だと思いますが、湯煙のある温泉は日本人の心の「琴線」にふれ、副交感神経に揺さぶりをかけ、癒やされます。

日本人のいわばＤＮＡに〝湯煙情緒〟情報なるものが刷り込まれていて、〝温泉情緒〟、〝温泉風情〟などという言葉で現代に至るまで伝わっています。このような言葉が伝わってきたのは、それが日本人の健康力を高めるうえで紛《まぎ》れもなく貢献してきたからでしょう。

〝香り〟も楽しんでください。エイジングの進んでいない風呂の湯口から出る源泉（温泉）から、泉質によりいろいろな香りを楽しむことができ、癒やされたことは皆さんも経験されているでしょう。地中から湧きたての源泉からは、風呂よりはるかに本物の芳香が漂うものです。

究極の「生源泉」探し

ところで究極の「生源泉」に浸かるにはどうしたらよいかおわかりですか？　そうです。「直湧《じかわ》き」の風呂に浸かることでしたね。すでに一章で直湧きについて説明しました。「直湧き」も源泉のひとつで、泉源が浴槽の下にあり、空気にふれる前に生源泉が入浴者の体にふれる極めつきの温泉のことです。大昔は湯温が熱過ぎないかぎり、私たちの祖先は皆直湧きの温泉に入っていたに違いありません。湧出口の上を風呂にするのが一番手っ取り早いからです。結果的にはそれが科学的にも一番心身に効く風呂でした。

乳頭温泉郷「鶴の湯温泉」（秋田県仙北市）

代表的な直湧き源泉の温泉は**乳頭温泉郷**の**「鶴の湯温泉」**（秋田県）です。混浴と女性専用があり、ともに野趣あふれる大露天風呂で、底から絶えず新鮮な源泉が湧き出てきます。

雪国ですので寒い季節には噴き出し口付近に浸かり、暑い季節には適温の位置に移動します。広い露天風呂なので自分好みの湯温を探せることも案外、人気の秘密かもしれません。人気の秘密と言えば、湯の色もです。〝乳白色〟の美しい源泉には誰しもがうっとりしてしまうでしょう。もちろん湯の香りも天然です。

「鶴の湯温泉」には心身に〝効く〟要素がすべて揃っている感じですね。まさに究極の癒やしの源泉といえます。私はここが科学的にも抗酸化作用に優れた温泉であることを、確認してあります。「鶴の湯温泉」だけではなく、このような源泉、生源泉を探し出せると、温泉旅行の楽しみは格段に広がることでしょう。

乳頭温泉郷「鶴の湯温泉」の直湧きの源泉露天風呂。乳白色の湯があふれる（著者撮影）

主な温泉地の源泉

温泉へ行ったら、源泉をぜひ訪ねたい

次に先ほどあげた主な温泉地の源泉について簡単にご紹介します。ぜひ美しい源泉を間近に見た後、その源泉が引かれた鮮度抜群の風呂に浸かって、全身の細胞で〝源泉力〟を感じてみてください。きっと新たな温泉の楽しみ方を発見して、病みつきになるかもしれません。

登別温泉（北海道登別市）

登別温泉のシンボルは「登別地獄谷」。土産店、飲食店、大型温泉ホテル、**温泉銭湯「夢《ゆ》元《もと》さぎり湯」**などが軒を連ねる登り坂の温泉街を奥に進むにつれて、硫黄の香りが一段と濃くなります。

その香りの源、泉源（源泉地）「登別地獄谷」の入り口にビジターセンター「登別パークサービスセンター」があります。登別温泉の自然や成り立ちを学ぶ展示コーナーがあり、地獄谷や大湯沼、大湯沼川天然足湯などの地図、パンフレット類も入手できます。

登別では一日一万トン（ドラム缶約五万本）、日本にある一〇種類の泉質中九種類もの泉質が自然湧出しており、その最大の源泉量を誇るのが地獄谷なのです。

日和山《ひよりやま》の噴火活動によりできた爆裂火口跡で、直径約四五〇メートル、面積は甲子園球場の二・八個分に匹敵する約一一ヘクタールもあります。地獄谷遊歩道は楽に巡れ、一〇〜一五分もあれば大丈夫です。展望台から、地獄谷の底や斜面から火山ガスや源泉が噴出する様子を一望できます。耳を澄ますと、ボコボコと熱い源泉が湧き出す音が聞こえてきます。

地獄谷の中央付近にあたる遊歩道の最深部まで行くと、「鉄泉池」の案内板がありました。熱湯を噴出する「湯煙地獄」で、中央に小さな「間欠泉」があります。数分おきに噴き上げていて、煮えたぎる光景は迫力満点、地球の息吹すら感じられます。

地獄谷の北にも登別温泉街に供給される泉源「大湯沼」があり、大湯沼遊歩道をたどると一〇分ほど。ここも日和山の爆裂火口跡で、周囲約一キロメートル。

登別温泉の最大の源泉量を誇る「登別地獄谷」
（著者撮影）

沼底から約一三〇度の硫黄泉が噴出しており、表面は灰黒色をしています。

温泉街へ戻る際にぜひ寄りたいのが、大湯沼からあふれ出した湯川の**足湯「大湯沼川天然足湯」**です。源泉一〇〇％、森のなかの「天然の足湯」ですから、これほど癒やされる足湯は全国でも稀でしょう。遊歩道を歩いて来たあなたへの〝大自然からのご褒美〟です。

温泉街のメインストリート沿いに快適な入浴施設「夢元さぎり湯」があります。じつは私も「さぎり湯」の大ファンです。ここには硫黄泉と明礬泉《みょうばんせん》のともに地獄谷を湯元とする二つの浴槽があり、もちろん〝源泉一〇〇％かけ流し〟の極上湯です。しかもあまり知られていないのですが、地獄谷から地形の落差を利用した「自然流下」で生源泉が浴槽に注ぎ込まれています。

動力を使って湯を送ると撹拌され酸化されやすいため、「さぎり湯」のような自然流下による送湯は適した方法といえます。このような施設は全国でも稀です。美しい乳白色の湯で、源泉巡りの疲れは瞬く間に解消されることでしょう。

ニセコ湯本温泉（北海道蘭越町）

スキーで国際的に有名なニセコ山系のチセヌプリ南麓に濃い硫黄臭を漂わせながら高く湯煙を噴き上げる大湯沼は、**ニセコ湯本温泉**の源泉で、すぐ近くの野趣あふれる露天風呂で人気の**「蘭越《らんこし》町交流促進センター雪秩父」**や温泉旅館へ送湯されています。

縦約五〇メートル、横約九〇メートル、周囲約二〇〇メートルの大湯沼には、遊歩道が整備されており、歩いていると、強烈な硫黄の匂いや定期的に沼底から噴き上がる灰白色の熱湯が見え、地球の脈動を感じます。

明治時代には硫黄を採掘していた大湯沼の沼底から、二酸化硫黄を含む一二〇度前後の高温ガスが噴気し、湯面は煮えたぎるようで、迫力があります。湯面には湯の花（学術的に貴重な黄色球状硫黄）が浮遊しています。

大湯沼から入浴施設「雪秩父」まで数十メートル。人気の野趣あふれる露天風呂に浸かりながら、源泉一〇〇%かけ流しの生源泉を五感で堪能しました。露天風呂から間近に大湯沼の高く立ち上る湯煙が見えます。これほど贅沢な湯浴《ゆあ》みはそうないでしょう。

目の前のチセヌプリは全山、錦の秋色に彩られていました。臭覚で硫黄の香りを感じ、視覚で白濁した湯の色、紅葉の山を愛《め》でる。湯口から浴槽に湯が注ぎ込み、ときおり静かに吹き渡る風が草木を揺する音に聴覚を呼び覚まし、触覚で湯の花の浮かぶ濃厚な硫黄泉の感触を全身で堪能する。こうして源泉地で本物の自然に包まれながら、五感を蘇生させる――。

須川高原温泉（岩手県一関市）

岩手、宮城、秋田の三県にまたがる栗駒山の中腹、標高一一二六メートルの高所に湧く**須川高原温泉**。平安時代の発見と伝わる湯温五〇度近く、pH一・九の強酸性の明礬・緑礬泉（含鉄（Ⅱ）・硫黄－ナトリウム－硫酸塩・塩化物泉）は、江戸時代から療養の湯で知られ、現在では三〇〇年以上にわたる陸奥《むつ》の秘湯として、また栗駒山の登山基地としても根強い人気です。

旅館部と湯治部から成る「須川高原温泉」の大きな木造の施設の裏手にまわると、毎分六〇〇〇リットル（ドラム缶約三〇本）もの大量の明礬・緑礬泉が噴出し、美しい源泉が湯川となって流れ落ちる様子を間近に見ることができます。一か所の泉源から湧出する量としては全国二位です。川床は硫黄で黄色味を帯びており、また猛烈な勢いで流下する源泉は美しい青味を帯びています。事実、すぐ近くの大露天風呂も同じような鮮やかな色をしていました。

登山路を一〇分ほど歩くと木造の小屋があります。入り口に「蒸し風呂」と書かれています。その昔、里に住む花魁《おいらん》が好んで入ったことから通称「おいらん風呂」と呼ばれています。床に穴が空いており、そこから激しく蒸気が出てきます。穴をふさがないようにゴザを敷いて寝そべりタオルとビニールにくるまると、間もなく全身が蒸気に包まれ気持ちのよいこと！

体が軽くなりました。もちろんパワー漲《みなぎ》る生源泉によるデトックス（解毒）効果も！

玉川温泉（秋田県仙北市）

十和田八幡平《はちまんたい》国立公園に濃厚な湯煙とともに湧く**玉川温泉**には二つの日本一があります。

ひとつは一か所の泉源から湧出する源泉量が日本一で、毎分九〇〇〇リットルにも及びます。この源泉の湧出口（泉源）を「大噴《おおぶけ》」といい、源泉名は「大噴源泉」です。二つ目はpH一・〇五～一・二といわれる日本一の強酸性であること。その強さは鉄、アルミニウムなどの金属をはじめコンクリートのセメントを溶かすほどで、玉川温泉の浴槽はもちろん浴舎も木造です。

玉川温泉は奈良時代末期に焼山西側の中腹から噴火した際の爆裂火口跡に湧く温泉です。その渓谷に探勝遊歩道が整備されており、噴火口跡からすさまじい勢いで噴出する「大噴源泉」を間近に観察できます。

「大噴」から噴出した九八度の熱湯が幅三メートルもの湯川となって流れる様子はダイナミックそのものです。遊歩道を歩いていると風向きによっては濃い湯煙に包まれ、立ちすくんでしまいます。この蒸気に含まれる温泉成分を吸入すると、気管支系の疾患に良いといわれます。

その日の天候によって微妙に色は変化するようですが、美しいコバルトブルーの源泉が流下

玉川温泉の有名な天然岩盤浴（著者撮影）

する先には、湯の花を採取する木の樋《とい》が並んでいます。

「大噴」の先へ進むと、噴気地帯が現れ、療養客が地面に横になり「岩盤浴」をする光景を目の当たりにします。地温が四〇~五〇度ぐらいあり、〝天然岩盤浴〟ができるのです。岩盤浴という言葉は玉川温泉が発祥の地です。近くにテント小屋（無料）が設営されており、そのなかで岩盤浴をすることも可能です。

療養目的で玉川温泉に滞在する人たちは、岩盤浴を毎日二回、一回四〇分を基本メニューとします。

玉川温泉には微量のラジウムが含まれており、一〇年間で一ミリメートルずつ石化してわが国唯一の「北投石《ほくとうせき》」（特別天然記念物）となります。世界では他に台湾の台北市郊外の**北《ペイ》投《トウ》温泉**だけという貴重な鉱物です。

大噴源泉を引いた大浴場でpH一・二という日本一の強酸性泉の一軒宿「玉川温泉」に浸かってみましょう。手始めに濃度を半分に薄めた浴槽に入り体を慣らします。次に一〇〇％の生源泉に浸かります。周りの人は〝黙浴〟をしています。笑みはありません。療養目的の湯治客が多いこともあるのでしょう。文字通りただ浸かるだけ。体をこすって傷でもつくようなら染みて大変です。手を目にふれてもいけない。

源泉が湧出口から噴き出す様子、それが美しい湯川となって流れる光景を見学し、仕上げにその源泉に浸かる――。これこそ温泉大国・日本ならではの〝温泉の流儀〟というもの。

奥日光湯元温泉（栃木県日光市）

ラムサール条約に登録された、奥日光の湯ノ湖の北岸に湧く閑静な温泉地です。昭和二九（一九五四）年に、**奥日光湯元温泉**は青森県の**酸ケ湯温泉**《すかゆ》、群馬県の**四万温泉**とともに「国民保養温泉地」の第一号指定を受けたほど、その湯質と自然環境は高く評価されています。歴史は古く、奈良時代に日光開山の祖、勝道《しょうどう》上人によって発見されたと伝えられています。

湯ノ平湿原に点在する奥日光湯元温泉の源泉は、特徴のある低い屋根で守られ、〝源泉小屋〟と呼ばれています。温泉街や、入浴のできるお寺で有名な**「日光山温泉寺」**（日光山輪王寺別院）の境内から木道が延びており、硫黄の香りが漂う湯ノ平湿原をさらに進むと、複数の源泉小屋が現れます。

地面からボコボコと音を立てながら源泉が湧出しています。硫黄の香りと濃い湯煙に、いかにも「山の出湯《いでゆ》に来た」と、日本人なら琴線をくすぐられることでしょう。近年、温泉の湯煙や匂いの感じられない都市型の温泉地が多いものですから、このように直《じか》に源泉と接すると感激もひとしおです。この辺りは雪も多いので、温泉井（泉源）を守るための小屋掛けなのでしょう。ここから源泉は温泉街の旅館だけでなく、中禅寺湖畔の**中禅寺温泉**へも送湯されています。

温泉寺の御堂と庫裡《くり》の間にある「薬師湯」に入浴しました。

勝道上人が発見した温泉は「薬師湯」「瑠璃湯」と呼ばれたと伝え聞きますから、その名を継承した霊験あらたかな湯なのでしょう。事実、木の浴槽に注がれている源泉かけ流しの単純硫黄泉は濃厚で、いかにも効きそうな乳白色の湯でした。メタケイ酸の含有量も豊富で、とくに女性には嬉しい〝美肌の湯〟です。

源泉小屋に湧き出る湯は無色透明であったり、エメラルドグリーンであったりするのですが、温泉は〝生もの〟ですから空気にふれて刻々と変化し、浴槽では乳白色に変色していました。ただし、その日の天候によっても微妙に色は異なります。源泉は色の芸術品なのです。

草津温泉（群馬県草津町）

草津はわが国を代表する温泉だけあって、その湧出量は圧倒的です。とくに温泉力の目安となる「自然湧出量」は毎分三万二三〇〇リットル（一日にドラム缶で約二三万本）以上で、日本一を誇ります。

草津を訪れるたびに、「草津の草津たる所以《ゆえん》は湯畑にある」との確信がますます強くなります。草津のシンボルともいえる「湯畑」の姿に、湯守りたちの誇り高き歴史と文化が透けて見えてきそうです。

温泉街の中央、周囲に硫黄の香りをふりまきながら、毎分約四〇〇〇リットルもの大量の源泉を噴出し続ける湯畑。幅二〇メートル、長さ六〇メートルに及ぶ、草津のというよりは

「日本を代表する泉源（湯元）」といっても過言ではないでしょう。

湯畑の端で湯滝となって落下する源泉の迫力に、見る者だれしもが圧倒されると同時に、マグマ由来の源泉のパワーを全身に受けとめます。そう、日本人は古来、温泉からエネルギーをもらってきました。

湯畑の周囲の瓦を敷き詰めた遊歩道を歩きます。湯滝の反対側の湯畑の一角に四角い木枠が沈んでいます。「八代将軍徳川吉宗が、湯枠の源泉を樽詰めして江戸城へ運ばせ湯治をした名残」との案内板があります。有名な「御汲上の湯」です。

湯畑を囲む石柱には草津を訪れた文人墨客の名が彫られています。行基菩薩、日本武尊、源頼朝、木曽義仲、近年では志賀直哉、高村光太郎、竹久夢二、斎藤茂吉……。草津の〝湯畑源泉〟は、やはり象徴として、日本のパワーの源であったようです。

湯畑の周りに総檜造りの東屋があり、若い人たちが足湯を楽しんでいます。**足湯「湯けむり亭」**です。江戸時代の絵図を見ると、この位置に共同浴場「松乃湯」があり、東屋はその建物を再現したようです。江戸時代のことですから、屋根掛け程度の簡素な造りだったのでしょう。

夕暮れ時から湯畑がライトアップされました。日本列島至る所にライトアップのされる観光名所はありますが、源泉のライトアップというのは珍しい。湯畑は規模が大きいだけに見応えがあります。幻想的な源泉の色、遊歩道を散策する色浴衣姿の彩り、雪景色にはどのような風景になるのか、まだ訪れたことのない真冬に足を運びたいとの誘惑に駆られます。

足湯「湯けむり亭」、湯滝、それに遊歩道上の広場の三か所に、コロナ禍の最中に**「手洗乃湯」**が新たに設置されました。湯畑源泉の強い酸性泉が新型コロナウイルスの感染力を九〇%以上〝不活化〟するという科学的な報告もあります。給湯口から約四〇度の湯畑源泉が常時かけ流されており、安心感とぬくもりが感じられます。

湯畑源泉は湯滝の近くの**共同浴場「千代の湯」**に引かれ、観光客も無料で入浴できます。人気の共同浴場は湯畑に面した源頼朝ゆかりの**「白旗の湯」**。草津には一九もの共同浴場があり、なかでも白旗の湯は最古の歴史を誇ります。あつ湯（約四六度）とぬる湯（約四二度）の二つの湯船があり、すぐ近くの「白旗源泉」から引き湯されていて、源泉も間近に見学できます。

私は今回、湯畑から数分の地蔵広場にある**共同浴場「地蔵の湯」**に入りました。昔ながらの脱衣場と風呂場が一体化されたスタイルです。湯はやや白濁した肌に優しい極上湯。それもそのはずで、「地蔵源泉」はすぐ近くの小さな湯畑にありました。湧き立ての源泉は無色透明で、pH二・〇五の強酸性、約五三度。足湯もあり、常時賑わいを見せる湯畑を避けたい人は、ここは案外狙い目かもしれません。

草津の湯畑

動画はこちら（著者撮影）

野沢温泉（長野県野沢温泉村）

北信州の名湯**野沢温泉**では、坂の多い路地に旅館や土産物店が軒を連ねるなか、一三もの入浴無料の「外湯」（共同湯）が点在し、昔ながらの温泉場情緒をたっぷりと堪能できます。温泉街に三〇本以上の泉源があって、しかもすべてが昔ながらの自然湧出泉です。その量は毎分一七〇〇リットルとか。代表的な泉源名が「麻釜《おがま》」。**草津温泉**では源泉が噴き出すところを湯畑と呼んでいましたが、野沢では「湯溜《ゆだ》まり」と称します。ここは正式には「麻釜《おがま》熱湯噴湯《ねっとうふんとう》」として、国の天然記念物にも指定されているのです。地元の人はこの源泉を単に麻釜と呼んでいますが、大釜、丸釜、茹釜《ゆでがま》、竹伸釜《たけのしがま》、下釜の五つの湯溜まりの総称です。

案内板には「麻釜の由来」が記されています。麻《あさ》を湯溜まりにひたした後に皮をむいたことに由来するとのこと。現在でも工芸品に用いるあけびづるを麻釜にひたす光景がときおり見受けられます。

七〇〜九〇度の熱湯が湧く麻釜は「野沢温泉の台所」とも呼ばれます。朝夕に野沢の村人たちが四季折々の山菜、野菜や卵を持ち寄って茹でます。有名な野沢菜のシーズンになると、「麻釜源泉から配湯された風呂の湯が少し緑色を帯びることもあるよ」と、村の人は笑います。「麻釜源泉で野沢菜をゆがくと風味が出る」そうです。

毎分約五〇〇リットルが噴出する麻釜源泉は、外湯（共同湯）や旅館の大切な湯であると同時に、村人の台所であることがわかります。旅館でいただく野沢菜がここの源泉でゆがかれたと考えると、いっそう楽しく、美味しく感じられます。

麻釜源泉が引かれた**外湯「麻釜《あさがま》の湯」**が一〇〇メールほど下ったところにあります。外湯の方は「あさがま」と読みます。年季の入った木造の浴舎ですが、湯の方は極上の硫黄泉で噂に違わぬ名湯でした。ちなみに野沢温泉を代表する外湯は温泉街の中央に建つ威風ある外観の**「大湯」**です。ただし、麻釜とは別の源泉が引湯されています。

有馬温泉（兵庫県神戸市）

その歴史は古く『日本書紀』の記述にも見られ、**道後温泉**（愛媛県）、**白浜温泉**（和歌山県）と並ぶ〝日本三古湯〟のひとつ、**有馬温泉**は「金泉」（赤茶けた含鉄ナトリウム－塩化物強塩高温泉）と「銀泉」（透明の二酸化炭素泉、及び放射能泉）で有名です。

有馬の源泉を直《じか》に見ることはできませんが、有馬温泉観光総合案内所で手に入るウォーキングマップを片手に、有馬温泉の泉源を巡ることが可能です。

案内所の近くに、有馬温泉発祥の地である現在の共同浴場**「金の湯」**があります。ここは、有明泉源などから湯を引いていて、泉温四二・三度のナトリウム－塩化物泉です。敷地内にある**「太閤の足湯」**は源泉かけ流しで無料です。

「御所泉源」はカフェ「茶房チックタク」の道路を挟んだ向かいにあり、坂道から濃い湯気が立ち上る泉源の上部を見ることができます。八三・五度の含鉄ナトリウム‒塩化物強塩高温泉で、「塩分濃度が日本一」といわれています。

この先、極楽寺界隈は有馬の由緒正しい歴史を伝える一角で、私が有馬でもっとも好きな場所です。温泉街の賑わいがうそのように静まり返っていました。奈良時代の神亀元（七二四）年、行基上人によって創建された有馬山温泉寺や湯泉神社に詣でました。

極楽寺に隣接する「太閤の湯殿館」は何度見学しても飽きません。平成七（一九九五）年の大震災で、極楽寺の庫裏《くり》下から、豊臣秀吉が造らせた「湯山御殿」の一部と見られる蒸し風呂、岩風呂遺構などが出てきたのです。秀吉は有馬の鉄さび色の湯にぞっこんで、戦の後には決まってここで疲れを癒やし、新たなパワーを得ていたようです。

極楽寺の裏手に次の「極楽泉源」があります。案内板によると、秀吉の湯山御殿へはここから金泉が送湯されていたとのこと。九四・三度の含鉄ナトリウム‒塩化物強塩高温泉です。

近くのねがい坂沿いには銀泉の**共同浴場「銀の湯」**があります。「銀の湯」の源泉は温泉街のはずれの**「炭酸泉源公園」**に湧く「炭酸泉源」から送られてきます。炭酸泉源広場の蛇口をひねると源泉で出てきて、飲むことも可能です。鉄の味がする炭酸です。泉温一八・六度の単純二酸化炭素泉です。

温泉街へ坂道を下ります。小さな鳥居の下から湯気が立ち上る「妬《うわなり》泉源」は、化粧をした女性がそばに立つと、源泉が嫉妬して湯が噴き上げたという言い伝えから「妬湯」と名付けられた間欠泉です。九三・八度の金泉源で、含鉄ナトリウム―塩化物強塩高温泉です。

学問の神様を祀る天神神社の鳥居の向こうから噴出する白い湯気が「天神泉源」で、金泉源。湧出量最大の有馬を代表する源泉です。近づくと熱湯が大音響とともに噴出する様子がわかります。九八・二度、含鉄ナトリウム―塩化物強塩高温泉です。

最後は「有明泉源」。二つの高い櫓《やぐら》が目印で、現在は有明二号のみが稼働しています。煙突から立ち上る湯気になぜか癒やされます。ここも金泉源で、九〇・一度、含鉄ナトリウム―塩化物強塩高温泉です。

泉源巡りのコースは一周約一・五キロメートル。散歩するにはうってつけの距離です。私はといえば戻った後、濃厚な金泉（天神泉源と有明泉源）があふれる内湯に浸かりながら巡って来た泉源を思い浮かべ、秀吉が愛した鉄さび色の金泉の源泉を楽しみました。

有馬温泉「炭酸泉源公園」の奥に湧く炭酸泉源（単純二酸化炭素泉）（著者撮影）

別府温泉（大分県別府市）

別府観光といえば昔からの定番は〝地獄めぐり〟です。海地獄の鮮やかなコバルトブルーの源泉や、血の池地獄の文字通り赤い源泉、白色の源泉をたたえた白池地獄など、私たちがふだん入浴している湯の色とはずいぶん印象が異なる原色図鑑のような源泉には驚かされます。もちろんこれらの地獄は自然湧出の源泉です。

現代人にも読み継がれる『養生訓』の著者であり、黒田藩（現在の福岡県）の儒学者、貝原益軒の『豊国《ほうこく》紀行』（元禄七＝一六九四年）に、「地獄」との表現が出てきます。現在のように施設を整えて入場料を徴収するようになったのは、明治四三（一九一〇）年の「海地獄」が最初だったといいます。

その後、鉄輪《かんなわ》、龍巻、無間、鬼山、八幡などの地獄が次々と出現し、別府温泉開発の功労者、油屋熊八は、昭和三（一九二八）年に亀の井自動車（現、亀の井バス）を設立し、地獄めぐり遊覧バスの運行を開始しています。この時の女性バスガイドの登用は油屋熊八のアイディアで、日本初のことでした。

現在でも亀の井バスはＪＲ別府駅前から午前と午後の一日二便の「別府地獄めぐり」＊定期観光バスを運行しています（要予約）。海、鬼石坊主、かまど、鬼山、白池、血の池、龍巻の七つの地獄を、バスガイド付きで三時間近くのコースで周遊しています。また市内バスでも、海、鬼石坊主、かまど、白池、血の池、龍巻地獄などは下車後、徒歩で巡ることができます。これ以外にも多数の地獄がありますが、ここでは「国指定名勝」の四つの地獄をご紹介しましょう。

●海地獄

一番人気の海地獄は**別府温泉**で最大の地獄ですが、九八度の源泉は「はっ」とする幻想的なコバルトブルー。とても天然とは思えない色です。硫酸鉄が溶解しているためです。色合いも凄いのですが、激しく噴き上げる湯気の迫力にも圧倒され、まさに〝地獄〟です。海地獄の名物は「極楽饅頭」。地熱を利用して蒸した手作りまんじゅうです。足湯もあります。約九八度、含食塩酸性泉。

●血の池地獄

白い湯煙の下に文字通り、血のように赤く染まったおどろおどろしい熱泥源泉。奈良時代の『豊後国風土記』には「赤湯泉」と記されている古くからの地獄です。地下で化学反応を起こした酸化鉄や酸化マグネシウムなどを含んだ、「日本全国でもここだけ」という赤色源泉が噴き上がっています。血の池地獄限定の真っ赤な梅酒をはじめ、ショップは充実しており、足湯もあります。約七八度、酸性緑礬泉《りょくばんせん》。

＊定期観光バスの運行状況や予約については、亀の井バスのウェブサイト（https://kamenoibus.com/sightseeing_jigoku/）をご参考ください。

●白池地獄

白壁に瓦屋根の瀟洒《しょうしゃ》な建物の奥に和の雰囲気の白池地獄が現れます。大きな池から淡い青味を帯び白濁した源泉が濃い湯煙を上げ、それが妙に周囲の和の風情とマッチしていて安らぎさえ覚えます。入浴可能なら入ってみたくなる雰囲気なのです。温泉熱を利用した「熱帯魚館」も併設。約九五度、含硼酸《ほうさん》食塩泉。

●龍巻地獄

四〇分ほどの間隔で、一回に約五分間、一〇〇度ほどの源泉が噴き上がる間欠泉です。危険なため石垣と屋根で覆われていますが、屋根がなければ五〇メートルは噴き上がるほどのエネルギーがあるそうです。約一〇一度、含食塩酸性泉。

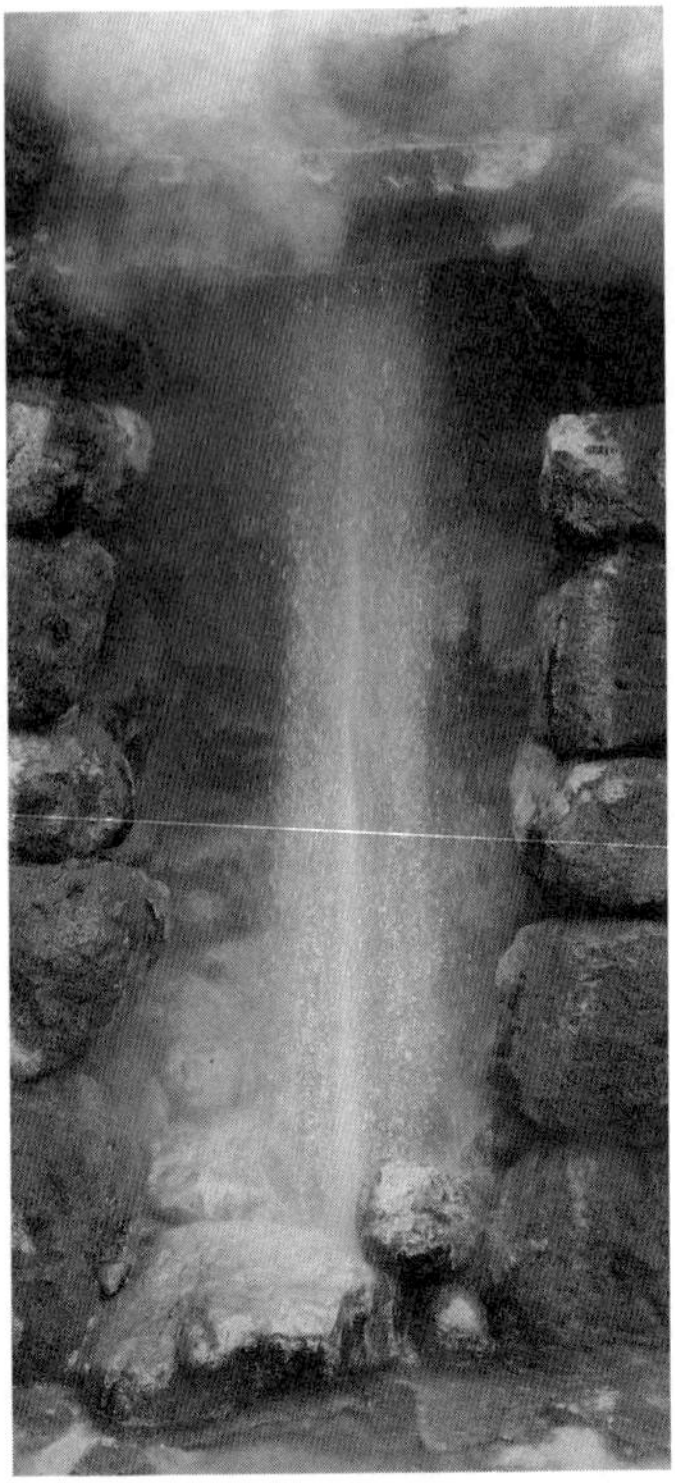

別府温泉の龍巻地獄

十章　食事を楽しむ

温泉旅館は、日本料理を楽しむ最高の舞台

粋人、北大路魯山人が作陶に開眼した日本料理

「器は料理の着物」と語ったのは、北大路魯山人（一八八三〜一九五九）でした。この希代の料理道の達人を育てたのは、北陸の古湯、**山代温泉**（石川県）でした。

魯山人の目的ははっきりしていました。「ここにおいしいお茶を入れて飲みたい」と考え、湯飲みを作った。次に器だけでなく、食事をおいしく食べるには、庭のしつらいをはじめ、環境も大切と考えました。〝茶の心〟です。

魯山人の生きた大正時代は、知識人たちが西洋文化に傾倒していた頃です。それに対して、魯山人は日本古来の価値観に基軸を置いたのです。「用の美」もそのひとつ。暮らしのなかで使う器を大切にする心は、現代にも通じます。

魯山人という才人の出現によって、焼き物と日本料理の関係が劇的に変化します。それまでの格式ばった日本料理が、会席料理などの席で器に妍《けん》を競うようになると「旨く食べさせるための自由な方式」（魯山人）に一変したからです。

温泉旅館での食事も格段に楽しくなり、魅力的になったのです。

魯山人は山代温泉の「吉野屋」（二〇〇六年廃業。跡地に**共同湯「総湯」**が建つ）のご主人の別邸に滞在中、九谷焼の窯元、初代須田菁華《せいか》と出会い、美に目覚め、作陶の道に入ります。九谷焼の器に盛られた日本海の幸を食したのがきっかけだったといいます。

一方で、別邸で囲炉裏をかこみながら旅館の旦那《だんな》衆や板前さんたちから、食材の選び方や調理法を学び、〝美食の巨人〟への下地を作ります。

魯山人の作る器は、素材の生きていない料理をまったく受けつけなかった、と言われています。それは料理を盛るための、「用の美」の器だったからだと思われます。日本料理は素材の〝鮮度〟と〝熟成〟こそが生命線と考えていたからに相違ありません。私の温泉に対する評価と基本的に同じです。

そのうえ、「おいしく食べさせるにはよい器に盛ること。さらに室内の美観に心を配った趣味の高い部屋で、もてなす人も、出過ぎず出遅れず、お客に対する細やかな心配りを忘れぬこと」（魯山人の弟子、平野雅章）。

今でこそ温泉旅館や日本料理店ではごく当たり前になっていますが、現在の「箸置き」は魯山人が考案したものです。箸置きは食事空間の自由度を革命的に広げたといわれます。「醤油差し」もそうです。それまでは味付けを決められるのは調理人だけだったのが、魯山人の出現によって、客側でも微妙な味の調整が可能となったのです。お酒の器「ぐい呑み」

もそう。和食を楽しむ幅を広げてくれた功労者といえます。

北陸の名門、山代温泉で日本料理に開眼した魯山人は、日本の長い料理の伝統を土台に、このように新しい日本料理の楽しみ方を開拓したのです。最近、訪日外国人の間で、「温泉旅館」が大変人気なのは、そこが魯山人が語る日本料理を楽しむ最高のステージだったからに他ならないでしょう。

温泉旅館の料理

日本料理の体系がほぼ完成したのは平安時代といわれます。『延喜式《えんぎしき》』（九二七年）に料理の作り方が事細かに記されています。

温泉旅館で提供される食事は、基本的には日本料理です。日本料理は本膳料理、精進料理、普茶《ふちゃ》料理、会席料理、懐石料理、京料理などが知られています。現在、温泉旅館などで供されるのは本膳料理と会席料理が主です。

本膳料理

日本料理の正統、本膳料理の起源は鎌倉時代。仏教や神道《しんとう》の食事形式を取り入れ、武家の作法として格式化されたのが本膳料理で、もともとは主君に対する「おもてなし料理」（御《お》成《なり》）だったといわれます。

会席料理

「七五三の膳」といわれるように、七の膳まで出すのが本膳料理の式正《しきしょう》の料理の型です。ちなみに「膳」とは、料理をのせる台のことですね。五の膳、三の膳などは簡略された食事で、江戸時代になると、いっそう簡略化され「二の膳付き」が定着します。二《に》汁《じゅう》五《ご》菜《さい》の料理です。二汁五菜とは、本膳と二の膳のそれぞれに汁と菜を二品ずつ置き、別の膳に焼き物を置いたものを指します。

　現代ではさらに簡略化され、一の膳、つまり本膳だけですませるのが一般的で、前菜、さしみ（造里）、焼き物など、酒の肴を膳に組み合わせて出されます。膾《なます》（または酢の物）、平（五種とりあわせ煮物）、猪口《ちょく》（ひたし物、和え物）、飯、汁（みそ）などが膳の基本となります。

会席料理

　一方、現在高級な温泉旅館などで供される会席料理は江戸時代から始まります。本来、茶事に供される「懐石」に対して、「会席」は酒宴のコース料理だといわれます。したがって、本膳や懐石では飯と汁が最初に出てくるのに対して、会席では先付、前菜などの名で酒の肴が出されます。飯、汁は食事の締めです。ちなみに懐石では酒の肴は最後になります。

本膳、懐石とは異なり、会席は自由な献立が持ち味。酒を楽しみ、料理に季節を味わう。お造り、お椀物、焼き物をベースに、蒸し物、和え物などで構成されるのが基本です。

魯山人の器に対する革命的な発想は、こうした会席料理を国際的なレベルにまで引き上げるものでした。先ほど箸置きを考案したのは魯山人だと述べました。いかにも粋人・魯山人ならではの発想でしたが、お洒落《しゃれ》にも「箸枕」とも称しています。憎い表現ですね。

加賀**山中温泉**の名宿**「かよう亭」**は、同じく加賀**山代温泉**の老舗**「あらや滔々庵《とうとう》」**や、伊豆**修善寺温泉**の老舗**「あさば」**などとともに、日本を代表する国際的な温泉旅館だと、私はかねてから高く評価してきました。

「かよう亭」のご主人の上口昌徳氏は次のように述べています。「あまりにも空しい全国一律のリコピー似非《えせ》会席（懐石）料理でしか経営することの出来ない旅館の道は絶対嫌だし、誤りだから歩んではならない。だから可能なかぎり地場の素材を使い、自分達の選んだ器に盛ってお客様に喜んでいただける手料理の宿を造りたい」（『日本の宿かよう亭の料理』（柴田書店　一九九四年発行）より）

その土地で産するものを、その土地で食する

このような日本料理の伝統の上に、後に詳しく述べるような各地の料理が発展してきました。温泉旅行の楽しみは、温泉と、湯町の風情や旅館の雰囲気、風呂場や露天風呂からの眺めなどもありますが、大方の旅行者にとっては食事が大きいでしょう。実際、湯町やその周辺を散策したり、極上の湯に浸かって一日の疲れを癒やしたりした後は、温泉旅館での食事が最大のイベントとなります。

いい湯に浸かった後は、心身ともに健康的な状態になっていることもあって、私たちの味覚は料理の味に素直に反応します。

温泉はふつう地方にあります。地方は食材の一大産地でもあります。温泉と同じように食材は鮮度が生命線ですから、地方の温泉地にはアドバンテージがあります。温泉地や宿を選ぶうえで私たちはこのことを意識することが、「温泉を楽しむ」うえで大切なことです。「せっかく休暇を取って遠くまで出かけるのだから、やはりおいしいものを食べたい」と思うのが人情というもので、かつ正しい考え方です。

もちろん大都会にも全国から高級食材は集まりますが、食材のなかでも、その土地で採れた魚介類、野菜、果物などは、新鮮なうちに、もっともおいしいうちに食したいものです。「その土地で産するものをその土地へ出かけて食する」〝地産地食〟の考え方で、これは私の

哲学でもあります。「地元の産物を地元で食する」〝地産地消〟から、さらにポジティブな発想に基づきます。

〝盛り付けと器の芸術〟を楽しむ

その土地でその土地ならではの食器で、その土地の調理法で、その土地の流儀で食べてみたい。それが旅の醍醐味《だいごみ》のひとつでもあります。

たとえば佐賀県は全国的にも有名な有田焼、伊万里焼、唐津焼など、陶磁器の一大産地で、なかでも有田、伊万里は日本の磁器の発祥地です。その地元には**嬉野温泉**、**武雄温泉**、**古湯温泉**など、九州を代表する歴史的名湯があります。美しい盛り付けと、器も同時に楽しめます。〝盛り付けと器の美の競演〟――。これはフランス料理や中国料理と大きく異なる点だと思われます。

高校時代の恩師が「フランス料理は香りで食す。中国料理は舌（味）で食す。日本料理は目で食す」と教えてくれたことを、温泉旅館の色彩あふれる料理を取材するたびに何度も思い出したものです。それから四〇数年後、『ミシュランガイド東京　2008』の発売で、恩師の言葉が正しかったことを知ることになります。東京が〝世界一の美食の都市〟であることがフランス人の手に成る『ミシュランガイド』で明らかにされ、フランス国内で驚きをもってトップニュースで報じられたのでした。

このような日本食の価値は世界で認められ、平成二五（二〇一三）年にユネスコ無形文化遺産に登録された際には、日本人としての誇りすら感じたものでした。

世界的に認められた日本食ですが、現代の日本ではそのような〝和食美〟を堪能できるステージは、名料理店か〝粋な湯宿〟ぐらいしかなくなりつつあります。大型温泉ホテルなどで見かける好きなものだけを取って食べる〝バイキング方式〟や〝ビュッフェ方式〟も悪くはないのですが、時には盛り付けと器の芸術、「和食美を楽しむお洒落な湯煙の旅」に出たいものですね。

その舞台が木造建築であったりすると、日本人であることの幸せを感じられる最高の瞬間となるかもしれません。無国籍化の時代だからこそ、日本の湯宿がますます輝く時代になったのでしょう。日本の湯宿を求めて、世界中から外国人が訪日する時代を迎えつつあります。

「お品書き」に食材の産地を明記する勇気

私たちが宿に払う代価と宿から得られる満足度が見合っているか否かがポイントになります。つまり「得したか、まずまずか、著しく損をしたか……」。「素敵な宿とは、今度は自分の一番大切な人と再訪したいと思うようなところ」――。これがわかりやすい宿の評価の仕方ではないでしょうか？

宿泊代のうち約三〇％を食材費が占めるとしたら、宿泊代の高い宿ほど料理の見栄えも良くて当然です。ただし味はわかりません。化学調味料を〝隠し味〟で使用しているかもしれない。スーパーでは野菜にしても肉、魚にしても、産地が表示されています。ところがレストランと同じように宿の食事には、食材の原産地は表示されていない。正しくは表示しなくてもよいことになっているのです。

旅館でも、食事の際の「お品書き」などに単にお品書きではなく、「煮物・十勝産黒豚の角煮」、「皿盛・根室産たらばがに」などと、食材の原産地を明記している宿に出合うことが時々あります。

日本国内で出回っている肉（牛肉、豚肉、鶏肉）や魚介類の五〇％余は輸入物です。とくに人気の牛肉の国内自給率は約三六％ですから、先にふれたご当地産のブランド和牛の価値が高まる一方である裏にこのような理由があります。野菜や食後のデザートとして出される果物は、とくに熟成度合いと鮮度、旬などが重要視されますから、ぜひ地場産であって欲しいところです。

非日常の温泉旅行では、地場の食材を提供する宿をこだわって選びたいものです。

「日本人にとって温泉は、心と体の再生の場、蘇《よみがえ》りの場」というのが、かねてからの持論です。

北海道の東部、**阿寒湖温泉**の**「あかん鶴雅別荘　鄙《ひな》の座」**では、オープンした平成一六（二〇〇四）年以来、お品書きに食材の産地名を記載し、国内外からの信頼をいち早く獲得した宿です。北海道在住の私も四、五回宿泊したことがありますが、若いスタッフの対応力にも優れ、好感度の高い宿です。北海道は全国屈指の良質の食材の宝庫であることは確かですが、なにせ冬が長いため、良質の野菜類の調達にかなり苦労をしているはずなだけに、産地の明記はとても勇気のある姿勢です。

同じ北海道の**ぬかびら源泉郷**のリーズナブルな料金の**「中村屋」**などでも、地元十勝（帯広市周辺）の食材にこだわり、早くから産地を表示しています。

また静岡県伊豆**修善寺温泉**の老舗**「あさば」**は、個人的には〝日本の湯宿〟の中の湯宿と評価しています。「あさば」は江戸前期の創業以来、その進化に留まることを知らない名宿ですが、ここでもお品書きに産地が併せて書かれています。

さて、一泊二食五万円だから自己満足の結果、いい宿なのではなく、一万八〇〇〇円でも満足度が高ければ後者を高く評価すべきでしょう。

今の時代に大切なことは、五感を磨くためにご自分の頭が固くならないために、さまざまな料金の〝良質の宿〟に泊まってみることではないでしょうか。良い温泉は頭を柔軟にしてくれるという説もあります。柔軟な思考には滞りのない血流がポイントでしたね。

四一六ページの「至高の温泉と食事を楽しめる湯宿一覧」に、一泊二食付きで五万円以上の高級旅館から、一万五〇〇〇円を割るリーズナブルな宿まで幅広くリストアップしてありますので、参考になさってください。

至高の温泉と食事を楽しめる湯宿

日本を代表する名湯、**登別温泉**の**「滝乃家」**（北海道）、**草津温泉**の**「ての字屋」**（群馬県）、**修善寺温泉**の**「あさば」**（静岡県）、**山代温泉**の**「あらや滔々庵」**（石川県）、**山中温泉**の**「かよう亭」**（石川県）を簡単にご紹介します。

登別温泉「滝乃家」（北海道登別市）

「滝乃家」では登別最大の泉源、地獄谷から引湯した食塩泉、灰白色の硫黄泉、それに乳白色の自家源泉の通称ラジウム温泉などが、大浴場、庭園と屋上の露天風呂、客室露天風呂などにふんだんに注がれ、かけ流されています。

これら極上の温泉だけでも価値は十二分にあるのですが、大正初期の創業以来の料亭旅館で知られるだけに、向上心旺盛な和食、洋食のツートップの調理師を揃えています。なにせ地元登別、白老、室蘭の漁港に毛ガニや甘エビ、宗八ガレイなどが水揚げされ、西隣の伊達野菜と東隣のブランド和牛、白老牛などの食材にも事欠かない。季節感あふれる〝地産地食〟が堪能できる全国でも稀な立地にあります。

見事な自然庭園を眺めながらの個室食事処で、あるいは露天風呂付き客室での食事はきっといい思い出になるでしょう。

草津温泉「ての字屋」（群馬県草津町）

草津温泉の中心、湯畑から徒歩一、二分、草津唯一の自家源泉の佳宿**「ての字屋」**は、岩からにじみ出る明礬泉《みょうばんせん》を古代檜の湯船で楽しめます。しっとりとした名湯で、まさしく〝王者の湯〟と呼ぶにふさわしい。病みつきになりそうな「肌感」です。これほどの極上湯はそうありません。日本を代表するブランド温泉、草津に湧くからさらに価値が高まります。

全一二室に新たに別邸特別室二室が加わりました。この老舗旅館の魅力は和風建築で食する京風懐石の粋にもあります。器に盛られた料理の一品一品は語り尽くせないほどの味わいで、至福のひとときです。

部屋の造りや接客にしても、日本の宿文化のエッセンスに満ちており、これらの要素が絡み合い「ての字屋」ならではの、至福の食事は幽玄の世界へ誘います。江戸時代から続く日本の正統派の湯宿です。

修善寺温泉「あさば」（静岡県伊豆市）

創業江戸前期の**「あさば」**は「King of the Japanese Onsenryokan」というのが、私の評

価です。日本に「あさば」があることを誇りに思います。竹林を背景、広大な池を前景に建つ野外能舞台。池に囲まれた部屋と竹林、池を望む露天風呂には有無を言わせない迫力があります。

ですが、私をもっとも感動させるのは食事です。修善寺温泉は温暖な伊豆半島に立地しているだけに、食材の宝庫です。駿河湾の魚介類はもちろん、天城の軍鶏、黒豚なども出色もの。仲居さんが、単なる料理の運び人ではなく、経営者や料理人の心を伝える存在となっています。「あさば」が高レベルの〝おもてなし〟を常に維持していることに、この畢竟《ひっきょう》の宿に滞在するたびに感動を新たにします。仲居さんの細やかなタイミングの妙に私は賛辞を惜しまないのです。

華やかな器が全盛の昨今、「あさば」の奥深い色調の器はむしろ心に深く刻まれます。

山代温泉「あらや滔々庵」（石川県加賀市）

「あらや滔々庵」も、江戸時代から続く格式のある名門です。

魯山人は山代温泉で料理と作陶に開眼したことはすでにふれましたが、「あらや滔々庵」も氏のゆかりの宿で、ロビーに赤絵の皿や衝立などの作品が展示されています。

それだけに盛り付けられる料理と器の妙をもっとも大切にする、〝日本旅館の品格〟というものを肌で感じることができるでしょう。

ただし型にはまった老舗旅館だけではないところが、魯山人ゆかりの宿がゆえでしょうか。室内は現代的に改良されており、部屋の次の間にベッドを置き、露天風呂を二層式にするなどの遊び心を加えた部屋もあったりします。もちろん名門だけが漂わせる〝品格〟が、適度な緊張感をもたらせ、一品一品の料理の味わいをさらに高めてくれるようです。

山中温泉「かよう亭」（石川県加賀市）

腕のある料理長と見識のある経営者が北陸の海の幸と加賀野菜を盛り込み、「加賀会席」の新しいページを開拓し続ける姿勢には感服します。それはもはや芸術品とも思え、日本人であることを誇りに思えるほどです。

一万坪もの広大な敷地に部屋数はわずか一〇室。パブリックスペースに余裕を持たせた造りは、効率優先主義の業界にあって異色の存在で、早くから欧米人の評価が高かったのも頷《うなず》けます。

自然あふれる借景を活かしたシンプルな内風呂と露天風呂にも好感がもてます。俳聖、松尾芭蕉が一〇日近くも滞在し、温泉で唯一の句（「山中や菊はたをらぬ湯の匂」）を残した日本の名湯山中温泉に、**「かよう亭」**があることを誇りに思います。料理や風呂も含め、〝温泉宿文化の完成形〟がここにはあります。決して華美に走らない〝日本の心〟がここにはあります。そのように感じます。

温泉のレベルと宿のたたずまい、雰囲気の良い代表的な料理の湯宿を紹介しました。〝温泉・大国〟日本にはもちろん、いまご紹介した以外にも、温泉の本質である優れた〝還元系〟（そのためには〝源泉かけ流し〟が求められる）の湯をもち、美食家を満足させる料理の旅館が数多くあります。そのなかから主な旅館を一覧にまとめてみました。宿選びの参考になさってください。

至高の温泉と食事を楽しめる湯宿一覧

＊登別温泉「滝乃家」（北海道）
＊定山渓温泉「ぬくもりの宿　ふる川」
（同）
＊阿寒湖温泉「あかん鶴雅別荘　鄙《ひな》の座」
（同）
＊養老牛《ようろううし》温泉「湯宿だいいち」（同）
＊虎杖浜温泉「心のリゾート　海の別邸
ふる川」（同）

＊銀婚湯温泉「温泉旅館　銀婚湯」（同）
＊いわない温泉「髙島旅館」（同）
＊乳頭温泉郷「鶴の湯温泉」（秋田県）
＊奥角館温泉「角館山荘　侘桜《わびざくら》」（同）
＊花巻南温泉峡（大沢温泉）「山水閣」
（岩手県）
＊遠刈田《とおがった》温泉「温泉山荘だいこんの花」
（宮城県）

＊蔵王温泉「和歌《うた》の宿　わかまつや」
（山形県）
＊湯田川温泉「九兵衛《くへえ》旅館」（同）
＊会津東山温泉「向瀧」（福島県）
＊二岐《ふたまた》温泉「大丸あすなろ荘」（同）
＊塩原温泉郷（奥塩原新湯温泉）
「やまの宿　下藤屋」（栃木県）
＊草津温泉「ての字屋」（群馬県）
＊草津温泉「つつじ亭」（同）
＊伊香保温泉「岸権旅館」（同）
＊伊香保温泉「千明仁泉亭」（同）
＊四万温泉「四万たむら」（同）
＊法師温泉「法師温泉　長寿館」（同）
＊箱根湯本温泉「萬翠楼　福住」
（神奈川県）
＊塔之沢温泉「福住楼」（同）
＊野沢温泉「旅館さかや」（長野県）
＊湯田中温泉「よろづや」（同）
＊葛《くず》温泉「温宿かじか」（同）
＊上林温泉「塵表閣《じんぴょうかく》本店」（同）

＊昼神温泉「日長庵　桂月」（同）
＊西山温泉「西山温泉　慶雲館」（山梨県）
＊越後湯沢温泉「雪国の宿　高半」
（新潟県）
＊松之山温泉「酒の宿　玉城屋」（同）
＊熱海温泉「古屋旅館」（静岡県）
＊修善寺温泉「あさば」（同）
＊修善寺温泉「新井旅館」（同）
＊湯ヶ島温泉「おちあいろう」（同）
＊榊原温泉「湯元榊原舘」（三重県）
＊木曽岬《きそさき》温泉「料理旅館　庄助」（同）
＊下呂温泉「懐石宿　水鳳園」（岐阜県）
＊奥飛騨温泉郷（福地温泉）
「湯元　長座」（同）
＊大牧温泉「大牧温泉観光旅館」（富山県）
＊山代温泉「あらや滔々庵」（石川県）
＊山中温泉「かよう亭」（同）
＊あわら温泉「つるや」（福井県）
＊十津川温泉郷（十津川温泉）
「湖泉閣　吉乃屋」（奈良県）

＊十津川温泉郷（湯泉地温泉）
「湯乃谷　千慶」（同）
＊有馬温泉「陶泉　御所坊」（兵庫県）
＊木津温泉「丹後の湯宿　ゑびすや」
（京都府）
＊奥伊根温泉「油屋」（同）
＊三朝《みささ》温泉「旅館大橋」（鳥取県）
＊皆生《かいけ》温泉「華水亭」（同）
＊岩井温泉「岩井屋」（同）
＊玉造温泉「湯之助の宿　長楽園」
（島根県）
＊有福温泉「旅館ぬしや」（同）
＊奥津温泉「奥津荘」（岡山県）
＊湯田温泉「松田屋ホテル」（山口県）
＊里枝温泉「島宿　真里《まり》」（香川県）
＊嬉野温泉「大正屋」（佐賀県）
＊古湯温泉「鶴霊泉」（同）
＊小浜温泉「旅館國崎」（長崎県）
＊由布院温泉「由布院　玉の湯」（大分県）

＊由布院温泉「亀の井別荘」（同）
＊由布院温泉「山荘　無量塔《むらた》」（同）
＊長湯温泉「大丸旅館」（同）
＊筋湯温泉「御宿　友喜美荘」（同）
＊筋湯温泉「山あいの宿　喜安屋」（同）
＊宝泉寺温泉郷（壁湯温泉）
「旅館　福元屋」（同）
＊黒川温泉「旅館　山河」（熊本県）
＊黒川温泉「山みず木」（同）
＊平山温泉「湯の蔵」（同）
＊天草下田温泉
「石山離宮　五足のくつ」（同）
＊人吉温泉「人吉旅館」（同）
＊妙見温泉「妙見石原荘」（鹿児島県）
＊日当山《ひなたやま》温泉「数寄の宿　野鶴《やかく》亭」（同）

郷土料理で〝地産地食〟を楽しむ

郷土料理の双璧、「鶴の湯温泉」と「湯元　長座」

郷土料理と日本の山里の雰囲気、それに温泉の質を含めると、東の**乳頭温泉郷「鶴の湯温泉」**（秋田県）と西の**奥飛騨温泉郷「湯元　長座」**（岐阜県）が双璧でしょう。個人的にも私がもっとも好きで、敬愛してやまない温泉旅館です。ディープな日本を感じられるのか、早くから欧米人に注目されてきた宿でもあります。

正統派の会席料理は日本人の食文化を代表する料理です。郷土料理はさらに日本の歴史と文化の連続性を現代に伝える〝普段着の食文化〟と言ってもいいでしょう。このような山里料理、郷土料理を提供するところは秘湯系の宿に多いものです。

郷土料理というと、「鶴の湯温泉」の名物「山の芋鍋」や「湯元　長座」の「囲炉裏端料理」のような山里料理を思い出しがちです。ところが日本は海に囲まれているので、もちろん魚料理もれっきとした郷土料理です。

小浜温泉「旅館國崎」（長崎県雲仙市）

魚料理といえばいの一番に思い出すのは、島原半島西岸、雲仙岳の麓の海辺に湧く**小浜温泉「旅館國崎」**。困ったことに「國崎」に宿泊した翌日、別の宿に泊まっていても、また「國崎」の夕食が恋しくなってしまうのです。それほどここの魚料理は飽きがこない。

木造二階建て九部屋の小さな、素敵な宿です。二〇数年前、宿の前を通りかかった際に、玄関先に放浪の俳人、山頭火が好きだった湯豆腐の句碑を見かけたことが、「國崎」との出合いでした。

先代が漁師だったこともあり、現経営者も魚の目利きが抜群。魚介類の鮮度は日本一といっても過言ではないのです。それほど個人的にもこの宿にぞっこんです。温泉街の前には橘湾が広がり、ここが伊勢エビをはじめ「なんでも揚がる漁場」だと、地元の人は口を揃えます。

魚介類のさばきも見事です。経営者ご夫婦の愛想もよい。気持ちよく食し、気持ちのよい湯に浸かる。常連客が多いのも当然と言えるでしょう。

和倉温泉「味な宿　宝仙閣」（石川県七尾市）

日本海に突き出た能登半島には有名な**和倉温泉**が湧きます。『東海道中膝栗毛』の評判の余勢をかって、十返舎一九は『金草鞋《かねのわらじ》』を出版し、江戸後期の和倉温泉の様子を活写しました。

当初、和倉の湯は海中より噴出していたとのこと。そのため寛永一八（一六四一）年に藩は海中の湧出口を石で囲み、その周囲一八メートル余に土を盛って「湯島」を造り、「湯ざや（共同湯）」を建てたのでした。直《じか》湧きで高温のため、入浴客は好みによって二、三倍の海水で割って入浴していたようです。もちろん海水にもミネラルが含まれているので、これこそ〝一石二鳥〟というものでした。十返舎一九が訪れた頃は陸と湯島の間には橋がかけられていました。現在のようにすっかり埋め立てられ、湯元と陸がつながったのは明治一三（一八八〇）年のことです。

七尾湾沿いに林立する現在の三〇軒余の近代的なホテル群からは想像もできないことです。そんななかで和倉の歴史をかろうじて垣間見せてくれそうな大正四（一九一五）年築という、数寄屋造りの**「渡月庵」**に泊まったことがあります。

客間の欄間や格天井に屋久杉、檜などが使われ、また大正浪漫に生きた粋人に思いを馳せてしまいそうなステンドグラスがあしらわれていたりして、往時の和倉の豊かさの一面を想像することができたものです。

庭には十返舎一九の狂歌が刻まれた碑がありました。「獲りたての鯛の片身をおろしつゝ目を皿にして景色見惚るゝ」――。

能登の人には当たり前のような魚料理は、申し分ありませんでした。

「渡月庵」は別館で、本館は**「味な宿　宝仙閣」**。ご主人は若い頃、割烹料理店で修業をし、その後地元で鮮魚店を営んだといいます。温泉旅館を始めてからはもちろん、割烹と鮮魚店で培った目利きで能登の食材を厳選し、腕によりをかけ〝地産地食〟の郷土料理に応えるべく邁進《まいしん》しているのは頼もしいかぎりです。

春は甘エビ、イイダコ、十返舎一九の狂歌にも詠まれた鯛。夏はウニ、アワビ、サザエ、大きな岩がき、赤烏賊《アカイカ》。秋はズワイガニ、のどぐろ、アオリイカ。能登のトップシーズンはもちろん高級食材が揃う冬場です。ズワイガニ、香箱ガニ、牡蠣、寒ダラ、それに日本一の寒ブリ……。

石川県の加賀野菜はブランド化されていますが、能登でも一五年ほど前から「能登野菜」のブランド化に着手しています。「宝仙閣」のご主人は土地を開墾し、仲間たちと能登の気候風土と生活文化が育んできた野菜の栽培に取り組んでいるのです。能登白ねぎ、能登かぼちゃ、中島菜、沢野ごぼう……。

大都市圏では味わうことの難しい、生産地へ出かけてその土地の風景、人情にふれながら食す〝地産地食〟こそ、温泉旅行の醍醐味ではないかと考えています。**温泉場は日本の文化の集積地**だからです。「原点に立ち返る」温泉地が現れ始め、温泉はますます面白くなりそうです。「真の〝地域性〟、〝個性〟とは、優れた〝国際性〟と同義語である」というのが、かねてからの私の持論です。

極上の朝食を楽しめる湯宿

熱海温泉「古屋旅館」（静岡県熱海市）

熱海で唯一、江戸時代から続く湯宿

徳川家康が愛した日本を代表する温泉、**熱海**で、江戸時代から続く旅館は**「古屋旅館」**一軒のみです。いかに熱海の競争が熾烈を極めてきたかが窺い知れそうです。

熱海七湯のひとつ「清左衛門の湯」を有する「古屋旅館」は、質実剛健な正統派で、熱海を担っているといっても過言ではないでしょう。しかも昨今、女性客をターゲットにした宿が多いなか、経営者自ら「うちは男性客を中心に据えている」と語る、希有な存在なのです。

天下の熱海の老舗だけに、料理に対するこだわりも並々ならぬものが感じられますが、とりわけ「古屋旅館」の朝食は日本一、というのがかねてからの私の評価です。ほとんどの宿は夕食に注力するなかで、「古屋旅館」は夕食はもちろん、朝食も並みの宿の夕食よりもよほどしっかりしています。たとえて言えば、お酒が欲しくなるほどなのです。

塩原温泉郷「やまの宿　下藤屋」（栃木県那須塩原市）
〝日本一楽しくなる朝食〟

三、四年ぶりに**塩原温泉郷**の**奥塩原新湯《あらゆ》温泉**にある老舗**「やまの宿　下藤屋」**に宿泊して、驚きました。「下藤屋」は明治元年の創業と言われてきましたが、郷土史家の最近の研究により、江戸中期の一六八〇年代にまで溯《さかのぼ》るのではないかということでした。

じつはこれ以上に驚いたことがあるのです。これまで「下藤屋」は先の熱海の古屋旅館とは対照的に、女性や若い人たちに受けそうな、目も舌も喜ぶ食事でした。一品一品を箸に取り口へ運ぶのが楽しくなる料理です。

久しぶりの「下藤屋」は食事処が新設され、食器類がより華やかになり、ブランドのとちぎ和牛をはじめ、川魚、豆腐から野菜に至るまで地元栃木の食材を使用した料理の〝口福度〟がいっそう高まっていました。ご主人も、「何度泊まりに来ても飽きない食事ですね、とお褒めの言葉をいただいております」と、相好を崩しながら語ってくれました。

とくに驚いたのは朝食でした。コスパで考えると、一万五〇〇〇円ほどから宿泊できる下藤屋は、日本一の朝食と言ってもよさそうなのです。

〝日本一楽しくなる朝食〟といった方がより正確でしょう。朝食のテーブルの上に二つ折りの栞《しおり》が置かれていました。表紙に「おはようございます　元気になる朝ごはん」とあります。楽しいから、元気になれるのだと解釈しました。栞を開くと、「やまの宿　下藤屋」の

〝こだわりの食材〟について説明されています。朝食に関して、このような手間をかける宿は珍しいので、書き写しておくことにします。

一、お米　地元農家より仕入れています。栃木県北部は新潟県魚沼地区、福島県会津地区と隣接し、気候風土が非常に似ていますので、大変おいしいお米が生産されます。栃木県北部の「コシヒカリ」が近年二年連続で「特A」を獲得しました。

二、味噌　昔は当館でも作っておりましたが、現在は伝統的な製法で木樽仕込みの醸造を行っている味噌屋さんが、当館独自の配合により製造しています。添加物、合成保存料等は一切使用しておりません。自然の旨味、香りをお楽しみください。

三、豆腐　古来からの農法で育て上げた有機栽培の大豆から造られたお豆腐です。大豆にはダイエットや、女性の若さを保ち、高齢化による健康願望を満足させる働きがあります。朝食で出来たての味をお楽しみ下さい。

四、卵　那須御養卵は、那須の大自然の中、放し飼いされ、海藻、ヨモギ、漢方などが含まれた「厳選された飼料」で飼育された鶏の卵です。たっぷりと栄養を含んだ深いオレンジ色の黄身はふっくら！　箸で持ち上げられるくらい丈夫で、甘みが強く、コクのある味わいです。コレステロールの含有量が通常より五～一〇％少なく、アルカリ性食品で、健康に大変良いのも特徴のひとつです。

五、野菜　当館では地産地消の推進のため、なるべく地元産の野菜を使用しております。自然の中で育てられた野菜は、風味が濃く、野菜本来の味がします。（＊季節により地元産を使用できない場合もあります。）

六、ジュース　青森産の完熟リンゴ一〇〇％ストレートを使用しています。

七、人気の逸品　ごぼうとネギのちょい辛みそ。おとなり南会津の尾瀬のふもとのお店の手作り品です。（＊季節により献立が替わる場合がございます。）

読み進めているうちに、自然と元気が湧き出てくる感じがしました。今の時代、「安全」、「安心」が元気の素です。温泉旅行の主な目的が癒やしや健康増進、免疫力の向上であるなら、食の安全もこの目的に重なり合います。日本の温泉旅館が昔から食事付きがスタンダードであった理由は、ここにもあります。

食養生の基本的な概念に、「身土不二《しんどふじ》」があります。明治の医師・薬剤師で〝食育の祖〟と称された石塚左玄（一八五一～一九〇九）らが唱えたもので、「人間の身体と人間が暮らす土地は一体で、切り離せない関係にある」という意味です。その土地でその季節に採れたものを食べるのが健康にとって一番との考え方です。

「ホールフード（全体食）」も基本的な考え方です。人間が健康を維持するためには、私たちがいただく食物自体完全な生命力のあるものでなければならない、というものです。たとえば野菜を食べる場合でも、葉、茎、根と全体を食べるということです。野菜は全体で生命力を有しているので、私たちも生命力のある食物からパワーをいただきます。つまりは〝鮮度〟につながります。鮮度を失った〝酸化〟された食物では、私たちの細胞も酸化されかねません。もちろん温泉も同じでしたね。サビついた細胞を活性させる〝還元系〟、〝抗酸化力〟のある温泉が求められます。

「下藤屋」のような、きめ細やかで丁寧な宿の発信力が求められる時代なのです。それこそが良い意味でのグローバル化時代ということでしょう。

「やまの宿　下藤屋」のある新湯温泉は塩原では珍しい硫黄泉で、いかにも山の温泉に来たという気持ちにさせてくれます。

檜の優しい質感に包まれ、硫黄の香り漂う湯船がセールスポイントです。新湯地区には三、四軒の宿しかないのですが、共同湯が三軒もある温泉好きにはたまらない穴場でもあることをつけ加えておきます。

すぐ近くの**元湯温泉**には**「秘湯の宿　元泉館」**、**「ゑびすや」**、**「大出館」**などの個性的で、根強いファンのいる〝効く〟湯が湧き、近年、新湯と元湯を合わせて〝奥塩原温泉郷〟とも呼ばれています。ちなみに元湯温泉は塩原温泉の発祥の地です。

「お値段以上」の湯宿

風呂も食事も大満足！　コスパ最強のお宿

どこかの企業のＴＶコマーシャルに出てきたようなタイトルで恐縮ですが、私の温泉旅行の一番の楽しみは、まさに「お値段以上のお宿との出合い」です。コスパが良い宿を見つけられたときの喜びは、良質の温泉並みに心身に効くような気分になれます。

そのような温泉旅館を何軒かご紹介しましょう。選択の基準は一泊二食付きで一万～二万円未満を目安とします。

先ほどふれた**「やまの宿　下藤屋」**も一万五〇〇〇円ほどから泊まれるコスパの良い宿ですが、他にも北海道から九州までご紹介しましょう。

銀婚湯温泉「温泉旅館　銀婚湯」（北海道八雲町）

五〇〇〇坪もある河畔の雑木林に木造二階建て、二一室の落ち着いた雰囲気の佳宿。男女別の雰囲気のいい露天風呂付きの大浴場の他に、林の中に清流を間近に望む野天風呂が四か所と内湯が一か所点在するのは、「さすが北海道！」です。四季の移ろいを肌で感じられる**「銀婚湯」**なら、二、三日の連泊もしたくなるというもの。

渡島半島にあり、ぜいたくにも太平洋と日本海にも近く、また「銀婚湯」の所在地八雲町は酪農業の町だけに食材にも事欠きません。地場の食材をていねいに味付けした料理には定評があります。一万円余から泊まれるとはにわかには信じがたい「お値段以上」の宿でしょう。

銀婚湯の夕食（著者撮影）

養老牛温泉「湯宿だいいち」（北海道中標津町《なかしべつ》）

全国随一の酪農地帯の一角に位置するだけでなく、近くの根室の花咲ガニ、厚岸の牡蠣《かき》、野付半島の北海シマエビ、知床半島のトキシラズ、銀ダラ等々。地元で手に入らない一級の食材は伊勢エビとフグぐらいでしょうか。食の宝庫・北海道にあっても群を抜いています。

特別天然記念物のシマフクロウが飛来する宿としても知られ、国内はもちろん欧米からも〝自然派〟の富裕層がグループで訪れ、世界遺産・知床の大自然にふれ、最高級の旬の魚介類と星見露天風呂、釣り糸をたらすこともできる渓畔の大きな露天風呂など、多彩な風呂に酔いしれています。

乳頭温泉郷「鶴の湯温泉別館　山の宿」（秋田県仙北市）

地元田沢の雑木だけで建てられたという曲がり屋の建物が若い人たちに人気です。フロントのある母屋とわずか一〇室の宿泊棟は長い廊下で結ばれており、館内はまさに山荘のように静かです。

食事は囲炉裏端料理。地場産の山の芋と山菜など、山の幸を盛り込んだ「山の芋鍋」は自家製の味噌仕立て。網のうえで炭火で焼く地元の野菜、山菜、きのこ、近くの田沢湖で釣り上げたイワナなど、日本人なら郷愁を感じる懐かしい田舎の味の数々でしょう。温泉はすべて貸し切り風呂。近くの本館**「鶴の湯温泉」**の名物大露天風呂も利用できます。

蔵王温泉「和歌《うた》の宿　わかまつや」（山形県山形市）

わが国屈指の古湯、**蔵王**で創業明暦元（一六五五）年以来の暖簾を守る**「和歌の宿　わかまつや」**。歌人・斎藤茂吉ゆかりの宿で、茂吉直筆の作品も館内に展示されています。

一六トンもある蔵王目透石《めすきいし》の巨岩をくり抜いた露天風呂からあふれる濁り湯の肌ざわりの良いこと。古来、名湯の誉れが高いだけあります。もちろん源泉一〇〇％かけ流しです。

「わかまつや」の一番の楽しみは食事。何度泊まっても、ここの食事は楽しいのです。豊かな自然に抱かれた山形の旬の食材はもちろん、器、盛り付けにもこだわりが感じられるのは嬉しいもの。「五感で料理の季節感を感じて欲しい」とのメッセージと、受け止めています。「シニアの方には量より質を重視した会席料理」というのも、老舗旅館ならではの配慮が感じられます。最高級の米沢牛を食べられたら幸運です。秘伝の塩スープで煮込んだ紅花鶏つくねの鍋も逸品。朝食の色彩感あふれる盛り付けは、今日も元気に旅立たせてくれます。

奥鬼怒温泉郷「手白澤温泉」（栃木県日光市）

長い木立のトンネルを抜けると、硫黄臭のする湯煙が上がります。**奥鬼怒**でも最深部、標高一五〇〇メートルの高所に湧く一軒宿の**「手白澤温泉」**。ここに来るには麓の**女夫渕《めおとぶち》温泉**の駐車場（女夫渕駐車場）から、ブナの森を二時間半近く歩かなければなりません。その〝ごほうび〟は十二分にいただけます。

客室数六室の平屋の宿の奥にある風呂がじつに素晴らしい。

とくに女性浴場には惚れ惚れとします。椹《さわら》の白木造りの脱衣室から、ワイドな窓ガラス越しに内風呂とさらに露天風呂まで見通せます。

湯質も山の空気のように素敵です。〝美白づくり〟の単純硫黄泉で、肌に優しく、石けんののりも素晴らしい。本物の自然派向けの宿なだけに、料理も採れたて、地ものにこだわる。しかも手間暇を惜しまず、大半が自家製ですから無添加。無農薬、有機栽培のビオワイン（自然派ワイン）も、大人気とか。

白骨温泉「小梨の湯　笹屋」（長野県松本市）

三〇〇〇坪の白樺林の中に部屋数はわずかに一〇室。純和風の木造二階建ての清々しい宿です。渡り廊下の奥に浴舎棟があり、開放的な大浴場に思わず声を上げてしまいます。視界が広く四季の移ろいを楽しめる。いかにも山のいで湯ならではの木組みの大きな浴槽があり、湯が惜しみなくかけ流されていてじつに気持ちのよいこと。

青味が強いミルクのような湯があふれる岩組みの露天風呂は、香りといい、色といい、何よりもシルクのような感触は湯客を虜《とりこ》にしてしまうこと必至でしょう。

地場の食材にこだわり、丁寧に味付けされたセンスの良い山菜料理なども湯に劣らず印象的です。古民家を移築したという食事処の雰囲気も素敵。朝食に温泉粥が出ます。

美ヶ原温泉「旅館すぎもと」（長野県松本市）

松本市の東方約四キロメートルの丘陵地に湯煙を上げる、かつては山辺温泉とも呼ばれていた平安時代の和歌にも詠まれたという古湯です。

松本藩主の別荘「御殿の湯」跡に建てられた木造三階建ての、ジャズが流れる民芸調の粋な宿。湯船の木曽の五木で造られた浴場「白糸の湯」には、ややぬる目で肌に優しいアルカリ性単純温泉があふれています。

「旅館すぎもと」は知る人ぞ知る料理の宿です。〝大人の隠れ宿〟を自認するご主人、花岡流にアレンジされた創作料理にはとことん信州の素材が活かされています。「デザートは出さない」が主義といいますが、夕食の〆はご主人の手打ち蕎麦（皿数限定）。とても楽しい夕食で、「バーひびき」など、館内は遊び心にあふれています。

榊原温泉「湯元榊原舘」（三重県津市）

清少納言の『枕草子』にも出てくる名湯**榊原温泉**の老舗で、抗酸化作用の高い自家源泉を有する源泉かけ流しの宿です。

大浴場「まろみの湯」のつるつるの源泉は化粧品にも使われるほど評判の〝美肌の湯〟です。人気の〝源泉風呂〟はぬる湯なので、長湯するファンが多いことでも知られています。しばらく浸かっていると芯まで温まり、しっとりと肌になじんできます。

「湯元榊原舘」は地元名古屋や京阪神方面では、料理の宿として定評があります。なにせ松阪牛、伊勢エビという〝超ブランド〟食材の産地なのですから。清少納言の平安時代を再現した創作料理や源泉を活かした地場焼土鍋の「温泉蒸し」のヘルシーな野菜なども人気が高く、私はいつも新たな創作料理を楽しみに訪ねています。

十津川温泉「湖泉閣 吉乃屋」（奈良県十津川村）

紀伊半島の中央、屹立《きつりつ》する嶺々の狭間に濃い湯煙を上げる**十津川温泉郷**は、奈良で唯一の高温泉で、しかも湯量にも恵まれています。

二津野ダム湖に面した近畿屈指の絶景露天風呂をもつ佳宿**「吉乃屋」**。樹齢一五〇年の杉と五五〇年のトガの大木をくり抜いた、遊び心のある露天の「ちん木風呂」や「万寿風呂」に浸かっていると、ここに至るまでの遠い道のりを忘れさせてくれます。感動的な大自然が残されていることに感謝の気持ちが湧いてきます。

地場の食材にこだわる館主が作る田舎会席は何度足を運んでも飽きません。「奈良には海はないから、海の魚は使わない」ところにも、館主の個性が表れています。鮎、アマゴ、鰻、カワマスなどの川の幸、鹿肉、猪肉、鴨、きじなどの山の珍味も、見事な味付けと調理で出てきます。本格囲炉裏部屋での食事も楽しめます。

岩井温泉「岩井屋」（鳥取県岩美町）

山陰随一の古湯といわれますが、現在はいずれも創業江戸時代の二軒のみ。その一軒、木造三階建ての**「岩井屋」**は「違いのわかる大人の湯宿」というのが私の評価です。実際、四〇代から七〇代の女性のリピーターが多いそうです。

岩井屋の朝食（著者撮影）

派手さはないのですが、いつも山野草が静謐《せいひつ》に飾られています。凜《りん》とした木造の外観もいいのですが、「鳥取を感じ取っていただきたい」と館主が語る館内は、さらに風情が感じられます。

湯質は極上の部類。複数ある風呂場からは〝品〟すら感じられます。

また〝地産地食〟に徹した魚介類や野菜の美味しさには、ここまでの距離感を一瞬にして帳消しにしてくれる、湯客を虜にする満足度の高いものがあります。

古湯温泉「鶴霊泉」（佐賀県佐賀市）

調理長の食材に対する目利きにはいつも感心させられます。九州のトップブランド、佐賀牛、有田鶏、肥前さくらポーク、「鶴霊泉」伝統の鯉の洗い。もちろん魚介類も地場産。有田焼をメインに唐津焼、伊万里焼など地場の艶やかな器に盛られて出てくる会席料理は、美味で、しかも楽しい。

庭園を眺めながら浸かる貸し切り露天風呂も風情があっていいのですが、「鶴霊泉」の自慢は「天然砂湯」。風呂の底が砂地になっていて、そこから三七度の湯がぷくぷく湧き出してくるのです。かつて歌人の斎藤茂吉が療養した有名な砂湯です。

ぬる湯なので、ゆっくり長湯が楽しめ、現代人には最適でしょう。私たちはここで入浴モニターの協力による「温泉療養効果」の実証実験を実施しましたが、肌の保湿度が高まり、非常に優れた抗酸化力も確認できました。

宝泉寺（壁湯）温泉「旅館　福元屋」（大分県九重町）

明治末期創業の「旅館　福元屋」は、秘湯ファンの間では「壁湯」の名で広く知られ、岩盤の壁の割れ目から湧出する名物「天然洞窟風呂」目当ての秘湯好きが大半でした。館主が現四代目になってから、部屋数を八室に減らし、ロビーに囲炉裏が切られ、部屋も癒やし系の田舎風に模様替えしました。館内の雰囲気に惹かれてか瞬く間に客層が広がり、女性や若いカップルがふえています。

館主自ら米を栽培する一方、地場の山菜、野菜、川魚、豊後牛などを使った上品で美味な料理は奥さんの担当。この料理のセンスに客は惹かれるようです。私もいつも魅了されている一人です。

温泉も魅力的です。湯質の良さはもちろんで、癒やし系の、それでいて粋な風呂場の雰囲気に都会からの旅人は虜になること必至でしょう。

黒川温泉「旅館　山河」（熊本県南小国町）

人気の**黒川温泉**のなかでも、随一の湯質をもつ宿と評価しています。風呂は数か所あり、緑陰の乳白色の露天風呂などはとくに旅人を虜にすることでしょう。

温泉街から少し離れた木立のなかに小川が流れ、四季とともに露天風呂も彩られます。宿のたたずまいはちょっとした高級旅館の趣ですが、コスパは抜群。全国でもトップクラスでしょう。

朝食を含め地元阿蘇小国の食材を使った会席料理は十分に満足できる内容で、つい連泊の衝動に駆られます。木立と渓流のある環境も申し分ありません。

日頃仕事に追われる現役世代にこそ、**「旅館　山河」**のような宿で、しばし静謐《せいひつ》な時を過ごし、英気を養っていただきたいものです。

◆紀行文

その土地のものを食する〝地産地食〟の湯旅

岩井温泉
（鳥取県岩美町）

温泉旅行の醍醐味《だいごみ》のひとつは、その土地のものをその土地に出かけて食する〝地産地食〟である。たしかに東京には全国各地の一級の魚介類が集められる。だが、こと鮮度に関してはやはり産地にはかなわないだろう。

循環風呂でも塩素殺菌風呂でもない、鮮度の高い「源泉かけ流し」の温泉が、これまでの私の旅の基本であった。旅を続けてきて感じるのは、〝ホンモノ〟の温泉を提供する経営者はおしなべて食材も地場のものにこだわるということであった。ましてや輸入物は使わない。

平安初期の歴史書にも出てくるという山陰屈指の古湯、**岩井温泉**も、そのような温泉である。

鳥取市から北東へ十数キロ、蒲生《がもう》川のほとり、旧街道沿いに続く古い町並みに、創業がいずれも江戸期という、木造三階建ての湯宿が三軒、軒を寄せ合う。鉄筋コンクリートの建物も、けばけばしいネオンサインも大きな看板もない。

藩政時代には、鳥取藩主、池田光仲の御茶

屋（別荘）があり、宿の数も十数軒、商人や湯治客で栄えた。現在はまるでその余韻にひたるかのように静まり返っていた。

「岩井屋」の女将の勧めで、路線バスに乗り込んだ。

お目当ては蒲生川の河口、網代《あじろ》港から出る「浦富海岸・島めぐり」遊覧船だ。東西に延々一五キロメートルのリアス海岸、浦富。日本海の荒波に浸食された断崖、洞門、奇岩怪石など荒々しい景観は、かつて文豪・島崎藤村が「神秘の秘境」と驚嘆したままであった。

船長が自らマイクを握り、案内する約四〇分の浦富海岸・島めぐりがあっという間に終わるほど、水深二五メートルの海の透明度に魅了された。

浦富海岸に臨む岩美町の網代港と田後《たじり》港は、松葉ガニの水揚げで国内有数の漁獲高を誇る。一一月上旬の初競りは必見ものだという。岩井温泉の館主らも競り市へ足を運び、これはと思うカニを競り落とす。もっとも、その時期には宿代が二倍以上にも上がるのは、カニグルメには悩ましいかぎりなのだが。

「何も無い、という言い方がありますが、それこそが鳥取の個性ではないでしょうか。都会にも無いものがここには有るということですから」

木の温かみを生かした洗練された館内からは、経営者のセンスがうかがえる。「鳥取を感じていただける宿が夢」と語る女将の山田さん。毎朝摘んで生けているという季節の山野草に心が和む。風土や土地柄をもっとも表したものが素朴な山野草だからなのか。藍《あい》染めの織布、因州和紙の障子、牛ノ戸焼や浦富焼の器。すべて地元のものだ。

これらは奇しくも〝用の美〟を提唱した民芸運動の旗手、柳宗悦《むねよし》に共鳴した鳥取の開業医、吉田璋也《しょうや》が戦前から戦後にかけて育てた職人たちの手によるものだ。宗悦は美の神髄を、実用の道具にこそあると唱えた。

地元で「あご」と呼ばれるトビウオの姿造り、白イカ、鳥取和牛のミニステーキ、岩がき……。網代港、田後港に揚がったばかりの日本海の幸が、土地の職人たちの手で焼かれた器に盛られて一品一品運ばれてきた。至福のひとときである。

夕食後、岩井屋の二軒隣の**共同湯「ゆかむり温泉」**へ出かけた。タイルの風呂から澄んだ柔らかな湯が惜しみなくあふれ、心まで洗われそうだ。

就寝前と翌朝には岩井屋の自然湧出の極上湯にも浸かった。岩井温泉では宿も共同湯もすべて源泉かけ流しなのである。

日本海の荒波によって生まれた「神秘の秘境」、浦富海岸

秋田の温泉ときりたんぽ鍋

深い雪に包まれた山の湯宿で箸をつつくきりたんぽ鍋は湯上がりの幸せの極みです。鍋には秋田の地酒もかかせません。

いろいろな鍋料理はありますが、きりたんぽ鍋は秋田が誇る全国区の郷土料理でしょう。温泉と鍋もののかかわりは深いのですが、とりあえずきりたんぽ鍋で、「十章　食事を楽しむ」を閉じることにします。

秋田の温泉が一番好きです。秋田には〝効く〟温泉も〝個性的〟な温泉も多いのですが、温泉経営者は概して控えめで、湯にも〝品〟が感じられます。きりたんぽ鍋に大切な比内地鶏の出汁《だし》にしてもそうです。産湯が洞爺湖温泉に始まり、これまで気の遠くなりそうな回数の温泉に入り続けてきた私にとって、この〝品〟こそが湯を見極める最終的なポイントであったように思えます。

きりたんぽの発祥

きりたんぽはつぶしたうるち米のご飯を杉の棒に巻き付けて焼いたものです。きりたんぽの発祥には諸説があるようですが、二〇〇年以上前に秋田県北部の鹿角《かづの》地方で生まれたという説が有力のようです。木材を切り出すきこりが山中で食べる保存食だったといいます。杉の棒にご飯を巻き付け素焼きした「たんぽ」に、山椒味噌やクルミ味噌などをつけて食べたのです。「たんぽ」は池や沼に生える蒲《ガマ》の穂に似ていたことから短い穂「短穂《たんぽ》」と呼ばれるようになったようです。

当初は二尺（約七〇センチ）もある大きなもので、焚き火で焼く「たんぽ焼き」と呼んだといいます。それが後に家庭の囲炉裏で鍋料理として広まっていきます。「きり」はもちろん「切る」の意味です。

きりたんぽ鍋

比内地鶏の出汁

出汁に使われる比内地鶏。比内地方の「比内鶏」の飼育は昔から知られていました。純粋な東北型日本地鶏で絶滅の危機にあったため、昭和一七（一九四二）年に秋田県原産種として国の天然記念物に指定されます。

それでは一般に流通して食べられなくなるというので、昭和四八（一九七三）年に当時の比内町長のアイディアで比内鶏の雄とロードアイランドの雌を掛け合わせた一代雑種「比内地鶏」が誕生します。これを使った出汁の旨味はきりたんぽ鍋に良く合い、欠かせない食材となり、比内地鶏の評価が高まることとなります。

肉の組織がキジや山鶏に似ているといわれ、噛みしめるほどに旨味と香気が出ると評価が高い。比内地鶏のガラでとった出汁をベースに濃口醤油と砂糖（みりん）で醤油味のスープを作ります。鍋に入れる具は比内地鶏、ごぼう、まいたけ、きりたんぽ、ねぎ。味が染み入る直前にせりを入れます。

鍋の他にも囲炉裏の火で焼いたきりたんぽに味噌を塗って食べる「みそつけたんぽ」も観光客に喜ばれています。

きりたんぽ鍋と湯宿

秋田県は個性的な温泉が県の全域に分散しています。きりたんぽ発祥の地、鹿角地区も昔から温泉の多いエリアで、きりたんぽを提供する宿探しには困らないでしょう。
鹿角では**湯瀬温泉「和心《なごみ》の宿　姫の湯」**は広々とした明るく開放的な大浴槽から、柔らかで澄明なpH九のアルカリ性単純温泉があふれています。十和田湖に近い歴史のある

大湯温泉の**「岡部荘」**。鹿角市郊外の名宿で、五本もの自家源泉を有し、四季の庭園が美しい。

秋田市の東、大仙市に湧く**東兵衛温泉「からまつ山荘」**も源泉かけ流しの宿。ここの比内地鶏を使用したきりたんぽ鍋にはファンが多いといいます。北秋田市郊外、阿仁の**打当温泉**《うっとう》**「秘境の宿　マタギの湯」**は、「マタギの里」だった阿仁地区ならではのユニークな湯宿です。マタギとは「山深く分け入り、熊など狩猟を生業にしていた人びとのこと」です。深山料理、ジビエ料理、比内地鶏の出汁スープが絶妙なきりたんぽ鍋……。温泉はもちろん源泉かけ流しの良質の湯です。全一二室の小さな宿で好感がもてます。

秋田県の南部、湯沢市の郊外の**小安峡温泉**は深い渓谷から高温で大量の湯が噴出します。町村合併前は皆瀬村といい、秘湯が好きだった若い頃によく訪れた温泉で、名物「稲庭うどん」の産地でも知られます。車ですと小安峡から峠越えで宮城県の秘湯群を巡ることができます。

江戸初期から開けた渓流沿いの小安峡温泉には現在一〇軒ほどの湯宿があります。なかでも現経営者で一二代目という**「旅館　多郎兵衛**《たろべえ》**」**は充実しています。地元の秋田杉を用いた大浴場をはじめ経営者の個性が表現されたユニークで好感のもてる風呂場が五つもあり、温泉好きを飽きさせません。

出汁は比内地鶏のガラをたっぷり使って煮込み、醤油仕立てのきりたんぽ鍋は遠来の旅人を魅了してやみません。〝幻のブランド牛〟と言う人もいる地場の皆瀬牛の朴葉焼き、和クルミと和えた自家製味噌の岩魚のクルミ味噌焼きなど、秘境ならではは山里の味が楽しめます。

小安峡と同じ湯沢市にある**秋の宮温泉郷**は秋田県最古の温泉といわれ、湯治宿など四軒ほどの旅館がある、私も好きな静かで湯質に優れた温泉郷です。深さ一三〇センチほどもある「立ち風呂」や渓流沿いの露天風呂など多彩な風呂をもつ源泉かけ流しの**「鷹の湯温泉」**、施設が整っている源泉かけ流しの**「湯けむりの宿　稲住温泉」**などがお薦め。秋の宮温泉郷ではほとんどの宿できりたんぽ鍋が供されます。

次にきりたんぽ鍋をつつきながら楽しむ秋田の主な銘酒を案内しておきましょう。

〝日本一〟の秋田の地酒

秋田県はよく知られているように、日本酒の消費量が全国一、二位を競う県です。先にもご登場願った高校時代の恩師は「水よし、米よし、醸造法よしの三拍子揃っているからだよ」と、おっしゃいます。そうです。美味しいからこそ秋田の県民は好きなのでしょう。にかほ市の「飛良泉《ひらいずみ》」の蔵元の創業は、なんと室町時代の長享元（一四八七）年で、全国で三番目に歴史ある酒蔵です。他にも江戸前期の元禄年間をはじめ、江戸や明治初年創業の酒蔵はかなりの数にのぼります。

秋田の日本酒の特徴はやや甘口であること。秋田の日本酒の製法は「長期低温発酵」と呼ばれます。雪の多い土地柄というだけあって、低温かつ適度な湿度が保たれた環境で、時間をかけて発酵、熟成されています。この製法は江戸時代以降、横手出身の杜氏集団・山内《さんない》杜氏によって引き継がれてきたもので、「ふくよかながらクセのない酒」が特徴といわれます。恩師曰《いわ》く「綺麗で、口当たりの柔らかい、やや甘口と言うか、やや旨口と言うか、の酒が主流」。

酒米の中心はもちろん「秋田こまち」です。大粒で糖分が多いことが特徴で、「甘みや旨味はありながらも、クセのない酒造りに適している」というのが、一般的な評価でしょう。

次に酵母。現在全国で流通している清酒酵母の元祖となっている「きょうかい6号」酵母は、昭和五（一九三〇）年に、秋田の人気酒造「新政《あらまさ》」の五代目 佐藤卯兵衛が採取に成功したもので、芳香醇味の清酒を醸するに至ったもの。昭和一〇年、日本醸造協会から「きょうかい6号」酵母として発売され、現存する市販清酒酵母のなかで最古のものです。このように「新政」は日本の清酒業界をリードする酒蔵で、創業は嘉永五（一八五二）年。

「新政」のポリシーが公式ウェブサイトで謳われています。秋田産の米しか使用しない。酒母には天然の乳酸菌を活用する伝統製法「生酛《きもと》づくり」のみを採用。培養した酵母を使用する際は「きょうかい6号」酵母のみを用いる。ラベル記載義務のない添加物も用いない。

原料に米、米麹を使用し、製造途中で醸造アルコールを添加しない日本酒を「純米酒」と呼んでいます。同じ純米酒でも、主に酒米の精米歩合によって、**純米酒**（精米歩合に規定なし）、**特別純米酒**（精米歩合が六〇％以下）、**純米吟醸酒**（同）、**純米大吟醸酒**（精米歩合が五〇％以下）の四つに分けられていますが、「新政」では「精米歩合のみが酒の価値を決めるのではない」として、いかなる精米歩合であろうと、すべて「純米酒」という表記に統一している、等々と、掲載されています。「新政」のポリシーを読んでいて、「このような温泉旅館は現れないものか」と、正直羨《うらや》ましいと思うと同時に、「まだまだ頑張らなくては」と、自らを鼓舞した次第です。

秋田の酒の特徴は「ふくよかな甘み」でした。日本酒は酒瓶の裏ラベルに甘辛度を示す「日本酒度」が表示されています。甘口がよければマイナス、辛口はプラス五度以上を目安と考えてください。

新政 No.6

地酒と湯宿

さて、きりたんぽ発祥の地といわれる鹿角市《かづの》には「千歳盛《ちとせざかり》」があります。「千歳盛」は「ふくらみのある旨味の酒」（恩師）との評価。鹿角市は青森、岩手との三県の県境に位置し、昼と夜の寒暖の差の大きさは米の栽培適地といわれ、また四囲の山々に積もった雪の恵み、豊富な天然水が創業明治五（一八七二）年以来の「千歳盛」を育んできました。きりたんぽの地元の名湯**湯瀬温泉**や**大湯温泉**に泊まる際には思い出したい地酒です。

東兵衛温泉が湧く大仙市は旧大曲市を中心に合併した市ですが、九蔵もあり、地酒選びには事欠かないでしょう。元禄二（一六八九）年創業の「秀よし」や「出羽鶴」を推します。**打当《うっとう》温泉**の湧く阿仁には酒蔵はないのですが、隣の大館市に「北鹿《ほくしか》」がありますす。雪中の長期低温醸造法で、恩師曰く「米の旨味を上手に引き出している」。大館は秋田屈指の穀倉地帯で、長木川、米代川が流れ、風光明媚、酒造りの適地といわれています。

小安峡温泉、**泥湯温泉**、**秋の宮温泉郷**などが湯煙を上げる個性的な温泉に恵まれた湯沢市は、きりたんぽ鍋が盛んで、また酒蔵も七蔵を数えます。恩師曰く、「松田くん、やはり爛漫と両関であらうか」。恩師は現代国語、古文、漢文の先生でした。

「美酒爛漫」で知られる爛漫の創業は大正一一（一九二二）年、伝統的酒造りに近代的技術も取り入れ、販売量はかつては秋田の一位二位を争っていました。

両関はもとは味噌蔵で、明治七（一八七四）年に酒造業に転じ、第一回全国清酒品評会（明治四〇年）で一等賞を受賞して以来、数々の賞を受賞、秋田銘酒の全国展開の契機を作った蔵で知られます。江戸っ子の恩師の情報では、東京は湯島に粋人に愛されている「シンスケ」という酒場があり、扱う酒は両関のみとか。

両関純米酒

最後にエリアにこだわらず、秋田県の銘酒をいくつかあげておきましょう。「まんさくの花」、「飛良泉《ひらいずみ》」、「雪の茅舎《ぼうしゃ》」、「高清水《たかしみず》」……。

日本海側南部、由利本荘市の酒蔵、明治三五（一九〇二）年創業の「齋彌《さいや》酒造店」は、秋田を代表する銘柄「雪の茅舎」を全国に知らしめた蔵。「飛良泉」を送り出した創業室町時代（一四八七年）の「飛良泉本舗」も、由利本荘市の近く、にかほ市にあります。

この界隈の温泉を紹介しておきましょう。霊峰鳥海山に抱かれ日本海を望む**さんねむ温泉「象潟《きさかた》夕日の宿さんねむ温泉」**は源泉かけ流しで、素敵なロケーションにあります。**安楽温泉「旅館安楽温泉」**も源泉一〇〇%かけ流しの宿。**猿倉温泉「鳥海　猿倉温泉　フォレスタ鳥海」**は、間近に迫る鳥海山が圧巻の迫力の全室洋室の温泉ホテルです。

◆紀行文

天草灘に臨む離れの宿で、〃オール天草〃をいただく

天草下田温泉（熊本県天草市）

天草は遠い。だが、天草の魅力は、その距離を一瞬にして帳消しにしてくれる。

天草下島《しもしま》に小さな空港があり、福岡、熊本と結ばれているが、時間が許せば陸路がいいだろう。司馬遼太郎も書いていたが、「天草は旅人を詩人にするらしい」からだ。

不知火、天草五橋、有明海（島原湾）に浮かぶ島々、天草松島——。

天草の松島ここに浮かぶなり
西海《さいかい》のいろむらさきにして

——与謝野晶子

天草下島の西海岸に至ると、断崖の奇岩、岩礁が続き、上島とは景観が一変する。『日本外史』などで知られる江戸後期の儒者、頼山陽の詩を思い出した。「雲か山か呉か越か、水天髣髴《ほうふつ》青一髪」（泊天草洋）

その西海岸にある下田の温泉街を流れる下津深江川の河口から、天草灘の落日を眺めた。天草の人びとが「日本一の夕日」と誇らしげに語るだけあって、しばし詩人のように茫然と立ちすくんでしまった。

白鷺のモニュメントが迎える**「下田温泉セ**

ンター白鷺館」は、源泉一〇〇%かけ流しであった。地元産の天草石造りの大浴槽から、含重曹食塩泉が惜しげもなくあふれる。良質の湯を遠来の旅人に提供する天草の人びとのもてなしが嬉しい。

一六世紀にキリスト教が伝来して以来、東洋と西洋が織りなす個性的な文化をはぐくんできた天草。河畔の一〇軒ほどの温泉宿のなかに、**「群芳閣　ガラシャ」**や**「望洋閣」**などの屋号があり、エキゾチックな雰囲気が感じられる。

明治四〇（一九〇七）年、天草下島を最北端から西南端まで歩く五人の男がいた。与謝野鉄幹と、当時大学生であった北原白秋ら五人であった。一行の紀行文は「五足の靴」のタイトルで新聞に掲載された。

天草下田温泉の老舗**「旅館伊賀屋」**の六代目、山﨑博文社長は、自らを〝旅行家〟と名乗る。敷地内に五人が歩いた道が残る離れの宿**「石山離宮　五足のくつ」**は、世界を旅する山﨑さんの「理想の旅館の表現」だという。

正真正銘の隠れ家である。天草灘に臨む高さ百メートル余の断崖。その縁を走る国道のさらにその上の急峻《きゅうしゅん》な山林の中にへばりつく。最初の離れは、「アジアの中の天草」を表現した。キリシタンの栄華と悲哀、豊穣《ほうじょう》の海、天草の過去、未来……。さらに「キリスト教が伝来した中世の天草」をコンセプトに五棟が追加された。

「日本旅館ではなく、地域が、文化が見えるご当地旅館であることが大切です。お客さんは伸び伸びとした生命力を求めているように思う。テクニックではないのです」

わざとらしいものに半日もかけてわざわざ

来るわけがない。

　だからこそ、すべての料理人を天草出身者に揃えることにこだわった。その上、意表をつくアワビの石焼きから始まった会席料理の食材がオール天草となると、そうたやすいことではない。もちろん、美味である。それ以上に応接係の女性のもてなしが、ここの温泉のように本物であったのには驚いた。

　翌朝、外は雨だった。期待していた東シナ海は遠望できない。ところが、朝食の部屋に案内してくれた若い女性が、「今日はしっとり善か日です」とほほ笑んだのだった。

　う〜ん。天草灘の雨にかすんだ風景が、一幅の水墨画のように輝きだしたのである。これほどのもてなしを経験したことはない。朝食も素敵だった。至極の宿である。

一日を振り返りながら、天草灘に沈む夕日を望む温泉博士

十一章　旬を楽しむ

海の幸を巡る旅

失われつつある〝旬の味覚〟を求めて

国内外での産地と消費地の距離感がなくなったり、ハウス栽培、水耕栽培などで、私たちが日常的にいただく食べ物に季節感、すなわち〝旬〟が失われつつあります。

旬の魚介類、野菜、果物などは日本人の健康的な心身を形成してきました。日本人に必要な栄養素が旬の食べ物によって補われていました。また現代では私たちの身のまわりの食べ物のかなりの部分が、都市部の工場で作られています。そう、加工食品です。

しかしこのように旬を失いつつある、あるいは失って、たかだか半世紀程度であることも事実です。人類の長い歴史から見るとまだ一瞬のことともいえますから、私たちの心身はまだまだ旬の味覚を求めている、必要としているに相違ありません。

温泉旅行の楽しみは食の楽しみでもあったのですが、とりわけ〝旬を楽しむ〟ものであったことがわかります。私の口癖「地産地食」の旅です。その土地で生産したもの、水揚げしたものを、その土地に赴いて食する。日本人は「名物」とか「名産品」という言葉を使っていました。現代で言うと、その土地の「旬の味覚を求めて」旅に出たのです。

冬の味覚の王様、カニ（蟹）と湯宿

もう五〇年近く前になるでしょうか。大阪の大型書店の店頭に地元の旅行雑誌が大量に平積みされていました。何気なく表紙に目をやると、「カニの歩き方」と大きく印刷されていたのです。最初は何のことかわからなかったのですが、ページをめくると、兵庫県の**城崎温泉**や福井県の**あわら温泉**を中心に、北陸から山陰にかけてのカニの食べられる温泉地の大特集でした。関西人はとくに食に対するこだわりが強いようですので、温泉特集でも〝カニ〟をキーワードに大特集が組めることに感心したものです。

カニ（蟹）は「刺し」「茹で」「焼き」「鍋」などで、北陸から山陰にかけての日本海沿岸の〝冬の味覚の王様〟と呼ばれています。毎年一一月から三月頃までと漁期が限定されているだけに、旅館の宿泊料金が高騰するのはやむを得ないところでしょうか。

なかでも、鮮度のいい、まさに活カニでしか味わえない「刺し」は、現地で、しかも旬のときにしか、素材そのままの甘みが口いっぱいに広がる喜びを堪能できないといわれます。

越前ガニ

福井県の越前漁港を筆頭に、三国、敦賀、小浜などの漁港に水揚げされる雄のズワイガニのことを「越前ガニ」と呼びます。越前のズワイガニ漁は日本最古といわれ、一六世紀初期(室町時代)の書物に「越前蟹」という記述があり、その頃までには越前で蟹漁が行われていたと思われます。

越前は寒流と暖流がぶつかり合う漁場で、身が引き締まり旨味が強い。明治四三(一九一〇)年には越前ガニが皇室に献上された記録も残されていて、カニの王者といえそうです。

越前ガニのなかでも甲羅幅一四・五センチ以上、重さ一・五キログラム以上(水揚げ時)、爪幅三センチ以上の極大サイズは「極《きわみ》ガニ」と呼ばれています。水揚量の約〇・〇五%、一シーズンで五〇〇匹に満たない希少ものです。なお越前ガニの漁期は一一月六日～三月二〇日までで、ミソが堪能できる雌のセイコガニは一二月三一日まで。

越前ガニと湯宿

地元福井県最大の温泉郷、**あわら温泉**の各旅館で越前ガニを楽しむことができます。木造二階建て純和風、客室二〇室の**「つるや」**がイチ押しです。自家源泉の源泉一〇〇%かけ流しで、わが国を代表する純和風の温泉旅館のひとつと評価しています。

あわら温泉ではほかに由緒正しきいぶし銀の老舗で、見事な日本庭園のある**「光風湯圃《こうふうゆでん》べにや」**。日本海を一望する**越前南部温泉**の源泉かけ流しの**「越前海岸はまゆう　松石庵」**等々……。

松葉ガニ

山陰の京都、兵庫、鳥取、島根沖の日本海で水揚げされる雄のズワイガニは松葉ガニと呼ばれます。松葉ガニ漁は一一月上旬から三月の波の高い日本海で行われます。カニは大きさより重さで選ぶのがポイント。甲羅の身の詰まり具合の目安になるだけでなく、「カニミソ」が詰まり、珍味の「内子」もぎっしり詰まっているからです。

柴山ガニ

松葉ガニのなかでも上位ランクのみに「柴山ガニ」のタグが付けられます。兵庫県香美町の香住《かすみ》海岸の柴山漁港に水揚げされる松葉ガニは、大きさ、身のつき具合、色つやなど細かく一一〇ものランク分けがされ、〝日本一厳しい〟選別基準が設けられています。漁船に水揚げ直後から、深海と同じ水温二〜三度に維持するための機能が装備されています。
なおこれとは別に、この地区に漁期が九月〜六月までの紅ズワイガニ（香住ガニ）があり、年中食べられるため人気があります。

松葉ガニと湯宿

松葉ガニの漁期は一一月から三月にかけて。山陰最大の温泉郷、**城崎温泉**、**湯村温泉**（以上、兵庫県）や**皆生《かいけ》温泉**、**三朝《みささ》温泉**、**鳥取温泉**、**はわい温泉**（以上、鳥取県）、**玉造温泉**、**松江しんじ湖温泉**、**温泉津《ゆのつ》温泉**、**有福《ありふく》温泉**（以上、島根県）などの温泉地には、関西方面から、カニを求める温泉ファンが大挙して押し寄せます。

城崎温泉では一六〇年以上の老舗**「西村屋本館」**やその別館**「西村屋ホテル招月庭」**、三五〇年以上前から続く老舗**「山本屋」**、**「風月魚匠《ふうげつぎょしょう》」**……。鳥取との県境に濃い湯煙を上げる**湯村温泉**は、高温で湯量に恵まれた兵庫を代表する温泉のひとつです。湯村の名門**「朝野家」**の源泉かけ流しの大露天風呂は有名ですが、浜坂漁港で水揚げされる松葉ガニに加えて、但馬牛の地元でもあります。

皆生温泉では眺望、湯ともに良い**「華水亭」**、**三朝温泉**では国の登録有形文化財の木造の宿で、源泉かけ流しの**「旅館大橋」**をお薦めします。もちろん皆生、三朝をはじめ、山陰のほとんどの温泉地の宿では松葉ガニを提供しています。

同じく鳥取県で**岩井温泉**の木造三階建ての**「岩井屋」**と島崎藤村ゆかりの名宿**「明石家」**は、いずれも温泉のレベルもよく、カニの季節にもお薦めします。なにせ岩井温泉の湧く岩美町の網代漁港で水揚げされるので、まさに目と鼻の先なのです。岩美町には他に田後《たじり》漁港もあり、こちらは松葉ガニの漁獲量は日本一といわれます。

島根県では玉造温泉を代表する老舗**「湯之助の宿　長楽園」**を推薦します。もちろん源泉かけ流しの名宿で、昭和四〇（一九六五）年に昭和天皇が御臨泊された

「長楽園」の混浴大露天風呂（著者撮影）

御座所が離れにあります。明治四二（一九〇九）年に完成した日本一の**混浴大露天風呂「龍宮の湯」**は、大規模浴槽にもかかわらず、いまだに源泉一〇〇％かけ流しを維持しているのには頭が下がります。私が初めて山陰地方の松葉ガニの美味しさに驚いたのはこの「長楽園」で、あの頃のことが懐かしく思い出されます。

同じく島根県の名湯有福温泉の**「旅館ぬしや」**も、佇まい、風呂、料理ともに好感のもてる宿です。もちろん冬場は松葉ガニもリクエストできます。歴史薫る有福は石段の小さな温泉街ですが、**共同浴場**が三軒もあり、とくに石段街の上にある**「御前湯」**の湯質の良さ、澄明度の高さはとくと堪能していただきたい。一時期、この共同湯に浸かりたくて、札幌から六、七年続けてはるばる〝有福詣で〟を繰り返すほど、この湯にはぞっこんでした。「心洗われる湯」とは、有福のような湯を指すのでしょう。

柴山ガニは香住海岸沿いに湧出する**香住温泉**、**余部《あまるべ》温泉**、**柴山温泉**、**矢田川温泉**などの旅館、民宿で注文できます。**柴山温泉**の**「かに楽座　甲羅戯《こうらぎ》」**、**「神田屋（休業中）」**……。**香住温泉「湯宿　川本屋」**、**「庵月《あんづき》」**等々。

間人《たいざ》ガニ

丹後半島の間人港（京都府京丹後市）で水揚げされる「間人ガニ」は、最上級のズワイガニといわれます。〝日本海の宝石〟と評する人もいるほどで、舌の肥えたカニ通をうならせる希少ガニです。

丹後半島の最北端、経ヶ岬の沖合二〇～三〇キロメートルを漁場にしているため、日帰り操業で抜群の鮮度を保てます。水深二三〇～三〇〇メートルの海底の水温は〇～一度、カニの餌となるプランクトンが豊富だといいます。

カニ漁はわずか五隻の小型底曳網漁船に限定され、船上で漁師が一匹一匹厳しくチェックし、「たいざガニ・船名」が刻印された緑のタグが付けられます。漁期は一一月六日～三月末。

京丹後市には浅茂川漁港（京丹後市）に水揚げされる「大善《だいぜん》ガニ」ブランドもあります。ここの漁場も日帰り可能ですから、鮮度は抜群であることには変わりないのですが、小型底曳網漁船が大善丸一隻のみで、間人ガニよりさらに希少価値は高いのです。

間人ガニと湯宿

丹後半島の西側は京都屈指の温泉エリアとして知られます。なかでも私は奈良時代の高僧行基の発見と伝わる**木津温泉**の老舗**「丹後の湯宿　ゑびすや」**の湯と料理が好きです。松本清張の名作『Dの複合』が書かれたのもこの宿で、清張ファンの方にはぜひ、「ゑびすや」の湯を全身で味わっていただきたい。現在の貸し切り風呂「ごんすけの湯」は、〝日本一の貸し切り風呂〟というのが私のかねてからの評価です。松本清張が辺鄙《へんぴ》な木津温泉で長編を完成させたのは湯力と丹後半島の食力だった、と確信しています。

京都の松葉ガニ、間人ガニ、大善ガニなどは、木津温泉の他でも、〃美肌の湯〃として知られる**久美浜温泉**、**夕日ヶ浦温泉**などでもいただけます。夕日の美しい夏からカニの冬にかけては大変な賑わいをみせます。日本海の雄大な落日は見る者を詩人にしてくれます。

大善ガニが揚がる網野に**網野温泉**がありますし、半島の突端近くの西丹後には**間人《たいざ》温泉**が湧きます。間人温泉にはずばり**「間人ガニの本場・大人専用の宿　海雲館」**があり、どの部屋からも日本海を一望できます。**「間人温泉　炭平」**、**「寿海亭」**……。源泉かけ流しではないのは少々残念ですが、こればかりは高望みというものでしょう。人気の**夕日ヶ浦温泉「旅館　新海荘」**は全室オーシャンビューです。

久美浜温泉で私のお気に入りは**「久美浜温泉　湯元館」**。源泉かけ流しで、男女それぞれ一〇〇人は入れるという大露天風呂は北近畿随一とか。なにせ五一・二度、毎分六五三リットルもの大量の湯が湧きます。カニだけでなく丹後の豊かな海の幸を堪能でき、日帰り入浴客数の方も丹後一でしょう。

この辺りは透明な湯がほとんどですが、丹後半島の西の付け根に湧く**蒲井温泉**は鶯色の濁り湯。全七室の離れ宿**「いっぺん庵」**のカニ料理には定評があります。客室すべてに檜の内風呂と露天風呂が付いています。しかも源泉かけ流しときているから、温泉ファン、カニファンにはたまらないでしょう。

私のお気に入りの温泉旅館は丹後半島の東側にもあります。**奥伊根温泉「油屋（本館）」**

です。伊根は一階が船のいわばガレージ（格納庫）、二階が住居という伝統的な建物「舟屋」で知られ、個性的な風景が周囲に異彩を放っています。半島の東の付け根の伊根湾を縁取るように舟屋がずらり二〇〇軒前後は並んでいるでしょうか。じつに美しい湾で、日本人はもちろん日本文化に興味のある外国人にもお薦めします。

奥伊根温泉は文字通り半島の奥に入るものの、断崖の縁に立地し、露天風呂からの眺望にも恵まれています。ナトリウム―炭酸水素塩・塩化物泉、すなわち含食塩重曹泉ですから、嬉しい〝美肌の湯〟。しっとり肌でのぼせ気味の湯上がりには、名物の奥伊根の魚会席が待ち構えていますから、たまりません。

加能ガニ

石川県で揚がる雄のズワイガニを加能ガニと呼びます。「加賀」と「能登」からひと文字ずつとって、ブランド化されたようです。

漁期は一一月六日から三月二〇日まで。能登の**和倉温泉**、加賀温泉郷の**山代温泉**、**山中温泉**、**粟津温泉**、**片山津温泉**など、石川県には有名温泉地が多いだけに、京阪神からはもとより、首都圏からも北陸新幹線でカニファンが押しかけます。

加能ガニと湯宿

山代温泉「あらや滔々庵」、**山中温泉「かよう亭」**、**和倉温泉「味な宿　宝仙閣」**などは先にもふれましたので、ここでは**粟津温泉「旅亭懐石のとや」**を加えておきます。

「のとや」の創業は鎌倉時代後期といいますから、七〇〇余年の歴史をもちます。〝のとや懐石〟を売りにしている料理旅館で、ズワイガニや加能ガニは九谷焼の器をいっそう華やかに彩ります。温泉の方は自家源泉で、源泉一〇〇％かけ流しで使用しているところにも、老舗旅館としての矜持《きょうじ》を感じさせてくれます。

花咲ガニ

全国一温泉地の多い、〝グルメ王国・北海道〟もカニ処です。日本で一番大きなタラバガニの近縁種、鮮やかな赤色の甲羅をもつ花咲ガニは、道東の根室、釧路だけで獲れる〝幻のカニ〟です。漁獲期の関係で旬は七月から九月にかけて。

甲羅、脚が太いトゲで覆われていて、その脚も太く肉厚なので食べ応えはあります。弾力があり、プリッとした食感はほかのカニでは得られないものです。味は濃厚。「焼きガニ」や味噌味の「鉄砲汁」は、花咲ガニならではの醍醐味でしょう。

甲羅で約二五センチ、両脚を広げると一メートルを超える〝カニの王様〟タラバガニも、

花咲ガニ（養老牛温泉「湯宿だいいち」にて、著者撮影）

根室、釧路などの漁港でわずかに水揚げされます。こちらも「焼きタラバ」、それに豪快な「タラバのしゃぶ」は最高です。殻を剥いた脚を北海道産のバターで焼いただけの「バターソテー」も美味。

花咲ガニと湯宿

花咲ガニ、希にタラバガニは主に釧路圏の温泉旅館で提供されます。**養老牛温泉「湯宿だいいち」**、**川湯温泉「お宿欣喜《きんき》湯」**、**「川湯観光ホテル」**などは、温泉の湯質にも定評があります。**阿寒湖温泉「あかん鶴雅別荘　鄙《ひな》の座」**、**「あかん遊久の里　鶴雅」**などでも時期によっては提供されます。

毛ガニ

甲羅、脚が短い毛に覆われたカニで、脚は太く身がよく詰まっています。他のカニにない魅力は「カニみそ」。胴体と甲羅にたっぷりと詰まっており、十分に食べ応えがあり、しかも美味で、グルメを満足させる逸品です。身の方もしっとりと甘く、濃厚でコク深い味わいです。

毛ガニ漁の期間が地域によって異なるため、ほぼ通年広大な北海道のどこかのエリアで旬となるのは旅行者には助かります。主な産地はオホーツク海側で、北海道最大の産地です。この近くの温泉地、知床半島の**ウトロ温泉**、先の**養老牛温泉**、**川湯温泉**、**温根湯《おんねゆ》温泉**、とくに北見市郊外の温根湯温泉の**「大江本家」**は、抗酸化力のある全国有数の〝効く〟湯がふんだんにかけ流される大浴場を有しており、お薦めします。

函館市の**湯の川温泉**の熱源、恵山《えさん》や駒ヶ岳、**洞爺湖温泉**の熱源、有珠山や昭和新山、**白老温泉**、**虎杖浜《こじょうはま》温泉**の熱源、樽前山などの活火山が、太平洋の内浦湾を取り囲むように噴煙を上げるところから、江戸時代にこの地を訪れたイギリス人船長が「ボルケーノ・ベイ（噴火湾）」と名付けたと伝えられています。最高級の毛ガニはこの噴火湾沿岸の白老、虎杖浜、長万部《おしゃまんべ》などの漁港で水揚げされるものです。脚に肉がパンパンに入った、格別な濃厚カニ味噌の虎杖浜産の毛ガニは、〝幻のカニ〟とも呼ばれています。

毛ガニと湯宿

白老、虎杖浜を地元とする**登別温泉**、とくに**「滝乃家」**はお薦め。登別は国内のほとんどの泉質を有する日本を代表する温泉郷で、**「第一滝本館」**、**「登別グランドホテル」**ほか、二〇〇室を優に超える大型施設でも湯質は申し分ありません。虎杖浜漁港のある太平洋を一望する**虎杖浜温泉**では**「心のリゾート　海の別邸　ふる川」**の評価は北海道でもトップ級です。近くの**「ホテルいずみ」**のシルク感触の湯質の露天風呂は若い人や女性に人気です。

毛ガニの産地で、「かにめし」で有名なＪＲ函館本線長万部駅の近くに**洞爺湖温泉**があります。登別温泉とともに北海道を代表する大温泉郷で、**「洞爺湖万世閣ホテルレイクサイドテラス」**、**「洞爺観光ホテル」**、**「北海ホテル」**などがお薦めです。平成二〇（二〇〇八）年に北海道洞爺湖サミットが開催された洞爺湖温泉は、じつは私が産湯に浸かった温泉でした。

噴火湾や洞爺湖畔は私の故郷ですので、近くの日帰り温泉施設として、**天然豊浦温泉「しおさい」**、**ルスツ温泉「共同湯　ルスツ温泉」**、**仲洞爺温泉「来夢人《きむんど》の家」**、**壮瞥《そうべつ》温泉「ゆーあいの家」**、**北湯沢温泉「ふるさとの湯」**、**登別温泉「夢元《ゆもと》さぎり湯」**、**虎杖浜温泉「アヨロ温泉」**などをお薦めしておきます。いずれも私もよく入る外湯で、「しおさい」は宿泊も可能な立派な施設です。温泉街での入浴を希望される場合は、**洞爺湖温泉街**、**登別温泉街**、**虎杖浜温泉街**、及び「かにめし」で有名な長万部駅の山手に数軒の旅館からなる**長万部温泉街**

があり、日帰り入浴の可能な宿もあります。

浜の町に湧く長万部温泉は濃厚な〝効く〟食塩泉で、露天風呂付きで飲泉もできる**「丸金旅館」**をお薦めします。本場の毛ガニも含め、水揚げされたばかりの魚介類を格安で楽しめるでしょう。

なお毛ガニはエリアによって漁期が異なりますので、事前に確認された方が無難です。

希少な生マグロと湯宿

南紀勝浦温泉の〝生マグロ〟

紀伊半島の南端、和歌山県那智勝浦町の勝浦漁港は、「生マグロ水揚げ日本一」の延縄《はえなわ》の漁業基地として知られています。私たちがふだん食べているマグロの八〇％以上は冷凍物といわれていますが、**南紀勝浦温泉**のある勝浦漁港では生で水揚げされます。
勝浦漁港にクロマグロ、メバチマグ

ロ、キハダマグロ、ビンチョウマグロの四種類が水揚げされます。〝海のダイヤ〟とも呼ばれるクロマグロ（黒マグロ）の漁期は、産卵のために回遊する一月から五月にかけて。それ以外のマグロは周年水揚げされるため、南紀勝浦温泉では通年新鮮なマグロをいただくことができます。

クロマグロはもちろん高級マグロで、大トロでなくて赤身でも程よく脂がのっています。目が大きなメバチマグロは中トロや赤身が人気。肌が黄色いキハダマグロはクロマグロに近いやさしい味わいがあり、関西ではメバチより人気とか。胸びれが特徴のビンチョウマグロは一般には加工用に回されますが、勝浦では生で水揚げされるため、鮪丼によく使われます。とくに冬場は程よく脂がのり、人気だといいます。

勝浦のマグロと湯宿

大洞窟風呂で知られる**「ホテル浦島」**、潮騒の露天風呂が人気の**「碧き島の宿　熊野別邸　中の島」**など、**南紀勝浦温泉**の旅館の膳にはふつうに旬のマグロが出てきます。温泉街には三〇軒以上のマグロ料理店があるので、温泉と同じように新鮮な、本物のマグロの味を堪能したいものです。私の場合はＪＲ紀伊勝浦駅前の魚介料理店「bodai」を夕食によく利用します。朝食は「勝浦漁港にぎわい市場」（八〜一六時）内の「市場ごはん　しげ」です。地魚の朝ごはん定食が五五〇円、生マグロと地魚の二種盛の定食が八五〇円です。

素泊まりや立ち寄り湯とマグロを楽しみたい方には、勝浦の生マグロに勝るとも劣らない鮮度と湯質をもつ温泉宿泊施設**「海のホテル一の滝」**と郊外の**日帰り温泉「きよもん湯」**をお薦めします。素泊まりのみの「海のホテル一の滝」は全室海に面しており、すぐ近くに弁天島、山側に目を転じると那智大社を祀る那智の大滝を遠望できます。湯質は全国でも屈指のものです。近畿圏の方は三、四泊の温泉三昧、マグロ三昧の〝プチ湯治〟という選択肢もあるでしょう。三、四泊すると、湯治効果、療養効果は結構なものになることが科学的に確認されています。

一方の「きよもん湯」のレベルはさらに上回ります。大浴場の他にもかなり大きめの家族風呂（貸し切り）が三か所あり、湯上がり処もあって便利です。「海のホテル一の滝」と同様にシルクのような感触で気持ちがよいだけでなく、抗酸化作用に優れた〝効く〟湯であることが、並みの美肌の湯とは異なる点と思われます。

生マグロのお造り（「bodai」にて、著者撮影）

豪快な一本釣りの大間マグロ

青森県下北半島の突端の大間町の沖合、津軽海峡で水揚げされるマグロで、商標登録されています。大間漁港で水揚げされる最高級の本マグロ（クロマグロ）の重さは一〇〇キログラムを超えるものもあります。平成六（一九九四）年に四四〇キロもある巨大マグロが一本釣りされ話題となりました。マグロの旬は秋から冬にかけてで、一本釣りのほかに延縄漁も行われています。

大間には昭和五七（一九八二）年に開業した大間町営の温泉宿泊施設**「おおま温泉海峡保養センター」**があります。ここは本州最北端の温泉です。塩化物泉で、源泉で四六度もあり、よく温まる湯として浜の町に人気で、私もよく利用してきました。「海峡保養センター」には宿泊室が一六室あり、併設のレストランで大間マグロはもちろん、地元で〝陸マグロ〟と呼ばれるA５ランクの大間牛を注文する贅沢な選択肢もあります。

根からの温泉好きの方には、私も若い頃から好きな大間町の南隣、風間浦村の**下風呂温泉**を推薦します。浜の町で夏場は津軽海峡を挟んだ対岸の函館の波間に揺れるイカ漁の漁《いさ》り火が幻想的です。

文豪・井上靖の『海峡』（昭和三三（一九八五）年）には下風呂温泉に滞在しながら、取材し書かれた名作です。「ああ、湯が滲みて来る。本州の北の果ての海っぱたで、雪の降り積る温泉旅館の浴槽に沈んで、俺はいま硫黄の匂いを嗅いでいる」(『海峡』)。

大間のマグロと湯宿

大間町内に数軒の寿司屋さんがあるので、私は大間でマグロを食べてから、**「つる屋さつき荘」**、**「さが旅館」**、**「ホテルニュー下風呂」**など**下風呂温泉**に投宿することがよくあります。もちろん下風呂温泉でも、夕食膳に大間マグロが出されます。

下風呂温泉は海辺では珍しい硫黄泉です。室町時代からの歴史をもち、江戸前期には温泉好きで知られた南部藩主南部重信も湯治している名湯です。温泉旅館は一〇軒ほどあり、年季の入った温泉通向きの熱湯の共同湯が二軒ありましたが、令和二(二〇二〇)年一二月に統合され、青森ヒバ造りの新たな**共同湯「海峡の湯」**がオープンしました。かつての源泉を引湯した三つの浴槽とサウナ付きです。湯上がりに海峡を渡る潮風を浴びていると、旅情に駆られるに違いありません。

深浦の本マグロ

青森県の日本海に面した深浦町もマグロの町で、本マグロ(クロマグロ)の水揚量は大間町を上回ります。大間マグロのような巨大マグロではなく華やかさこそないものの、こちらには「日本の夕陽百景」に選ばれた日本海に沈む絶景を拝める温泉があり、穴場といえます。

大間の冬に対して深浦の漁期は五月から一一月で、旬は六、七月と夏。日本海を回遊する本マグロが南からの対馬海流に乗って津軽海峡に北上する途中に深浦があります。

地元深浦の飲食店では刺身はもちろん、人気の「深浦マグロステーキ丼」や「マグカツドック」、「マグロ手巻きロールバーガー」など、マグロの贅沢な創作料理が楽しめます。「ほどよい脂ののりと赤身の旨さ」が深浦本マグロの特徴です。

鉄道ファンには有名な日本海沿岸を走るＪＲ五能線深浦駅があり、新幹線の秋田駅、新青森駅から「リゾートしらかみ」で、それぞれ約二時間半で結ばれています。

深浦のマグロと湯宿

お薦めの温泉は日本海を一望する黄金崎の高台の**黄金崎不老ふ死温泉「不老ふ死温泉」**と**みちのく温泉「みちのく温泉」**。ともに深浦町内の一軒宿の温泉ですが、かなり離れています。不老ふ死温泉の、波打ち際の赤褐色の食塩泉があふれる露天風呂からの夕陽は、温泉ファン垂涎《すいぜん》の的。豪快な露天風呂も魅力ですが、鮮度抜群の海鮮料理も魅力です。

一方、みちのく温泉は希少な二酸化炭素泉（炭酸泉）で、源泉一〇〇％かけ流し。昭和五六（一九八一）年の開業直後から私はここの湯が好きで、もちろん深浦マグロもお目当て。夕日も望めますし、露天風呂から近くを走る五能線に手を振ることもできます。

◆紀行文

極上湯の宿に泊まり、生マグロを食べ歩く

南紀勝浦温泉（和歌山県那智勝浦町）

夫須美大神《ふすみのおおかみ》（「いざなみのみこと」の別名）を主神とする熊野那智大社は、落差一三三メートルの大滝（一の滝）を御神体と仰ぐ自然崇拝に始まったと考えられている。実際、大滝の前に「熊野那智大社別宮飛瀧《ひろう》神社」と記された鳥居はあるものの、神殿はない。

那智山に降る雨は、年間三〇〇〇ミリとも四〇〇〇ミリともいわれる。その大量の雨水を集めて豪快に落下する大滝の爆音と圧倒的なエネルギーを前に、私はただ黙するだけだった。昔の人びとが、そこに神を見たとしても何ら不思議ではない。

「那智大社を含む紀伊山地の霊場と参詣道がユネスコの世界文化遺産に登録されて、かれこれ二〇年近くになります。当初、遺産効果は一、二年で終わるといわれていたのですが、幸い国内外からのお客さんが絶えることがなく——」

こう語るのは車で約二〇分の至近距離に湯煙を上げる**南紀勝浦温泉「海のホテル一の滝」**のご主人の中村紘一郎さん。

南紀勝浦温泉は世界遺産登録後、熊野三山

詣での拠点として脚光を浴びてきた。欧米人も含め女性の熊野古道を歩く人たちの姿は絶えることがない。

紀伊半島の南端に位置する南紀勝浦温泉は熊野灘に面し、勝浦港周辺に「紀の松島」と呼ばれる大小の島々が点在し、入り組んだリアス海岸と奇岩怪石が訪れる人びとを魅了する。

勝浦は関西と中京からの客が大半だったが、熊野古道人気で新たに首都圏からの客が急増したという。

勝浦港に面した**公衆浴場「はまゆ」**の硫黄臭が漂う源泉かけ流しの湯を浴びた。関西屈指の大きな温泉地にこのような、素朴だが湯質に優れた外湯があることも勝浦の隠れた魅力にちがいない。

今回止宿させてもらう「海のホテル一の滝」の二階の部屋から、群青の海越しに、つい今し方訪れた那智の大滝が白くかすむのが遠望できた。

中村さんは源泉こだわり派である。もちろん、風呂は源泉一〇〇％かけ流し。単なるかけ流しではなく、湯のレベルが超一級であった。有名温泉地にこれほどの湯質を維持している宿があることに驚いたものだ。

温泉地は着実に本物と向き合っている。そうでなければ、グローバルな時代に対応できそうにない。

「最近、食事なしの素泊まりプランが大人気で――」と、中村さんは相好をくずした。

勝浦は、古くから遠洋、近海漁業の基地として発展してきた。なかでも生マグロの漁獲高はトップクラスだという。私も夕食は宿でもらった「生まぐろ食べ歩きマップ」を手に、温泉街へ出た。

JR紀伊勝浦駅前の「bodai」で「生まぐろ中トロカツ定食」を注文する。生鮪は造りが定番なのに、あえてフライにするところが産地ならではの贅沢さか。口のなかでとろけたメバチマグロだった。

翌朝、漁港を望む**足湯「鮪乃湯」**につかりながら、勝浦漁業協同組合の片谷匡組合長（当時）の話を聞く。

「勝浦産のマグロの自慢は鮮度に尽きます。漁場が近いからです。勝浦では年中、マグロはとれますが、味は一月から四月にかけてが脂がのって一番」

温泉同様に鮮度を求めて、国内はもちろん、海外からも違いのわかる人びとが、お金と暇を惜しまず訪ねて来るようになった。これこそ旅の醍醐味というもの。

生まぐろ中トロカツ定食（「bodai」にて、著者撮影）

北海道の生ウニ

青森の下北半島まで来たついでに、津軽海峡を越えて北海道に渡ります。北海道は改めて言うまでもなく日本一の食材の宝庫です。とくに海鮮には定評があります。そのなかで漁獲高日本一で、また希少価値のとりわけ高いウニに目的を絞ることにします。

日本人はウニが大好きで、世界で獲れるウニの約七〇%を消費しているといわれています。ウニの「身」と言われ食用にされているのは卵巣の部分ですから、希少価値が高いのは当然といえば当然です。日本で食用とされているウニは主に「バフンウニ」「エゾバフンウニ」「アカウニ」「キタムラサキウニ」。北海道では主に「エゾバフンウニ」と「キタムラサキウニ」が漁獲されています。ちなみに「エゾバフンウニ」と「キタムラサキウニ」で、日本で流通している国産ウニの約九〇%を占めるといわれます。

北海道の温泉を旅しながらウニを食す以上は、加工品ではなく、添加物も加えない「生ウニ」をいただきたいものです。そのためには旬、ウニの漁期に産地へ行くのがベストです。

資源保護のため漁期が定められており、日本海側では五月から八月、オホーツク海側では知床半島の羅臼で二月から五月、雄武《おうむ》、枝幸《えさし》では四月から六月、太平洋側のえりもでは一月から三月……。一年中、北海道のどこかでウニ漁の季節ということになります。ただ味の点からいえば、ずばりベストシーズンは産卵を控えた六月から九月半ばにかけてでしょう。

とくに「エゾバフンウニ」は〝国内最高の絶品〟といわれています。ごくわずかな量で食通をうならせる食材は国内で他にそうありません。北海道のウニが美味で希少価値がある理由は、ウニの食べるものにあります。北海道産の昆布の質は他の追随を許さないことはよく知られていますが、ウニはそのブランド昆布を食べて育っているわけです。ですから利尻昆布、（知床）羅臼昆布、（襟裳《えりも》岬の）日高昆布の産地のウニが絶品なのです。

北海道のウニと湯宿

日本の最北端稚内に近い利尻島、礼文島。最高級のエゾバフンウニのシーズンは夏から秋にかけてです。ウニ寿司、生ウニ丼目当てのグルメが、全国から北の日本海上に浮かぶ島へ渡ってきます。近年嬉しいことに利尻島、礼文島にも温泉が出て、**利尻ふれあい温泉**の町営の温泉ホテル**「ホテル利尻」**（一二月〜三月は休館）は、両島で唯一の源泉かけ流し。他に**利尻富士温泉**があります。

札幌、小樽から近い積丹《しゃこたん》半島も良質な海藻類で育ったバフンウニやキタムラサキウニの産地です。〝積丹ブルー〟と呼ばれる日本海沿いの変化に富んだ海岸線は、格好のドライブコースで、内陸に少し入ると北海道有数の温泉地帯、**ニセコ温泉郷**がそこかしこから湯煙を上げます。

積丹半島の西の付け根、浜の町岩内に湧く**いわない温泉「高島旅館」**がお薦めです。日本海と積丹半島を一望する高台にあり、前浜で水揚げされた新鮮な高級魚介類尽くしの料理旅館で、「これこそ、北海道！」と、思わず叫びたくなるような感動的な料理です。〝美肌づくり〟のナトリウム―炭酸水素塩・塩化物泉（含食塩重曹泉）で、もちろん源泉かけ流し。わずか一三室のため、予約の取りにくいのが難点でしょうか。

函館圏では日本海に面した松前町、江差町や離島の奥尻町がキタムラサキウニの産地です。この一帯にも温泉旅館、立ち寄り湯は点在します。とくに**江差温泉「江差旅庭群来《くき》」**、**乙部《おとべ》温泉「光林荘」**は温泉の質にも優れています。

〝美食の王〟フグ

「なんの味もないようであったが、やはり、ふしぎな魅力をもっていた」と述べたのは、美食家、北大路魯山人でした。白身の肉は脂肪が非常に少ないため味は淡泊で、魯山人でなくても、最初は「これが美食の王か」と戸惑う人も少なくありません。

最高級のフグは「トラフグ」。全長八〇センチにもなる大型のフグです。身はもちろん、皮、白子（精巣）も美味しく食べられます。とくに希少な白子は高級珍味なだけに人気があります。ただし、トラフグの九〇％は養殖ものだといいます。トラフグの天然物はまさに希少です。外見はトラフグに似た「カラスフグ」も人気です。五〇センチほどまで成長し、トラフグに次いで美味だと食通は話します。こちらは天然ものです。

「てっさ」あるいは「ふぐ刺」とも呼ばれる刺身は、フグの身を盛り付ける皿の模様が透けて見えるくらいに薄く切られます。これはフグの肉は弾力があり、厚く切るとかみ切りにくいためです。ぽん酢醤油と、刻んだワケギやアサツキ、もみじおろしなどでいただきます。

刺身には〝とおとうみ〟と呼ばれる皮下組織を湯に通して添えられることがあります。身皮（三河）の隣にあるから「とおとうみ（遠江）」と洒落たものです。

食通の粋人の遊びですね。この部分は湯を通すとゼラチン化してぷりぷりの口あたりが魅力です。

冬の味覚の鍋、フグのちり鍋は「ふぐちり」、「てっちり」ともいいます。身を取ったあとの骨や頭（アラ）に春菊、豆腐などを取り合わせた鍋のことです。これもぽん酢醤油と薬味でいただきます。ちなみにてっさ、てっちりの「てつ」はフグの俗称「鉄砲」の略だとか。

フグと湯宿

私はフグの産地下関のある山口県や大分県の温泉旅館で主にふぐ料理に魅せられてきましたが、長崎県の島原半島で食した地元で「がんば」と呼ばれるふぐ料理はとくに印象に残っています。

「がんば」とは島原のフグの呼び名で、もともとは「棺桶」を指す言葉だそうです。フグにあたると棺桶に入ることもあるということで、「鉄砲」に通じるところがあります。にもかかわらず〝美食の国〟の日本人は太古の時代からフグを堪能していたことが、各地の貝塚で見つかる骨から判明しています。

フグは広い範囲で漁獲されているため、海辺の温泉地では秋から冬にかけて食すことができます。産卵直前のまるまるとしたフグが水揚げされる一一月から二月にかけてがフグの旬です。

フグと言えばやはり山口県でしょうから、下関市の郊外、放浪の俳人・種田山頭火が愛した**川棚温泉**をいの一番にあげたい。お湯のレベルも勘案して**「小天狗さんろじ」**、それにリーズナブルな料金の**「小天狗」**。同じく山頭火が愛し、詩人・中原中也の生まれた山口市内の名湯**湯田温泉**の**「松田屋ホテル」**、日本海側の**長門湯本温泉**の**「大谷山荘」**や高級別館**「大谷山荘　別邸　音信《おとずれ》」**。

大分の荒波に揉まれて育った「豊後ふぐ」も旨味と食感に定評のあるところ。ここには日本屈指の大温泉郷**別府**があるので、宿選びには困りません。なかでも別府湾を望む高台の**観海寺温泉**の**「旅亭　松葉屋」**は一八室の小規模旅館ですが、海鮮をふんだんに使った創作懐石料理、とくに冬のふぐ料理には定評があります。

四国の愛媛産のトラフグを使用した「ふぐづくし会席」の**こんぴら温泉郷**　**「琴平花壇」**（香川県）は、日本庭園のなかに宿泊棟が点在する歴史ある名宿。島原半島に湧く**島原温泉**　**「旅館　海望荘」**（長崎県）は有明海を一望し、有明海から昇る朝日を望むことができる高台に立地する、島原温泉唯一の源泉一〇〇%かけ流しの湯宿。海鮮会席「フグの湯引き」も人気です。じつはここのご主人に島原名物「がんば料理」を案内していただいたのです。

石川県能登半島の輪島市は近年、天然の「輪島ふぐ」のブランド化に取り組んでいます。輪島は国内トップ級のフグの水揚量を誇ることはそう知られていません。一〇年以上前までは、フグはブリやサバに紛れて網にかかる厄介者扱いだったというから、もったいない話です。

能登半島には江戸時代から知られる大温泉郷、**和倉温泉**以外にも、奥能登の港町を中心に、**輪島温泉郷（輪島、ねぶた、湯元能登輪島）**、**門前温泉**、**千里浜《ちりはま》温泉**、**珠洲《すず》温泉**、**志賀《しか》の郷《さと》温泉**、**縄文真脇温泉**など、近年続々新たな温泉が誕生しています。

なかには**千里浜なぎさ温泉「里湯ちりはま」**のように、自家源泉を有する源泉かけ流しの施設もあります。

能登半島は一級の魚介類の水揚げを誇るため、湯宿が誕生するのは必然でしょう。北陸新幹線で首都圏からのアクセスが格段に良くなりましたし、今後楽しみなエリアです。

〝日本一旨い〟氷見の寒ぶり

輪島のフグが出てきたので、同じ能登半島の東、富山湾に面した氷見《ひみ》の「寒ぶり」もご紹介します。寒ぶり漁は一一月から翌年二月まで行われます。ぶりは回遊魚で、北海道から九州まで長距離を移動しながら成長します。

春から夏にかけて暖流にのって北上して来たぶりは、北海道付近の冷たい海で脂肪と栄養をたくわえ、晩秋から冬にかけて産卵のため九州付近へ南下する。その途中、富山湾周辺に差しかかった頃の脂、身の締まり具合が、人間の味覚にちょうどよいといわれています。この状態を「寒ぶり」と呼びます。

何度か見学したこともありますが、氷見漁港の市場で競り落とされた氷見の寒ぶりは商標

ブランド「ひみ寒ぶり」の名のもとに、青い出荷箱に詰められて大都市圏へ送られます。

氷見の寒ぶりと湯宿

地元氷見市には**氷見温泉郷**があり、浜の町だけに大半は民宿ですが、なかには**「魚巡りの宿　永芳閣」**や**「くつろぎの宿うみあかり」**などの中規模ホテルもあります。また**「粋な民宿　美岬《みさき》」**のように、最上階に露天風呂をもつ鉄筋の民宿もあったりして驚かされます。これらの宿から富山湾や三〇〇〇メートル級の立山連峰を一望できます。

なかでも**「うみあかり」**の露天風呂から富山湾越しに仰ぐ、真白な雪を抱いた立山連峰の神々しい山容のインパクトは強烈なものがありました。本館の展望大浴場の湯も別館の**「潮の香亭」**の天然岩風呂の熱い湯もよかった。両方ともによく温まる食塩泉でした。

富山湾に注ぎ込む庄川の河畔の一軒宿、川を船で行くというユニークな**大牧温泉「大牧温泉観光旅館」**を、温泉の湯質、露天風呂、料理等を併せて推薦します。地場の食材にこだわる宿で、冬場には寒ぶりも出ます。

〝海のミルク〟牡蠣

〝海のミルク〟とも呼ばれる牡蠣《かき》は栄養たっぷりの「冬の味覚」と思い込んでいる人も少なくないでしょう。

冬が旬の牡蠣は「真牡蠣」を指し、国内に流通している牡蠣のほとんどが養殖ものです。じつは夏が旬の牡蠣もあります。「岩牡蠣」です。岩牡蠣は天然ものが多く、獲るのにも手間がかかることもあって、価格は真牡蠣の二倍以上もするようですが、もちろん美味です。「天然ものの牡蠣」はほとんどがこの岩牡蠣を指します。

岩牡蠣は深場に棲んでいるので素潜りで獲ります。旬は六月から九月の夏。七月から一一月にかけて、時間をかけゆっくり産卵するため栄養がたっぷりと詰まった夏場が旬となるのです。真牡蠣より殻も身も非常に大きく育ち、主な産地は日本海側です。

一方、天然の真牡蠣は浅瀬に棲んでいます。六月から一〇月にかけて一気に大量に産卵し、栄養素が落ちるため、産卵のために養分を蓄える一一月から翌年四月にかけての冬が旬となります。主な産地は太平洋側です。

やはり天然ものの味は違い、濃く旨味が強い。コクがある。

養殖もの、つまり一般の（真）牡蠣はあっさりした印象を受けます。ぜひ夏が旬の牡蠣を食していただきたい。私は夏場に鳥取の**三朝《みささ》温泉**や**岩井温泉**で岩牡蠣を美味しくいただきます。

それでも「牡蠣鍋」などに代表される養殖ものの（真）牡蠣の特徴が「クリーミーな味わい」であることは、日本人はたいていよく知っています。縄文時代から日本人の祖先は真牡蠣を食べ、室町時代後期からすでに養殖が始まったといわれています。この間、養殖技術が進化に進化を重ね、クリーミーな〝海のミルク〟と呼ばれるまでに改良されてきたのです。

牡蠣と湯宿

牡蠣の〝本場〟広島県では、**宮浜温泉**の佳宿**「庭園の宿　石亭」**、厳島神社と目と鼻の先の老舗、**宮島潮湯温泉「錦水館《きんすい》」**をあげておきましょう。

天然ものの岩牡蠣では鶴岡の**湯田川温泉「九兵衛旅館」**（山形県）。作家・藤沢周平ゆかりの名宿で、佇まいも源泉一〇〇％かけ流しの湯質も、料理も好感がもてます。数寄屋造りの小宿、**岩室温泉「著莪《しゃが》の里　ゆめや」**（新潟県）、**城崎　円山川温泉「銀花」**（兵庫県）、**浜坂**

温泉**「魚《と》と屋」**（同）、**久美浜温泉「純和風旅亭　碧《へき》翠御苑《すいぎょえん》」**（京都府）、**間人温泉「昭恋館よ志のや」**（京都府）……。

瀬戸内海と一体化した大浴場「天海の湯」や露天風呂をもつ**赤穂温泉「絶景露天風呂の宿　銀波荘」**（兵庫県）は、内湯、露天風呂ともにかけ流しで穴場です。源泉かけ流しの岩牡蠣の美味しい佳宿といえば、わが国有数の風情のある温泉郷、**三朝温泉の「旅館大橋」**、それに**岩井温泉「岩井屋」**（共に鳥取県）をやはり推薦したくなります。

三朝温泉「旅館大橋」の直《じか》湧き源泉かけ流しの名物「巖窟の湯」（著者撮影）

〝白身のトロ〟のどぐろ

口の奥の喉が黒いところから、この名があります。正式名はアカムツで、関東以南の太平洋と北陸、山陰の日本海、および九州で獲れます。とくに日本海側では昔から高級魚として扱われてきました。全長四〇センチほどの魚で、大きなものは一匹一万円の値が付くことも珍しくないそうです。

〝白身のトロ〟ともいわれるように、年中脂がたっぷりとのり、塩焼きでも姿煮でも美味しい。もっとも贅沢なのはシンプルな刺身。これは絶品です。私が住む北海道にはいない魚で、初めてのどぐろに出合ったのは島根県江津市の**有福温泉「旅館ぬしや」**。刺身でした。驚愕したものです。ちなみに隣の浜田市では平成二一（二〇〇九）年にのどぐろを〝市の魚〟に指定しています。その次に出合ったのは**城崎温泉**の老舗宿**「山本屋」**で、脂ののった塩焼きでした。まさしくトロのようでした。

のどぐろは夏から秋にかけて産卵期を迎えるので、産卵期を終える九月頃までが美味といわれています。ただ山陰沖では夏以降に大物が獲れるといい、島根県の旬は秋から冬のようです。

のどぐろと湯宿

島根県は湯質のレベルの高い温泉地が多い。**有福温泉**はどこもいいのですが、私の定宿は先の**「ぬしや」**。**玉造温泉**は歴史のある大きな温泉地で、やはり**「湯之助の宿　長楽園」**を推します。

世界遺産に指定された石見銀山の銀の積み出し港に湧く**温泉津温泉**《ゆのつ》（島根県）の湯質はピカイチで、**「旅館ますや」**（休業中、令和五年四月再開予定）」、**「旅館のがわや」**を推します。

温泉津には**日帰り温泉**で**「温泉津温泉元湯」**と**「薬師湯」**があり、ともに療養の名湯で個性的な湯です。薬師湯に最近、宿泊施設**「別館温泉津庵」**ができたので、薬師湯の鉄さび色のファンには嬉しいでしょう。

福井県、石川県でものどぐろは垂涎の的です。福井県の**あわら温泉**、石川県の**山代**、**山中**、**粟津**、**片山津**、**湯涌**《ゆわく》、**辰口**などの温泉で夕食の膳を彩ります。

「ぬしや」の露天風呂（著者撮影）

〝タイやヒラメにも優る〟関さば・関あじ

大分県と四国の愛媛県を挟む豊予海峡（速吸《はやすい》の瀬戸《せと》）で漁獲され、大分市郊外の佐賀関《さがのせき》半島にある佐賀関漁港で水揚げされるサバ、アジを〝関さば〟、〝関あじ〟と呼びます。佐賀関のさば、あじの知名度が上がるにつれ偽物が出回るようになったため、平成一八（二〇〇六）

年に地域団体商標（地域ブランド）の第一弾として登録された水産品の高級ブランドです。

豊予海峡は瀬戸内海と太平洋の境界にあたり、水温の変化が少なく、プランクトンが豊富だといわれています。潮の流れが非常に速いため、「身の締まりもよい」と評価が高いのです。またこの海域は波が高いなどの理由から、網漁は適さず伝統的に一本釣りが行われてきました。

もちろん旅先でいただく鮮魚の醍醐味は「活け造り」ですね。引き締まった身からは想像できない、口の中でとろけるような味はインパクトがあります。「タイやヒラメにも優る逸品」という言葉は決して誇張ではない気がします。

関さば、関あじと湯宿

関さば、関あじの漁場大分県は日本屈指の温泉県だけに、温泉旅館で美味しいさばやあじを食することは難しくないでしょう。日本一の規模の**別府温泉郷**（大分県）の**「割烹旅館関屋」**（別府温泉）、**「ホテルうみね**（改修工事のため休館中）**」**（同）、**「リゾーピア別府」**（堀田温泉）、**「もと湯の宿　黒田や」**（鉄輪《かんなわ》温泉）、**「旅亭　松葉屋」**（観海寺温泉）等々……。

山里の幸を巡る旅

新鮮な川の幸、山の幸

地方の温泉旅館、とくに秘湯系の旅館に泊まると、地魚、つまり川魚が出る機会が多いものです。鮎、ヤマメ、イワナ、アマゴ、ニジマス、鯉、鰻……。ただ近年は養殖ものが地方でもかなり出まわっているため、できれば天然物が出る旬に出かけたいものです。

川魚は海から離れた東北や信州、飛騨などの旅館でよく出されます。岩手県**花巻南温泉峡**の宮澤賢治ゆかりの**大沢温泉**「**山水閣**」や、隣の田宮虎彦の『銀心中《しろがねしんじゅう》』が書かれた**鉛温泉**「**藤三《ふじさん》旅館**」などでは、四月～一〇月にかけてよく塩焼きやフライで川魚料理が出ます。

秋田県の人気の秘湯、**乳頭温泉郷**の「**鶴の湯温泉**」でも、近くのイワナの宝庫、田沢湖で釣り上げたばかりの新鮮なイワナの塩焼きが出てきます。宿の人が釣り上げてきた魚は、いかにも客人を心から迎えてくれているようで、嬉しいものです。手間暇こそが最高のおもてなしですから。

〝清流の女王〟天然鮎

食通でなくても、川魚と言えばやはり鮎でしょう。高級な海の魚の旬が秋から冬にかけてがほとんどなだけに、鮎の夏というのは存在感があります。

鮎は日本の河川に適応した魚で、北海道の北部、天塩川から沖縄まで広く分布しています。ただし「清流の女王」とも呼ばれるように、自然度の高い澄んだ清流にしか生息していません。濁った水では生きられない。本流にダムのないような清流が好ましいといわれます。

鮎は別名〝年魚〟ともいいます。秋に産卵し、二週間ほどで孵化し、海に下ります。鮎は川のコケを餌にしているイメージが強いようですが、海ではエビやカニなども餌にします。成長した後に生まれた川へ戻り、産卵し生涯を終える。年魚というのは一年で命を閉じることを意味します。

美食家魯山人がこだわった初夏の若鮎

美食家北大路魯山人は、初夏の若鮎にことさらこだわりをもったといわれています。鮎は〝香魚〟とも呼ぶことはよく知られていますね。鮎が解禁になる六月の若鮎は芳香漂う。西瓜の匂いがする。魯山人は骨が柔らかな若鮎を頭からくらい、身、はらわた、皮を同時に味わうのが一番と記しています。もちろん塩焼きです。炭火焼きで火傷しそうな熱いのにかぶりついたようです。

魚は刺身で食べるのが一番といわれています。こと鮎にかぎっては、若鮎の塩焼きが最良で、次に天ぷらでしょう。専門店のなかには、若鮎の背ごし（骨ごと輪切りにした刺身）を出す店もあります。

鮎は高級食材なだけに養殖ものが多く、鰻の次に多い。市場に流通している鮎の約八〇％は養殖ものといいます。それだけに旬が短い初夏の「天然若鮎」を食する温泉旅行はモチベーションも高くなることでしょう。鮎の解禁日は一般に六月から七月にかけてが多い。地域によっては五月中の解禁もあるようです。期間はだいたい四か月前後です。

球磨《くま》川の人吉温泉と四万十川の松葉川温泉

天然鮎といえば私の場合は九州の〝小京都〟**人吉温泉**（熊本県）を思い出します。人吉市内を富士川、最上川と並ぶ〝日本三大急流〟のひとつ球磨川の清流が流れています。球磨川は昔から「尺鮎」と呼ばれる、とくに大きな美味しい鮎が育つことで有名です。急流で鍛えられた引き締まった身は炭火で焼くと、香ばしく香ります。味は上品。「鮎ずし」は人吉の名物です。

創業文政一二（一八二九）年の**「鍋屋本館」**と国の登録有形文化財の木造二階建ての純和風旅館**「人吉旅館」**がお薦めです。両旅館で球磨川の若鮎の上品な味わいを知りました。ともに源泉かけ流しの〝美肌づくり〟の重曹泉（ナトリウム―炭酸水素塩泉）です。相良氏二万二〇〇〇石の城下町、人吉は、〝九州の小京都〟として知られますが、じつは市内に五〇本以上の泉源を有する湯の町でもあるのです。相良氏七〇〇年の歴史が息づく人吉城跡の敷地内の**共同湯「人吉温泉　元湯」**をはじめ、共同湯がいくつもあります。

高知県の四万十川はかつて日本一の清流と言われていたこともあるだけに、天然鮎やモクズガニをはじめ川の幸だけで夕食の膳がまかなえる希有な川で、実際に私も「川の幸会席」をいただいた経験があります。その時は美味しさより、むしろ四万十川の、日本の川の豊かさに感動したことを覚えています。

四万十川の源流部に湧く**松葉川温泉「ホテル松葉川温泉」**では、天然鮎会席のコースがあります。子持ち鮎も逸品です。

十津川の十津川温泉と日高川の龍神温泉

紀伊半島は奈良県の南の最深部、和歌山、三重との県境の深い谷から湯煙を上げる**十津川温泉郷**の湯は、学生時代に初めて浸かって以来、半世紀も通い続けていて、私の体にしっかりと染みこんだ温泉です。

ここに個性的な宿が何軒かあるのですが、**「田花館」**（十津川温泉郷）を推します。ご主人は天然鮎を釣り上げた後、自らさばき夕食膳に添えます。長く観光協会長を務めているのですが、鮎釣り解禁の初日にはあらゆる予定をキャンセルして釣りに挑みます。なにせ数年前に私の予約も直前でキャンセルされたことがあります。ところが夕方釣り上げたばかりの若鮎を、私の滞在先の宿に差し入れてくれたのです。釣れなかった場合を考えて、旧知の間柄だからキャンセルしたのだということでした。

それほど宿泊客に提供できるレベルの天然ものを釣り上げることは容易ではないようです。苦労されただけあって見事な香魚でした。

十津川温泉郷では他に**「湖泉閣　吉乃屋」**、**「平谷荘」**、**「ホテル昴《すばる》」**（以上、**十津川温泉**）、**「十津川荘」**、**「温泉民宿かたやま」**、**「湯乃谷　千慶」**（以上、**湯泉地《とうせんじ》温泉**）、**「神湯荘」**（**上湯温泉**）等でも鮎料理は食べられます。

なお十津川村の十津川温泉郷（十津川、湯泉地、上湯の総称）は、平成一六（二〇〇四）

年六月二八日に、奈良県庁で当時の更谷村長、田花旅館組合長、及び私の立ち会いのもとで全国初の「源泉かけ流し宣言」を行っています。十津川温泉郷の全温泉施設（当時約三〇軒）が安心・安全な温泉を「源泉かけ流しで使用している」ことを宣言するものでした。

十津川温泉に近い同じ紀伊半島の**龍神温泉**（和歌山県）は、徳川家康の十男で、初代紀州藩主徳川頼宣お気に入りの温泉でした。無色透明でシルクのような感触の湯が、〝日本三美人湯〟と言われていることは「一章　お湯を楽しむ」でもふれました。

山あいの静かな温泉街を流れる有吉佐和子の名作『日高川』の舞台ともなった清流に鮎が棲みます。**「上御殿」**、**「下御殿」**など江戸時代から続く宿でも、旬には夕食の膳を彩るのですが、**「料理旅館　萬屋」**には、「天然鮎食

鮎の塩焼き（「吉乃屋」にて、著者撮影）

べつくし三昧」コースもあるので、事前に確認してみるとよいでしょう。

〝鵜飼い〟で知られる長良川の天然鮎の会席料理

鵜飼いで知られる長良川の天然鮎は「小ぶりで上品」が持ち味です。魯山人のように五、六月の若鮎の香りを楽しみながら頭から尻尾まで丸ごと食してみたいものです。

長良川温泉「鵜匠の家　すぎ山」（岐阜県）は、長良川の天然鮎を香りとともに食べつくす鮎会席料理の温泉宿。刺身から炊き込み御飯まで、いくつかのコースがあります。

〝秋の味覚の王様〟松茸

「秋の味覚の王様」といわれるように、きのこの最高峰は松茸です。万葉の時代から食されていたと推測されていますが、海外、とくに欧米では日本のようには珍重されていません。日本人は松茸特有の香りを「芳醇な香り」と評価しますが、欧米ではこの香りは好まれていないようです。

日本の高級食材は養殖や人工栽培ものが多く、それだけに地方の温泉地へ〝天然もの〟、〝本物〟を求めて旅する楽しみもありました。ところが松茸はしいたけやしめじのように人工栽培をするのが難しく、天然ものにかぎられます。

一〇％にも満たない希少な国産松茸

松茸は主に比較的日の当たるアカマツ林に生育します。ところが過疎化で里山は荒れ、落ち葉が堆積するなど松茸の生育条件は悪化する一方で、国産は一〇％にも満たない希少価値の高い、秋の味覚となっています。

人工栽培ができない代わりに、都市部のスーパーなどでは海外産が圧倒しています。ちなみに平成三〇（二〇一八）年の農林水産省の統計では、国内最大の産地長野県でわずか四二・一トン（シェア七五％）で、二位の岩手県が九トン（一六％）でした。海外からの輸入ものは約九五％を占め、中国から六〇一トン、トルコ七二トン、アメリカ六三トン、カナダ五三トン……といった具合です。中国産は見た目や香りが国産と似ているためか、圧倒しています。

日本人にとって松茸の松茸たる所以《ゆえん》は、やはりその芳醇な香りにあります。松茸も生ものですから鮮度が命です。海外からでは鮮度が落ち、香りも消える。一方で、利点はもちろん価格の安さ。ちなみに松茸は他のきのこと違って笠が開く前に採取するのは、笠が開くと香りが抜けやすく食感も落ちるためです。

では地場産の松茸料理を楽しむために温泉へ出かけましょう。松茸は炭火焼き、土瓶蒸し、吸い物、天ぷら、松茸ご飯、すき焼きなど、レパートリーはとても広い。このことは昔からの日本の人気食材の共通点といえます。

国内最大の松茸の産地、信州の湯宿は松茸づくし

宿名はずばり**穴沢温泉「松茸山荘」**（長野県）。ナトリウム―炭酸水素塩泉（重曹泉）は、「まるで美容液のような源泉」と女性に大変評判の温泉です。もちろん源泉かけ流しです。

宿の裏山が松茸山という、なんとも頼もしい立地にあります。通常は「季節会席料理」の湯宿で、秋になると「地元産の松茸料理専門の宿」に看板が掛け替えられます。

島崎藤村が信州小諸に住んでいた頃よく通ったといわれる**中棚温泉「中棚荘」**は、明治三一（一八九八）年の創業。ややぬる目の風呂は一〇月から翌五月まで「初恋りんご風呂」に変わります。島崎藤村の有名な詩「初恋」の「まだあげ初めし前髪のりんごの……」にちなんだりんご風呂です。

外にはかけ流しの露天岩風呂もあります。ふだんは地元の素材を活かした和食会席料理ですが、九月から一〇月にかけては松茸料理がオプションで提供されることもあります。なにせ国産松茸の七五％は信州産ですから、温泉地も北海道についで多く、良質の湯をもつ信州の紹介が続くのは仕方がないですね。松茸独特の風味を真に楽しむには地場産にかぎります。

古刹《こさつ》霊泉寺の寺湯としての歴史を刻んできた上田市郊外のややぬる目の**霊泉寺温泉**は、地味な温泉ですが、私の好きな湯でもあります。なかでも**「和泉屋旅館」**の開放的な風呂がいい。じつは上田市は国内屈指の松茸産地で、九月中旬から一一月上旬にかけては新鮮な松茸料理を求める人々で大変な賑わいをみせます。

霊泉寺温泉と同じ上田市郊外に湧く歴史薫る名湯**別所温泉**の国の登録有形文化財の宿**「旅館　花屋」**も、秋になると松茸の会席料理のコースが人気になります。こちらの宿は庭園に巡らせた回廊で知られる名宿です。このような湯宿で松茸をいただくと、欧米人も松茸を再評価するのではないかと、つい期待してしまいます。

同じ別所温泉の**「源泉かけ流し貸切風呂の宿　桂荘」**もお薦めです。「源泉かけ流し貸切風呂の宿」と銘打っているように、三か所の貸し切り風呂をもち、大きな風呂で四、五人入れます。別所温泉の単純硫黄泉は抗酸化力に優れた〝還元系〟の湯で、「桂荘」のように源泉かけ流しの風呂でこそ、その泉質の良さがより活かされます。「桂荘」はオーナー自ら腕を振るう料理の宿で、松茸料理にも昔からのファンが多いそうです。

信州に近い岐阜県中津川市の自家源泉の**岩寿温泉**「**岩寿《いわす》荘**」は、良質な飛騨牛を提供する宿で評判ですが、秋には評判の「国産松茸会席」が始まります。

庄内地方のタケノコ（孟宗竹）

山形県庄内地方の郷土料理「孟宗《もうそう》汁」。庄内の人たちが春の訪れとともに待ちわびる孟宗竹のタケノコ。なかでも**湯田川温泉**で知られる湯田川地区は最北地の孟宗竹林群生地といわれます。その柔らかさと風味の良さは昔から定評があります。

鶴岡市の郊外、出羽三山のひとつ羽黒山の近くに湧く一三〇〇年の歴史を有する湯田川温泉は、私の好きな温泉です。放浪の俳人・種田山頭火や画家・詩人の竹久夢二も訪れた雰囲気のある温泉場なのです。七、八軒の旅館と二軒の共同湯があり、とくに白雉元（六五〇）年の創建と伝わる由豆佐売《ゆずさめ》神社の正面にある**共同湯「正面湯」**は、訪れるたびに必ず入浴することにしています。心まで洗われそうな柔らかく澄明な湯にぞっこんなのです。藤沢周平も小説家になる前、湯田川中学校で教鞭をとっており、正面湯にもよく通っていたといわれます。

湯田川の孟宗の旬は四月下旬から六月上旬にかけてです。各旅館で孟宗料理をいただくことができます。孟宗ご飯、刺身、天ぷら、田楽、焼き孟宗、孟宗木の芽和え等々と、レパートリーは広い。通の楽しみは孟宗竹でお好みの地酒を燗《かん》した「かっぽ酒」です。温泉好き、地酒好きの山頭火も、かっぽ酒に酔いしれたのでしょうか。

私は「孟宗汁」が一番好きです。採りたての孟宗を大切りにして煮込んだ料理で、食感がたまらないのです。噛むほどに口の中に甘みが広がります。

湯田川温泉は平成二九（二〇一七）年に「源泉かけ流し宣言」を行っています。温泉街のすべての施設が源泉一〇〇％かけ流しですから、還元系の湯質に関しては心配ありません。**「九兵衛旅館」**、**「理太夫旅館」**、**「つかさや旅館」**、**「ますや旅館」**、**「湯どの庵」**、**「隼人旅館」**、**「仙荘　湯田川」**、**「九兵衛別館珠玉《たま》や」**……。歴史ある名宿、湯治旅館、デザイナーズ旅館までバラエティーに富んでいます。

歴史ある共同湯「正面湯」の外観（著者撮影）

湯田川温泉の名宿「九兵衛旅館」の内風呂
「川の湯」（著者撮影）

人気のブランド和牛と湯宿

〝和牛ブーム〟は続く

「アメリカのトランプ大統領（当時）が、東京でA5ランクの佐賀牛を食べたそうだよ」と、三、四年前に佐賀のある旅館のご主人から聞いたことがあります。

近年、温泉旅館では〝ブランド和牛《わぎゅう》ブーム〟です。黒毛和牛ブームは〝ご当地和牛〟が続々誕生していることと大いに関係があります。

なにせブランド和牛は国内に二〇〇以上も存在するといわれています。東京、大阪を含め四七都道府県すべてにブランド和牛があり、都会では「赤肉の方が健康に良いのでは？」ともいわれているなかで、地域間の和牛競争は熾烈を極めています。

いわば最前線の温泉旅館の側でも、それに応えようと調理法にも創意工夫を凝らしています。松阪《まつさか》牛、但馬牛、佐賀牛、米沢牛、飛騨牛、豊後牛、宮崎牛、白老《しらおい》牛、能登牛、とちぎ和牛、赤城牛、信州牛……。世界が認める和牛の個性的な〝肉質〟を活かした「和牛料理」は、今や温泉旅行の大きな楽しみのひとつになっています。

和牛とは？

〝和牛〟とは明治時代以前からの日本在来の牛をもとに、国外の牛を交配して作られた品種を指します。

昭和一九（一九四四）年に黒毛和種、褐毛和種、無角和種の三品種を総称して〝和牛〟と呼び、昭和三二（一九五七）年に日本短角種が追加され、四品種となっています。

和牛といえば〝黒毛和牛〟を思い出す人が多いように、黒毛和種は国内で飼育されている和牛の約九五％を占めるといわれます。黒毛和種が圧倒的に多いのは〝霜降り肉〟になりやすいためです。日本の在来種とその性質を受け継ぐ和牛は、筋肉に脂肪が混ざりやすい特徴があります。

平成三（一九九一）年に牛肉の輸入の自由

黒毛和牛種

化が始まり、価格競争では安い輸入牛肉に太刀打ちできないため、〝高品質・高価格〟の和牛を生産することになったわけです。ポイントは「脂肪交雑しやすい黒毛和種」でした。実際、和牛が広まるにつれ、これまでにはなかった牛肉のやわらかさと旨味に日本人はもちろん訪日外国人も驚嘆の声を上げたものです。

〝霜降り肉〟は、筋肉の間に脂肪が細かく網の目のように、霜降り模様が入ったものを指します。筋肉（筋線維）の間に入った脂肪を〝サシ〟と呼び、それが細かなほど上質とされます。肩ロースやサーロインなどの肩肉は霜降りになりやすい部位です。

但馬牛、神戸牛、松阪《まつさか》牛、近江牛などが超ブランド和牛であるのには理由があります。それは現在の黒毛和種のほとんどが兵庫県美方郡香美町小代区《かみちょうおじろ》（藩政時代の但馬国）で生まれた種牡牛〝田尻〟の子孫だからです。同じ兵庫県の神戸牛、松阪牛（三重県）、近江牛（滋賀県）なども但馬牛の系統になります。

牛肉のランク付け

「これはA5ランクの佐賀牛なので、とても美味しいですよ」などと、温泉旅館で仲居さんから説明を受けた方もいらっしゃるでしょう。

このような牛肉のランクはもともとは食肉業界のものだったのですが、過熱する牛肉ブームのなか、旅館やレストランなどにまでランクが持ち込まれた感じがします。

牛肉のランクは肉の品質を示すもので、二つの等級によって決められます。歩留《ぶどまり》等級と肉質等級です。歩留等級は上から順にA、B、Cの三等級に、肉質等級は上から5・4・3・2・1等級に分かれます。したがって「A5」は最高級であることを示しています。

食肉業界の用語で皮や骨、内臓などを取り除いた肉を枝肉《えだにく》と呼びます。「歩留等級」は牛の枝肉から食肉の量を評価するものです。消費者に必要な美味しさの情報ではありません。

もう一方の「肉質等級」はロース芯《しん》の切断面を、次の四つの項目を眼で見て、それぞれ上から五等級から一等級まで区分したもの。

(一)脂肪交雑　(二)肉の色沢　(三)肉の締まりときめ　(四)脂肪の色沢と質

おわかりのようにこれは肉の〝美しさ〟に関する等級です。

ただ美しさは鮮度につながりますので、美味しさに関係があります。しかも(一)と(四)の二項目は、日本人にとっての美味しさにつながる脂肪に関してです。

(一)「脂肪交雑」は脂肪の入り方、霜降りの度合いのこと。(二)「肉の色沢」は鮮魚と同じように新鮮な肉ほど光沢があるので、良質な肉につながります。(三)「肉の締まりときめ」は、美味しい肉はきめが細かく締まっているのは鮮魚でも果物でも同じです。最後(四)の「脂肪の色沢と質」は美味しさには脂肪の質がかかわっているため、(一)の霜降りと密接につながります。日本人は霜降り肉を好むので、このような評価の指標となったに相違ありません。

ただ留意点はこの「四項目の評価のうち、もっとも低い評価が肉質等級となる」ということ。先の（三）の項目が仮に「三等級」であれば、残り三項目がすべて「五等級」であっても「A3」などと表示されることになります。つまり「牛肉の等級だけでは美味しさは決まらない」ということです。

牛肉のランクは参考にとどめ、あくまでも自分の味覚に頼ることが各地のブランド和牛を楽しむ温泉旅行につながるのではないでしょうか。

和牛にも旬はあります。北海道に生まれ育ったものですから、牛の生態に接する機会は多かったですし、若い頃にはナチュラリストとして、野鳥図鑑や野生動物に関する著作も一〇冊余り出版しています。

ずばり、牛は夏の暑さに弱いのです。ストレスで夏バテをして食欲も減退します。栄養がゆき届かず、水分の摂取が多い。逆に寒さには強いのです。皮下脂肪がふえ、食する側の人間からすると、旨味もそれだけ増すということです。まして和牛は上質な〝霜降り〟が生命線ですから、冬が和牛の旬といえます。

ただ、肉は鮮度だけでなく、解体された後の熟成期間（二週間ほど）を経て、アミノ酸などの旨味成分が出ることによって、一段と美味しくなります。

次に北から順に主なブランド和牛と湯宿をご紹介します。

白老牛・十勝牛と湯宿（北海道）

北海道内だけでもブランド和牛は二〇を超えます。そのなかでブランド力がもっともあるのは白老《しらおい》牛。平成二〇（二〇〇八）年に開催された「北海道洞爺湖サミット」の晩餐会に白老牛料理が出され、地元紙に「各国ＶＩＰから大絶賛の声」と報じられていました。深いコクとまろやかで、とろけるような生肉の美味しさ、というのが食通の評価のようです。

登別市と苫小牧市に挟まれ太平洋に臨む白老町は、三種類の泉質を有する温泉の町で、**ポロト**、**白老**、**虎杖浜**の三つの温泉地があります。

北海道には意外にも海を望む魅力的な温泉旅館は少ないのですが、そのなかで**虎杖浜温泉「心のリゾート　海の別邸　ふる川」**は国内外の旅行者から高い評価を受けています。潮騒が耳もとにまで届く露天風呂も料理も水準を越えています。

虎杖浜では他に**「ホテルいずみ」**、**「虎杖浜温泉ホテル」**など。虎杖浜温泉は平成二三（二〇一一）年に「源泉かけ流し宣言」を行った温泉地ですので、エリア内のどの施設でも温泉のレベルは安心できます。

白老温泉「ピリカレラホテル」も源泉一〇〇％かけ流しで、飲泉も可能です。貸切の露天風呂の浴場のほかに、全六室に温泉風呂が付いています。虎杖浜温泉と泉質は異なりますが、白老温泉も〝美肌の湯〟。白老牛はもちろん、カニなど多彩な地場産品を使った料理の満足度も高い宿です。

海に面した虎杖浜温泉から山側に少し分け入ると、国内外に知られる**登別温泉**の硫黄の香りが漂ってきます。**「花鐘亭はなや」**では白老牛の「牛三昧会席」もあります。料理旅館としても評判の**「滝乃家」**や、同じ北海道産の十勝牛を提供する**「御やど　清水屋」**などもお薦めです。

登別の奥、原生林のなかに数軒の宿が点在する**カルルス温泉**が湯煙を上げます。北海道では湯治場で知られるほど、優れた湯質を誇ります。その一軒**「湯元オロフレ荘」**でも白老牛が出ます。近くのオロフレ峠を越えると、大温泉郷**洞爺湖温泉**へ至ります。

前沢牛・雫石牛と湯宿（岩手県）

きめ細やかな霜降りで、しっとりとした赤身の食感が特徴の前沢牛は、「和牛日本一」に六度も輝いたことがあります。産地の岩手県は湯量に恵まれた自噴泉が多く、個性的な温泉県です。ブランド和牛、前沢牛で温泉旅の楽しみがさらにふえました。

真っ先にあげたいのは**花巻南温泉峡**の**大沢温泉「山水閣」**。宮澤賢治や高村光太郎ゆかりの温泉で、旅館部の「山水閣」のほか併設の「自炊部」、築一七〇年の茅葺きの**「菊水舘（休業中、令和五年二月頃再開予定）」**などからなります。澄明なシルクのような感触の湯は宮澤賢治を魅了し続けたようです。ここで前沢牛を食すことができます。

盛岡の奥座敷、**つなぎ（繋）温泉**では落ち着いた雰囲気の**「四季亭」**を、**鶯宿《おうしゅく》温泉**では前沢牛と同じ岩手県産の雫石牛を堪能できる**「源泉かけ流しの宿　川長」**をお薦めします。

北上市郊外の**湯川温泉**は静かな温泉場で、どこも源泉一〇〇%かけ流しが基本ですが、**「四季彩の宿　ふる里」**を、南に下って一関市郊外の**祭畤《まつるべ》温泉「かみくら」**などを推します。

仙台牛と湯宿（宮城県）

まろやかな風味と豊かな肉汁が特徴というのが食通の評価です。

仙台の奥座敷、**秋保《あきう》温泉**の**「緑水亭」**は仙台牛と三陸海岸のあわびなど、地場の食材にこだわります。米も地場の秋保米。秋保は歴史ある温泉地で、伊達家ゆかりの**「伝承千年の宿　佐勘」**、創業寛永二（一六二五）年の**「岩沼屋**（令和五年に休業期間あり）**」**、**「佐藤屋旅館」**などの格式ある佳宿が多いです。

鳴子温泉「旅館すがわら」も、仙台牛をはじめ、宮城の魚介類、地場の野菜、きのこ、山菜、米などにこだわる人気の宿です。**東鳴子温泉**の源泉かけ流しの宿**「旅館大沼」**は女性客を中心に幅広い年代に人気で、素敵な貸切露天風呂があります。〝美肌の湯〟の純重曹泉で、昔からの「湯治棟」もあり、リーズナブルな料金で長逗留が楽しめます。

鳴子温泉の顔である乳白色の湯があふれる**共同湯「滝の湯」**の隣の**「ゆさや旅館」**の創

業は古く、寛永九（一六三二）年。昭和初期に建てられた木造二階建ての本館は国の登録有形文化財です。江戸時代から「うなぎ湯」と呼ばれてきた源泉一〇〇％かけ流しのとろみのある湯は、女性なら虜《とりこ》になりそうな名湯です。鳴子に隣接する**川渡《かわたび》温泉**の**「越後屋旅館」**も、源泉かけ流しで、「仙台牛のプラン」などがあります。

米沢牛と湯宿（山形県）

きめ細やかな霜降り、香りの良い脂、甘みのある赤身が米沢牛の持ち味とか。

米沢市の奥座敷、**小野川温泉**は、米沢生まれの伊達政宗も湯治したゆかりの温泉です。「ゆかり」といえば、〝世界三大美人〟の一人、平安時代の才色兼備の歌人・小野小町の伝説も残されていて、**共同浴場「尼湯」**は小町が開湯したと伝えられています。

小野川温泉はどこも源泉かけ流しで、室町時代の創業といわれる**「扇屋旅館」**、それに**「温泉旅館　旭屋」**、「尼湯」の向かいの風情ある木造二階建ての**「亀屋万年閣」**などをお薦めしたい。もう一軒、「米沢牛が味わえる一〇〇％源泉かけ流しの宿」と銘打った**「うめや旅館」**も。ちなみに「うめや旅館」のご主人の湯質へのこだわりは半端ではありませんでした。

とちぎ和牛と湯宿（栃木県）

きめ細やかな霜降り、柔らかく風味豊かな肉の芸術品との評価があります。高品質を誇るとちぎ和牛のなかでも、A5以上の「匠」の称号を与えられるのはわずか数%といいます。

栃木県は有名温泉地が多いので、とちぎ和牛に出合える機会もそれだけ多いでしょう。東京からのアクセスのよい**鬼怒川温泉**に「とちぎ和牛と霜降高原牛の専門旅館」と銘打った**「ホテルきぬ」**があります。超大型ホテル**「あさや」**をはじめ他の宿でも出ます。鬼怒川の上流に湧く**川治温泉「湯けむりの里　柏屋」**は、かけ流しの露天風呂が好評です。〝美肌の湯〟で知られる**喜連川《きつれがわ》温泉の「亀の井ホテル　喜連川」**には、「とちぎ和牛三昧プラン」もあります。

塩原温泉の多くの宿でもとちぎ和牛は出されますが、湯質も加えると**塩原温泉郷**に入り、最初に現れる老舗旅館**「湯守田中屋」**をお薦めします。昔は「効き目非ずば返金す」がうたい文句の宿で、その自慢の湯は「薬いらずの湯」とも称されました。野趣あふれる「川岸露天風呂」で知られる老舗旅館**「明賀屋本館」**でも食せます。ここは十種類の風呂すべてが源泉かけ流しです。〝魅惑のとちぎ和牛〟と銘打った「地のもの」にこだわる**「四季味亭ふじや」**も加えておきます。

塩原温泉郷の最深部に近い、濁り湯の**奥塩原新湯温泉「やまの宿　下藤屋」**や、同じく奥塩原新湯温泉の**「奥塩原高原ホテル」**などもお薦めです。

那須温泉では、若い人や家族連れで賑わう**「ホテルサンバレー那須」**でとちぎ和牛が出ます。ここの「湯処ひのき」の硫黄泉があふれる大浴場と露天風呂は私も好きです。他では欧州風のアンティークな佇まいの**「鉄板焼の宿　菊」**。**「星のあかり」**なども濁り湯のかけ流しです。**奥那須温泉**の名宿**「大丸《おおまる》温泉旅館」**は川の野天風呂だけでなく、料理にも定評があり、ここも私の好きな宿です。希少価値がある飲泉も可能な源泉一〇〇%かけ流しの宿です。

日光では**中禅寺温泉「奥日光ホテル四季彩」**もかけ流しです。**奥日光湯元温泉**は**「奥日光小西ホテル」**のように、どこの宿でも乳白色の硫黄泉がかけ流され、湯質に優れた温泉地です。

上州牛・赤城牛と湯宿（群馬県）

上州牛は自然のなかで放牧されて育ったため身の引き締まった赤身は、さっぱりした味で、脂肪もほどよく飽きがこないとの評価です。柔らかくきめ細やかな肉質で、口の中でとろける食感が持ち味です。

草津温泉の湯畑に近い**「大阪屋」**は、江戸時代創業当時から伝わる伝統的な建築様式「せがい出し梁造り」の老舗旅館です。私の好きな**「ての字屋」**や**「喜びの宿　高松」**など、草津の宿では、地場の赤城牛や上州和牛が出ます。

伊香保温泉では天正四（一五七六）年創業の老舗旅館**「岸権《きしごん》旅館」**をお薦めします。戦国時代から現代に至るまで鉄分の濃い〝黄金の湯〟を、館内の大浴場、露天風呂、貸し切り風呂などで、毎分三〇〇リットルも源泉一〇〇％でかけ流しているのはさすがです。料理も素敵です。文亀二（一五〇二）年創業の**「千明仁泉亭《ちぎらじんせんてい》」**も「岸権旅館」と同じ石段街にあり、粋な木造の湯宿です。

四万《しま》温泉でも**「四万やまぐち館」**、**「柏屋旅館」**などで、上州和牛が出されます。川場村の田園風景に茅葺き屋根が連なる**川場温泉「かやぶきの源泉湯宿　悠湯里庵《ゆとりあん》」**でもいただけます。

三国峠に近い**猿ヶ京温泉「料理旅館樋口」**は、リーズナブルな料金とサービスでリピーターが多く、また嬉しいことにひとり旅を受

上州牛の焼肉（「ての字屋」にて、著者撮影）

け入れてくれます。

江戸時代の古民家を復元した**赤城温泉「旅籠《はたご》忠治館」**や**上牧《かみもく》温泉「温もりの宿辰巳館」**などでも、赤城牛が堪能できます。

飛騨牛と湯宿（岐阜県）

美しい霜降りと、口の中でとろける芳醇な香りと味わいで人気の飛騨牛。

奥飛騨温泉郷は**平湯、福地、新平湯、新穂高、栃尾**などの温泉地の総称です。まずは奥飛騨温泉郷の**新平湯温泉**のその名もずばり**「旅館飛騨牛の宿」**。牛肉をせいろで蒸して、しゃぶしゃぶ風にポン酢ダレやゴマダレでいただく「せいろ蒸し料理」が人気を集めています。全室温泉露天風呂付きの宿です。

新平湯温泉の源泉かけ流しの**「ひなの湯宿　松乃井」**や、同じく**新平湯温泉**の古民家を改築した料理旅館**「奥飛騨山草庵饗家《きょうや》」**でもいただけます。

奥飛騨温泉郷の**平湯温泉**では源泉かけ流しで、多彩な風呂をもつ**「平湯館」**と**「岡田旅館」**。奥飛騨温泉郷の人気の**福地温泉**では、**「湯元　長座」**の他にも、**「いろりの宿　かつら木の郷」**、**「山里のいおり　草円」**、**「元湯　孫九郎」**など、魅力的な湯宿が目白押しです。

渓流沿いの露天風呂と料理で人気の奥飛騨温泉郷の**新穂高温泉「槍見の湯　槍見舘」**も好感度の高い宿で、私も河畔の野趣あふれる露天風呂が好きです。秋の彩りが見事な高山市内に湧く**飛騨高山温泉**の**「旅館清龍」**は、「飛騨牛専門の宿」と銘打っています。

松阪牛と湯宿（三重県）

松阪牛のサーロインステーキ（「湯元榊原館」にて、著者撮影）

ヘルシーで良質な脂肪と甘くコクのある上品な香りの、海外にも知られる和牛の最高ブランドです。

清少納言の『枕草子』にも出てくる津市郊外の**榊原温泉**では、**「湯元榊原館」**、**「旅館清少納言」**、**「神湯館」**などで食せます。榊原温泉の山側、**猪の倉温泉「ふよう荘」**も、榊原と似た〝美人の湯〟で知られ、松阪牛をいただくことができます。

開湯一三〇〇年の歴史を有する**湯の山温泉の「三峯園」**や**「旅館寿亭」**では、松阪牛のサーロインステーキ等のプランもあります。また**湯の山温泉「アクアイグニス片岡温泉」**では、洋食も選べ、松阪牛のステーキを注文できます。

ここは源泉一〇〇%のかけ流しで、愛知、三重エリアでは評判の施設です。

船で三分、伊勢志摩の「渡鹿野島《わたかの》」に湧くナトリウム―塩化物泉の自家源泉の湧出量は、毎分一二〇〇リットル。その恵まれた湯量を活かした**磯部わたかの温泉「福寿荘」**の庭園露天風呂は、まさにビッグ・スケールで、貸切露天風呂も2か所併設されています。松阪牛はじめ伊勢エビ、アワビなど地場の高級食材に事欠きません。

鳥羽の安楽島の高台に立地する地中海風リゾート、**安楽島《あらしま》温泉「ホテルアルティア鳥羽」**、**賢島《かしこじま》温泉「賢島宝生苑」**などでも素敵なロケーションで、松阪牛のステーキや伊勢志摩の贅沢な海の幸を堪能できます。「賢島宝生苑」の男性用「朝なぎの湯」、女性用「夕なぎの湯」のそれぞれの露天風呂から眺める、朝なぎ、夕なぎは、深く心に刻まれること必至。

鉄分と炭酸を含んだ〝香肌の黄金湯〟**香肌峡《かはだきょう》温泉**の**「松阪わんわんパラダイス森のホテルスメール」**や**「鯛屋旅館」**では、松阪牛のすき焼き、しゃぶしゃぶ、ステーキなどの贅沢なプランもあります。

近江牛と湯宿（滋賀県）

松阪牛、神戸牛とともに〝日本三大和牛〟のひとつ近江牛は、肉質はきめ細やかで、脂が甘く、とろけます。近江牛は四〇〇年のもっとも歴史のある和牛ともいわれています。

平安時代に最澄が開湯したと伝わる**おごと（雄琴）温泉**の**「湯元舘」**の売りは、琵琶湖を一望する眺望大浴場「湖望の湯」。自慢の近江牛にもこだわる湯宿です。**「里湯昔話雄山荘」**には露天風呂付き客室が五三室もあります。

豊臣秀吉の居城跡から湧き出た**長浜太閤温泉**の**「浜湖月」**。信楽焼の陶器製の露天風呂から眺める夕陽は素敵です。**須賀谷温泉「須賀谷温泉」**には琵琶湖周辺では珍しい源泉かけ流しの風呂があります。もちろんこれらの宿では地場の近江牛が堪能できます。

熊野牛と湯宿（和歌山県）

肉質はきめ細やかで柔らかく、甘みのある味わいとの評価があります。

近畿を代表する大温泉郷**白浜温泉**の**「源泉かけ流し湯宿　長生庵」**は、〝源泉かけ流しの湯宿〟と銘打っており、古民家を改築した和モダン建築が魅力です。私も好きな美食の宿**「紀州・白浜温泉　むさし」**をはじめ他の白浜の宿でも、地元和歌山産の牛肉として出されています。

龍神温泉では**「料理旅館　萬屋」**で熊野牛を堪能できます。ここは湯口にコップが置かれ飲泉ができる希有な宿です。

例年一二月から二月末にかけて大塔川《おおとう》の流れのなかに**天然露天風呂「仙人風呂」**が造られます。川底から熱い湯が噴出する近畿では珍しい野天風呂で、若い人や家族連れに大人気です。仙人風呂を望む**川湯温泉「冨士屋」**の露天風呂も、熊野牛ともども評判です。

ユネスコの世界文化遺産にも登録されている、古くから甦《よみがえ》り伝説のある**共同湯「つぼ湯」**が若い人たちに根強い人気の**湯の峰温泉**。ここへのアクセスはなかなか大変ですが、熊野古道とセットで、私も半世紀以上も取り憑かれたかのように足を運んでいます。湯の峰では**「よしのや」**と**「伊せや」**、**「旅館あづまや」**を推します。

神戸牛と湯宿（兵庫県）

きめ細かく上品な甘みのある赤身が、脂肪の風味、香りと溶け合うとの評価です。

西日本を代表する大温泉郷**有馬温泉**だけに、地元が誇る神戸牛（神戸ビーフ）はどの宿でも提供されます。なかでも神戸ビーフの品質にとことんこだわる有馬温泉**「月光園鴻朧《こうろう》館」**は、源泉かけ流しの宿。有馬最古の木造三階建ての瀟洒《しょうしゃ》な湯宿**「陶泉　御所坊」**も源泉かけ流しで、私の好きな宿です。他に**「有馬山叢《ありまさんそう》　御所別墅《ごしょべっしょ》」**、**「元湯古泉閣」**、**「兵衛向陽閣」**、**「欽山《きんざん》」**、**「中の坊瑞苑」**などがお薦め。

但馬牛と湯宿（兵庫県）

赤身の旨さ、絶妙な柔らかさと上品な味わい。日本が誇る極上牛です。

但馬牛の地元の温泉は日本海側随一の温泉場、**城崎温泉**です。ここはカニをはじめ一級の海の幸に事欠かない湯町で、改めて地場の食材に恵まれた温泉は時代を越えても栄えるものだと、納得できます。

城崎のしっとりとした湯の町の風情に似合うのは国の登録有形文化財の宿、木造三階建ての**「三木屋」**。このような落ち着いた雰囲気で最高級の食材を活かした膳をいただくと、湯煙の旅冥利に尽きそうです。ほかに**「西村屋本館」**、**「但馬屋」**、**「小宿　縁《えん》」**など。

やぶ温泉の**「道の駅　但馬楽座」**は、リーズナブルな料金とアルカリ性単純温泉のトロリとした湯で、若い人や女性に人気です。やぶ温泉に近い**ハチ北温泉**にも数軒の湯宿があり、ここの湯も〝美人の湯〟で、但馬牛が出ます。

兵庫県の最北、鳥取県との県境に濃い湯煙を上げる**湯村温泉**。全国屈指の高温泉で知られ、大温泉郷を形成しています。**「湧泉の宿　ゆあむ」**、**「伯雲亭」**、源泉かけ流しの名門**「朝野家」**等々……。

千屋牛と湯宿（岡山県）

日本最古の銘柄牛といわれる千屋《ちや》牛は中国山地で育つ希少和牛。赤身にキメの細かい霜降り肉です。

岡山県では江戸時代から「美作《みまさか》三湯」と呼ばれる**湯郷《ゆのごう》温泉**、**湯原温泉**、**奥津温泉**の三湯がよく知られています。湯原温泉では全施設が平成二五（二〇一三）年に、中国・四国地方で初の「源泉かけ流し宣言」を行っていますので、源泉かけ流しを求める方には安心でしょう。

湯原温泉では**「我無らん」**は千屋牛を提供しており、地場の和牛に注力しています。他では私も好きな**「プチホテルゆばらリゾート」**は、家庭的な雰囲気で料理も風呂も人気の宿です。**「ゆばらの宿　米屋」**などもお薦めです。

鳥取との県境に近い奥津温泉は何度訪れても飽きがこない温泉です。お湯が素晴らしい。自然も素敵です。人気の和風旅館**「奥津荘」**には、「千屋牛の源泉しゃぶしゃぶ」プランがあります。奥津荘は県内では珍しい飲泉の許可を得た宿です。

関西方面からのアクセスがよい湯郷温泉では**「ゆのごう美春閣」**が千屋牛に注力しています。他に**「旅館　季譜《きふ》の里」**など。

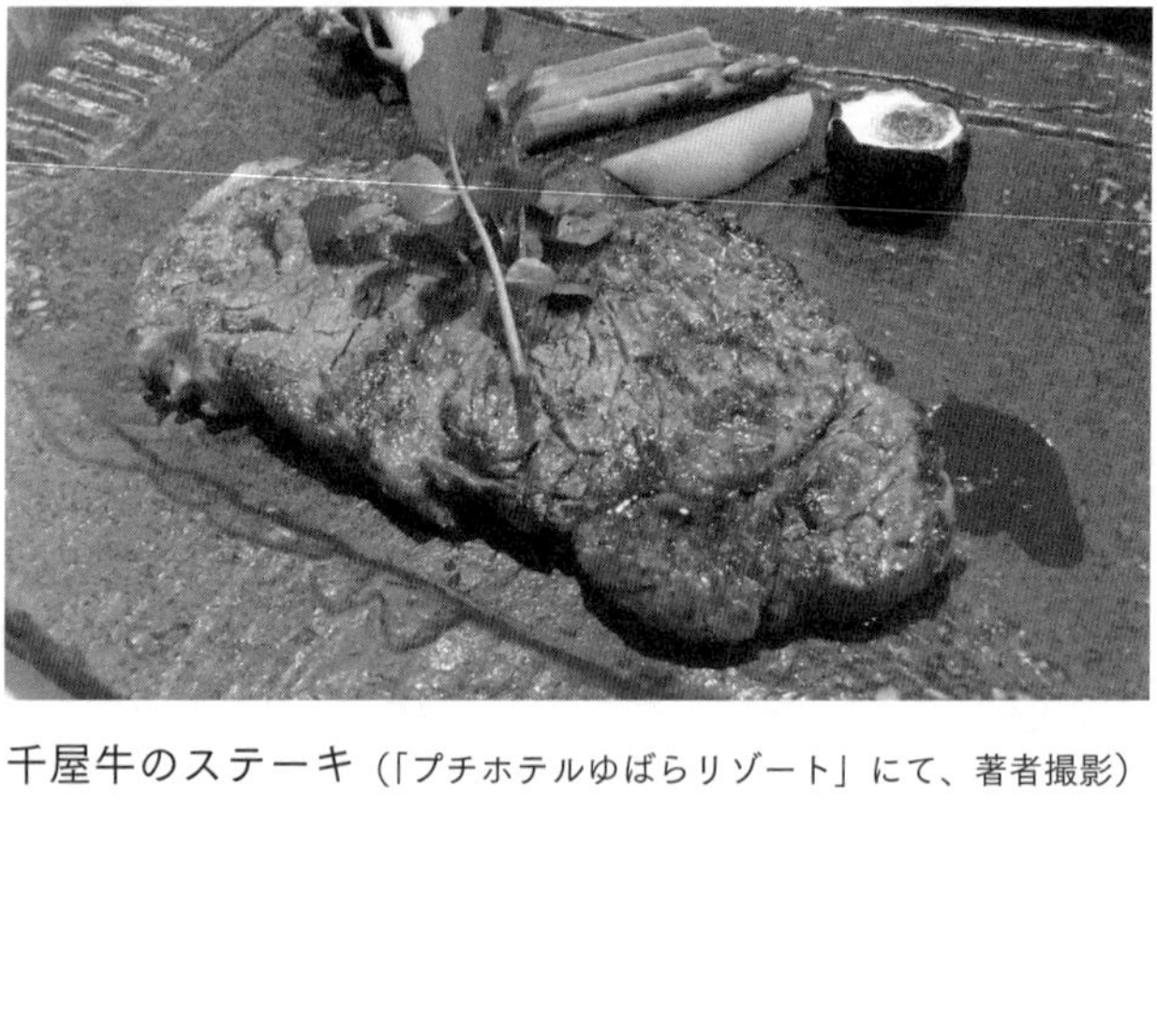

千屋牛のステーキ（「プチホテルゆばらリゾート」にて、著者撮影）

佐賀牛と湯宿（佐賀県）

アメリカのトランプ前大統領が佐賀牛Ａ５を食したということで、佐賀県内で話題になりました。赤身の旨味に脂の甘みが感じられるさっぱりした味、との評価があります。美しい霜降り肉です。

佐賀の〝三大古湯〟**嬉野温泉**では**「大正屋」**、**「和多屋別荘」**などがお薦め。**武雄温泉**では源泉かけ流しの露天風呂をもつ**「ホテル春慶屋」**や創業明治三八（一九〇五）年の**「懐石宿扇屋」**。

私も足繁く訪れている佐賀市の奥座敷、**古湯温泉**では、料理の宿**「鶴霊泉」**をお薦めします。日本庭園を間近に眺められる庭園貸し切り風呂があります。目利きが良く太っ腹な調理長はよくA5の佐賀牛を出してくれます。明治三五（一九〇二）年創業の**「旅館大和屋」**のエントランスが素敵で、落ち着いた館内は大人の雰囲気です。もちろん佐賀牛が出ます。

唐津焼で知られる**唐津温泉「からつ温泉　旅館綿屋」**には陶器製露天風呂付きの部屋も設えられており、海鮮料理や佐賀牛が人気です。

A5佐賀牛（「鶴霊泉」にて、著者撮影）

宮崎牛と湯宿（宮崎県）

肉質の良さに定評のある宮崎牛が「和牛のオリンピック」で二連覇し、脚光を浴びています。口の中に入れた瞬間、溶け出すほどの柔らかさ、上品で芳醇な香りとの評価があります。

九州自動車道沿い、鹿児島県に近い**京町温泉**は、宮崎屈指の湯量豊富な温泉地で知られ、源泉かけ流しの施設も珍しくありません。**「旅館あけぼの荘」**は宮崎牛を出しますし、メタケイ酸を豊富に含んだ澄明な〝美肌の湯〟で、女性に評判です。

さらに鹿児島寄りの田園風景が広がる**吉田温泉**は湯質のよい共同湯もあり穴場で、**「旅館伊藤」**を推します。

宮崎市寄りの都城に湧く**常盤《ときわ》温泉**の数寄屋造りの宿**「常盤荘」**は、〝旬の料理とお湯の宿〟と銘打っています。

宮崎市の南、宮崎県を代表する温泉郷**北郷《きたごう》温泉**の**「丸新荘」**は〝べっぴんの湯の宿〟と銘打たれています。最近は屋号の前に宿のうたい文句を付けるのが流行です。丸新荘は飲泉可能です。

十二章　温泉場を楽しむ

温泉場の魅力

心も体も癒やされる、非日常の空間

日本人にとっての〝癒やしの原風景〟、日本人にとっての〝リゾート地〟は温泉場でしょう。なかでも風情のある温泉街を形成している所は、日本人の心を穏やかにし、日常の精神的、肉体的な疲れを癒やし再生してくれます。「日本人にとって温泉は〝心身再生の場〟」というのが、かねてからの私の持論です。

事実、「一章　お湯を楽しむ」でもふれた、奈良時代の天平五（七三三）年に完成したと伝わる『出雲国風土記』に、現在の**玉造温泉**（島根県）の様子が活写されています。「この温泉の出る所はちょうど海陸の景勝を兼ねた所であって、男も、女も、老人も、若者も、あるいは道路を往復し、あるいは海上を浜べに沿って行き、毎日のように集まって市場のような賑わいをなし、また、入りみだれて酒宴を楽しんだりしている」

紛れもなく温泉は、日本人にとっての〝リゾート地〟であったことがわかります。

日本人と温泉の長いかかわりの歴史から、温泉場は温泉を核に共同浴場（外湯）、市場、

神社仏閣、遊技場など、さまざまな装置があって、私たちを癒やしてくれました。もちろん温泉場を取り巻く自然環境も、日本人にとっての癒やしの装置です。

日本人のいわば〝温泉DNA〟なるものに、このような装置がしっかりと刷り込まれてきたわけです。「温泉場を楽しむ」ことで、日本人は健康と向き合ってきたとも言えます。デジタルの時代だからこそ、非日常のアナログの場が、意外にも私たちの疲弊した心身を〝効率的〟に再生してくれるのかもしれません。まさしく「急がば回れ！」です。

湯元は温泉場の生命線

これまで「温泉の楽しみ方」をさまざまな角度から述べてきました。それらがぎっしりと詰め込まれた〝玉手箱〟が温泉場（温泉街）です。最初の東京オリンピックが開催された昭和三九（一九六四）年を契機に、温泉場は著しく変貌し「街化」したため、それ以降は現在に至るまで「温泉街」という言葉が一般的になっています。

ですが温泉はアナログの世界であり、また日本人の多くはいつまでもそうあって欲しいと願っている「非日常の空間」に違いなく、この章のタイトルはあえて「温泉場」としました。

温泉街と言えば都市化したイメージが強いですね。**熱海温泉**（静岡県）、**有馬温泉**（兵庫県）、**白浜温泉**（和歌山県）、**道後温泉**（愛媛県）……。これに対して、温泉場の代表格は**草**

津温泉、**伊香保温泉**、**四万温泉**（以上、群馬県）、**野沢温泉**（長野県）、**城崎温泉**（兵庫県）、**湯の峰温泉**（和歌山県）、**温泉津《ゆのつ》温泉**（島根県）などでしょうか。とくに女性に、最近では外国人に人気の**由布院温泉**（大分県）は温泉街、かつて私も先頭に立って支持した**黒川温泉**（熊本県）は現在でも見かけは温泉場ですが、微妙な立ち位置でしょう。

昔ながらに外湯、共同浴湯を大切にしている、外湯自体がいまなおセールスポイントとなっているか否かが大きな分かれ目です。日本を代表する大温泉郷、大分県の**別府温泉郷**は、人口一二万都市のど真ん中にいくつもの温泉地が形成された巨大な湯町ですが、そのような意味では温泉場でしょう。

温泉の楽しみ方の極めつきは、このような温泉場、温泉街です。草津、有馬、蔵王、野沢、別府など、日本を代表する有名な温泉場を思い浮かべてください。まず湯元（泉源）があります。温泉が噴き出しているところでしたね。イメージしやすいのは、**登別温泉**（北海道）の「地獄谷」、草津温泉の「湯畑」、野沢温泉の「麻釜《おがま》」、別府温泉の「地獄」などでしょうか。

地元の人たちが〝生命線〟として湯元を大切に扱っているところは、間違いなく一級の温泉場です。草津や登別はその点でもピカ一でしょう。

外湯めぐりを楽しむ

代表的な外湯

東西の温泉場の代表である**草津温泉**や**別府温泉**などは、「外湯」のある代表的な温泉場でもあります。**外湯のことを露天風呂と勘違いしている人もいるようですが、江戸時代はもちろんのこと、戦前（太平洋戦争前）までは旅館に温泉浴場をもたないところが一般的**で、宿泊客は旅館の外の風呂、すなわち外湯に出かけたものです。湯治客もそうで、現在でも山口県の有名な湯治場**俵山温泉**では、湯客は**「町の湯」**か**「白猿の湯」**の二軒の外湯へ入浴に行きます。

その昔、いち早く宿の中に温泉を引くことのできたところは屋号に「内湯旅館」などと冠して、旅館の「格式の差」をアピールしたものです。その名残を二五年ほど前に青森県内ではよく知られた**温湯《ぬるゆ》温泉**で経験したことがあります。温湯の温泉場は地元の人に**「鶴の名湯」**と呼ばれる**「温湯温泉共同浴場」**を取り巻くように、旅館や商店が立ち並んで温泉場を形成しています。ここに**「内湯旅館　飯塚旅館」**と看板を掲げた木造二階建てのいぶし銀の旅館に飛び込みで宿泊させてもらったのです。

「飯塚旅館」は大正二（一九一三）年に建てられた見事な造りで感動しましたし、内風呂も確かに備えていましたた。かつては他の旅館の湯客は徒歩数分の外湯「鶴の湯」へ通っており、格式の高い宿であることが「内湯旅館」という屋号でわかったものです。

四〇〇年以上続く「鶴の湯」は温湯温泉発祥の湯で知られ、「飯塚旅館」に泊まった際に「鶴の湯」にも入浴しました。噂にたがわぬ湯に魅せられて以来、黒石市界隈の温泉に来るたびに必ず立ち寄るようにしています。

ところで温泉名は「温湯《ぬるゆ》」ですが、源泉温度は五〇度以上もある「あつ湯」なのです。雪深い青森の人たちは「よく温まる湯」なので、温湯と名付けたようです。現在の「鶴の湯」は快適な施設に建て替えられています。お薦めの共同浴場です。

話を元に戻します。外湯、つまり共同湯――、これが複数ある温泉場は湯量が豊富であることの証しですし、その多くは活気にあふれた温泉場を形成しています。

外湯から温泉場は始まった

昔、近隣から温泉（共同湯）に入ろうと人々が集まり、そうした湯客を目当てに商売をする人も現れ、市《いち》が立つ。海の幸、山の幸を持ち寄ってくるわけです。山形県の日本海側に湯煙を上げる**あつみ（温海）温泉**では、数百年にも及ぶ朝市が現在でも続いています。山菜や地元の畑で採れた農産物、もちろん日本海の新鮮な魚介類も並びます。遠方からの湯客がふえてくると、今度はそこに旅館が生まれるのも自然の流れでした。

温泉場へ来るということは、病気を治癒するためです。したがって、温泉は信仰と密接な関係にあり、歴史のある温泉場には必ず有名な神社仏閣があるものです。

とくに湯治が盛んになる江戸時代以降、共同湯（外湯）の周りを、旅館、市場、土産物屋、遊技場、神社仏閣などが取り囲んで、温泉場が形成されていったわけです。**草津温泉**や加賀の**山代温泉**などはその典型的な例でしょう。

北陸の古湯、山代温泉では外湯のことを「総湯」と呼びます。この総湯を中心とした周囲の町並みを「湯の曲輪《がわ》」と称していま

草津温泉街の中心に湧く「湯畑」（著者撮影）

す。現在の山代には湯町の中心に往時を復元して建て直された「**総湯**」と「**古総湯**」の二軒の外湯があります。いずれも外湯の芸術品のような立派な造りですので、ぜひ足を運んでみてください。

このように、温泉場、温泉街の原点は、湯元から湯を引いた外湯、共同湯だったのです。外湯のある風景こそ、私たち日本人の「温泉の原風景」だったということです。

温泉と「川」と「海」

いま日本の「温泉の原風景」という言葉を使いましたが、山国・日本の典型的な温泉場の風景は、渓谷や山間を流れる川の両岸に開けた温泉場で、これが日本人にとっての「癒やしの原風景」といってもよいでしょう。

北海道の**定山渓温泉**、**登別温泉**、宮城県の**鳴子温泉**、福島県の**飯坂温泉**、群馬県の**四万温泉**、栃木県の**塩原温泉**、**鬼怒川温泉**、神奈川県の**箱根温泉郷**、**湯河原温泉**、静岡県の**修善寺温泉**、岐阜県の**下呂温泉**、石川県の**山中温泉**、兵庫県の**城崎温泉**、**湯村温泉**、岡山県の**湯原温泉**、**奥津温泉**、鳥取県の**三朝**《みささ》**温泉**、島根県の**玉造温泉**、大分県の**由布院温泉**、熊本県の**黒川温泉**……。この他にも川の両岸に開けた有名温泉地はまだまだあります。

川の流れによって地層が露出し、そこから温泉の湯脈が得られたためです。道のなかった大昔、鹿や熊ばかりか狩人も川沿いや浅瀬の水の中を歩いたため、温泉と出合う機会も多か

桂川の両岸に開けた修善寺温泉街。川中にあるのは「独鈷《とっこ》の湯」（入浴不可・見学のみ）（著者撮影）

ったのです。狩人が仕留め損ねた手負いの鹿を追っていると、川岸で動かずに傷を癒やしているのを見て不思議に思ったところ、そこから温泉が湧き出ていた――。このような温泉発見譚はいくらでもあります。「鹿の湯」や「熊の湯」、「鶴の湯」などの名の由来のもとです。

また川岸の温泉は法師温泉やかつての塩原温泉をはじめ、「渡り廊下」という温泉建築の重要な構造をもたらしました。

日本は四方を海に囲まれた島国でもあります。海辺の温泉も日本人の癒やしの原風景と言えるでしょう。

静岡県の**熱海温泉**、和歌山県の**白浜温泉**、大分県の**別府温泉**などのような、海辺に開けた温泉場も、渓畔と同じように波で断崖や海岸が浸食されたため湯脈が露出されやすく、早くから温泉が発見された場所です。とくに関西最大の温泉郷白浜温泉で、人気の湯崎の海岸、岩場の波打ち際に湧く野趣あふれるロケーションの**野天風呂「崎の湯」**は、七世紀半ばから八世紀早々にかけて斉明天皇、持統天皇、文武天皇が湯治されたことが、『日本書紀』や『続日本紀』、『万葉集』などに記されています。

このように川沿いや海沿いに開けた温泉場は、日本人と温泉の長いかかわりの歴史のなかで、「癒やしの原風景であった」といってもよいでしょう。その意味でも、とくに修善寺温泉、城崎温泉、三朝温泉などは私の好きな温泉の原風景です。

九州の“二大人気温泉地”由布院温泉
「由布院　玉の湯」の男性露天風呂
（著者撮影）

九州の“二大人気温泉地”黒川温泉
「旅館　山河」の混浴露天風呂
「もやいの湯」（著者撮影）

紀行文

修善寺は曹洞宗修禅寺の門前町

修善寺温泉
（静岡県伊豆市）

修善寺は、曹洞宗修禅寺の門前町として開けた歴史的な名湯である。

　達磨山を源とする桂川の流れに**「独鈷《とっこ》の湯」**が浮かぶ光景は、歌川広重が嘉永六（一八五三）年に「六十余州名所図会・伊豆修禅寺湯治場」を描いた位置から、近年二〇メートルほど下流に移設されたが、現在もなお修善寺のシンボルとして保存されているのは喜ばしい。

　深谷博道『修禅寺夜話』（一九三〇年）や『修善寺村誌』（一九一四年）などによると、修善寺の温泉はもとは修禅寺の所有であったという。土地が寺のものであったからだ。

　修善寺温泉の開湯は、大同二（八〇七）年、修禅寺を創建した弘法大師（空海）によってだと言い伝えられる。「独鈷」とは、仏教で使われる両端のとがった短い鉄や銅の棒のことで、煩悩をくだく象徴とされる。弘法大師はこれで岩をくだき、独鈷の湯を湧出させたという。

　桂川に面した石段を上がると、古刹《こさつ》修禅寺の重厚な山門に迎えられた。敷石の奥正面が本堂。実慶《じっけい》作の大日如来坐像は国の重要文化財となっている。

修善寺の名を高めたのはなんといっても劇作家の岡本綺堂《きどう》であろう。本堂の右手前の宝物殿の源頼家の仮面からインスピレーションを得て書かれたという綺堂の新歌舞伎『修禅寺物語』は、明治四四（一九一一）年の初演以来、現在もなお国内外で上演されている。

修善寺は源氏の血なまぐさい悲劇の舞台でもあった。源範頼は兄の頼朝に殺され、頼朝の長男、頼家は頼朝の死後家督を継いで建仁二（一二〇二）年に鎌倉幕府二代将軍となるが、わずか一年で将軍職を追われ、修禅寺に幽閉される。しかもその翌年、北条氏に討たれる。

此里に悲しきものの二つあり
範頼の墓と頼家の墓と
——正岡子規

明治二五（一八九二）年一二月、正岡子規はこの伊豆の古湯を訪れた。

修禅寺の山門を下り虎渓《こけい》橋を渡ると、程なく鹿山の山裾、頼家の墓所に至る。墓の隣には母北条政子が頼家の冥福を祈って建立した指月殿《しげつでん》がある。現存する伊豆最古の木造建築だという。

山上の指月殿とは君がある
真如の世をばをしふるところ
——与謝野晶子

素敵な竹林の小径を抜け、ギャラリー「しゅぜんじ回廊」経由で島木健作の名作『赤蛙』ゆかりの赤蛙公園へ。帰路は範頼の墓に立ち寄り、夏目漱石、芥川龍之介、高浜虚子、川端康成……等々、文学者が歩いた桂川沿いの散策路をたどる。

　かつて修善寺温泉には川沿いに七つの外湯があった。そのひとつ**「筥湯《はこ》」**が、修善寺に滞在し、この歴史的古湯と縁の深い夏目漱石の漢詩にちなみ、高さ一二メートルの仰空楼（望楼）付きで復活している。

『修善寺村誌』には「木製湯槽二箇」とある。平成に復活した筥湯は檜の香りがする大浴槽がひとつ、吹き抜けの堂々たる湯殿だった。

　ちなみに筥湯は、頼家が入浴中に暗殺され、二三年の短い生涯を閉じた日本史に残る共同湯でもあった。

福地山修禅寺の山門

◆紀行文

歴史と湯煙の薫る湯町を歩く

有馬温泉
（兵庫県神戸市）

有馬は坂の町である。

ところが有馬では、不思議と坂道を歩くことは少しも苦にならない。長い歴史のなかで織りあげてきた伝統文化というものが、この町でいまなお色あせていないからだろう。

確かなことは、日本最古といわれるこの古湯を訪れるたびに、新しい発見があることだ。舒《じょ》明《めい》天皇は、飛鳥時代の舒明三（六三一）年に、三か月近くも有馬に御幸されたことが『日本書紀』に記されている。平安時代の才媛、清少納言は『枕草子』で、都人の間で評判の温泉として、有馬の名を挙げている。柿本人麻呂、藤原道長、井原西鶴、福沢諭吉……。

実際、有馬の鉄さび色の湯に浸かることは、それぞれの時代を生きた者にとってステータスであったようだ。こうして気の遠くなるような歴史を有馬温泉は刻んできた。

神戸電鉄の有馬温泉駅から、太閤通りの緩やかな上り坂を歩く。やがて太閤秀吉の像が立つ「湯けむり広場」に。湯煙に見立てた滝が涼を誘う。

戦国武将たちと温泉は密接な関係にあった。

天正八（一五八〇）年正月、三木城を攻略した後、豊臣秀吉は憔悴《しょうすい》しきった顔で有馬の湯に浸かり、丸二晩眠ったとの言い伝えがある。史実に残されているだけでも九回、秀吉はねね（北政所）や千利休を伴って、この地を訪れている。力のみなぎる赤さび色の湯に浸かりながら、〝天下取りの構想〟を巡らせていたに違いない。

太閤通りを上りきると、真正面に建久二（一一九一）年創業という瀟洒《しょうしゃ》な木造三階建ての旅館**「陶泉　御所坊」**が現れる。有馬を愛した文豪・谷崎潤一郎ゆかりの、モダンと懐かしさが混ざり合った名宿である。

「町並みを楽しまれる国内外からのお客様がずいぶんふえています」。有馬温泉観光協会長を務める、「御所坊」の一五代目金井啓修さんは目を細めた。

阪神・淡路大震災の後、「世界に通用する町づくり」が金井さんの口癖だったが、それが「有馬千軒プロジェクト」として結実してきた。「有馬千軒」とは、江戸中期の有馬のにぎわいを象徴する言葉である。

じつは秀吉は有馬の湯で養生しただけでなく、泉源保護や六甲川の改修工事、浴場の改築などを行い、それが江戸期の繁栄につながった。有馬にとって、まさしく大恩人であった。

石畳が続くレトロな雰囲気の湯本坂の町並みに、「有馬千軒」の片鱗《へんりん》がうかがえる。日本家屋がふえ、かつての湯町の風情を取り戻しつつある。松茸昆布や炭酸煎餅を焼く香りなどがただよってきて、つい足を止めてしまう。

秀吉や千利休が愛用した竹細工「有馬籠」や、一三〇〇年の歴史をもつ「有馬人形筆」の老舗も健在で、女性客を中心に大変なにぎわいである。絹糸を巻いた美しい人形筆には、はっとする艶やかさがある。

有馬筆ひょいと出たる言のはも
人形よりはめづらしきかな

――本居宣長

外湯「銀の湯」のある長い坂を下り、奈良時代には行基上人によって創建された有馬山温泉禅寺や湯泉神社に詣でる。この界隈《かいわい》には聖徳太子創建と伝わる極楽寺や念仏寺などの古刹《こさつ》があり、有馬の由緒正しき歴史を伝える一角だ。湯町のにぎわいがうそのように静まり返っていた。

有馬では昔から「太閤さんの湯殿がある」との言い伝えがあった。実際、平成七（一九九五）年の大震災で壊れた極楽寺の庫裏《くり》下から、秀吉が造らせた「湯山御殿」の一部と見られる風呂や庭園の遺構、茶器類などが出土した。「神戸市立太閤の湯殿館」で、その約四〇〇年前の感動的な蒸し風呂や岩風呂の遺構を目の当たりにすることができた。

透明な湯の「銀泉」で知られる「銀の湯」に対して、浴舎の傍らに足湯のあるもうひとつの**外湯「金の湯」**は、有馬温泉のシンボルである濃厚な鉄分と塩分を含んだ赤さび色の「金泉」。このあつ目の金泉に体を沈めると、思わず「あぁ～、ごくらく、極楽」と、笑みとともに言葉がもれてしまった。至福の瞬間だ。

日本の歴史を彩った綺羅星たちと時空を超え、こうして有馬の名湯を共有できようとは。はるばる訪れた甲斐があったというものである。

有馬人形筆（灰吹屋西田筆店）

有馬温泉の外湯「金の湯」（著者撮影）

主な「そぞろ歩きが楽しい」温泉場一覧

＊銀山温泉（山形県）
＊飯坂温泉（福島県）
＊草津温泉（群馬県）
＊伊香保温泉（同）
＊箱根湯本温泉（神奈川県）
＊野沢温泉（長野県）
＊渋温泉（同）
＊別所温泉（同）
＊上諏訪温泉（同）
＊下諏訪温泉（同）
＊修善寺温泉（静岡県）
＊飛騨高山温泉（岐阜県）

＊山代温泉（石川県）
＊山中温泉（同）
＊白浜温泉（和歌山県）
＊有馬温泉（兵庫県）
＊城崎温泉（同）
＊三朝《みささ》温泉（鳥取県）
＊温泉津《ゆのつ》温泉（島根県）
＊道後温泉（愛媛県）
＊別府温泉（大分県）
＊由布院温泉（同）
＊山鹿温泉（熊本県）
＊黒川温泉（同）

チェックインをしたら、まずは外湯めぐりを楽しもう

温泉場の本来の楽しみ方の原点は、「外湯めぐり」にあります。

松田流の温泉地評価術も、まずは外湯に行くことから始まります。その温泉場、温泉地が泉質の優れた温泉かどうか、その湯が自分の肌に合うかどうかは、外湯でほぼ判断できます。

なぜなら**外湯は〝元湯〟、つまり湯元（泉源）か湯元のすぐ近くにあるのが普通ですから、もっとも良い源泉が浴槽に注がれていてしかるべきなのです。**源泉（地下から湧出した温泉そのもの）は、空気にふれることによってエイジング（酸化）し、つまり鮮度が衰え、効能も失われていくので、湯元に近い浴槽の湯ほど科学的にも優れているわけです。なにせ温泉場は外湯から開けていったのでしたから。狙い目は歴史のある外湯です。

そのためにも温泉に泊まることを決めたら、チェックインはできるだけ早めにしましょう。夕食ぎりぎりに宿に到着するのではなく、まだ外が明るいうちに宿に着いておきましょう。リタイア組でないかぎり日々の生活が忙しいだけに、温泉旅行のときぐらいは余裕をもって行動しなければ、非日常を味わうどころではありません。本来得られるはずの〝癒やし効果〟が失われかねません。

夕食の二、三時間前、できれば四時頃までにはチェックインして、湯町を歩いてみたいものです。この時間帯には貴重なやすらぎの風景が広がっていることでしょう。

初めてその地を訪れたのなら、宿のフロントで温泉場のマップをもらい、ひとこと「外湯、共同湯はありますか？」と尋ねてみてください。

外湯が複数あれば、これは「最高に幸運」と思っていいでしょう。外湯によって泉質が異なることもあるでしょうし、同じでも浴舎や浴槽が異なりますから、受ける印象も異なって、楽しいものです。

すべて回れる時間がなければ「どこの外湯が、もっとも評判がいいですか？」と、フロントの人に聞くことです。その答えが的確であったら、その温泉場の歴史等を熟知した宿ということです。

なぜチェックインが夕食前なのか。その時間帯はたいてい地元の人たちも外湯に入りにやって来ます。温泉旅の醍醐味のひとつは、地元の人との裸の交流です。仲間うちで話すのもそれはそれで楽しいものですが、それだけでは旅の本当の楽しさは味わえません。知らない土地から来た旅人と湯を介して語り合ったり、ローカルな情報を聞いたり、地元の人どうしのお国訛りが交じった会話に耳を傾けるのも、非日常ならではの面白さというものです。話すうちに、しだいに打ち解け、いつの間にやら自分が会話の中心になっている。これこそ温泉旅の効用というもの。

良い温泉はついまどろんでしまいそうになるものです。風呂場全体の雰囲気が良い証しです。上質の湯に浸かると、その価値観をみんなで共有できますから、会話もスムーズになります。

◆紀行文

源泉の異なる九つの外湯

渋温泉
（長野県山ノ内町）

古湯を訪ねる楽しみのひとつは、外湯めぐりである。

一般に旅館の内湯が設けられるようになったのは、長い温泉の歴史を考えるとつい最近といってもよく、せいぜいここ半世紀余のこと。湯量の問題もあっただろうが、温泉は地域の共有財産であったから、私物化が許されなかった。

だから、湯町は外湯を中心に形成されてきた。外湯と旅館の間に、飲食店や土産物店、それに射的やスマートボールなどの遊戯施設が加わるなどして。

「宿泊のお客さんのほとんどが外湯めぐりに出られます。温泉街を石畳にしてからは、若い人、とくに三〇代の方が随分ふえました」

こう語るのは**渋温泉**に江戸時代初期から続く老舗**「古久屋《こくや》」**のご主人。渋温泉には外湯が九か所もある。しかも皆温泉街にあるから、宿から浴衣掛けで散歩ついでに入浴ができる。

東に志賀高原の山並みが幾重にも重なり、南西に戸隠、妙高、黒姫山など、北信五岳と日本アルプスを配する横湯川の右岸に湯けむりを上げる渋温泉。

「古久屋」の他にも**「歴史の宿　金具屋」**、**「洗心館　松屋」**、**「つばたや旅館」**、**「御宿ひしや寅蔵」**など、江戸期創業の木造三階建て、四階建ての旅館が、往時の温泉場の面影をしっかり現代に伝えている。

その昔、長野の善光寺と群馬の**草津温泉**を結んだ草津街道が、現在の湯宿を連ねる渋温泉のメインストリートであった。温泉寺まで続く一キロメートルほどの石畳を湯下駄《げた》を履いてカラン、コロンと歩くのが渋の一番のオシャレといってもいいだろう。

もちろん目指すは外湯。宿泊客は無料で入浴できる。日帰り客は九番湯**「渋大湯」**に有料で入浴可能だという。宿でもらったパンフレットにこう書かれていた。

「一番から九番湯まで手拭い（『巡浴手拭い』は宿で購入できる）にスタンプを押してめぐり終わったら高台にある〝高薬師さん〟に詣でて満願成就。九（苦）労を流し、厄除《やくよ》け、安産育児、不老長寿のご利益があると根強い人気があります」

憎いではないか。こうした遊び心が現代人の心をとらえたようだ。

江戸後期に発行されたと思われる「信州渋温泉之略図」（五四八ページ参照）と現在の「信州渋温泉案内図」を見比べて驚いた。湯町の中心に位置する大湯をはじめ、三番湯**「綿の湯」**、一番湯**「初湯」**、六番湯**「目洗いの湯」**など、大火に遭っているが、外湯の大半がほぼ江戸時代のままの場所にあるのだ。

歴史と伝統を守る渋の人々の心意気に頭が下がる。都会と変わりのない温泉街はどこにでもある。だが、渋のように〝日本人の心根〟

を大切にしてきた湯町はというと、他にどれだけ残っているだろうか？

九番湯の大湯を除いて、どの外湯もこぢんまりとした風呂だが、凄いことに九番湯まですべて源泉が異なり、また源泉かけ流しなのである。だから効能も皆異なる。

一番湯**「初湯」**は胃腸病。二番湯**「笹の湯」**は湿疹、疱瘡。三番湯**「綿の湯」**は切り傷、皮膚病、子宝。四番湯**「竹の湯」**は痛風。五番湯**「松の湯」**は神経痛、脊椎病。六番湯**「目洗いの湯」**はもちろん眼病。七番湯**「七操の湯」**は外傷性障害。八番湯**「神明滝の湯」**は婦人病、腰痛。渋温泉の〝総湯〟である**「渋大湯」**は万病と子宝。

目洗いの湯は湯上がりに肌がすべすべになることから、〝美人の湯〟とか〝美肌の湯〟とも呼ばれている。神明滝の湯は子宝に恵まれ

人気の二番湯「笹の湯」（著者撮影）

ると言い伝えられているのだと、土地の人が教えてくれた。

渋を代表する大湯の湯殿は奈良時代の高僧、行基上人によって発見されたという古湯にふさわしい、檜造りで、心がなごむ。湯も肌に優しく、浴後感がじつに爽快だった。

かつて老舗旅館「御宿　ひしや寅蔵」のご主人から聞いた、「渋の村人は外湯を大切にしてきた」との言葉を思い出した。外湯、共同湯は渋の原点そのものなのである。久々に渋の外湯めぐりをしながら、改めて「日本の温泉の原点は外湯にあり」と知った。

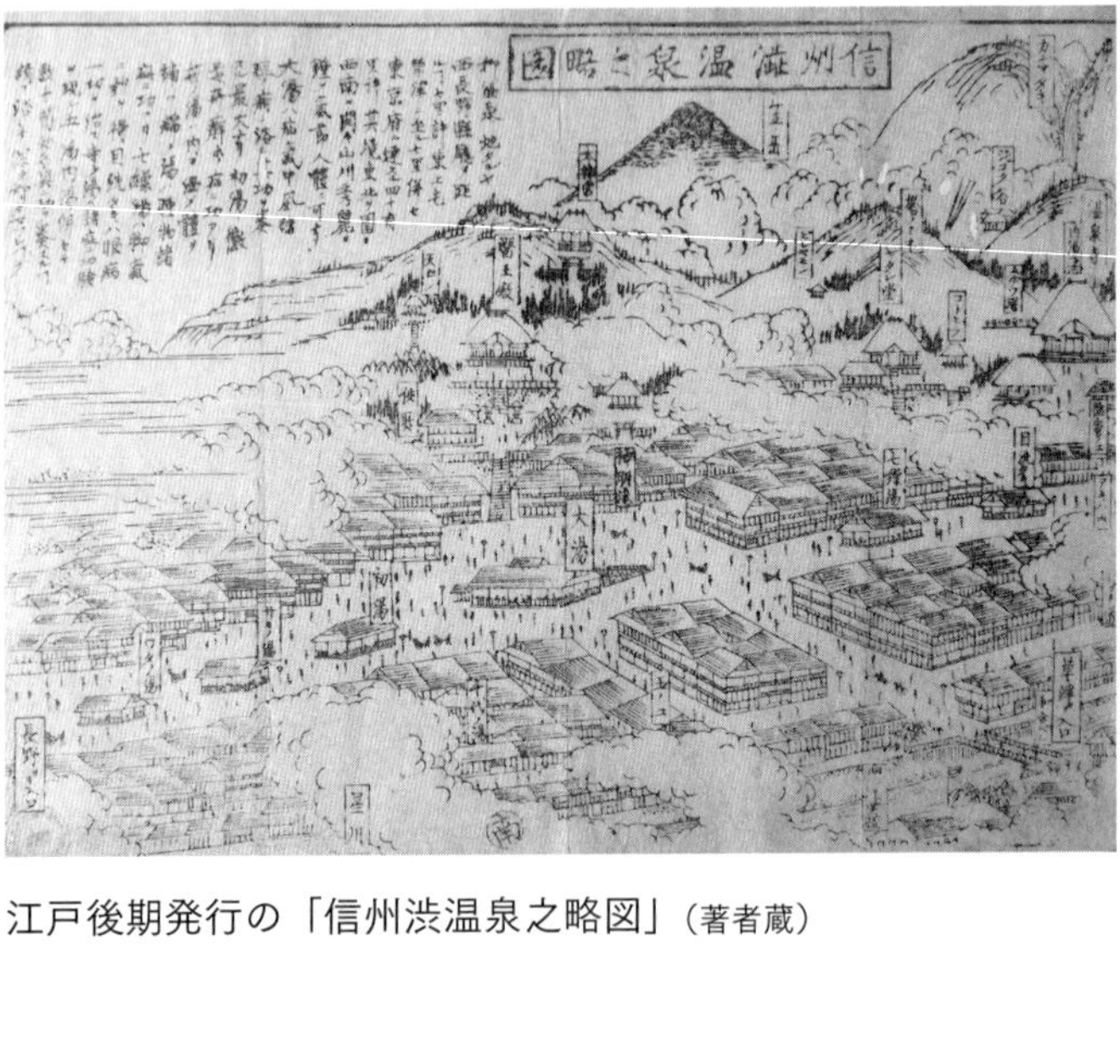

江戸後期発行の「信州渋温泉之略図」（著者蔵）

魅力的な外湯（共同浴場）一覧

＊登別温泉「夢元《ゆもと》さぎり湯」（北海道）
＊温湯《ぬるゆ》温泉
「温湯温泉共同浴場」（青森県）
＊鳴子温泉「滝の湯」、他（宮城県）
＊遠刈田温泉「壽の湯」、他（同）
＊蔵王温泉「上湯共同浴場」、他
（山形県）
＊小野川温泉「尼湯」、他（同）
＊湯田川温泉「正面湯」、他（同）
＊飯坂温泉「鯖湖湯」、他（福島県）
＊いわき湯本温泉「さはこの湯」（同）
＊高湯温泉「共同浴場　あったか湯
（露天風呂）」（同）
＊那須湯本温泉「鹿の湯」（栃木県）
＊奥日光湯元温泉「日光山温泉寺」（同）
＊草津温泉「白旗の湯」（群馬県）
＊草津温泉「地蔵の湯」、他（同）
＊四万温泉「御夢想の湯」、他（同）

＊伊香保温泉「石段の湯」、他（同）
＊越後湯沢温泉「駒子の湯」（新潟県）
＊越後湯沢温泉「山の湯」（同）
＊松之山温泉「鷹の湯」（同）
＊野沢温泉「大湯」（長野県）
＊野沢温泉「中尾の湯」、他（同）
＊渋温泉「渋大湯」、他（同）
＊山田温泉「大湯」（同）
＊別所温泉「石湯」、他（同）
＊田沢温泉「有乳湯《うちゆ》」（同）
＊上諏訪温泉「片倉館」（同）
＊伊東温泉「和田寿老人の湯」、他
（静岡県）
＊下呂温泉「白鷺の湯」（岐阜県）
＊山中温泉「菊の湯」、他（石川県）
＊山代温泉「総湯」（同）
＊山代温泉「古総湯」、他（同）
＊白浜温泉「崎の湯」、他（和歌山県）

＊十津川温泉郷（十津川温泉）
「庵の湯」（奈良県）
＊十津川温泉郷（湯泉地温泉）
「滝の湯」、他（同）
＊有馬温泉「金の湯」、他（兵庫県）
＊城崎温泉「一の湯」、他（同）
＊岩井温泉「ゆかむり温泉」（鳥取県）
＊三朝《みささ》温泉「株湯」、他（同）
＊温泉津《ゆのつ》温泉「薬師湯」、他（島根県）
＊有福《ありふく》温泉「御前湯」、他（同）
＊湯原温泉「砂湯（露天風呂）」、他
（岡山県）
＊俵山温泉「町の湯」、他（山口県）
＊道後温泉「道後温泉本館」（愛媛県）

＊道後温泉「道後温泉別館
飛鳥乃湯《あすかのゆ》泉」（同）
＊道後温泉「道後温泉　椿の湯」（同）
＊別府温泉「竹瓦温泉」、他多数（大分県）
＊長湯温泉「御前湯」（同）
＊長湯温泉「長生湯」、他（同）
＊武雄温泉「武雄温泉　元湯」（佐賀県）
＊山鹿温泉「さくら湯」（熊本県）
＊人吉温泉「人吉温泉　元湯」、他
（熊本県）
＊指宿温泉「いぶすき元湯温泉」、他
（鹿児島県）

足湯を楽しむ

足湯の草分けは？

一軒宿の温泉をのぞけば、足湯のない温泉場を見つけることの方が難しいくらい、今や足湯は温泉場の〝定番の装置〟と言ってもよいでしょう。

足湯とは「足だけ湯につける入浴法」のこと。湯町めぐりに疲れた足を癒やしたり、服を脱がずに老若男女和気藹々《あいあい》と会話を楽しめることや効能が受けてか、増加の一途をたどっています。それだけに最近は規模や景観など趣向を凝らした足湯がふえ、温泉場を楽しむ際に見落とせないスポットです。

事実、外湯めぐりならぬ〝足湯めぐり〟に力を

山鹿温泉の「湯の端公園あし湯」（著者撮影）

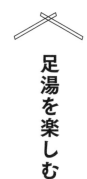

入れている温泉地も少なくありません。いち早く足湯めぐりに力を入れてきた温泉地は、山口県山口市内の名湯、**湯田温泉**で、六か所もあります。温泉街の中心、駐車場もある湯田温泉観光案内所に併設された足湯には、飲泉場もあります。湯の香通りの路地の足湯にはすてきな手湯がありました。

関西圏で人気の**白浜温泉**（和歌山県）も、外湯めぐりとともに足湯めぐりが魅力的な温泉場です。白浜のシンボル円月島を望む**「御船足湯」**や、三段壁や太平洋の落日が絶景の**「三段壁足湯」**のように海を眺めながらの足湯もあって、工夫がうかがえます。中部地方随一の温泉郷、**下呂温泉**（岐阜県）も最近、官民挙げての足湯施設の増設に力を入れているのは嬉しいですね。益田川をはさみ温泉街が広いだけに、散策で疲れた足を癒やすのに重宝します。

南紀勝浦温泉の漁港が見える足湯「海乃湯」
（著者撮影）

ここ二〇年ほどの短期間に急増したため、どこが足湯の第一号か特定することは難しい。ただ平安時代の書物にすでに温泉の存在が知られていた熊本県の古湯**山鹿温泉**の**「湯の端公**

園あし湯」などは、もっとも古い部類ではないかと思われます。ここで私は平成一〇（一九九八）年に足湯を楽しんでいます。全国屈指の高温泉で知られる**湯村温泉**（兵庫県）の春来川沿いの**「ふれ愛の湯」**も〝足湯の草分け〟のひとつでしょう。こちらのオープンは平成一三（二〇〇一）年です。

足湯の効用

手軽に利用できる足湯の効用は意外に広いのです。

「足は第二の心臓」とも呼ばれるほど、多くの神経が集中しています。心臓から遠いため、どうしても血流が滞りがちで、とくに女性の冷え性の原因ともなります。また老廃物や余分な水分がたまり、むくみの原因ともなります。

足湯は体に負担をかけることなく全身の血行を促進し、二〇分前後で体温が上昇することが科学的に確認されています。つまり血流が安定することで、冷え性や、デトックス（解毒）効果によるむくみの改善等につながるわけです。

体が温まることで、ストレスや生活習慣などが原因の自律神経の乱れを整え、副交感神経が優位になり、癒やし効果が高まります。

ただ気をつけたいことは、日常生活の中でもっとも汚れやすい足を、不特定多数の人たちと湯につける点です。常に新鮮な湯が豊富に供給されている足湯を選びたいものです。

◆紀行文

大湯沼から流れてくる、森の〝天然足湯〟

登別温泉（北海道登別市）

「ボランティアガイドとの違いですか？　ホスピタリティーの差ではないでしょうか。常にお客さんの身になって対応するように心がけていますから。観光に関する情報量も違うと思います」

「登別ゲートウェイセンター」所属のプロの観光ガイド、桜井英雄さんはそう言った。地域活性化のため、二〇〇八年に立ち上げられた会社だという。

桜井さんに「泉源ウォッチング」コースを案内してもらうことにした。所要時間は約二時間。

登別温泉街に差し掛かると、硫黄臭が風に運ばれてきて思わず笑みがこぼれた。

最近はにおいどころか湯煙すら見られない温泉街が多い。それだけに登別のような温泉風情が色濃く漂う温泉場に来ると、懐かしさがこみ上げてくる。

「台湾の方も、本格的な温泉が好きなようですよ」

確かに、台湾人のなかには日本人顔負けのディープな温泉好きが少なくない。

硫黄臭の源、地獄谷の遊歩道で、台湾から来た若い女性二人と出会った。

「地獄谷のダイナミックな景観は、台北でもよく知られていますよ」

日本人の好きな温泉を通じて国際交流ができるなんて、いい時代である。

登別温泉のシンボル「地獄谷」は、長径四五〇メートルの爆裂火口跡。無数の湧出口や噴気孔があり、毎分三〇〇〇リットルもの熱湯が噴出し、温泉街に引湯されている。

桜井さんに案内してもらった奥の鉄泉池、大湯沼、奥の湯なども含めると、登別では一日一万トンの温泉が自然湧出している。しかも硫黄泉、食塩泉など九種類もの泉質を有する。

「皆さん、地獄谷以外の隠れたスポットを知って喜んでくれます」

桜井さんによると、最も感動するのが〝**天然足湯**〟だという。最近は足湯ブームだが、似たようなところが多い。だが、ここ森の中の大湯沼川探勝歩道沿いにひっそりと湯煙を上げる足湯は、自然の湯川を利用したユニークな足湯であった。

湯元は沼底で一三〇度の硫黄泉が噴出する上流の「大湯沼」。あふれ出した湯川の流れの中に太い丸太が並べられていて、若いカップルが寄り添っていた。

「足湯ナイトが人気なんです。夕食後に暗闇の中で足湯に浸かりながら、フクロウやエゾシカの声、風のそよぎ、湯川のにおいなどを楽しむものです」

温泉街に戻り、**温泉銭湯「夢元《ゆもと》さぎり湯」**で汗を流す。地獄谷から自然流下で引かれた乳白色の湯があふれる「目の湯」は、その色といい硫化水素のにおいといい、疲れた現代人の癒やしの薬湯に思えた。

「別荘代わりの感覚で利用していただいているのか、リピーターと連泊のお客さんがふえまして――」

北海道女将の会の会長（当時）で、老舗**「滝乃家」**の女将、須賀紀子さんは笑みを浮かべた。

山を借景として、自然庭園をぐるりと取り囲むように造られた素敵な宿だ。

「少しでも長く滞在していただきたい」と、チェックインが午後二時、チェックアウトが午前一一時。このように、ひと皮もふた皮もむけたホスピタリティーが求められる時代なのである。

極上湯がかけ流されている部屋の露天風呂で、名湯登別の湯をチェックアウトぎりぎりまで堪能させてもらった。

大湯沼川天然足湯

紀行文

鬼怒川渓谷の五橋巡りと足湯

鬼怒川温泉
（栃木県日光市）

「鬼怒川渓谷にかかる五橋を二時間余りかけて回ってきました。滝見橋はつり橋で、なかなかスリルがあり、夫婦二人、すっかり童心にかえって――」

二〇数年ぶりに**鬼怒川**を訪れたという熟年のご夫婦は、鬼怒川温泉駅前の**足湯「鬼怒太の湯」**に浸かりながらうれしそうに語る。

昭和五（一九三〇）年発行の『日本温泉案内』には、五橋がかかる鬼怒川渓谷についてこう記されている。

「鬼怒川の流域は、到る処山水の美に富んでいる。そうしてその山嶽美とを併《あわ》せたる大自然美は、日光連峰の鬼怒沼に起こり、それより鬼怒の渓谷に沿うて下り……」

鬼怒川ほど短期間のうちに発展した温泉街は珍しい。〝東京の奥座敷〟として、現在のように巨大な温泉街を形成するようになるのは、東武日光線が開通する昭和四年以降のことだから、まさに瞬く間にわが国の代表的な温泉地に登り詰めたといえる。

鬼怒川温泉の発見は江戸初期の元禄年間ともいわれているが、『藤原町史』によると、確認できるのは中期の宝暦二（一七五二）年の記録だという。当時の泉源は鬼怒川右岸の滝村にあり、滝の湯、下滝の湯などと呼ばれていた。宝暦二年の記録では、川原に小屋掛けの湯船と休息小屋があった。

明治二（一八六九）年、左岸の藤原村にも温泉が発見され、こちらは藤原温泉と呼ばれた。現在のように鬼怒川温泉と総称されるようになったのは、先の『日本温泉案内』が出された頃からである。

当時は日光の**湯元温泉**や**塩原温泉**、**那須温泉**などの方がはるかに知名度は上だった。それは江戸期の滝村が日光御神領であったため、一般には開放されていなかったせいだと思われる。温泉の所有権をめぐって、日光奉行所と村人の間に争いが起こったとの記録もある。「傷は川治、火傷は滝（鬼怒川）」と、上流の**川治温泉**とともに鬼怒川温泉が近隣に知られるようになったのは、明治以降、会津西街道の湯治場として、一般にも開放されてからのことであった。

私も鬼怒川にかかる五つの橋をめぐることにした。下流から、立岩橋、ふれあい橋、くろがね橋、滝見橋、鬼怒岩橋。全行程約六キロメートルの道のりである。

温泉街の中心、くろがね橋の脇から、河畔に降りる遊歩道が整備されていた。温泉客をホテルの外へ出すための魅力ある温泉街づくりのひとつが、くろがね橋や鬼怒岩橋の先の大滝河川遊歩道なのだろう。展望台を併設した遊歩道から望む大滝は確かに絶景だった。

鬼怒岩橋に引き返し、鬼怒川公園駅近くの**「鬼怒川公園岩風呂」**で散策でかいた心地良い汗を流す。

◆紀行文

小浜温泉の「日本一長い足湯」

小浜温泉
（長崎県雲仙市）

「ここの湯は熱くて量も多い、浴びても心地よく、飲んでもうまい」（種田山頭火『行乞記』）

昭和七（一九三二）年、放浪の俳人、種田山頭火は、島原半島の火山、雲仙岳の西麓に濃い湯煙を上げる**小浜温泉**に泊まった。

山頭火は**雲仙温泉**の「山の湯」に対して、「海の湯」と呼ばれていた小浜温泉の湯の特性を的確に捉えていた。

「さびしくなれば湯がわいている――」

山頭火のこの句ほど、温泉と温泉を取り巻く人びとの優しさを詠んだ詩歌を、私は他に知らない。

山頭火は出家した俳人であった。「〝コロリ往生〟を遂げること」が念願の放浪の俳人を、優しく迎えてくれるのはいつも温泉だった。

小浜の温泉街の一角、**「旅館國崎」**の玄関脇にある温泉の中に、先の山頭火の句を刻した碑が浮かんでいた。

「山頭火が好きだった酒の友の豆腐をイメージして――」とは、ご主人の井上剛さんの弁。温泉と地酒と豆腐をこよなく愛した山頭火の心情を的確に表現した、井上さんならではのセンスに、いたく感動したものだ。

「旅館國崎」から徒歩数分の高台に、**「脇浜共同浴場」**がある。山頭火が小浜を訪れた数年後に建てられたというだけに、浴舎はすっかり老朽化しているものの、風情があり、もし今、山頭火が再訪したならば、その琴線《きんせん》をくすぐらずにはおかないだろう。

開業当時のままの「温泉効用書」も、裸電球がひとつぶら下がった風呂場も、昔ながらのぬくもりのある温泉場の雰囲気が今なお漂う。九〇年ほど前に放浪の俳人を魅了したであろう湯に上気した仏顔の浜の人々の表情に、私も心底癒やされた。ここ小浜までの距離を、一瞬のうちに帳消しにしてくれたようであった。

歌人の斎藤茂吉は、長崎医学専門学校（現長崎大学医学部）の教授として赴任中の大正九（一九二〇）年の秋に、湯治滞在をしている。その折に詠んだ歌で、小浜の夕日は全国的に知られるようになったといわれている。

ここに来て落日《いりひ》を見るを常とせり
海の落日も忘れざるべし
——斎藤茂吉

茂吉をとりこにした橘《たちばな》湾の夕日は、小浜の人々の誇りなのである。

海上露天風呂「波の湯　茜《あかね》」に浸かりながら、私もかつてここの夕日の美しさにわれを忘れて見入ったことを思い出した。

「**〝日本一長い足湯〟**から眺める夕日もまた格別ですよ」と案内してくれた井上剛さん。

足湯ブームのトリとして、小浜の人たちはまさに満を持して、小浜マリンパークに「**ほっとふっと105**」を完成させた。それが全長一〇五メートルもある「日本一長い足湯」だった。

「なぜ、一〇五メートルなんですか？」

「小浜の源泉温度が一〇五度あるので、一〇五メートルになったのです」。井上さんは待っていましたとばかりに、胸を張って答えた。

落日が大きな橘湾を茜色に染め始めたとき、足湯に浸かっていた若い人たちの間から歓声が上がった。それは日本一長い足湯が、日本一の〝絶景足湯〟に変わった瞬間でもあった。

小浜マリンパークには、岩を組んだ「湯棚」も新たに設《しつら》えられていた。一〇〇度を超える源泉が湯棚を伝わり落ちる際に立ち上る湯煙は迫力満点だ。粋にも脇に蒸し釜があって、橘湾の海の幸や島原野菜を自分で思うように蒸して食べられる。

「湧出量×源泉温度の熱量は日本一」といわれる小浜を訪れたのは、ほぼ一〇年ぶりであった。私の体にも源泉パワーの熱気がみなぎってきた。

小浜マリンパークの湯棚を背にして、
熱気がみなぎる温泉博士

主なお薦めの足湯一覧

＊登別温泉「大湯沼川天然足湯」（北海道）
＊洞爺湖温泉「洞龍《とうろん》の湯」（同）
＊鹿部温泉「道の駅しかべ間歇泉公園」
（同）
＊小安峡温泉「あぐりの湯」、他（秋田県）
＊銀山温泉「和楽足湯」（山形県）
＊かみのやま温泉「湯町の足湯」、他（同）
＊塩原温泉「湯っ歩の里」（栃木県）
＊奥日光湯元温泉
「湯元園地足湯あんよの湯」（同）
※冬季休業あり
＊鬼怒川温泉「足湯　鬼怒子の湯」（同）
＊別所温泉「足湯ななくり」（長野県）
＊山田温泉「大湯の足湯」（同）
＊上諏訪温泉「諏訪市湖畔公園足湯」（同）
＊月岡温泉「あしゆ湯足美《ゆたび》」（新潟県）
＊赤倉温泉「足湯公園」（同）
※冬季休業あり

＊熱海温泉「家康の湯」（静岡県）
＊伊東温泉「あったまり〜な」
（「道の駅　伊東マリンタウン」）併設
（同）
＊修善寺温泉「リバーテラス・杉の湯」（同）
＊宇奈月温泉「足湯おもかげ」（富山県）
＊下呂温泉「ビーナスの足湯」、他
（岐阜県）
＊十津川温泉郷（湯泉地温泉）
「道の駅十津川郷足湯」（奈良県）
＊十津川温泉郷（十津川温泉）
「庵の湯足湯」（同）
＊白浜温泉「御船足湯」、他（和歌山県）
＊南紀勝浦温泉「海乃湯」（同）
＊湯村温泉「ふれ愛の湯」（兵庫県）
＊湯原温泉「手湯足湯」（岡山県）
＊三朝《みささ》温泉「薬師の湯」（鳥取県）
＊松江しんじ湖温泉「足湯」（島根県）

＊湯田温泉「狐の足あと」、他（山口県）
＊道後温泉「放生園の足湯」、他（愛媛県）
＊嬉野温泉「シーボルトのあし湯」、他（佐賀県）

＊小浜温泉「ほっとふっと105」（長崎県）
＊山鹿温泉「湯の端公園あし湯」（熊本県）

熱海駅前にある天然温泉を使用した足湯「家康の湯」（著者撮影）

温泉神社に詣でる

温泉と神社

歴史のある温泉場には、温泉神社、湯泉神社があります。日本では古くから、水浴は身と心を清めるものと考えられてきました。神道の「禊《みそぎ》」です。朝廷の儀式にたずさわる公家衆は、早朝、沐浴と小浴（行水）を行うことが習わしであったといわれています。

「君により言の繁きを古郷の　明日香の川に禊身《みそぎ》しに行く」（『万葉集』）

上代人は肉体の汚れをのぞくだけでは満足しませんでした。精神の穢《けが》れをものぞき、心身ともに爽やかな気分に浸ることを望んだのです。

温泉の歴史コラム
禊の起源

わが国の禊の起源は、『古事記』におけるイザナギノミコトが黄泉《よみ》の国から逃げ帰り、汚い地下の国で受けた穢《けが》れを清めようと、筑紫の日向の阿波岐原《あわきがはら》で身体を清め、「禊祓《みそぎはらい》」をした故事に始まります。

私たち日本人の祖先は何か重大な事件が起こると、湧き出る泉や渓流、あるいは荒波が打ち寄せる海辺などで禊をして、神々に加護を求めました。農耕が神聖な労働であった古代社会においては、禊が田植えや収穫の祭りなどの五穀豊穣を祈願する行事とつながりました。

こうした禊は冷水にかぎられたわけではありません。日本には泉と同じように至る所から温泉が湧出していたからです。

天皇が御神体を清められる水を「斎川水《ゆかわみず》」と称します。「斎《ゆ》」はもともと「清浄、物忌《ものい》み」の意味です。また「斎」は「湯」と同音で、禊には冷水だけでなく温泉や沸かし湯も使われたことが、ここにもよく表れています。現在でも使われる「湯浴《ゆあ》み」の「湯」も「斎」で、「浴み」は「浴びる」の意味です。湯浴みは「清浄で穢れのない」ことです。

紀伊半島の、熊野の**湯の峰温泉**や**湯川温泉**での「湯垢離《ゆごり》」（温泉で禊をすること）は、古くから知られていました。

日本人の一生は、湯に始まり、湯に終わる——。「産湯」と「湯灌《ゆかん》」のことですね。

湯灌とは亡骸《なきがら》を納棺する前に全身を湯でふき清める儀式のことです。現在でも、バスタブ

ユネスコの世界文化遺産にも登録された湯の峰温泉の「つぼ湯」（著者撮影）

等に湯を張って本格的な湯灌を行う例もあるようです。

産湯の習わしはどの宗派、民族にもあります。ところが日本人のように人生の最期を湯灌という儀式で終える民族はというと非常に珍しいでしょう。

日本人は古くから「死＝穢れ」という認識をもっていたため、湯灌をして、穢れをのぞいて亡骸を大地へ還しました。

五世紀頃に大陸から仏教が伝来し、七世紀には全盛期を迎えると、神道は次第に仏教的価値観と結びつくようになります。禊は心身の穢れを洗い流し、清めるという仏教の儀式となったのです。

じつは日本人の、世界でも類を見ない風呂好き、温泉好きには、仏教の影響も無視できません。仏教でも沐浴《もくよく》の功徳《くどく》が説かれていました。とくに、八世紀に日本に渡来した「仏説温室洗浴衆僧経」などは、沐浴を説いた経文として、ほかの宗教には見られないものでした。この経典によると、燃火《ねんか》、浄水《じょうすい》、澡豆《そうず》など、入浴に必要な七物をととのえれば、七病を除き七福が得られるという。

誰でも露天風呂などに浸かると、思わず「ああ〜、ごくらく、極楽！」と言葉を発するのは、入浴すると功徳が得られるというこの経典の教えが、現代にも受け継がれている証左かもしれません。

◆紀行文

芭蕉も訪れた彌彦神社に詣でる

〜門前に湧く〝美肌の湯〟

弥彦温泉
（新潟県弥彦村）

弥彦温泉の玄関口、JR弥彦線の終着駅弥彦の駅舎は、入母屋造りの神社建築を模した建物であった。弥彦は越後一宮彌彦神社の門前町なのである。

「四月になると、駅舎を含め四万坪の弥彦公園一帯は桜で彩られます。上旬のソメイヨシノに始まり、五月にかけてはヤマザクラまで花期が長く、品種も多いのです」

駅に出迎えてくれたボランティアガイドの神田睦雄さんが言った。神田さんは偶然にも、この旅で止宿する**「お宿だいろく」**のご主人でもあった。

「桜が開花する前のこの三月は、春の山野草めぐりがおすすめです。燕三条駅から弥彦や良寛さんゆかりの国上寺《こくじょうじ》経由で、寺泊《てらどまり》までの無料シャトルバスも運行されますよ」

神田さんの案内を聞きながら、駅前の観光案内所でもらった「美しき春の弥彦」のパンフレットを見る。「早春の弥彦山は、雪解けを待ちわびた春の妖精たちが咲きほこるお花畑となります」

いくつかあるコースのなかでも人気なのは、

「弥彦山・中部北陸自然歩道ルート」のようだ。薄紫の雪割草の群落が見られる妻戸《つまど》尾根やかれんなカタクリの群生地、湯神社などをめぐる、約三時間半のコースである。

「このコースは弥彦公園もみじ谷を通るのですが、一〇月下旬からの紅葉がまた見事で―」

神田さんの話を聞いていると、年内にあと一、二度弥彦を訪れなければならない気持ちになってくる。

駅から延びる広い参道。彌彦神社の一の鳥居を正面に見る神社通りに差しかかると、両側に湯宿や土産物店、食堂などが所狭しと軒を連ねる。弥彦は藩政時代には北国街道の宿場町でもあった。

「芭蕉もおくのほそ道紀行で弥彦に泊まっているのですが、一行も触れていなくて――」

「曾良が日記に彌彦神社に参詣したことを記していましたね」

駅から歩いて一五分。御手洗《みたらし》川の清々しい瀬音に心洗われる思いで石橋を渡ると、すっくとした杉木立が続いていた。

二の鳥居をくぐり、石段を上がると随神門。石段の途中から空と弥彦山、次いで正面に拝殿――。

神田さんが「随神門越しの拝殿の姿が、それは美しい」と話していたが、凛《りん》とした日本の美が鎮座していた。

「弥彦では二礼四拍一礼です」

越後平野の中央にそびえ立つ弥彦山の東麓に鎮座する彌彦神社は、越後の稲田を見守る「おやひこさま」の敬称で親しまれてきた。江戸初期、松尾芭蕉が立ち寄った越後一宮に、現在でも年間二三〇万人もの参詣者が訪れるという。

平日にもかかわらず途切れることのない参詣者の多くが若い人たちであることに驚きを禁じ得なかった。時代がすがすがしい美を求めているのだろうか。

宮司の永田忠興さんにお会いした。

「彌彦神社の末社、湯神社が弥彦温泉の発祥の地です。毎年四月第二日曜日の湯かけまつりの温泉は湯神社からくみ出されます」

『万葉集』に弥彦を詠んだ歌が二首見える。

境内から弥彦山ロープウェイの山麓駅に至る「万葉の道」を歩いた。杉木立の道端に万葉集に出てくる約一五〇種の植物のうち約六〇種が、間もなく春の陽気に誘われるように次々と咲き始めるだろう。

前身は割烹《かっぽう》料理店だったというだけに、地場の食材を使った「お宿だいろく」の夕食は楽しかった。フキノトウの天ぷらはほろ苦い早春を感じさせてくれた。

夕食後、貸し切り露天風呂に浸かる。アルカリ性単純温泉はしっとりとした美人の湯である。

明日は、弥彦に足繁く通ったという良寛さんの五合庵を国上寺に訪ねようか。

彌彦神社の拝殿（著者撮影）

◆紀行文

石段を登り切ると絢爛《けんらん》豪華な神殿の伊佐爾波《いさにわ》神社が鎮座していた

道後温泉
（愛媛県松山市）

その昔、伊予の温泉《ゆ》、熟田津《にぎたつ》の石温泉《いわゆ》などと呼ばれた**道後温泉**は、〝湯出《いず》る国〟日本の温泉の白眉《はくび》である。

噴出する熱湯を見て、摩訶不思議な自然現象の神秘に驚きを覚え、その治癒効果に畏敬《いけい》の念を抱く。さらには温泉そのものを神であると信じ崇敬《すうけい》したとしても不思議ではなかった。

奈良時代の『伊予国風土記逸文』の中に有名な説話がある。

大己貴命《おおなむちのみこと》と少彦名命《すくなびこなのみこと》の二神が伊予国に来たところ、少彦名命が病に罹《かか》った。そこで大己貴命が少彦名命を温泉に入れたところすっかり治癒した。

かつて古人《いにしえびと》たちは〝温泉の力〟から精なるものを感じ、それを人格化し、温泉の守護神として二神を崇敬するに至った。その舞台が道後であった。

道後の一日は、午前六時、湯町に響き渡る太鼓の音で始まる。**共同湯「道後温泉本館」**の屋上、振鷺閣《しんろかく》で鳴らされる刻《とき》太鼓だ。

「刻太鼓の音に合わせて一番風呂に駆け込む

ようになって四十年以上になるね」

本館は松山市民に欠かせぬ温泉銭湯なのだ。澄明な湯がかけ流される湯船に浸かり、土地の人たちと談笑しながら、気の遠くなりそうな古湯の歴史に思いを馳せる。『日本書紀』は舒明、斉明の二天皇の来浴を伝え、『万葉集』では山部赤人ら万葉歌人の題材となった。

現代人にとっての道後といえば、やはり文豪夏目漱石の名作『坊っちゃん』を通してであろう。

若き漱石が英語教師として、松山の地を踏んだのは明治二八（一八九五）年。国の重要文化財の指定を受けながら、今なお公衆浴場として利用されている「道後温泉本館」は、漱石が赴任する前年に完成したもの。大屋根入母屋造りの木造三層楼、古湯の雄にふさわしい構えだ。

松山出身の俳人高浜虚子は『いよのゆ』（一九一九年）の中で、漱石の入浴の様子を描写している。

「別に石鹸を塗り立てたり、手拭いでごしごし洗ったりするでも無く、唯心のおもむくままに湯の中に浸ったり又出たりしてぼんやりと時間を過ごした。（中略）彼が此温泉に浸る時の心持ちは極めて純な清い静かな物であった」

湯上がりに湯町を歩く。道後温泉駅から東へ延びたゆるやかな坂道を上る。途中、左手に温泉の守護神、湯神社へ続く石段がある。しばし立ち寄り手を合わした後、元の道へ戻り、坂を直進。急な石段を登り切ると伊佐爾《いさに》波《わ》神社である。八幡《はちまん》造りの絢爛《けんらん》豪華な神殿には驚いた。

帰路は石手寺経由で「子規記念博物館」に

寄る。漱石の親友、正岡子規は松山の出身だ。三〇代半ばという若さで逝った異才の歌が碑に刻まれていた。

足なへの病いゆとふ伊豫の湯に
飛びても行かな鷺にあらませば

――正岡子規

静謐《せいひつ》な気持ちで「神の湯」（道後温泉本館）に浸かる温泉博士
※保存修理工事にともない、「神の湯」は現在休止中（2022年8月現在）

お薦めの歴史的な神社のある温泉場一覧

＊湯の川温泉「湯倉《ゆくら》神社」（北海道）
＊川渡《かわたび》温泉「温泉石《ゆのいし》神社」（宮城県）
＊鳴子温泉「温泉神社」（同）
＊湯田川温泉「由豆佐売《ゆずさめ》神社」（山形県）
＊蔵王温泉「酢川温泉神社」（同）
＊いわき湯本温泉「温泉神社」（福島県）
＊磐梯熱海温泉「湯泉神社」（同）
＊那須温泉「那須温泉神社」（栃木県）
＊鬼怒川温泉「温泉神社」（同）
＊下諏訪温泉「諏訪大社下社秋宮」（長野県）
＊弥彦温泉「彌彦神社」（新潟県）
＊伊豆山温泉「伊豆山神社」（静岡県）
＊熱海温泉「湯前神社」（同）
＊湯の峰温泉「湯胸薬師東光寺」（和歌山県）
＊白浜温泉「温泉神社」（同）
＊有馬温泉「湯泉神社」（兵庫県）
＊城崎温泉「四所神社」（同）
＊岩井温泉「御湯神社」（鳥取県）
＊玉造温泉「玉作湯神社」（島根県）
＊湯原温泉「湯本神社」（岡山県）
＊湯の山温泉「湯ノ山明神社」（広島県）
＊道後温泉「湯神社」（愛媛県）
＊雲仙温泉「温泉神社」（長崎県）
＊人吉温泉「青井阿蘇神社」（熊本県）
＊日奈久温泉「温泉神社」（同）

朝市を楽しむ

長期の湯治客を相手に開かれた温泉朝市

昔は温泉場といえば、湯治場のことでした。療養や保養を目的とした湯治は、最低一週間から一か月前後の中長期滞在が一般的であったため、湯治客は自炊をし、食材も自分で調達するのが習わしでした。

山形県の内陸部の**肘折温泉**や日本海側の**あつみ（温海）温泉**などで江戸時代から続く「温泉朝市」は、もともとそうした湯治客を相手に山海の幸を提供するものでした。

私も「湯治場番付」（『温泉教授の湯治力』、祥伝社新書）で「東の肘折か西の俵山か」と高く評価している肘折温泉では、現在でももっぱら滞在客（湯治客）相手の朝市が開かれています。四月下旬から一一月下旬までの毎朝五時過ぎから七時三〇分頃まで、連なる旅館の軒下で開かれ、滞在客に交じって一般客も集まります。一般客のなかには朝市の評判を聞きつけて来た人たちも少なくありません。なにせ面白いのです。山形弁でのやりとりが聞いていて楽しいのです。余った野菜、果物類は旅館が買い取り、夕食の食材にもなるといいます。

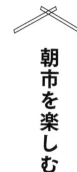

他の朝市はほとんどが観光客を相手にしたもので、扱う商品の幅も広い。季節の採れたての山菜、野菜、果物、漬物、魚介類、地元のお菓子、乾物、こけしなど、持ち帰りに便利な土産物が大勢を占めています。

毎朝決まった時間に開かれる朝市は、肘折、あつみ（温海）の他は、**老神温泉**（群馬県）、**昼神温泉**（長野県）、**下呂温泉**（岐阜県）、**奥飛騨温泉郷**の**福地温泉**（同）など少なく、ほとんどが日曜朝市です。

湯客でにぎわう早朝の朝市は、その土地ならではの季節感のある産品が並べられますので、事前に情報を入手して早起きしたいものです。

肘折温泉朝市（山形県大蔵村）

南東に修験の山、葉山を、南西に出羽三山の主峰、月山を控えた山裾に湯煙を上げる**肘折温泉**。歴史は古く、平安時代の大同二（八〇七）年までさかのぼります。

昔、豊後の国（大分県）から来た源翁という老人が、山中で道に迷い途方に暮れていたところ、後光きらめく老僧に出合ったと肘折の『温泉縁起』に記されています。その老僧こそが地蔵権現で、かつて肘を折って苦しんでいた時に、ここの湯に浸かったところたちまち治ったと語り、世上に湯の効能を伝えるように翁に言い渡したと伝えられています。

肘折の湯は昔から「骨折の後療法に卓効がある」といわれてきました。神経痛、リウマ

肘折温泉の朝市

チ（関節リウマチ）、術後の回復、婦人病などにも効果が伝えられてきたので、地元の山形や東北近県はもちろん、関東からの湯治客、最近では若い世代の一泊型の湯客もふえています。

湯治というと古い木造の旅館をイメージしがちですが、肘折温泉には近代的で快適な宿もあります。温泉街の通りに面した部屋に泊まると、朝五時頃ににぎやかな話し声で起こされます。雪の多い冬期間以外は毎朝、朝市が立つからです。

春は山菜に始まる肘折名物の朝市では、近隣の農家のおじいさん、おばあさんが自分の所で採れた旬の野菜や果物、手づくりの漬物、しそ巻きなどを売りに来ます。自炊の宿も多いため、待ち構えていたように湯治客は浴衣姿で出てきて、食事の材料を買い求めます。

お国訛りの呼び声、それに応えて湯治客が値切りの交渉をしています。その言葉のやりとりがじつに微笑ましく、癒やされるのです。笑い声が絶えないのです。「日本一笑い声の聞こえる温泉場」と、肘折を訪れるたびに思います。このような和みの雰囲気のなかにいると、自然と気持ちがほぐれてくるというもの。実際に「笑い」は副交感神経を刺激し、免疫力を高める働きがあります。

肘折の朝市は、江戸時代に湯治客に行商で品物を提供したのが始まりだったといいます。それが現代まで続く。じつは山形県の温泉場は江戸や明治の遠い昔から、宿や共同湯の配置がほとんど変わっていない、〝温泉大国・日本〟でも珍しい場所なのです。

決して派手さはないのですが、私たち日本人の琴線にふれる〝古き佳き時代〟の日本が息づいていることを知り、若い世代にも肘折ファンはふえているようです。

湯治客の楽しみは朝市の他にもうひとつ、共同湯です。四軒あるのですが、お薦めは温泉街の中心にある**「上の湯」**。別名「疵《きず》の湯」とも呼ばれ、肘折温泉発祥の湯です。老朽化した施設でシャワーはないのですが、その分じつに気持ちのよいあつ目の湯があふれていました。

温泉場に来てまであえてシャワーなどで体を洗う必要はないと思います。本来、日本人が温泉に浸かるのは心の湯浴《ゆあ》みのためなのです。湯治場は日本の温泉の原点ですから、湯治場に来るとこのことの意味がよく理解できるでしょう。

昼神温泉朝市（長野県阿智村）

南信州（南信）の伊那谷地方、飯田市に接する阿智村に湯煙を上げる**昼神温泉**《ひるがみ》の名を知る人は、まだそれほど多くはないでしょう。昭和四八（一九七三）年に湧出した、温泉の多い信州でも新興の温泉だからです。にもかかわらず「名古屋の奥座敷」とも称されるだけに、どの旅館も料理には定評があります。料理だけではなく、そのシルクのような感触の湯は〝美人の湯〟として、中京方面ではよく知られた存在なのです。

中央アルプスの恵那山を仰ぐ、温泉街の中央を流れる阿智川の両岸に開けた二〇軒ほどの旅館からなる中規模の湯町、昼神温泉。周囲の自然と調和した落ち着いた雰囲気が、中京、東海方面の都会人に受けています。ネオ

昼神温泉の朝市

ンサイン類、バー、風俗店等の出店が村の条例で厳しく規制されていて、日本の湯町では珍しく閑静なたたずまいを醸し出しています。

最近は「日本一の星空の里」として売り出し、夏場は首都圏はじめ全国から家族連れや若い人たちでにぎわい、従来からの中高年層に加え幅広い年齢層の掘り起こしに成功しています。満天の星を求めて、多いときには一晩で二〇〇〇人以上も「星空ナイトツアー」に訪れるそうです。

自然豊かな伊那谷に湧く昼神温泉の人々が〝日本一〟と自負するものがもうひとつあります。それは桃の花、花桃《はなもも》です。四月中旬からのほぼ一か月、昼神を含め村全域に一万本もの花桃が咲き競うのです。それはさながら〝天上の楽園〟。花桃は紅、白、ピンクの三色の花で知られますが、阿智村では一本の枝から三色の花が咲く三色花桃が多いことが自慢です。昼神温泉も花桃の名所で、天上の楽園と化するこの季節にぜひ足を運びたいもの。

昼神温泉「日長庵　桂月」の風呂（著者撮影）

会席料理を堪能し、〝美肌の湯〟に浸かり深い眠りに就いた翌朝、朝食前に爽やかな山の空気を吸いながら、阿智川の河畔で毎朝開かれる朝市をのぞく。なにせ昼神のように通年開かれる朝市は非常に珍しい。昼神温泉の四季の風物詩なのです。旬の野菜、山菜が途切れる冬期間にも市が開かれるというのは、手作りの加工品や多彩な民芸品も豊富にあるからでしょう。

信州ならではの赤梨、りんご、干し柿などの果物をはじめ、季節の朝採り野菜、春秋の山菜、きのこ、野沢菜、漬物、そば、五平餅、手作りこんにゃく、イナゴの佃煮、農産加工品、パン、お菓子、郷土の民芸品、水引細工などが並び、つい手に取ってしまいます。売り子のおばちゃんたちとの会話も楽しい。

夢中になり歩き疲れたので、広場の一角にある**足湯「ふれあいの湯」**でしばし休んでから、宿へ戻りました。

他の主な朝市

あつみ温泉朝市（山形県鶴岡市）

一〇〇〇年の歴史を有する名湯、**あつみ（温海）**名物の朝市は、江戸中期に〝あば〟と呼ばれた漁師の女性たちが、海産物を温泉街で売ったのが始まりだといわれています。

現在は温泉街中央の「ふれあい広場」の一角の木造長屋に一〇数軒が店を構え、旬の魚介類、山菜、野菜、特産の赤かぶ漬け、温泉まんじゅう、民芸品などが所狭しと並べられます。朝市を目当てに宿泊する観光客も多く、下駄に浴衣姿が似合う湯町です。

＊山形県鶴岡市湯温海

＊四月一日～一一月三〇日、五時三〇分～八時三〇分

老神温泉朝市（群馬県沼田市）

尾瀬国立公園の拠点として知られる**老神温泉**の周辺は、吹割渓谷はじめ自然美に恵まれた名所が多いことで有名ですが、朝市の方も知る人ぞ知る関東随一の規模なのです。

利根観光会館前の広場で四月下旬から一一月下旬にかけて毎朝開かれる朝市には、近郊の農家から持ち寄られた新鮮な地場野菜、山菜、きのこ、果物、漬物などが並び、浴衣姿の湯客と地元の人との交流もまた楽しい。

＊群馬県沼田市利根町老神

＊四月下旬～一一月下旬、六時～七時三〇分

下呂温泉いで湯朝市（岐阜県下呂市）

峻険な飛騨山地を縫う益田（飛騨）川の両岸に高層ホテルが林立する、中部地方を代表

する大温泉郷下呂は、古くから〝天下の三名泉〟と称されてきました。

下呂温泉の代表的な観光スポット、下呂温泉合掌村の近くで、春から秋にかけて毎朝開かれている「いで湯朝市」の目玉は、ここでしか入手できない湾曲したユニークな下駄です。

地元農家が栽培から製造までかかわるトマトジュース、ブルーベリージャムなども、味噌、こんにゃくとともに人気の産品です。他にも地酒、民芸品、和雑貨などが並んでいます。

＊岐阜県下呂市下呂温泉

＊三月上旬～一一月下旬、八時～一二時

福地温泉朝市（岐阜県高山市）

三〇〇〇メートル級の秀峰が影絵のように重なり合う北アルプスの麓、**奥飛騨温泉郷**の一角に湯煙を上げる**福地温泉**。遠く平安時代に村上天皇が入泉されたと伝えられています。

福地温泉の一〇数軒の湯宿のうち六、七軒が古民家で、重厚な庄屋造りが異彩を放っており、私の好きな温泉です。

年中無休の朝市では、季節の野菜、山菜、果物、漬物、とくに人気の秋の飛騨りんご、天然きのこ、ほかに民芸品、骨董品なども並べられています。

＊岐阜県高山市奥飛騨温泉郷福地

＊四月一五日～一一月一四日、六時三〇分～一一時。一一月一五日～四月一四日、八時三〇分～一一時

他に日曜日に開催されている朝市もあります。通年毎週土曜・日曜日に開かれている伊東温泉をのぞいて、日曜朝市は春から秋の開催で、開催期間、時間等は要確認です。

野沢温泉（長野県）、**わくら（和倉）温泉**（石川県）、**浅間温泉**（長野県）、**瀬見温泉**（山形県）、**湯河原温泉**（神奈川県）、**伊東温泉**（静岡県）、**六日町温泉**（新潟県）、**湯涌温泉**（石川県）、**遠刈田温泉**（宮城県）など。

福地温泉朝市（著者撮影）

十三章　買い物と土産を楽しむ

お土産は温泉文化のひとつ

時代を越えて受け継がれる特産品の数々

いつの時代でも温泉旅行にお土産は欠かせなかったようです。湯の花、温泉たまご、炭酸せんべい、温泉まんじゅう、それに伝統工芸品から、最近ではクラフトビールなども人気です。日本人にとって温泉は、現代でも、江戸や明治、大正、昭和の時代と同じように「極楽気分」を味わわせてくれる非日常の空間です。

「自分だけこんないい思いをしてバチが当たるわ」というような留守の家族への思いやりが、「お土産」となるのでしょう。家族で来た場合は、記念となる土地の民芸品や、温泉の余韻にひたれる湯の花、あるいは親しい人への温泉まんじゅうなどになったりするのでしょう。「土産《みやげ》」とは読んで字のごとく、「土地の産物」を指します。

歴史のある湯治場、温泉場は文化の集積地であり、発信地でした。**有馬**、**箱根**、**伊香保**、**草津**、**山中**など、名門の温泉地には江戸や明治の時代から受け継がれてきた「定番のお土産」が、今なお健在なのは心強いかぎりです。

地方の温泉場の特産品、名物といわれるものは紛れもなく日本の「温泉文化」です。

伝統工芸品

箱根温泉郷「箱根寄木細工」（神奈川県箱根町）

江戸時代にもっともにぎわった温泉場は東海道沿いの**箱根（箱根七湯）**です。**箱根温泉郷**を代表するお土産はやはり「箱根細工」。箱根細工は轆轤《ろくろ》を挽く「挽《ひ》き物」と板材を組み合わせる「指し物」に大別され、前者の職人は木地師、後者は指物師と、呼ばれました。

箱根の湯治と箱根細工の関係を示す史料としては、有名な浮世絵師、鳥居清長が天明元（一七八一）年に板行した『箱根七湯名所』の、「どうが嶋」があります。宿の欄干にもたれた湯客の手に、箱根細工の豆玩具が描かれています。

細工物の発祥は一六世紀の戦国時代、旧東海道沿いの畑宿《はたじゅく》で、そこに木地師たちが集まっていたことが始まりであるといわれています。

箱根細工が箱根七湯や街道のお土産として有名になったのは、江戸中期の明和年間（一七六四〜七二）頃で、畑宿の系統の「湯本細工」が街道土産として盛んに作られていたとされます。手頃な値段で遠くへ持ち帰る土産として軽く小さかったので、湯治客には好評だったようです。

『東海道名所図会』（寛政九＝一七九七年）には挽き物細工の名品店として、湯本茶屋「伊豆屋」が挿絵付きで紹介されています。「花美《かび》なる諸品を細工して、色々彩り塗て、店前に飾る、又雛の芥子人形の細工しほらしくて、方寸《わずか》の箱に百品も入れる也、湯本伊豆屋の店品多し」（『東海道名所図会』）

その頃の箱根細工の売り方は宿に滞在している湯治客を一軒一軒訪ねる「訪問販売」が主流だったようです。

江戸後期の文献には、オランダ人、フィッセルの『参府紀行』（文政五＝一八二二年）や、シーボルトの『江戸参府紀行』（文政九年）などに、箱根寄木細工についての記述が出てきます。現在でも人気の「箱根寄木細工」は当時の外国人の目にも留まったようです。

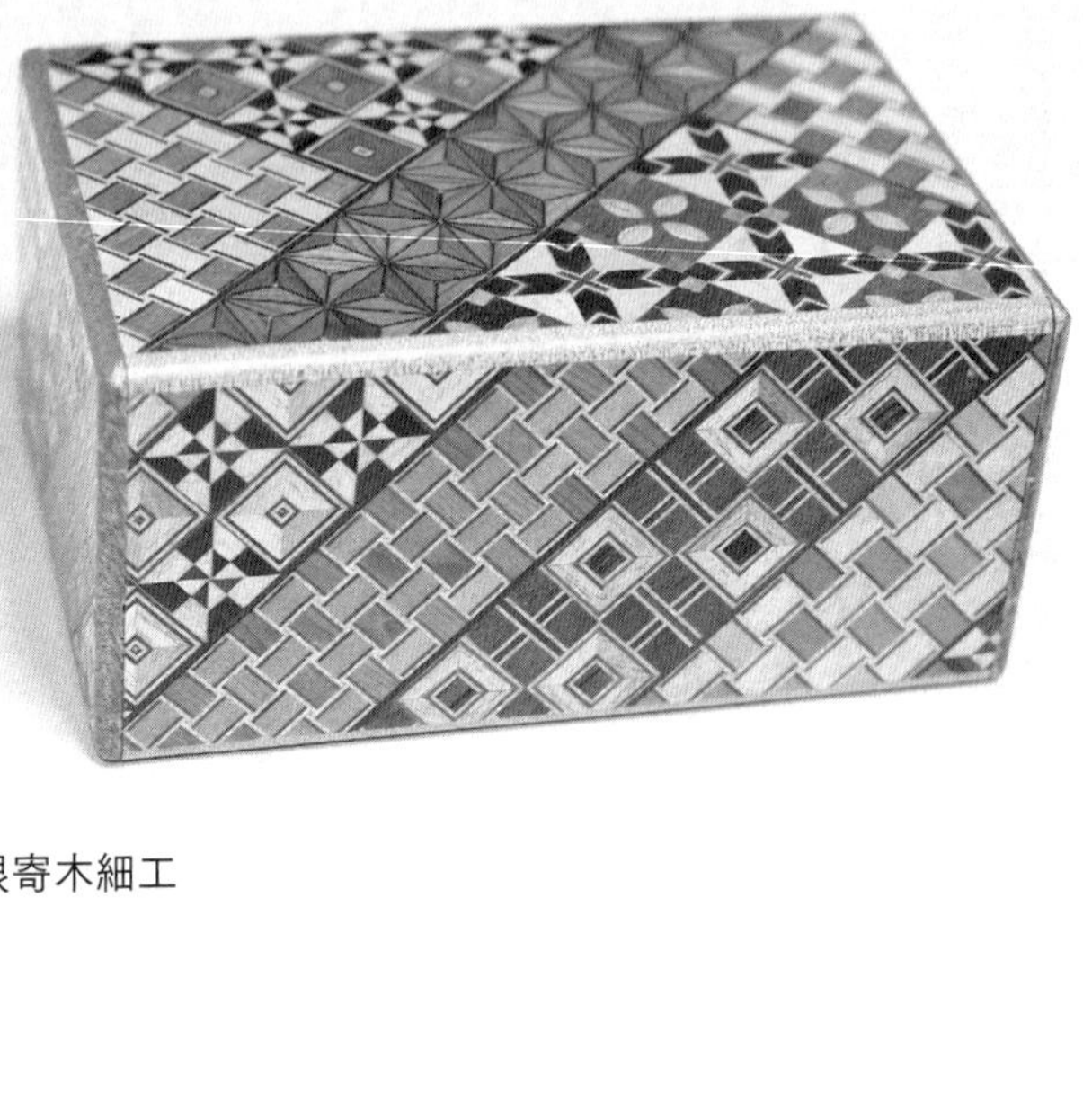

箱根寄木細工

箱根寄木細工は江戸後期に畑宿の指物師、石川仁兵衛によって考案されたと伝わります。天然の木肌の美しさを活かした幾何学模様はまさに芸術品で、シーボルトも「象嵌《ぞうがん》したもの、編んだもの、漆を塗ったものがあり、生の樹皮や貝がらを使ったものもあって、要するにこの国の人々の本当の趣味を表していた」（『江戸参府紀行』）と記録しています。

私の書斎にも、箱根寄木細工は宝物のように保存されています。**箱根湯本**の温泉街で手にしたときの感動は、「二〇〇年前のシーボルトらのものと大差ないに違いない」と思わせるほどでした。その精巧さは時代を越えてより際だっていました。

七湯の湯治客によって育てられた箱根寄木細工は、現在も生産が続けられ、国の伝統的産業工芸品にも指定されています。箱根湯本などの温泉街の土産物店や、湯本の箱根町立郷土資料館などで見学することができます。

野沢温泉「あけび蔓細工」（長野県野沢温泉村）

「野沢菜」の発祥の地としても知られる信州北部の**野沢温泉**は、私も好きな温泉です。入浴無料の「生源泉」がかけ流される外湯（共同湯）が、狭い温泉街に一二か所も点在するからです。

かつての野沢はアクセスに恵まれない地方の温泉でした。そんななか、野沢ならではの伝

はとぐるま（ギャラリーまきの）

統工芸「あけび蔓細工」が現在も健在なのは心強いかぎりです。晩秋に地元の山で採取したあけびの蔓を、温泉街の中央に湧く麻釜《おがま》源泉の熱湯に浸して柔らかくしてから編み上げる民芸品です。なかでも野沢にしかない独特の形の「はとぐるま」は郷土玩具の横綱格でしょう。昔は子供たちが鳩車に糸を付けて遊んだといいます。

時代をさかのぼれば、あけびなどの蔓細工は、江戸時代より背負い籠など農作業や生活必需品として使われていたもの。現在では鳩車の他にも人形、籠、バッグ、屑籠、花籠など、昔懐かしい品々が「麻釜源泉」近くの店や「三久工芸」などで楽しく見学できます。

山代温泉「九谷焼」（石川県加賀市）

加賀は日本を代表する色絵磁器「九谷焼」の発祥の地で、そのルーツは、加賀・大聖寺《だいしょうじ》藩主、前田利治の命で焼かれた江戸初期の九谷村（山中温泉の郊外）にさかのぼります（古九谷）。**山中温泉街**の奥に国の指定史跡の石碑「九谷磁器窯跡」が立っています。

謎の廃窯を経て、約一〇〇年後に九谷焼は隣の**山代温泉**の吉田屋窯によって、再興されます。加賀百万石の美意識を受け継ぎ、「九谷五彩」と呼ばれる様式美に発展しました。

九谷焼の器は山中温泉の「いずも堂」、「九谷焼窯元　きぬや」などでも手に取ることはできますが、山代温泉の方が充実しているようです。魯山人ゆかりの「九谷焼窯元　須田菁《せい》華《か》」、老舗旅館**「あらや滔々庵」**経営の築明治の土蔵を利用した「うつわ蔵」、九谷焼以外の陶磁器も並ぶ「伊豆蔵屋　撫山窯」……。

また蹴轆轤《ろくろ》、絵付けなどの体験ができる「九谷焼窯跡展示館」では、再興九谷吉田屋窯の窯跡も見学できます。

私も山中や山代に行くたびにこれらの店をのぞき、荷物にならない小皿類をよく買い求めます。華やかな九谷焼は、わが家の食卓を彩り、活力を与えてくれます。

山中温泉「山中漆器」（石川県加賀市）

往時の**山中温泉**の湯町の町並みを再現したその名も「ゆげ街道」を歩くと、土産物店、酒屋などにまじって、山中漆器や九谷焼などを扱うギャラリーが目につきます。

英語で漆器は〝Japan〟。まさに日本を代表する特産品です。山中温泉は『奥の細道』の松尾芭蕉ゆかりの、北陸屈指の古湯であることはよく知られています。ところがこの古湯が「山中漆器」のブランドで日本一の漆器生産額を誇ることはそう知られていないようです。

およそ四〇〇年前の戦国時代に、越前から山中温泉の上流二〇キロメートルの真砂《まなご》村に移り住んだ轆轤《ろくろ》挽《ひ》き物の技術をもった木地師が始まりといわれます。その後、現在の山中温泉へ移動し、湯治客を相手に加飾挽きや薄挽きなどの高度な轆轤挽き物の技術を発展させ、現代にまで伝承されてきたと伝えられています。

山中独特の千筋挽きや稲穂挽き、飛び筋、轆轤目筋など高度な製品は「筋の芸術」ともいわれます。江戸後期の文化年間の蓑屋平兵衛、明治初期の筑城良太郎らが最大の功労者でした。

また江戸後期になると、とくに会津屋由蔵が伝えてから、いっそう華美高度になったといわれる蒔絵《まきえ》の技術。「蒔絵」も日本独特の工芸で、漆《うるし》で模様を描いた漆器の表面に、金や銀などの金属粉を蒔《ま》きつけ、みがきあげたもの。このような高度な技術を有するところに、茶道具を中心とした塗り物の産地としての山中温泉の現在があります。

「轆轤を用いて工芸品を作る職人」〝木地師〟としては初の人間国宝（重要無形文化財保持者）川北良造氏をはじめ、木地師の工房は約三〇もあります。

温泉街に轆轤を使って木地挽き体験のできるショップ「木地師のお店mokume」（電話〇七六一・七八・一七五七）もあります。

有馬温泉「有馬人形筆」と「竹細工」（兵庫県神戸市）

豊臣秀吉が愛した**有馬温泉**の名物は、有馬人形筆と竹細工、それに炭酸せんべい。時代の移り変わりが激しいなかで、いまだにこれだけの土産が残っているのは、さすがに日本を代表する古湯です。

舒明《じょめい》天皇の皇后の皇子降誕にかかわる縁起をもつといわれ、現代からさかのぼること一三〇〇年の歴史を有する「有馬人形筆」。美しい絹糸を巻き付けた竹の軸で、筆を立てるとその軸から人形が飛び出す仕掛けが江戸時代から人気だったよう。『摂津名所図会』（寛政八＝一七九六年）には、筆屋に客が大勢出入りして大繁盛の様子が描かれています。

江戸時代の有馬のほとんどの民家では家内職に人形筆を作り、有馬土産として店先に並べていたといいます。現在ではかろうじて一軒だけ、「灰吹屋西田筆店」が奮闘しています。

私も時折、鮮やかな色彩の人形筆を取り出して遊びます。「ひょこっ！」と豆粒のような人形が顔を出す。本居宣長も歌を残しています。

「有馬筆ひょいと出たる言のはも人形よりはめづらしきかな」

有馬温泉は三方を山に囲まれた谷間にあり、昔から避暑地としても利用されてきました。評判の**「有馬山叢《ありまさんそう》 御所別墅《ごしょべっしょ》」**などは財閥の別荘跡地に建てられた高級旅館です。反面冬の寒さはかなり厳しく、山に自生する竹はよく引き締まって細工には扱いのいい材料として重宝したようです。

ねねや千利休を伴いたびたび湯治に来ていた豊臣秀吉らが、茶道具として愛用した竹細工の「有馬籠」をはじめ、細工物、竹皮箱なども、四五〇年もの歴史を伝える有馬の伝統工芸品です。細い猪名野笹竹を用いた花入れなどは現代人にも人気とか。

城崎温泉「城崎麦わら細工」（兵庫県豊岡市）

「一の湯というあたりから細い路を入って行くと、桑木細工、麦藁《わら》細工、出石《いずし》焼、そう云う店々が続いた。殊《こと》に麦藁を開いて貼った細工物が明るい電燈の下に美しく見えた」文豪・志賀直哉は名作『暗夜行路』（一九一七年）で、山陰の名湯**城崎**の土産を列記しました。「出石焼」は珍しい白磁の焼き物で、市内に数か所の窯元があります。

文豪の目に留まった「麦わら細工」は、江戸中期の享保年間（一七一六〜三六）に因幡《いなば》（鳥取県）から湯治に来た半七という男が手なぐさみに竹笛に麦わらを貼ったのが始まりといわれており、三〇〇年もの歴史があります。色染めした大麦のさやが材料で、さやを切り

城崎麦わら細工（かみや民藝店）

開いて花鳥などの模様を桐の小箱などに貼る「模様物」のほか、「編組物」、「小筋物」などの手法が知られています。

かつては伊豆の**修善寺温泉**などでもお土産品として売られていたようですが、現在では国産は城崎温泉のみのようです。幕末期のドイツ人医師シーボルトも、「城崎麦わら細工」に興味をもち、帰国の際に大量の資料を持ち帰り、「シーボルト・コレクション」に収録されたことは有名な逸話です。

温泉街の「城崎麦わら細工伝承館」は明治、大正、昭和初期から現役の職人の作品まで二〇〇点以上展示しています。シーボルトを感動させた、大麦のわらという日本のありふれた素材を用いた芸術作品の美しさを再発見したいものです。「麦わら細工かみや民藝店」では麦わら細工の体験もできます。

♨嬉野温泉「吉田焼」（佐賀県嬉野市）と武雄温泉「武雄焼」（同武雄市）〜〜

嬉野温泉の焼物は江戸幕府が開かれる前の天正五（一五七七）年に始まり、旧吉田村にちなみ吉田焼といいます。私は温泉街の中心部の老舗旅館**「大正屋」**の大きなショップで花器類をよく求めるのですが、「肥前吉田焼窯元会館」に行くと、多数の作品が展示販売されています。轆轤《ろくろ》や手びねり、絵付けの体験もできます。

武雄温泉の武雄焼は約四〇〇年以上の歴史をもち、武雄市内に九〇か所余もの窯元があるそうです。ＪＲ武雄温泉駅構内にある武雄市観光案内所には、人間国宝の中島宏氏をはじめ地元陶芸家の作品が展示されています。武雄焼は茶系統の陶器と白く輝く磁器があります。

時間があれば、武雄温泉駅からタクシーや車で一五分ほどの竹古場キルンの森公園内の武雄焼の発祥の地を訪ねたいもの。昭和二〇年代はじめ頃まで使用されていた登り窯を参考に建設された全長二三メートルもの巨大な登り窯「飛龍窯《ひりゅうがま》」があり、その大きさに圧倒されることでしょう。一二万個もの湯飲みが一度に焼成可能だといいます。ちなみにここの陶芸体験（電話〇九五四・二七・三三八三）で自ら作成した湯飲みは現在でも愛用しています。

別府温泉「別府竹細工」（大分県別府市）

「源泉数日本一」を謳《うた》う湯の町別府を歩いていると、時々、竹細工の店が目につきます。ザル、しゃもじ、箸《はし》、花籠、ピクニック籠などの生活雑貨から、ファッション性を追求したバッグやランプシェードのような装飾具、オブジェなど、竹細工は多岐にわたっています。

別府温泉の竹細工は歴史が古く、室町時代に行商用の籠を作って売り出したのが始まりだとか。江戸時代、そして明治に入ると別府温泉の知名度は高まり、地元九州はもちろん関西方面から来た長期滞在の湯治客が、自炊生活のための竹製の日用品やお土産に求めるようになったため地場産業として発展します。

別府のある大分県は竹の産地で、良質のマダケが多数自生します。マダケは節間隔が長く、しなりがあるため細かな編組に最適な素材といわれます。

明治三五（一九〇二）年に別府町立工業徒弟学校（現在の県立大分工業高校）が創立され竹籃《ちくらん》科が設けられたり、また現在でも全国唯一の竹工芸の職業能力開発校があるほどで、別府市は地場産業の育成に努めてきました。昭和四二（一九六七）年には別府の生野祥雲斎が、竹細工では初めて人間国宝になるという快挙に結実します。竹製品を通して別府の別の顔も発見できると、大温泉郷・別府の楽しみ方が変わるかもしれませんね。

別府は巨大な温泉街なので、手始めに「別府市竹細工伝統産業会館」（電話〇九七七・二三・一〇七二）で、竹工芸品の見学をお勧めします。事前に予約すると竹細工の体験も可能ですし、またショップやカフェなども併設されていて、時間があっという間に経過しそうです。

竹工芸専門店の「Bamboo bamboo」や「竹工芸山正《やましょう》」なども魅力的な店です。

湯治客の土産、東北のこけし

温泉場と土産、伝統的な産業といえば忘れてはならないのが、東北地方の伝統こけし。庶民的で、現在もなお温泉土産との結びつきは強い。

私は東北の湯治場が好きで、出かけるたびに伝統こけしを買い求めてきたので、書斎に大小数十本ものこけしが並んでいます。とくに**鳴子温泉街**の土産物店をまわり、こけしを買い求めたり鑑賞することが多い。鳴子系のこけしは頭を回すと「キッキッ」と音が鳴ることで有名です。

鳴子温泉（宮城県）には昭和五〇（一九七五）年に開館した「日本こけし館」（電話〇二二九・八三・三六〇〇）、**遠刈田温泉**（宮城県）には昭和五九（一九八四）年開館の「みやぎ蔵王こけし館」（電話〇二二四・三四・二三八五）、**温湯《ぬるゆ》温泉**で知られる**黒石温泉郷**

のある青森県黒石市には昭和六三（一九八八）年開館の「津軽こけし館」（電話〇一七二・五四・八一八一）があります。それぞれのこけし館に数千点のこけしが展示され、伝統こけし工人《こうじん》の製作実演、ショップが併設され、絵付け体験もできます。

　こけしはこわれることもなく、価格も安い木の人形で、子供に格好の玩具でした。その発展には東北の湯治場がかかわっています。

　木を挽く木地師たちは、もともとは定住せずに木を求めて移動するのが習わしでした。ところが山村の湯治旅館などで使う箸、お椀、お盆などの木製食器の注文がふえるにつれて、湯治場に定住するようになり、湯治客の孫への土産としてこけしが作られるようになった歴史があります。

　伝統こけしの発祥地は宮城県の鳴子、弥治郎、遠刈田あたりというのが定説です。弥治郎は**鎌先温泉**（宮城県）ですので、いずれも温泉地です。時代は江戸後期の文化文政期（一八〇四〜一八三〇）頃。こけしはその発祥地の名をとって、鳴子系、作並系、遠刈田系、弥治郎系（以上、宮城県）、肘折系、山形系、蔵王高湯系（以上、山形

鳴子こけし

県)、津軽系(青森県)、南部系(岩手県)、木地山系(秋田県)、土湯系(福島県)の一一の産地に系統分けされています。いずれも温泉場であり、東北の湯治文化なくして、現代のこけしはなかったといえます。

伝統こけしは表情が命。単純素朴な木の人形は、東北地方の古くからの温泉場の心をにじませ、現代人に郷愁を誘います。農村や漁村の人びとは湯治療養中にこけしで肩をたたいて凝りをほぐし、孫への土産として持ち帰ったものでした。

遠刈田こけし

弥治郎こけし

紀行文

北陸の古湯、山代温泉～魯山人とのゆかり、作品随所に

山代温泉（石川県加賀市）

「器は料理の着物」と語ったのは、北大路魯山人である。じつはこの希代の粋人を育てたのは、北陸の古湯、**山代温泉**であった。

「魯山人は目的意識がしっかりとしていた。『ここにおいしいお茶を入れて飲みたい』と考え、湯飲みを作った。ところが、われわれは売れるか売れないかと商業ベースで考えている」

苦笑しながらこう語るのは、九谷焼窯元、四代須田菁華《せいか》さん。初代は魯山人の陶芸の師として知られた。

「器だけでなく、食事を美味しく食べるためには庭のしつらえをはじめ、環境も大切。日本の茶の心です」

魯山人が生きた大正時代は、知識人たちが欧州文化に傾倒していた。それに対して、魯山人は日本古来の価値観に基軸を置いた。

「用の美もそう。暮らしの中で使う器を大切にする心は、現代にも通じる」

魯山人という才人の出現で、それまでの格式ばった日本料理が、器の美しさを競うようになり、「うまく食べさせるための自由な方式」（魯山人）に一変したのだ。温泉旅館での

食事が魅力的になったのである。

書家、篆刻家《てんこくか》だった魯山人が、山代温泉に来たのは大正四（一九一五）年。旅館の看板を彫るためである。

食通の魯山人は、旅館「吉野屋」の主人の別邸に滞在中、器にも興味をもち、初代須田菁華と出会い、美に目覚めた。

魯山人が彫った看板や焼き物が、明治時代の総湯（共同湯）を再現したという**「古総湯」**周辺の「湯の曲輪《がわ》」と呼ばれる一帯の老舗旅館で見ることができる。湯の曲輪とは、「元湯を取り巻く」という意味である。

「この衝立《ついたて》は魯山人が酒宴の席で一気に描いたものといわれています」と、江戸前期創業**「あらや滔々庵」**の一八代目館主、永井隆幸さんは目を細めた。

玄関に入って、真っ先に目に入る暁烏《あけがらす》が描かれた大きな衝立は迫力がある。ロビーの奥には、魯山人が初代須田菁華に教わって、初めての絵付けをしたという赤絵の小皿などが展示されている。

「あらや」の料理は食通の間に定評がある。華やかな九谷焼や山中漆器に美しく盛り付けられた加賀野菜や近くの橋立漁港で水揚げされたブリやタラ、加能蟹といった日本海の幸に舌鼓をうつ。

源泉かけ流しの湯に浸かりながら、希代の趣味人の才能を開花させた山代温泉の魅力について考えた。山代が江戸時代から宿に内湯をもっていたことと密接な関係がありそうだ。国内の有名温泉地の多くで内湯を備えるようになるのは戦後のこと。都人や粋人たちはお気に入りの内湯付きの贅沢な宿で、加賀の華麗な食文化を堪能していたのだろう。

◆紀行文

芭蕉ゆかりの古湯、山中温泉 ～伝統漆器、新たな魅力に

山中温泉
（石川県加賀市）

俳聖、芭蕉ゆかりの古湯として知られる加賀山中。ここ数年、その動向をひそかに注目してきた温泉地である。

山中温泉は訪れるたびに確かににぎわいを取り戻しているように思えたからだ。こと温泉街にとって、にぎわいこそが生命線なのである。

「客足は確かに伸びています。皆さんが湯町を歩いてくれることは本当にありがたいことです。客層が昔とちがって、女性や若い人に変わったことが最近の傾向ですね」

満足そうにこう語るのは、山中温泉観光協会長（取材当時）の上口昌徳さん。

加賀はもっぱら、京阪神からの殿方のための古典的な温泉郷であった。ところが山中は、バブル経済崩壊後、宴会、接待旅行が激減するなかで、いち早く女性客をターゲットとする温泉地へ脱皮を試みたのだ。

上口さんは、山中温泉再生の糸口を山中「漆器」という伝統工芸に見いだした。

「山中の原点をその歴史性に求めるべきだと気づいたのです。西欧化に染まらない、日本

的なもの、素朴さのなかに山中漆器の魅力が息づいています」

山中では、旅館経営者が懇意にしている木地師のところに、客を案内しているという。私も佐竹康宏さんの工房にお邪魔した。戦国時代に始まった山中漆器の特徴は木地挽《ひ》き物。加飾挽きや薄挽きなどの高度な「轆轤《ろくろ》挽き物」の技術が今日まで伝承されてきたという。

江戸時代の湯町を再現する「ゆげ街道」を行く。漆器工芸の店がそこかしこにあり、湯客の目を楽しませてくれそうだ。

江戸期の記録に、湯治客が湯上がりに薬師へ参詣する道すがら、木地類を見物したとか、藩主来湯の折に木地師を訪ねた等の記述が出てくる。現代につながる伝統工芸の力である。

元禄二（一六八九）年、芭蕉は「奥の細道」の旅の途中、山中温泉で八泊もした。それまで温泉にほとんど興味を示さなかった俳聖は、山中に長逗留したうえ、山奥のいで湯のために句を残した。

山中や菊はたをらぬ湯の匂　　――芭蕉

山中の湯がよほど肌に合ったのだろうか。

芭蕉は湯町を流れる大聖寺川の渓谷を好んで散策した。その道が近年、「鶴仙渓《かくせんけい》」として整備された。

こおろぎ橋、あやとりはし、芭蕉堂を経由して黒谷橋に至る一・三キロメートル、三〇分のコース。鶴仙渓がモミジの秋色に彩られる日はもう間近だ。

確かに歴史の連続性は私たちを豊かにしてくれる。芭蕉の歩いた小径《こみち》をたどることの充足感。一方で、どれだけ多くの温泉地がその歴史性と文化性を見失ってしまったことか。

上口さんが営む**「かよう亭」**にアメリカ人の小グループが止宿していた。九谷焼や山中漆器に盛られた加賀懐石を、〝クール・ジャパン〟、〝ディープ・ジャパン〟を求めて日本の地方に来た彼らと、同じ屋根の下で堪能できることの幸運に乾杯した。

渓谷を望む露天風呂に浸かりながら、夢心地で上口さんの言葉を思い出した。

「西洋音楽に毒されていない日本の民謡、山中節――」

忘れしゃんすな山中道を東や松山西や薬師

同じ石川県の漆器でもこんなに違う！
山中漆器
輪島漆器

昔から「木地の山中」「塗りの輪島」といわれるように、山中漆器は自然な木目を活かした風合いが特徴

天然の「湯の花」

豊かな温泉文化の国だけあって、日本には個性的な温泉土産がありますが、やはり一番は「湯の花（華）」でしょう。温泉旅行のお土産としてはもっともふさわしく、また旅行から帰った後もなお温泉気分の余韻を楽しめる。

現在では化学的に化合して「○○の湯」に似せた「湯の花」や「温泉の素」を求めることができますが、わが国の東西の名湯、**草津**と**別府**の湯の花をご紹介しましょう。ちなみに日本初の湯の花は**有馬温泉**でした。江戸時代にはすでにあの鉄さび色の湯の花を乾燥させて持ち帰っていたのです。

江戸時代の温泉はどこも峠をいくつも越えた、人里離れた奥地に湧くのが常でした。そのため重い病の人が湯治に出向くのはなかなか困難で、医者は薬剤などを利用して人工温泉の開発を試みるのですが、そのたびに結論は「本物の温泉にはかなわない」ということでした。

一方で、「居ながらにして温泉療法の目的を達する」——。大正時代の別府の湯の花の謳《うた》い文句でした。硫黄泉は抗酸化作用が強いので、湯の花を溶かしても効いたのでしょう。

草津温泉「湯畑」の天然の湯の花（群馬県草津町）

「湯の花」は温泉が地表に噴出し、酸素と結合して結晶化した温泉成分のことです。これを入浴剤としてお風呂に入れます。

「草津の湯で恋の病以外に効かないものはない」と昔からいわれ、現在でも「湯の花」といえばいの一番に草津の名があがります。

草津温泉のシンボルは温泉街の中央にある「湯畑」。まさに「湯の花が採れるところ」の意味で、明治四〇（一九〇七）年頃から、そのように呼ばれるようになったといわれます。

湯畑の源泉は享保一一（一七二六）年に、八代将軍徳川吉宗が江戸城へ運ばせ湯治をしたことで知られ、現在もその場所を木枠で囲い「御汲上《おくみあ》げの湯」と呼んでいます。

それほどの名湯ですから、湯畑の湯に目を付ける人が現れて当然でした。安永八（一七七九）年に湯の花を商品化し、江戸の薬種として商いをしたといいます。実際、昔は草津の湯の花は薬問屋に卸されていました。

五〇度余の源泉が毎分四〇〇〇リットル以上も自然湧出し、湯滝となって落下する迫力は、「これぞ、日本の温泉！」の景観です。

湯畑の柵内に七本の木樋《もくひ》があり、ここから湯の花を採取します。しかし、二、三か月に一度の採取ですから、天然物は量産できません。年間、数千個だといいます。本物の草津温泉の湯の花（湯畑産）はパッケージの発売元が「群馬県草津町」になっていますので、確認してください。

別府・明礬温泉の天然の薬用湯の花（大分県別府市）

別府八湯のひとつ**明礬《みょうばん》温泉**にはまるで縄文時代の住居のような「湯の花小屋」と呼ばれる藁葺き小屋が二〇棟ほど立ち並んでいます。明礬温泉特産の「湯の花」を製造するいわば〝天然の化学工場〟で、江戸中期の享保一〇（一七二五）年から三〇〇年近くも続くといいます。

この辺りは地下三〇センチほどのところに温泉脈があり、地表に温泉ガスの蒸気が噴出しています。噴気の強い場所を選んで地面を掘り下げ、床に栗石で石畳を作り、地元の青粘土を敷き詰めたうえで、三角屋根の藁葺き小屋を建てます。藁葺きの小屋は内部の温度を一定に保つためで、長くて三年しかもたないといいます。

噴出したガスが栗石のすき間から青粘土の中に入り、ガスと青粘土の成分が結晶を作ります。これが明礬温泉独特の「湯の花」と呼ばれるものです。製品化されるまで四〇〜六〇日も要するそうで、大変手間のかかる工程です。

この湯の花製法技術は平成一八（二〇〇六）年に国の「重要無形民俗文化財」の指定を、平成二四（二〇一二）年には湯の花小屋のある明礬温泉の風景が国の「重要文化的景観」の指定を、それぞれ受けています。一部の湯の花小屋は見学可能で、日本でここでしか見られない風景を楽しんでみましょう。

なお明礬温泉の湯の花（医薬部外品の入浴剤）は水に溶け、酸性泉に相当します。

お土産番外編　～温泉コスメ～

最近、無着色、無香料、無防腐剤など、添加物なしをセールスポイントにしている化粧液がふえているようです。

温泉水には美肌、美白のためのさまざまな含有成分が含まれているうえ、抗酸化作用に優れたものもあり、ナチュラル志向の化粧水、化粧品に応用できるものも少なくないと思われます。

◆清少納言ゆかり、榊原温泉「まろみ」（三重県津市）

清少納言の『枕草子』にも出てくる三重県津市の**榊原温泉**は、伊勢神宮からもほど近い距離にあります。

前述したように、私たちは数年前に榊原の湯で三か月間の入浴による「温泉療養効果」の実証実験を約五〇名の男女モニターの協力で行ったことがあります。その結果、榊原の湯は、アルカリ性で抗酸化作用に優れた噂に違《たが》わぬ〝美肌の湯〟であることを確認しました。

「湯元榊原館」の源泉を最大九〇％使用した「まろみシリーズ五点セット」は、皮膚の活性酸素を除去する還元作用に優れ、根強い人気があります。スキンローション、ミルキーローション、温泉肌水、フェイシャルソープ、クレンジングミルクです。

現代のように「美を追究する」化粧品がなかった頃、日本の女性たちにとって温泉こそが化粧液であり、現代でいうサプリメントでした。美肌のサプリメントであり、健康のサプリメントでした。

◆三朝温泉コスメ（鳥取県三朝町）

山陰の名湯**三朝《みささ》温泉**（鳥取県）が早くから「三朝みすと」の製造開発を手がけて以来、いち早く定着した商品です。定評のある三朝温泉の源泉を一〇〇%使用した完全無添加化粧水「三朝みすと」は、無香料、無着色、無防腐剤、ノンアルコールに徹し、固定客の確保に成功しており、今や三朝温泉の定番のお土産でしょう。

「優れた浸透力、保湿力が特徴で、きめ細かなミストが肌を優しく包み込んでくれる」と、評価は定着しています。

通常の水分は肌の表面につくだけのようですが、製造元リプラスの独自技術で機能化された水分は、肌の角質や毛穴に浸透しやすく、温泉成分がしっとりとなじむそうです。

三朝温泉水コスメシリーズは、他にも「三朝温泉フェイスマスク」、「三朝ジェル」、「三朝温泉リップクリーム」、「三朝温泉石けん」など、ラインナップもふえてきました。

おいしいお土産

温泉まんじゅう

昔から「食べる」温泉土産の定番と言えば、やはり「温泉まんじゅう」。ちょっと歴史のある温泉地なら、あの小ぶりの茶色いまんじゅうを売る店は必ず見かけます。

温泉まんじゅうの発祥の地は群馬県の**伊香保温泉**だといわれています。古湯伊香保のシンボル、三六五段もの石段が続く「石段街」を上りきった伊香保神社のすぐ下で、明治創業の暖簾《のれん》を守る「勝月堂」が始まりといわれています。

東京の風月堂で修業した初代半田勝三が、明治四三（一九一〇）年に考案した「湯乃花饅頭」の皮は、伊香保温泉の鉄分を含んださび色の湯を模した茶色でした。それまではまんじゅうは白と決まっていただけに、大変な話題となったようです。店頭で蒸《ふ》かす演出も受けました。黒砂糖の甘い香りが勢いよくはき出される湯気とともに漂い、湯の町情緒をいっそう高めたのでしょう。

無色透明の湯や乳白色の湯をもつ温泉街であっても、温泉まんじゅうはどこも茶色です。

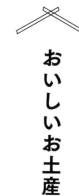

「元祖は伊香保」というのはうなずけそうです。現在、伊香保には約一〇軒の温泉まんじゅう店が営業しています。確かに店の看板や暖簾に、「湯乃花饅頭」、「湯の花まんじゅう」などと書かれたところが目につきます。温泉まんじゅうの発祥の店「勝月堂」の他にも、石段街の「大黒屋本店」、「田中屋」なども人気です。

伊香保と並ぶ群馬を代表する名湯**草津温泉**は、二〇軒近くもの温泉まんじゅう店が軒を連ね、日本一の激戦区。とくにまんじゅう店が集まる西の河原通りの早朝は、湯煙ならぬ〝湯気通り〟のようで、それは壮観な眺めです。威勢の良い客寄せの呼び声に、つい足を止めてしまいます。草津には「松むら饅頭」、「本家ちちや」、甘納豆の材料、花いんげんを白い皮でくるんだ「菓匠清月堂」など、お薦めの店は多数あります。

外湯がいくつも点在する湯町の風情が好きで、私は信州北部（北信）の**野沢温泉**をよく訪れます。そのたびにお土産に購入するのが、外湯「大湯」の近くで一〇〇年以上の歴史をもつ「フキヤ商店」の「野沢温泉まんぢう」。「まんじゅう」ではなく、昔ながらの「まんぢう」です。こしあんたっぷりで、茶の皮に「温泉」と焼き印が押されています。

熱海に近い歴史ある**湯河原温泉**（神奈川県）も、私の好きな風情のある温泉で、数寄屋造りの**「ふきや」**は色彩感覚に優れた料理や館内の湯めぐりが楽しい。有形登録文化財の老舗**「ゆ宿　藤田屋」**、それに奥湯河原温泉**「旅館加満田」**も印象に残っています。

湯河原はとくに桜や梅、紅葉の季節には大勢の湯客でにぎわいます。湯河原ゆかりの画家が描いた作品が展示されている「町立湯河原美術館」や、国木田独歩、夏目漱石、芥川龍之介、島崎藤村、谷崎潤一郎ゆかりの「万葉公園」へは、「文学の小径」が延びています。文豪たちの碑が点在するなど、文学の薫りただよう古湯です。

じつは湯河原の温泉街に創業大正末期の和菓子店「ゑふや本店」の名物が、温泉マークの刻印された「温泉まんじゅう」。山芋を練り込んだ生地がもちっとしていて、たっぷり入ったこしあんと絶妙のマッチングなのです。添加物をいっさい使用していないというから、さすが名湯の老舗和菓子店ですね。

軽食グルメ

先日、**草津温泉**へ行くと、湯畑に面したある店の前に若い人の長蛇の列ができていました。地元の人に尋ねると、串焼き店だそうで、ＴＶで紹介されるなどの人気店なのだといいます。片や有名温泉地ではスイーツもブームです。

温泉場は「世相を映す鏡」でもあります。いつの時代にも食べ物は喜ばれます。後々に「串焼きを食べながら見た湯畑のライトアップ、やばかったよな」などと、草津での良い思い出になったりするのでしょう。

ここでは、温泉まんじゅう以外で、温泉場で時代の波をくぐり抜けてきた、食べ物のお土産を少し取り上げておこうと思います。

大鰐温泉「大鰐温泉もやし」（青森県大鰐町）

藁《わら》で束ねられた「大鰐温泉もやし」は、三五〇年以上前の江戸時代初期から栽培されてきた津軽伝統冬野菜のひとつ。三代津軽藩主津軽信義公が**大鰐**で湯治する際には必ず献上されたといわれるほどの特産品です。

温泉熱で土床を温め、たっぷりの温泉水だけで栽培する土耕栽培で、いっさい水は使用しない。水耕栽培にはないしゃきしゃきとした歯ごたえと、ほのかな土の香りが特徴で、甘みがあります。

「豆もやし」と「そばもやし」の二種類があり、豆は地域在来種の「小八豆《こはちまめ》」と呼ばれる品種で、門外不出とか。そばもやしは、そばを使用します。豆もやしは味噌汁、豚汁や油炒めに、そばもやしはサラダやおひたしなどによく使われます。

大鰐温泉もやしは冬期間、温泉旅館の料理にも出されますし、町内で販売されていますが、珍しい温泉土産として喜ばれるに違いありません。

箱根大涌谷温泉ほか「温泉たまご」（神奈川県箱根町など）

温泉たまごの歴史はずいぶん古いようです。昔は農家だけでなく、一般家庭でも鶏を飼っているところが多かったため、ザルやネットに卵を入れて熱湯で茹でると、手間代が上乗せされ生卵より高く売ることができたものです。

湯客が「旅先の思い出に」と、自分で茹でることが多いのは今も昔も変わりありません。

ところで、茹でたまごはふつう白と決まっていますが、ときには黒いたまごを見かけることがあります。有名なのは箱根の**大涌谷温泉**の「黒たまご」です。

大涌谷のたまごは約八〇度の源泉が湧く温泉池で茹でられています。硫化水素と卵の殻に付着した温泉の含有成分の鉄分が化学反応を起こして、硫化鉄となり黒く変色します。殻は真っ黒ですが、なかはややかた目の黄色です。

大涌谷に空海が彫ったとされる「延命地蔵尊」が安置されていて、〝延命長寿〟

黒たまご（大涌谷温泉）

の黒たまごといわれています。黒たまごを食べると、寿命が七年延びるそうです。

他に秋田県の**後生掛温泉**や**泥湯温泉**で茹でた卵も、黒くなります。いずれも火山ガスが出る温泉です。

野沢温泉の泉源「麻釜《おがま》」のような温泉街の開けた場所に熱湯が噴き出していると、自分でも手軽に温泉たまごが作れます。たとえば兵庫県北部、鳥取との県境近くに濃い湯煙が上がる**湯村温泉**の泉源からは、九八度もある「荒湯源泉」が噴出しています。温泉街を流れる春来川の河畔に荒湯の熱湯が湧いていて、近くの店で生卵を買って茹でることができます。

紀伊半島の**湯の峰温泉**（和歌山県）は、ユネスコの世界文化遺産「紀伊山地の霊場と参詣道」に日本最古の共同湯といわれる「**つぼ湯**」まで登録されている珍しい温泉場です。このつぼ湯と目と鼻の先にある川中の泉源「湯筒」でも、昔から地元の人たちが温泉たまごを茹でたり、山菜、野菜などをゆがいたりしました。最近では訪日外国人までもが、近くの店で生卵を買って、湯筒で茹でるほほえましい光景を見かけます。

野沢温泉ほか「おやき」（長野県など）

おやきは〝信州名物〟というほど長野県では一般的で、具に四季の信州の山の幸、里の幸が詰められています。

野沢温泉では大湯通りの「福田屋」のおやきが有名で、おやきを片手に町歩きを楽しむ湯客の姿をよく見かけます。具は野沢温泉が発祥の地の野沢菜入りの「のざわなおやき」が個人的には好きです。他にあずき、かぼちゃ、ピリ辛、にら、「しめじ野菜」など、おやきの種類は豊富で、選ぶのに迷ってしまうでしょう。

熱海温泉や伊東温泉ほか「干もの」（静岡県など）

江戸時代の作家、山東京伝などの温泉案内を読むと、**熱海**や**伊東**の干ものがよく出てきます。干ものは古くから海の温泉の定番のお土産であったようです。

考古学上の発見によると、四〇〇〇年前の縄文時代には干ものは利用されていたようで、日本の食文化であったのです。冷蔵庫も冷凍庫もなかった時代、干ものは高価な塩を大量に使用するため大変貴重で、お土産としての価値が高かったと思われます。

鮮魚の内臓や血を抜いて、大量の塩をまぶして外気にあてるのが基本ですが、煮てから干す製法も奈良時代からあったといわれています。

江戸から近い「海の温泉」といえばやはり伊豆の熱海か伊東です。

ＪＲ熱海駅に近い熱海銀座通りの「釜鶴ひもの店」は創業一五〇年以上の歴史があります。アジ、カマス、キンメダイなどの地場産の干ものを中心に、三〇種類以上の干ものが並びます。なかでも江戸時代からの熱海の定番はアジ。富士山の雪解け水、柿田川湧水とこだわりの天日塩のみで仕上げる無添加うす塩干ものには、根強いファンが多いといいます。

熱海以上に干ものが盛んなのは伊東温泉。伊東湾や川奈港などで毎朝水揚げされた状態のままで干ものにします。伊東の定番もアジとサバ、それに特大のキンメダイ、伊勢エビ、のどぐろと種類は多い。海岸線の国道135号沿いを中心に、数十軒もの干もの専門店が軒を連ねる様子は壮観です。

ＪＲ伊東駅前付近には江戸時代から続く外湯（共同湯）もあり、また「ひもの専門店平田屋」のような昔からの製法にこだわる専門店もあるため、私もよく寄ります。無添加、天日干しにこだわっているとのこと。真アジ、キンメダイ、伊勢エビなど、旬の干ものを取りそろえています。

道後温泉「坊っちゃん団子」（愛媛県松山市）

〝坊っちゃん〟といえば、夏目漱石の名作『坊っちゃん』ですね。愛媛県松山市の代表的な銘菓「坊っちゃん団子」は、抹茶、卵、小豆の三色団子を串で刺したものが一般的です。「つぼや菓子舗」や「うつぼ屋」のほか、いくつかの製菓店で製造されています。

小説には、「大変うまいと云う評判だから、温泉へ行った帰りがけに一寸食ってみた」とあります。作中で主人公が**道後温泉**の**共同湯「道後温泉本館」**に通ったり、団子を食べたりするのは、明治二八（一八九五）年に漱石が旧制松山中学の英語教師として赴任した実体験にもとづいたものです。

坊っちゃん団子の元祖といわれる「つぼや菓子舗」は、明治一六（一八八三）年の創業。漱石が好んで食べたのは現在のような三色団子ではなく、粉を湯でさらした「湯晒《ゆざらし》団子」だったそうです。二代目相原宇太郎の代になってから三色の坊っちゃん団子を考案したとのこと。

嬉野温泉「うれしの茶」（佐賀県嬉野市）

西に虚空蔵《こくんぞう》山、東に国見岳、その間に広がる大野原のなだらかな裾野にまばゆいばかりの緑の茶畑が続きます。その茶畑の丘を縫うように流れる嬉野川の河畔に湧く**嬉野温泉**は、奈良時代の『肥前国風土記』にも出てくるわが国屈指の古湯です。

〝美人の湯〟で知られる嬉野は、全国有数の生産量を誇る茶どころでもあります。「うれしの茶」の起源は室町時代にまでさかのぼり、一四四〇年頃に嬉野に移住してきた明の陶工が茶の栽培をしたのが始まりといわれています。

澄んだ空気と清らかな水に恵まれた嬉野の地は、お茶栽培に最適です。「うれしの茶」は大きく「玉露」、「蒸し製玉緑茶」、「釜炒り製玉緑茶」の三種に分類されます。とくに玉露は藁などで覆って直射日光を避けながら育てた茶葉をていねいに手摘みした高級茶で、甘くまろやかな味が特徴です。

温泉街にも数軒お茶店が並びますが、「お茶ちゃ村」でも「うれしの茶」をはじめ、お茶ふりかけ、手作りもなか、茶そば、抹茶ソフトクリームも揃っています。うれしの茶交流館

（チャオシル）（電話〇九五四・四三・一九九一）でお茶の淹れ方教室、茶染め体験、茶摘み体験、釜炒り体験などが楽しめます。

紀行文

野沢菜の発祥の地、野沢温泉～源泉は台所

野沢温泉
（長野県野沢温泉村）

野沢は日本の温泉の未来形である。

新潟との県境、毛無《けなし》山のすそにひときわ濃い湯煙を上げる北信濃の古湯、野沢。その発見は奈良時代の高僧行基によると伝えられている。

確かな記録では、江戸初期の寛永年間に飯山藩主松平遠江守が野沢に御茶屋（別荘）を建て、毎年のように湯治滞在したとある。

坂の多い路地に旅館や土産物店が軒を連ねるなか、一三もの外湯（共同湯）が点在し、風情ある建物が昔ながらの温泉情緒をしっとりと醸し出している。そのひとつ、温泉街の中央で威風を放つ**「大湯」**は、野沢の顔といってもいいだろう。

浴場はやや狭いものの、江戸時代の湯屋建築の様式を今に伝える浴舎についい見とれてしまう人も多い。そのうえ極上の単純硫黄泉が浴槽からふんだんにあふれ、気持ちのいいこと。飯山藩主も「犬養の御湯」と呼ばれたこの湯にぞっこんで、隣に別荘を建てたほどであった。

「大湯」を出て、急な坂を上がると、曹洞宗

の薬王山健命寺と隣り合わせで、湯沢神社が静寂境に鎮座していた。まさに森厳の境地にあった。石段脇を清冽《せいれつ》な沢水が流れ、外湯で湯あみした後の格好の涼み処《どころ》だろう。

古刹《こさつ》健命寺は、江戸中期に住職が京都から持ち帰った蕪《かぶ》の種からの、野沢菜発祥の寺として有名だ。境内に野沢菜記念碑があった。

野沢にある三〇数本の泉源（湯元）のひとつ、麻釜《おがま》などで野沢菜を洗う光景は、晩秋の風物詩として知られる。温泉でゆがくと風味が出ると村の人は言う。

たぎりつつ湧《わ》きいづる湯にしの　竹の青々と
　せしを束《たか》ねしづめぬ
　　　　　　　　　　　　——斎藤茂吉

野沢のシンボル麻釜は、旅館や外湯の湯を賄う大切な泉源であると同時に、村人の台所でもある。

「私たちは、地球から生まれたままの〝生源泉〟をかけ流しでお客さんに提供するための努力を重ねてきました」

こう語るのは、野沢温泉旅館組合長（当時）の森行成さん。

野沢の源泉はすべて江戸時代のままの自然湧出泉。実はこれは驚くべきことなのだ。村人の生活に密着した温泉だからこそ、これほどの湯質を保ってこられたのだろうか。

外湯「上寺湯《かみてらゆ》」の近くで、道祖神の大きな石碑と出合った。道祖神はかつて村境でムラ共同体を守る神であった。江戸時代から毎年一月一五日に行われている火祭り「道祖神祭り」は、野沢の人びとの心をひとつにする祭りだ。

温泉の恵みは、この村の人びとに山里の文

化を継承する感性を育んできた。

「春の小川」、「故郷《ふるさと》」、「朧月夜《おぼろづきよ》」……。

美しい日本の言葉と心を重ねた数々の童謡を残した高野辰之が、終焉《しゅうえん》の地に野沢を選んだ理由が理解できそうだ。

今度は、「朧月夜」で歌われた黄色い菜の花が、いっせいに咲く五月の野沢を訪ねてみたい。

麻釜の熱湯湧水で野菜をゆがいている様子

磯部温泉「磯部せんべい」（群馬県安中市）

磯部温泉のお土産の定番は炭酸せんべい。磯部温泉は、明治時代のお雇い外国人、ドイツ人医師ベルツが磯部の炭酸に注目し、草津や伊香保等とともに高く評価した温泉でした。「磯部せんべい」のそもそもの始まりは、炭酸含有量が全国でも有数だったためで、「健康食品」としてでした。明治六（一八七三）年に地元の医師堀口謙斎によって、磯部温泉の高い効能が認められると、県が飲用や食品への加工を認可し炭酸せんべいの製造が始まったといいます。有名な**有馬温泉**の炭酸せんべいよりずいぶん早かったことになります。

磯部でせんべいを作っている店が現在、約二〇軒もあり、〝日本一の炭酸せんべい〟の温泉地といえます。サクッとした軽いかみごたえとほんのりと甘い味は、濃厚な炭酸のせいでしょうか。病みつきになりそうです。

人気の店「松風堂」のせんべいは、青のり、ごま、クリームサンド、味噌、磯辺……。もちろん手焼きです。

榊原温泉「ななくりせんべい」（三重県津市）

平安時代に清少納言が『枕草子』で、「湯はななくりの湯、有馬の湯、玉造の湯」と称えた「ななくりの湯」こと現在の**榊原温泉**のお土産として人気なのは、「榊原温泉ななくりせんべい」です。創業以来三〇年、防腐剤など添加物をいっさい使用していない、豊かな自然環境のなかで製造された「自然食品」がセールスポイントです。

有馬温泉「炭酸せんべい」（兵庫県神戸市）

有馬に自然湧出する炭酸泉が飲用可能とわかった明治三四（一九〇一）年頃、日本で初の炭酸サイダーが売り出され、続いて明治四〇年頃に炭酸せんべいも作られます。「三津森本舗」の初代三津繁松によって、小麦粉、でんぷん、砂糖、塩などに、「炭酸泉源公園」で湧いている炭酸泉をかきまぜて焼き上げたものです。添加物を加えていない、ヘルシーなお菓子として、現在に至るまで根強い人気を維持しているのはさすがです。

湯本坂にある三津森本舗は築一二〇年余の建物で、ここが有馬名物、炭酸せんべい発祥の店です。手焼きのこだわりは老舗のこだわりでもあるのでしょう。歯ざわりがなんともいえません。

小浜温泉「湯せんぺい」（長崎県雲仙市）

一〇〇度を超える全国屈指の高温泉である**小浜温泉**は、雲仙の麓、橘湾に沈む「絶景の夕日スポット」としても知られています。

ここには定番のお土産として、「湯せんぺい」があります。長崎の方言で「せんべい」のことを「せんぺい」というようです。小麦粉、卵、砂糖などを合わせてこねるのは他の土地のせんべいと同じですが、源泉を生地《きじ》に加えます。

温泉水をまぜるにはわけがあって、明治の初め旧島原藩主松平公が「小浜の湯は体によいから湯せんぺいを作らせた」と伝えられています。創業明治四三（一九一〇）年の「三宅商店」の初代三宅松之が、高名な絵師吉田初三郎と出会い、湯せんぺいを円形に焼き、小浜温泉や**雲仙温泉**のある島原半島を描いた鳥瞰図を丸い缶のパッケージに使って売り出したといわれています。大正初期のことです。吉田初三郎は〝大正の広重〟とも呼ばれ、全国の温泉観光地の鳥瞰図を描いたことで知られ、じつは私も初三郎のコレクターです。

三宅商店の三代目三宅健五さんは、明治時代から続く手焼きの手法にこだわっており、通称「小浜せんぺい」（湯せんぺい）の根強いファンは多いといいます。

台湾の蒋介石が明治四五（一九一二）年と昭和二（一九二七）年に、それぞれ二か月小浜温泉に滞在し、「湯せんぺい」の大ファンになったとの逸話もあります。

湯せんぺい（三宅商店）

クラフトビール

大手の量産ビールに対して、「地ビール」の呼称が使われていましたが、最近は「クラフトビール」が一般的になってきました。クラフトは「職人技」の意味ですから、クラフトビールは「個性的な少量生産の手造りビール」とのことでしょうか。

月岡温泉「TSUKIOKA BREWERY」（新潟県新発田市）

令和二（二〇二〇）年に醸造を開始したクラフトビール醸造所「TSUKIOKA BREWERY」のセールスポイントは、マスカットを使用した「月岡エメラルドエール」。**月岡温泉**は含有成分の硫黄の影響でエメラルドグリーン色で知られているのですが、その色をクラフトビールで粋に表現したようです。醸造所併設の「KITCHEN GEPPO」で出来たてを楽しめます。

月岡エメラルドエール

野沢温泉「里武士 LIBUSHI」（長野県野沢温泉村）

外湯「大湯」のある**野沢温泉街**の中心部にあります。野沢温泉の恵まれた湧水を使用し、英国人の醸造長が手造りしています。もちろん出来たてのクラフトビールを生で楽しめます。

城崎温泉「城崎ビール」（兵庫県豊岡市）

日本情緒たっぷりの山陰の古湯で創業三五〇年余の老舗旅館**「山本屋」**が運営する地ビール工房。木造三階建ての風情ある客室でいただく自家製のビールの味は格別です。館内のバーや併設のレストラン「城崎町家地ビールレストランGUBIGABU」などでも堪能できます。黒のビール「スタウト」、甘めの口当たりの「カニビール」、フルーティーな香りの「ヴァイツェン」など四種類。

長門湯本温泉「365+1（サンロクロク）ビール」（山口県長門市）

令和三（二〇二一）年に**長門湯本温泉街**で醸造を開始したばかりです。醸造所内に出来たてのクラフトビールを楽しめるタップルームが併設されています。常時三〜六種類程度のビールが提供されており、さまざまな味を楽しむことができます。

あとがき

六五〇ページを超える『全国温泉大全～湯めぐりをもっと楽しむ極意』を、最後までお読みいただいて、ありがとうございました。どっぷりと〝書斎の温泉〟に浸かっていただけたでしょうか？　日本の温泉の多様な魅力、奥深さを改めて感じ取っていただけたでしょうか？

本書は、コロナ禍の真っ只中の昨年（二〇二一年）の春から秋にかけて、五か月半近くを要して書き下ろしたものです。緊急事態宣言等で、好きなときに温泉浴に出かけられない時期と重なったため、シンドイ作業もありました。

私が生まれ育ったのは北海道の洞爺湖温泉街です。産湯が生家の近くの共同浴場から汲んだ温泉であったせいか、現在に至るまで温泉で心身の健康を調整する生活を続けてきたものですから、コロナ禍以前までのように、「執筆に疲れた、肩が凝った、体調が悪い」などと言っては、温泉に出かけて癒やされることが難しくなってしまったのです。そのため、連日八時間近くキーボードに向かう生活がたたり、極度の過労からくる不眠症に陥ってしまったのでした。

それでも病院のお世話にならず、度重なる不眠症を乗り越え、昨年の九月に本書の原稿、四〇〇字詰め原稿用紙に換算して、約七五〇枚（図表類は除く）を書き上げることができたのは、やはり私が住む札幌市郊外の定山渓温泉界隈の主治湯、サブ主治湯のお陰というより他ないと、心底から思っています。

本書の版元、東京書籍編集部から当初いただいた仮タイトルは、「温泉を楽しむ」でした。目次のラインナップもその内容にふさわしいもので、旅行作家として、温泉学者としてのこれまでの蓄積を存分に活かせると、喜んでお引き受けしたものです。ただ実際には、全国各地の入浴モニターのご協力による、「温泉療養効果」の実証実験や温泉の調査・研究に忙殺され、執筆のためのまとまった時間がとれず苦慮しておりました。一方で、早く多くの方々に、温泉の魅力を〝再発見〟していただけるような「温泉を楽しむ」本を書き上げたいとの焦りもありました。

というのも、一九九五年の一万五七一四軒をピークに、全国の温泉宿泊施設の数が減り始め、〝インバウンド（訪日観光客）〟ブームの兆しがはっきりと見え始めた二〇〇七年頃からは、なんと減少傾向がさらに加速し、毎年一〇〇軒以上の温泉宿泊施設が廃業する状況を目の当たりにしていたからです。

そして、二〇二〇年初めからの新型コロナウイルス。「〝温故知新〟という含蓄に富んだ言葉がある。やはり日本人にとっての温泉の魅力を〝再発信〟する必要がある、日本人に魅力的な温泉こそが、外国人にも魅力的なものになる――」。〝国際性〟とは、真に優れた〝地域性〟〝個性〟と同義語であると、常日頃から考えていたからです。温泉文化は日本の個性です。

あとがき

コロナ禍で訪日外国人が激減した今、日本人にこそ改めて温泉の魅力を堪能していただきたい、温泉で癒やされ、免疫力を高めていただきたい――。昨年の四月から、温泉にも浸からずに（笑）、不眠症になりながらも書き上げたのは、このような理由からでした。もちろん、評価の厳しい国内外の方々から受け入れられるには、温泉施設とそれを取り巻く人々のこれまで以上のご努力が求められるでしょう。

旅行作家・松田忠徳の「集大成本」とすべく編集にご尽力いただいた東京書籍編集部の皆さん、とくに脱稿から一年以上も編集、校正等に伴走してくださった大原麻実さんには、この場をお借りして深く感謝申し上げます。

巻末には索引も作成していただきました。本書には約七〇〇軒もの温泉施設が出てきます。これまでは温泉地名の索引付き温泉本はありましたが、温泉施設名まで詳細に網羅された、これほど厚い温泉案内本は江戸時代以降ほとんど記憶がありません。ぜひ読者の皆さんは目次とともに索引を存分にご活用ください。

美しい源泉を見る旅、鮮やかな色浴衣で古湯をそぞろ歩きする旅、美肌と健康を求める旅、地産地食の美食の旅……。皆さんの心と体を真に豊かに、健康にしてくれる素敵な温泉との出合いを願いながら、本書を閉じさせていただきます。

二〇二二年一〇月　松田忠徳

主な参考文献

*阿岸祐幸『温泉と健康』（岩波新書、2009年）
*朝倉一善『医者もおどろく”奇跡“の温泉』（小学館、2000年）
*朝倉一善『医者がすすめる続！”奇跡“の温泉』（小学館、2001年）
*飯島裕一『温泉の医学』（講談社、1998年）
*『一個人』2005年4月号（KKベストセラーズ）
*『一個人』2014年7月号（KKベストセラーズ）
*石井宏子『温泉ビューティ』（グリーンキャット、2007年）
*伊藤要子『HSPが病気を必ず治す』（ビジネス社、2005年）
*伊藤要子『加温生活』（マガジンハウス、2010年）
*入來正躬「温熱生理学」（『温泉療養学』、民間活力開発機構、2006年）
*入來正躬編『体温調節のしくみ』（文光堂、1995年）
*植田理彦『知られざる温泉効果入門』（経済界、1980年）
*植田理彦『温泉はなぜ体によいか』（講談社、1991年）
*浦川豊彦『炭酸泉は未来を描く』（くまざさ出版社、2011年）
*エイムック『美しくなる温泉浴』（エイ出版社、2001年）
*大河内正一『生きている温泉とは何か』（くまざさ出版社、2003年）
*『おんせん県おおいたの飲泉スポット30』（大分県薬剤師会、2017年）
*加藤義成『修訂出雲国風土記参究』（今井書店、1992年）
*神崎宣武『おみやげ』（青弓社、1997年）
*川原弘久『血管年齢が若返る「炭酸浴」』（幻冬舎、2015年）
*黒木衛編著『山形の蔵王』（山形市観光協会、1985年）
*グローバル温泉医学研究所（代表・松田忠徳）『健康管理をコンセプトにした俵山地域の活性化ビジョンについて～温泉の療養及び予防医学としての利用効果の検証』（俵山温泉合名会社、2013年）
*グローバル温泉医学研究所（代表・松田忠徳）『健康産業としての湯治文化の創造』（俵山温泉合名会社、2014年）
*グローバル温泉医学研究所（代表・松田忠徳）『高湯温泉 温泉療養効果実証事業・報告書』（高湯温泉観光協会、2014年）
*グローバル温泉医学研究所（代表・松田忠徳）『奥津温泉「奥津荘」調査・報告書』（奥津荘、2014年）
*グローバル温泉医学研究所（代表・松田忠徳）『寿都温泉「ゆべつのゆ」温泉療養効果実証事業・報告書』（寿都商工会、2015年）
*グローバル温泉医学研究所（代表・松田忠徳）『十津川温泉郷温泉療養効果実証事業・報告書』（奈良県十津川村、2016年）
*グローバル温泉医学研究所（代表・松田忠徳）『長湯温泉 入浴モニター事業・報告書』（九州アルプス商工会、2016年）
*グローバル温泉医学研究所（代表・松田忠徳）『古湯温泉療養効果・実証事業・報告書』（一般社団法人 古湯・熊の川温泉観光コンベンション連盟、2018年）
*グローバル温泉医学研究所（代表・松田忠徳）『「きぬの湯」温泉療養効果実証 調査・報告書』（メークス株式会社、2018年）
*グローバル温泉医学研究所（代表・松田忠徳）『「昼神温泉」療養効

果実証調査・報告書』（株式会社阿智昼神観光局、２０１９年）
＊グローバル温泉医学研究所（代表・松田忠徳）『「妙見温泉」療養効
果実証調査・報告書』（妙見石原荘、２０１９年）
＊斎藤昭監修『全国効能別温泉ガイド』（講談社、１９９６年）
＊白水晴雄『温泉のはなし』（技報堂出版、１９９４年）
＊杉山 尚『いい湯だなぁ 湯治の効果』（宝文堂、１９８５年）
＊鈴木敬一郎編『活性酸素の本当の姿』（ナップ、２０１４年）
＊鈴木勇一郎『おみやげと鉄道』（講談社、２０１３年）
＊関 太輔「温泉入浴と皮膚機能」（『新温泉医学』、２００４年、日本
温泉気候物理医学会）
＊太陽コレクション『日本百景と土産品』（平凡社、１９８０年）
＊大日本雄弁会講談社編『日本温泉案内』東部篇、西部篇
（１９３０年、大日本雄弁会講談社）
＊種田山頭火『定本山頭火全集』全7巻（春陽堂書店、
１９７２〜１９７３年）
＊「旅の手帖」２０１５年12月号（交通新聞社）
＊鉄道省編『温泉案内』（博文館、１９２０年）
＊鉄道省編『温泉案内』（博文館、１９３１年）
＊永田和宏・塩田浩平編『医学のための細胞生物学』（南山堂、
２００９年）
＊中村稔・浅田浩二・大柳善彦編『活性酸素』（共立出版、
１９８８年）
＊中村幸平『新版 日本料理語源集』（旭屋出版、２００４年）
＊夏目漱石『坊っちゃん』（新潮文庫、２０１２年）
＊『長崎街道 肥前佐賀路』（図書出版のぶ工房、２００１年）
＊「日経おとなのＯＦＦ」２００６年６月号（日本経済新聞出版社）
＊日本温泉気候物理医学会編『新温泉医学』（日本温泉気候物理医学
会、２００４年）
＊日本温泉文化研究会『温泉をよむ』（講談社、２０１１年）
＊日置正人『炭酸美肌術』（幻冬舎、２０１１年）
＊『ひとり泊歓迎の温泉宿』（旅行読売出版社、２０２０年）
＊フィリップ・フランツ・フォン・ジーボルト『江戸参府紀行』（東
洋文庫 平凡社、１９６７年）
＊前田眞治『炭酸パワーで健康になる！』（洋泉社、２０１２年）
＊前田眞治『やせる！きれいになる！炭酸生活』（幻冬舎、
２０１３年）
＊松川二郎『趣味の旅 名物をたづねて』（博文館、１９２６年）
＊松田忠徳『関東周辺とっておきの秘湯』（弘済出版社、１９９８年）
＊松田忠徳『お湯で選んだ源泉の宿【全国版】』（交通新聞社、
２００２年）
＊松田忠徳『温泉教授の日本百名湯』（光文社新書、２００３年）
＊松田忠徳『温泉教授の湯治力』（祥伝社新書、２００５年）
＊松田忠徳『温泉教授・松田忠徳の新日本百名湯』（日経ビジネス人
文庫、２００６年）
＊松田忠徳『江戸の温泉学』（新潮社、２００７年）
＊松田忠徳『温泉教授・松田忠徳の古湯を歩く』（日本経済新聞出版
社、２００８年）
＊松田忠徳『知って、楽しむ 松田教授の温泉道』（中西出版、
２００８年）
＊松田忠徳『知るほどハマル！ 温泉の科学』（技術評論社、
２００９年）
＊松田忠徳『温泉維新』（日本経済新聞出版社、２０１０年）

＊松田忠徳『温泉力』（ちくま文庫、２０１０年）
＊松田忠徳『温泉に入ると病気にならない』（ＰＨＰ新書、２０１０年）
＊松田忠徳『美人力を上げる温泉術』（講談社＋α文庫、２０１０年）
＊松田忠徳『温泉教授の健康ゼミナール』（双葉新書、２０１３年）
＊松田忠徳『温泉はなぜ体にいいのか』（平凡社、２０１６年）
＊松田忠徳『温泉手帳 増補改訂版』（東京書籍、２０１７年）
＊松田忠徳『俵山温泉読本』（書肆長門、２０１８年）
＊松田忠徳「温泉でＮＫ細胞を活性化する」（月間「統合医療でがんに克つ」（２０１９年12月号、クリピュア））
＊三浦正幸編『細胞死研究　総集編』（羊土社、２０１０年）
＊水島徹『ＨＳＰと分子シャペロン』（講談社、２０１２年）
＊宮本早織『美肌温泉』（アスペクト、２０１３年）
＊武者利光『ゆらぎの世界』（講談社ブルーバックス、１９８０年）
＊武者利光『ゆらぎの発想』（ＮＨＫ出版、１９９８年）
＊武者利光『人が快・不快を感じる理由』（ＫＡＷＡＤＥ夢新書、１９９９年）
＊吉川敏一『フリーラジカルの医学』（診断と治療社、１９９７年）
＊渡部英史『温泉・風呂・サウナ 入り方でこんなに美しくなる』（光文社 KAPPA BOOKS、１９８６年）
＊岩美町役場公式サイト
＊ウィキペディア
＊ウェブサイト「All About 暮らし、ファッション」
＊ウェブサイト「OZmall」
＊温泉地、温泉旅館、温泉入浴施設等の公式サイト
＊各酒蔵の公式サイト
＊コトバンク
＊SAKECOMI.COM
＊（一社）日本温泉協会公式サイト
＊日本源泉かけ流し温泉協会公式サイト
＊「手づくりの老舗・佐田商店のきりたんぽ」公式サイト
＊鳥取県公式サイト
＊PRIDE FISH 公式サイト
＊三朝温泉公式サイト、など――

鹿児島県

沖縄県

大分県

宮崎県

福岡県

佐賀県

長崎県

熊本県

和歌山県

鳥取県

島根県

大阪府

兵庫県

奈良県

三重県

滋賀県

京都府

神奈川県

新潟県

富山県

埼玉県

千葉県

東京都

茨城県

栃木県

群馬県

山形県

福島県

宮城県

秋田県

北海道

図版クレジット

＊阿智・昼神観光局（p.579）
＊新政酒造株式会社（p.447）
＊大蔵村役場産業振興課 商工観光係（p.577）
＊かみや民藝店（p.595）
＊ギャラリーまきの（p.590）
＊公益社団法人　ツーリズムおおいた（p.137）
＊蔵王町伝統産業会館〔みやぎ蔵王こけし館〕（p.600）
＊樅峰苑（p.217）
＊俵山温泉合名会社（p.56）
＊月岡ブルワリー（p.628、629）
＊天然温泉 きぬの湯（p.314）
＊能登屋旅館（p.195）
＊灰吹屋西田筆店（p.541）
＊別府市観光・産業部 温泉課（p.217）
＊豊平峡温泉（p.343、353）
＊松江観光協会 玉造温泉支部（p.75）
＊三宅商店（p.627）
＊妙見石原荘（p.31、358）
＊元湯 環翠楼（p.208、209）
＊湯元 長座（p.202）
＊両関酒造株式会社（p.449）
＊PIXTA
＊Shutterstock

温泉旅館　銀婚湯「トチニの湯」にて（著者）

松田忠徳
（まつだ・ただのり）

1949年、北海道洞爺湖温泉生まれ。温泉学者、医学博士。旅行作家、ウェブ・マガジン「毎日が温泉」編集長、グローバル温泉医学研究所所長、モンゴル国立医科大学教授（温泉健康医学）、北京徳稲教育機構教授等を兼任。札幌国際大学教授、上海・復旦大学教授等を経て現在に至る。日本で初めて温泉を学問として捉え、“温泉教授”の異名で知られる。「温泉学」という分野を切り開いた温泉研究の第一人者で、温泉文化論、温泉観光学、温泉医学と、その活動は多岐にわたる。
著書・翻訳書は約150冊に及び、新聞、雑誌の連載、テレビ、ラジオ等の出演も多数。主な著書に『温泉手帳　増補改訂版』（東京書籍）、『温泉教授の日本百名湯』（光文社新書）、『温泉教授・松田忠徳の古湯を歩く』（日本経済新聞出版社）、『江戸の温泉学』（新潮社）、『温泉教授の湯治力』（祥伝社新書）、『知るほどハマル！温泉の科学』（技術評論社）、『温泉力』（ちくま文庫）、『俵山温泉読本』（書肆長門）、『温泉はなぜ体にいいのか』（平凡社）などがある。DVD『温泉教授・松田忠徳の日本百名湯』全10巻（日本経済新聞出版社）もある。

イラスト　堀 道広
装幀・本文デザイン　澤田かおり（トシキ・ファーブル）
DTP　澤田かおり＋トシキ・ファーブル、柴原瑛美（東京書籍）

編集協力　小島岳彦
中川隆子、小池彩恵子（東京書籍）

全国温泉大全《ぜんこくおんせんたいぜん》
湯《ゆ》めぐりをもっと楽《たの》しむ極意《ごくい》

2022 年 11 月 26 日　第 1 刷発行
2023 年 3 月 31 日　第 2 刷発行

著　者　松田忠徳《まつだただのり》

発行者　渡辺能理夫
発行所　東京書籍株式会社
〒114-8524　東京都北区堀船2-17-1
電　話　03-5390-7531（営業）　03-5390-7515（編集）

印刷・製本　図書印刷株式会社

ISBN 978-4-487-81227-1 C0095　NDC291

出版情報　https://www.tokyo-shoseki.co.jp